レキシコン研究の新視点

統語・語用と語の意味の関わり

レキシコン
研究の
新視点

統語・語用と語の意味の関わり

岸本 秀樹

日高 俊夫

工藤 和也

［編］

開拓社

まえがき

　レキシコン研究の大きな目的の1つは，文に含まれる語彙の情報が文の形式や意味や使用場面に対してどのように貢献するかを明らかにすることである．この目的を達成するためには，まず，レキシコンの理論が「語彙の情報とは何か」という根本的な問いに答えられるものでなければならない．レキシコンを適切に取り扱うには，統語・意味・語用との関係において語にどのような位置づけが与えられなければならないのかを明らかにする必要があるのである．

　語彙意味論の分野では，語彙概念構造を用い，動詞の真理条件的意味のみが記述・分析されることが多かったが，生成語彙論が1990年代に提唱されて以降，語の百科事典的知識を含む非真理条件的意味を記述することが可能になり，統語・意味のみならず語用論とレキシコンの関係も理論的に扱うことができるようになった．また，近年では，語の意味に深く関わるとされる慣習的推意の形式的分析も盛んになっている．しかしながら，これらの非真理条件的な語彙情報の取り扱いについては共通した見解があるわけではない．

　生成文法では，当初，語は統語部門への入力として語彙部門で扱われるという語彙主義的な言語観のもとに研究が行われることが多かったが，1990年代からの分散形態論の発展に伴い，語と統語に基本的な区別を設けない反語彙主義の考え方が注目され，語彙主義の立場から展開されてきた研究の再検討が進められてきた．しかし，語形成や構文形式の決定など，さまざまな文法現象に影響を与える要素がレキシコンに由来するのか，シンタクスに由来するのかという論争は，現在に至っても決着がついているわけではない．

　本論文集は，未だ方向性を模索中である以上のようなレキシコン研究の現状を踏まえて，言語理論におけるレキシコンの扱いをいかにすべきかという問いに答える手がかりを示すことを目的とし，レキシコンと統語論・意味論・語用論との関連性あるいは相互作用について様々な角度から分析・考察した論考を収録している．本論文集に収められた論文は，概念意味論，生成語彙論，分散形態論，形式意味論などの理論的枠組みや，実験や定量的分析によるアプローチに基づき，日本語，英語，韓国語を中心に，複合語・派生語形成や構文交替，受動や使役，モダリティ，指示詞，取り立て詞，異形態，多義性，通時的意味変化などの現象を取り上げている．

vi

　なお，本論文集は，日本言語学会第 164 回大会ワークショップ「語彙と語用のはざまで」（2022 年 6 月）および同第 165 回大会ワークショップ「レキシコンの輪郭：派生の領域とインターフェイス」（2022 年 11 月）における研究発表に対する反響を受け，関連領域の研究者に執筆を呼びかけて出版に至ったことを付け加えておきたい．また，各論文に対しては，外部査読を含む複数の専門家による査読を行っている．多忙の中，査読を引き受けていただいた以下の外部査読者に感謝の意を表したい（五十音順，敬称略）：今仁生美，于一楽，臼杵岳，小川芳樹，奥聡，小野尚之，小野創，川原功司，澤田治，杉岡洋子，虎谷紀世子，西山國雄，藤井友比呂，由本陽子．また，本書の企画を快く引き受け，刊行まで惜しみないご支援をいただいた開拓社の川田賢氏に心より感謝を申し上げる．

　最後に，本論文集が，意味論・統語論・語用論とレキシコンの相互作用について新たな研究の視点を提供し，レキシコン研究の今後の発展に寄与することを願っている．

2024 年 3 月
岸本秀樹・日高俊夫・工藤和也

目　次

まえがき　v

第 I 部　語の意味と文の構造

第 1 章　意味合成の領域とレキシコンからシンタクスへの写像
　　　…………………………………………………… 工藤和也　2

第 2 章　「場所格交替」再訪
　　　──多義性と強制に基づく項交替── ………………… 岸本秀樹　27

第 3 章　韓国語における受動文の派生と二重使役の衰退について
　　　………………………………………………… 青柳　宏　51

第 4 章　「ではないか」構文における節構造と上方再分析
　　　………………………………………………… 森山倭成　84

第 5 章　とりたて詞の焦点拡張と多重生起
　　　──複文における対比のハを中心に── ……… 佐野まさき（真樹）　105

vii

第 II 部　語用論的意味をめぐって

第 6 章　日本語の指示詞の意味と語用論
　　　　──ソ系指示詞の直示用法を中心に──　……………………　澤田　淳　130

第 7 章　「普通に」における語用論的意味
　　　　──客観化・対人化──　…………………………………　日高俊夫　159

第 8 章　「V することを始める」の持つ「習慣性」
　　　　──統計モデリングを用いた容認度判断の検証──　………　山田彬尭　180

第 9 章　テシマウは本当に完了のアスペクト形式なのか
　　　　………………………………………………………………　中谷健太郎　204

第 III 部　語や形態素の意味・構造・機能

第 10 章　ダケの語彙的意味
　　　　　──度数の意味から排他性へ──　…………………………　富岡　諭　230

第 11 章　動詞「掘る」の多義性について
　　　　　……………………………………………………………　澁谷みどり　252

第 12 章　5 種類の接辞「っこ」の意味と機能
　　　　　………………………………………………………………　木戸康人　271

第 13 章　分散形態論と語彙的 V-V 複合語の意味構成
　　　　　………………………………………………………………　田中秀治　292

第 14 章　日本語数表現に見る異形態
　　　……………………………………………………………… 依田悠介　316

執筆者紹介 ……………………………………………………………　338

第 I 部

語の意味と文の構造

第1章

意味合成の領域とレキシコンからシンタクスへの写像*

工藤 和也

龍谷大学

1. はじめに

　生成文法研究における語彙主義と反語彙主義の論争は，語が統語的に複雑か否かという語の成立に関する問題だけでなく，語形成や構文形式の決定がレキシコンで行われるのかシンタクスで行われるのかという文法モデルの問題にも及んでいる．両者は，その理論的な立場の相違から互いに相容れない仮説のもとに議論を展開することも多いが，言語現象に対する説明的に妥当な理論の構築という目的に対して必ずしも論理的な乖離をきたすものではない．本稿の目的は，日英語の動詞の意味拡張や構文交替について，両者の研究成果を融合し，以下の2点を主張することである．

(1) a. 動詞の意味合成には意味構造に基づいて行われるものと統語構造に基づいて行われるものの2種類がある．

　 b. 項の具現化に関して，意味構造に存在する語彙情報が統語構造に反映されない場合がある．

(1a) は，レキシコンとシンタクスはそれぞれ別々の文法モジュールであり，そのどちらでも意味合成が可能であることを意味する．(1b) は，レキシコンとシンタクスは同形ではなく，前者は後者よりも構造的に複雑であることを意味する．したがって，両者にはインターフェイスが存在し，そこにはレキシコンの情報をシンタクスに反映するための適切な連結規則が必要になる．

---

　* 本稿は日本言語学会第165回大会ワークショップ（2022年11月13日，オンライン）で口頭発表した内容を発展させ，再構築したものである．同ワークショップの登壇者である田中秀治氏，依田悠介氏と本稿の匿名の査読者に感謝申し上げる．本稿における不備・誤りはすべて筆者の責任である．

本稿の構成は以下の通りである．まず 2 節で，統語構造に基づく意味合成の例として，英語の非能格動詞の意味拡張の事例を見る．次に 3 節で，レキシコンでの意味合成の例として，日本語の語彙的複合動詞に関する議論を検討する．さらに 4 節では，レキシコンからシンタクスへの写像が統語構造の制約を受ける例として，英語の場所格交替と日本語の与格交替の議論を紹介する．5 節はまとめである．

2.　英語の非能格動詞の「構文的」意味拡張

まずは動詞の意味合成が統語構造に基づいて行われると思われる例として，英語の非能格動詞の意味拡張を見てみよう．

例えば，英語の laugh は，本来 (2a) のように外項のみを取る非能格動詞であるが，(2b–e) では非本来的な目的語を取り，他動詞になっている．

(2) a.　Mary laughed.
　　b.　Mary laughed a merry laugh.　　　　　　（同族目的語構文）
　　c.　Mary laughed her way out of the room.　　（way 構文）
　　d.　Mary laughed her excitement.　　　　　　（反応目的語構文）
　　e.　Mary laughed herself sick.　　　　　　　（強い結果構文）

これらの文の動詞句の意味を，語彙概念構造（Lexical Conceptual Structure，以下 LCS）を使って表記すると，それぞれ次のようになる．

(3) a.　[x ACT<laughing>]
　　b.　[[x ACT<laughing>] CAUSE [y BECOME EXISTED]]
　　c.　[[x ACT<laughing>] CAUSE [x MOVE out of the room]]
　　d.　[[x ACT<laughing>] CAUSE [y BECOME EXPRESSED]]
　　e.　[[x ACT<laughing>] CAUSE [y BECOME sick]]

これを見ると，(3a) の [x ACT] で表される単純事象の laugh の意味が，(3b–e) ではいずれも CAUSE を伴う複雑事象に拡張していることがわかる．

問題はこのような意味拡張が何を根拠に行われるかである．かつて，Guerssel et al. (1985) は，非対格動詞の意味構造に動作主を付け足して動詞を使役化するという語彙規則を提案した．その考え方を本稿の枠組みに敷衍すると，おおよそ (4a) の LCS から (4b) の LCS を派生させるということになる．

4　　　　　　　　　第 I 部　語の意味と文の構造

(4) a.　The glass broke.　　　[y BECOME BROKEN]
　　 b.　John broke the glass.　[x CAUSE [y BECOME BROKEN]]

しかしながら，工藤 (2015b) でも指摘したように，このような語彙規則による LCS の拡張は理論的に過剰生成の問題を免れない．例えば，英語では往来・発着や出現・発生を表す非対格動詞はいずれも使役他動詞化しない．

(5) a.　*The teacher came the student to school.
　　 b.　*The motorman arrived the train at the station.
　　 c.　*The magician appeared a pigeon from his hat.
　　 d.　*The careless driver occurred the car accident.

したがって，(4a) の LCS から (4b) の LCS を自由に派生させることはできない．その後，Levin and Rappaport Hovav (1995) や影山 (1996) は派生の方向を逆転させ，(4b) の LCS から動作主を抑制し，(4a) の自動詞文を導く語彙規則を提案している．紙幅の都合上，ここではその詳細には立ち入らないが，これらの議論に共通する認識は，このような動詞の意味変化は語がシンタクスに入る前のレキシコンで行われるということである．

　ところが，(2b-e) で見たような非能格動詞の使役他動詞化については，もう少し慎重な検討が必要である．というのも，非対格動詞が関わる自他交替では，自動詞と他動詞の意味的な差は x で表される動作主と CAUSE で表される使役関数のみであるが，非能格動詞が関わる自他交替では，CAUSE とともに付け足される結果事象の意味が，(3b-e) に示したように多岐にわたるからである．このような動詞の意味拡張がレキシコンで自由に行われるとは考えにくい．

　このことを確かめるために，次のような結果構文の意味を考えてみよう．

(6)　The professor laughed the student out of the room.

(6) は非能格動詞 laugh を結果構文として他動詞化したもので，「教授が学生を笑う」という起因事象と「学生が部屋から出ていく」という結果事象から成る複雑事象を形成している．(6) で文内に登場する出来事の参与者は professor と student の 2 人であり，関わっている下位事象の数は 2 つなので，この文の論理的な解釈の可能性には少なくとも以下の 4 通りがある．

(7) a.　教授 (x) が学生 (y) を笑い，学生 (y) が部屋から出ていった．
　　　　[[x ACT<laughing> ON y] CAUSE [y MOVE out of the room]]
　　 b.　教授 (x) が学生 (y) を笑い，教授 (x) が部屋から出ていった．

[[x ACT<laughing> ON y] CAUSE [x MOVE out of the room]]
　c. 教授 (x) が何かをして，学生 (y) が笑い，学生 (y) が部屋から出ていった．
　　　[x CAUSE [[y ACT<laughing>] & [y MOVE out of the room]]]
　d. 教授 (x) が何かをして，学生 (y) が笑い，教授 (x) が部屋から出ていった．
　　　[x CAUSE [[y ACT<laughing>] & [x MOVE out of the room]]]

　しかし，実際にはこの文は（7a）の 1 通りにしか解釈できない．このことをレキシコンでの意味合成の結果として説明しようとすると，（7a）の LCS のみが適格で，その他は不適格であることを理論的に保証しなければならないが，それはかなり難しい．例えば，（7b）の LCS が不適格な理由として，起因事象の目的語（y）と結果事象の主語（x）が一致していないという「行為連鎖の不一致」を挙げることができるが，John ran the pavement thin. や Mary drank the pub dry. など，動詞が非本来的な目的語を取る強い結果構文では，起因事象から結果事象への項の連鎖が成立しないことはしばしばある．また，（7c）や（7d）に関して，LCS 上の等位接続（&）が問題であるという可能性も，The dozing attendant jumped wide awake. や The pebbles rolled smooth. など，主題の移動と状態変化が一体の出来事と認識されるような結果構文では，意味構造上で等位接続が起こると考えられることから，支持するのは困難である（詳しくは影山（1996: 234）を参照）．
　一方で，このような意味拡張が統語構造に基づいて行われると考えると，なぜ（6）の文に（7a）の解釈しかないかは容易に説明がつく．例えば，Chomsky（1995）の 2 層分裂動詞句構造を参考に，（6）の動詞句の構造を樹形図で表すと次のようになる．[1]

---

　[1] 意味構造と統語構造との対応をめぐってはこれまでにもさまざまな提案があり，例えば Fujita（1996）のように意味構造上の CAUSE を統語構造に反映させる分析もあるが，本稿では工藤（2015b）に従い，事象を橋渡しする関数は一律に統語構造には現れないと仮定しておく（4 節の議論も参照）．その意味では，（4b）や（7c, d）の CAUSE の主語は，厳密には x などの項ではなく，[x ACT (ON y)] や [x DO SOMETHING] などの事象でなければならないが，この点については本稿ではこれ以上議論しないことにする．

(8)

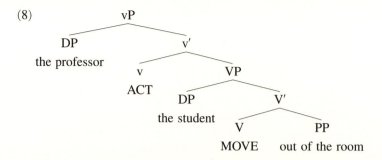

(8) では，動詞句の基本構成は v-V となり，各主要部がそれぞれ ACT と MOVE (あるいは BECOME) の概念的な意味表示に対応する．v は vP の指定部に動作主の意味役割を付与し，V は VP の指定部に主題の意味役割を付与する．統語的には，vP の指定部が主語，VP の指定部が目的語と規定されるので，この構造に従えば，(6) の解釈が (7a) のみになることは必然といえる．

このような統語構造に基づく分析は，結果構文の意味を統語的に表示可能なだけでなく，同構文に関わるさまざまな制約を説明できる．例えば，Levin and Rappaport Hovav (1995) によると，結果構文には，結果句が叙述できるのは動詞の内項のみで，外項は叙述できないという「直接目的語の制約」(Direct Object Restriction) がある．

(9) a. She broke the antique pot to pieces.
　　b. *She broke the antique pot to tears.　　　　(影山 (1996: 210))
(10) a. Dora shouted herself hoarse.
　　 b. *Dora shouted hoarse.　(Levin and Rappaport Hovav (1995: 35))

(8) の構造では，結果述語は構造的に V の補部に位置するので，VP 内で結果句と叙述関係を築けるのは VP の指定部にある要素のみである．したがって，(9a) の to pieces は目的語である antique pot の結果状態を叙述しており適格であるが，(9b) の to tears は意味的に主語の She を叙述しているとみなされるので不適格となる．(10) の hoarse も Dora の結果状態を表していると解釈されるが，(10b) にはその主体となる再帰代名詞が目的語位置に存在しないため非文となる．

また，Goldberg (1995) によると，英語には 1 つの動詞句で 2 つ以上の異なる結果状態は表せないという「単一経路制約」(Unique Path Constraint) があるため，次のような結果構文は不適格になる．

第1章　意味合成の領域とレキシコンからシンタクスへの写像　　7

(11) a. *He wiped the table dry clean.　　　　　　　(Goldberg (1995: 82))
　　 b. *The vase broke worthless.　　　　　　 (Jackendoff (1990: 240))

(11a) は，テーブルを拭いた結果として dry と clean という2つの状態が表されているため容認されない．(11b) も，動詞がすでに目的語の結果状態を表している（BROKEN という定項が V の補部を埋めている）ので，worthless という意味の異なる結果句を新たに追加することはできない（(9a) の to pieces ように定項を修飾する結果句は問題ない）．これらも (8) の構造を仮定すれば，結果句は統語的に V の補部を埋める要素であるので，1つの動詞句に結果句は1つしか生起できないという統語的事実により説明される．特に，(11a) が非文であるのに対し，He wiped the table dry and clean. は適格なので，(11a) の非文法性は意味の問題ではなく，純粋に統語構造の問題と考えるべきである．[2]

　このほか，結果構文の動詞句の構成に関して，v-V のパターンを逸脱する組み合わせはすべて非文になる．

(12) a. *The clown juggled the children laugh(ing).　(影山 (1996: 282))
　　　　 [$_{vP}$ the clown [$_{v'}$ v$_{ACT}$ [$_{vP}$ the children [$_{v'}$ v$_{ACT}$ laugh(ing)]]]]
　　 b. *The snow melted the road slushy.
　　　　　　　　　　　　　　　　(Levin and Rappaport Hovav (1995: 39))
　　　　 [$_{VP}$ the snow [$_{V'}$ V$_{BECOME}$ [$_{VP}$ the road [$_{V'}$ V$_{BECOME}$ slushy]]]]
　　 c. *The sun set the children go(ing) home.　　 (影山 (1996: 282))
　　　　 [$_{VP}$ the sun [$_{V'}$ V$_{BECOME}$ [$_{vP}$ the children [$_{v'}$ v$_{ACT}$ go(ing) home]]]]

(12a) は v-v の組み合わせ，(12b) は V-V の組み合わせ，(12c) は V-v の組み合わせであるが，いずれも不適格である．(12) の各文が意図する意味がなぜ不適格なのかを LCS だけで説明することは難しいが，(8) の構造を仮定すればすべて統語的に排除される．

　さらに，(2) に挙げたその他の構文の動詞句もすべて統語的には v-V で記述できる．

---

　[2] 例外的なのは，上で述べた The dozing attendant jumped wide awake. や The pebbles rolled smooth. のような，移動と状態変化が一体の出来事と認識されるような場合であるが，これらの例では移動の意味は希薄化しており，動詞は非能格動詞と同様，動作の様態を表しているに過ぎないと解釈されるので，統語的に新たな結果句を追加できるものと考えられる．このことは意味構造における等位接続と統語構造における等位接続との性質の違いを物語っているものとして興味深いが，詳細な分析は今後の研究課題である．

8 　　　　　　　　　　第 I 部　語の意味と文の構造

(13)　a.　Mary laughed a merry laugh.　　　　　　　　（同族目的語構文）
　　　　　　[$_{vP}$ Mary [$_{v'}$ v$_{ACT}$ [$_{VP}$ a merry laugh [$_{V'}$ V$_{BECOME}$ EXISTED]]]]
　　　　b.　Mary laughed her way out of the room.　　　（way 構文）
　　　　　　[$_{vP}$ Mary [$_{v'}$ v$_{ACT}$ [$_{VP}$ her way [$_{V'}$ V$_{MOVE}$ out of the room]]]]
　　　　c.　Mary laughed her excitement.　　　　　　　（反応目的語構文）
　　　　　　[$_{vP}$ Mary [$_{v'}$ v$_{ACT}$ [$_{VP}$ her excitement [$_{V'}$ V$_{BECOME}$ EXPRESSED]]]]

　このように，単純事象を表す非能格動詞が複雑事象を表す使役他動詞に意味拡
張する例は，動詞句内の主要部の配列に関してすべて共通した統語上の制約を
受けている．非能格動詞は統語的に目的語位置が空いており，そこにさまざま
な種類の非本来的な目的語を呼び込むことで，これらの構文は形成されてい
る．つまり，これらの意味拡張の土台は，(8) に示したような統語構造が提供
していると考えられる．
　ただし，このような統語構造に基づく意味拡張もシンタクスで自由に行われ
るわけではない．なぜなら，統語的な意味合成にもそれを引き起こすトリガー
が必要だからである．例えば，すでに (5) で見た，一部の非対格動詞が動作
主を加えるだけでは使役他動詞化しないのと同様に，laugh も単純に項を付け
足すだけでは意味拡張しない．

(14)　a. *The clown laughed the children.　　　　　　（影山 (2000: 46)）
　　　　b.　The professor laughed the student out of the room.　　（= (6)）

(14a) は「ピエロが子どもたちを笑わせた」という意味を意図した文であるが
非文である．そのような状況は現実世界では容易に想像できるし，仮に (4)
で見た使役化のような語彙規則があるとすれば意味構造上も可能なはずであ
る．しかし，このような意味拡張は英語では見られない．また (14a) を，「ピ
エロが笑って子どもたちに何か変化が起こった」と解釈することもできない．
一方，(14b) のように，目的語の後ろに経路句が続く場合は結果構文と解釈さ
れ，上述のような laugh の意味拡張が起こる．これは out of the room という
前置詞句が統語的に V の補部を占め，統語構造上で V$_{MOVE}$ を起動することに
よって，本来自動詞の laugh が目的語を取れるようになるからである．同様
に，非能格動詞が関わる way 構文では one's way に続く経路句が，同族目的
語構文や反応目的語構文では疑似目的語がそれぞれ動詞との共起によって特定
の V を起動し，動詞の意味が拡張すると考えられる．
　このような統語構造における意味拡張の制約を仮定すると，日本語になぜ強
い結果構文が存在しないかという疑問の答えも見えてくる．Washio (1997)

第1章 意味合成の領域とレキシコンからシンタクスへの写像 9

以来，日本語では，動詞自体が結果状態を含意している「弱い結果構文」は可能であるが，動詞が結果状態を含意しない「強い結果構文」は不可能であることが知られている．

(15) a. ジョンはパン生地を薄く伸ばした．　　　　（弱い結果構文）
　　　 b. *ジョンはパン生地を薄く叩いた．　　　　　（強い結果構文）

本稿の議論をもとにすれば，日本語に強い結果構文がない理由は，それが (8) の構造条件を満たさないからである．例えば，Son and Svenonius (2008) は，個別言語の移動様態表現と結果構文の可否との関係を類型論的に分析し，日本語の形容詞を中心とする述語は，英語の結果述語と違い，行為の結果を表す統語的な主要部を具現化する機能に欠けていると述べている（このことにより，(15b) の「薄く叩いた」は「叩いて薄くした」という解釈を得られない）．これを本稿の枠組みで言い換えると，日本語の形容詞句は (8) の構造で V_{BECOME} を導入する機能がなく，動詞自体が結果状態を含意する場合を除いて結果句を合成できないということである．これは，加藤 (2007) が，日本語の結果構文における形容詞ク形は範疇的に形容詞ではなく様態副詞だと主張していることとも符合する．いずれにせよ，強い結果構文における統語的な意味拡張もシンタクスで自由に行われるわけではなく，V_{MOVE} あるいは V_{BECOME} を動詞句内に導入する結果述語の存在が前提になる．

　以上をまとめると，英語の非能格動詞が使役他動詞に意味拡張する例は，統語構造上の空きスロットを利用し，動詞句の構造を拡大させる，いわば「構文的」な意味拡張の例と見ることができる．今後解明が必要なのは，統語構造で動詞の句構造が拡張されたときに，意味構造ではどのような合成が行われるかである．これについて，Kudo (2021) の同族目的語構文の分析など，すでにいくつかの論考はあるが，多くはこれからの研究を待たなければならない．特に，(13b) の way 構文では，経路句 out of the room が V_{MOVE} を起動し，構文を拡張していることは明らかであるが，意味構造上，移動する主体は，(3c) に示したように，目的語の her way ではなく主語の Mary であるという形式と意味のミスマッチが起こっている．これを解決するためには，レキシコンとシンタクスをそれぞれ独立した文法モジュールととらえ，両者で何が起きるのかを個別に記述することが重要である．

3. 日本語の「語彙的」複合動詞

　次に，意味合成がレキシコンで行われると考えられる現象として，日本語の

10　　　　　　　　　　　第Ⅰ部　語の意味と文の構造

語彙的複合動詞を見てみよう．

　影山（1993）は「V1 + V2」の形式を持つ日本語の複合動詞を語彙的なもの
と統語的なものに分け，語彙的な複合動詞では，「他動性調和の原則」に違反
しない限り，統語上，重複する構造を持つ動詞同士でもさまざまな合成が可能
であることを観察している．

(16) a.　他動詞＋他動詞：買い取る，追い払う，射抜く，突き倒す
　　　 b.　非能格＋非能格：言い寄る，飛び降りる，暴れ回る，遊び暮らす
　　　 c.　非対格＋非対格：滑り落ちる，居並ぶ，生え変わる，張り裂ける
　　　 d.　非能格＋他動詞：笑い飛ばす，乗り換える，微笑み返す，競り落
　　　　　　　　　　　　　とす
　　　 e.　他動詞＋非能格：待ち構える，探し回る，嘆き暮らす，食べ歩く

興味深いのは，前節で見た英語のような「起因事象＋結果事象」の合成は，「歩
き疲れる」や「泣き濡れる」などの一部の例外を除いて，基本的には起こらな
いことである．

(17)　非能格＋非対格：*跳ね落ちる，*泣き腫れる，*走り転ぶ，*飛び消
　　　　　　　　　　える

影山の主張するように，語彙的複合動詞がレキシコンで形成されるとすると，
統語構造では1語の動詞として投射されるはずなので，前節で見た v-V の構
成（日本語の語順では V-v）に従う必要がある．したがって，(16) でこの構
成を逸脱するさまざまな組み合わせが可能なことは，この種の意味合成がシン
タクスではなく，レキシコンで行われることを端的に示している．

　また，語彙的複合動詞と統語的複合動詞の区別として，前者にのみさまざま
な統語操作を回避する「語彙的緊密性」が見られることも重要である．

(18) a.　「そうする」代用：押し倒す → *そうし倒す（語彙的）
　　　　　　　　　　　　押し始める → そうし始める（統語的）
　　　 b.　主語尊敬語化：泣き落とす → *お泣きになり落とす（語彙的）
　　　　　　　　　　　　泣き続ける → お泣きになり続ける（統語的）
　　　 c.　受動化：殴り殺す → *殴られ殺す（語彙的）
　　　　　　　　　殴り終える → 殴られ終える（統語的）
　　　 d.　統語的編入：吸い取る → *吸引し取る（語彙的）
　　　　　　　　　　　吸い尽くす → 吸引し尽くす（統語的）

e. 動詞重複：叩き出す → *叩きに叩き出す（語彙的）
　　　　　　叩きまくる → 叩きに叩きまくる（統語的）

(18)に示すように，語彙的複合動詞のV1のみを統語的に変形することは許されない．語形成を語彙的なものと統語的なものに分けるモジュール形態論では，これらは語彙的複合動詞がシンタクスに入る前に形成され，統語構造上は1語の動詞とみなされることから説明される．

これに対し，藤田・松本 (2005) は，反語彙主義の立場から，日本語の語彙的複合動詞と統語的複合動詞の区別を次のような統語構造の違いとして説明している．[3]

(19) a.「語彙的」複合動詞　　b.「統語的」複合動詞

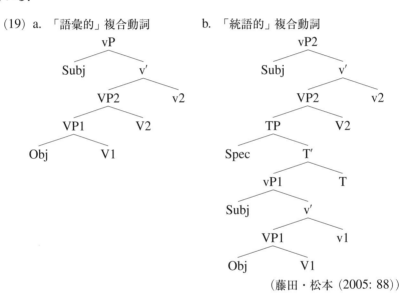

（藤田・松本 (2005: 88)）

彼らの主張の要点は，語彙的複合動詞の先行動詞（V1）は統語的にVPレベルに留まっているため，vPやTPを対象とする受動化や主語尊敬語化などの統語操作を受けないということである．これにより，レキシコンでの語形成の根拠とされている語彙的緊密性が統語的に説明されるとしている．

しかしながら，この藤田・松本の説明にはいくつかの問題がある．まず，彼らの説明が成り立つためには，「すべての語彙的複合動詞でV1は外項を持た

---

[3] 藤田・松本にとっては，日本語の複合動詞に「語彙的」や「統語的」という区別は存在しないので，(19) ではこれらの文言に括弧が付けられている．

ない」と仮定する必要がある．なぜなら，外項は v が導入する項であり，語彙的複合動詞の V1 には v がないというのが彼らの主張だからである．しかし，実際には，語彙的複合動詞の外項が V1 に由来するとしか考えられない例がある．それは V2 が V1 と副詞的関係を結ぶ場合で，影山（2013）が「語彙的なアスペクト複合動詞」と呼んだ次のような例である．

(20) a. 太郎は花子と同じ電車に乗り合わせた．
    b. 次郎は今月のお小遣いを使い果たした．

(20a) は，「太郎が乗った電車がたまたま花子と同じだった」という意味であり，「太郎が花子に合わせて同じ電車に乗った」とは解釈されない（松本（1998）も参照）．つまり，「太郎」は V2 の「合わせる」の項ではなく，V1 の「乗る」の項である．(20b) も，「次郎がお小遣いを使い続けた結果，意図せずお金がなくなった」ことを意味し，「次郎がお小遣いを使うという目的を果たした」わけではない．これらの例では，V2 は V1 の行為を修飾する副詞的要素であり，その項関係はすべて V1 が決めている．

また，そもそも他動性調和の原則により，V1 が非対格で V2 が非能格または他動詞という組み合わせは日本語の語彙的複合動詞では容認されない．

(21) a. 非対格＋非能格：*転び降りる，*流れ回る，*明け暮らす，*滑り動く
    b. 非対格＋他動詞：*揺れ起こす，*崩れ落とす，*呆れ返す，*売れ飛ばす

藤田・松本の仮定する (19a) の構造は，このような複合動詞を論理的に排除することができない．

一方，斎藤（2014）は，分散形態論の観点から，他動性調和の原則に統語的な説明を与えることを試み，日本語の語彙的複合動詞は，前項動詞（V1）と後項動詞（V2）が統語構造内で結合し，1 つの主要部として機能すると主張している．このことを図示すると次のようになる．

(22) $[_v [_{vP} (XP) [_v V1\ V2]]\ v^*/v]$ （斎藤（2014: 228））

これによると，語彙的複合動詞の V1 も V2 も，独立した語としてシンタクスに入り，主要部同士が統語構造内で併合して，複合語としての新たな主要部を形成する．斎藤は，(22) のように V1 と V2 が両方統語的に可視的であることで，後で併合される v^*/v との間で外項を取るか否かの選択制限の調整が生じ，そこから語彙的複合動詞に見られる他動性調和の原則が説明されるとして

いる（例えば，外項を導入する v* が併合される場合，V1 も V2 も外項を持つ動詞でなければならない）．この主張は，語彙的複合動詞を統語的に 1 語の動詞として記述している点で，藤田・松本とは大きく異なっている．

　しかし，この斎藤の主張にも，複合動詞の主要部が決められないという経験的な問題が残る．一般に，「名詞＋名詞」の複合語における主要部は，その意味の中心になる要素とみなされるが，「動詞＋動詞」の複合語の場合，複合動詞全体の項構造を決める要素が主要部と考えられている（影山 (1993)，由本 (2005) など）．この考え方に従うと，以下のように日本語の語彙的複合動詞の主要部は一様ではないことがわかる．

(23) a. V1 が主要部：晴れ渡る，生き急ぐ，降りしきる，伸び悩む
　　 b. V2 が主要部：蹴り倒す，転げ落ちる，食べ飽きる，焼け死ぬ
　　 c. 両方とも主要部：忌み嫌う，恋い慕う，慣れ親しむ，泣き笑う
　　 d. 両方とも非主要部：(勉強に) 明け暮れる，(代金を) 立て替える

このような主要部の多様性については，V1 と V2 の意味情報にアクセスし，合成された結果の意味構造を分析しなければ説明することは難しく，分散形態論のように主要部を統語的に「処理」するだけでは解決しない．また，語彙的複合動詞全体を見渡しても，右側主要部の規則に従っている (23b) のタイプがもっとも多く，並列複合語の (23c) や外心複合語の (23d) のタイプは少ないという事実も (22) ではとらえることができない．このことは語形成を統語構造のみで説明しようとする考え方の理論的な欠陥でもある．[4]

　さらに，語彙的複合動詞には意味合成の種類によっても生産性に差がある．一般に，「V1＋V2」型の複合動詞の形成は，V2 の意味を基盤とし，V1 の意味を補足的に追加するものが多い（だからこそ，V2 が主要部になる (23b) のタイプが多い）が，由本 (2013) によると，(23b) のタイプの中でも，V1 とV2 の意味合成の方法には違いがある．例えば，「叩き壊す」と「飲み潰れる」の合成された意味を，本稿の LCS の枠組みで表記すると次のようになる．

(24) a. 叩き壊す
　　　 $_{v2}$[[x ACT ON y] CAUSE [y BECOME BROKEN]]
　　　　　　┗━ $_{v1}$[x ACT\<hitting\> ON y]

---

　[4] 斎藤 (2014: 231) は論文内の注で語彙的複合動詞の生産性についても触れているが，そこで問題視しているのは他動性調和の原則に合致するすべての動詞の組み合わせが実際に存在するわけではないという「可能な語」(possible word) に関する議論であるので，ここでの指摘とは意味合いが異なる．

b. 飲み潰れる

[ᵥ₁[y DRINK ALCOHOL] CAUSE ᵥ₂[y BECOME INSENSIBLE]]

(24a) では，複合動詞全体の LCS は V2 の「壊す」が提供しており，V1 の「叩く」はその起因事象に当たる行為の様態を指定するに過ぎない．一方，(24b) では，V2 の「潰れる」にはもともと起因事象が含意されておらず，V1 の「飲む」はこの空いている起因事象を埋めて複合動詞全体を使役事象に拡張している．由本 (2013) によると，「這い寄る」・「叩き壊す」・「聞き落とす」のように V2 の概念構造に V1 の意味情報を「補充」するタイプは生産性が高く，「泣き落とす」・「溺れ死ぬ」・「飲み潰れる」のように V2 の概念構造に V1 の意味情報を「付加」するタイプは生産性が低い．このような生産性の違いは，語形成の材料となる動詞の意味構造を正確に記述し，複合の意味的なパターンを整理しなければ説明できない．

　以上のように，日本語の語彙的複合動詞を統語構造のみで説明しようとする議論には現時点では欠けている論点が多いと言わざるを得ない．むしろ，動詞の意味合成には，シンタクスで統語構造に依拠して行われるものと，レキシコンで統語構造からは独立して行われるものの両方があると認め，それぞれの合成に係る制約を個別に検討すべきである．そのように考えれば，日本語の「語彙的」複合動詞はまさに後者に属すると考えられる．

　もちろん，レキシコンでの語形成であっても，その最終的なアウトプットはシンタクスの制約を受けるので，「(軍曹が) *倒れ死ぬ」や「(瓶を) *傾け空ける」(影山 (1996: 234)) などの出来事の結果状態を 2 つ含む語彙的複合動詞は，1 つの動詞句に結果句を導入する V が 2 つ必要になるという理由で「統語的に」不可能である．しかしながら，このことは直ちにこのような語形成がシンタクスで行われるということを意味しない．語形成や構文形式の決定が文法のどの領域で行われるかを解明する際は，関連するさまざまな言語事実を整理し，その中から説明的に妥当な理論を模索する必要がある．

4. レキシコンからシンタクスへの写像

　以上で，動詞の意味合成には統語構造をもとに行われるものと意味構造をもとに行われるものの 2 種類があることを主張した．すなわち，レキシコンとシンタクスはそれぞれ別個の文法モジュールであり，両者にはインターフェイスが存在するということである．ここからは，レキシコンとシンタクスのインターフェイスに関わる議論として，日英語の構文交替現象を取り上げる．

4.1. 英語の場所格交替

主題句と場所句が動詞の目的語と斜格で交替する英語の場所格交替では，「動作主の行為」の結果として，「主題の移動」と「場所の状態変化」のどちらの事象を意味的により重視するかによって構文が交替すると考えられてきた（Rappaport and Levin (1988)，Pinker (1989)，岸本 (2001) など）．

(25) a. John loaded the hay onto the wagon.
　　 b. John loaded the wagon with the hay.

(25a) では，「hay が wagon に移動した」という結果に意味の重点があり，(25b) では，「hay の移動により wagon の状態が変化した」という結果がより重要視される．このことは，各構文の目的語に出来事によって全体的に影響を受けたという「全体的解釈」が見られることからも支持される（Anderson (1971)）．

(26) a. #John loaded the hay onto the wagon, but left some hay to fill the truck.
　　 b. John loaded the hay onto the wagon, but left some space for the grain.
(27) a. John loaded the wagon with the hay, but left some hay to fill the truck.
　　 b. #John loaded the wagon with the hay, but left some space for the grain.

((26), (27) とも Beavers (2006: 48))

(26) のように主題が目的語にくる構文では，「用意された hay がすべて wagon に積まれた」という解釈になり，(27) のように場所が目的語にくる構文では，「wagon 全体に hay が積まれた」という解釈になるため，それらを否定する内容が続いた場合は文解釈に矛盾が生じると判断される．

Rappaport and Levin (1988) は (25a) の load から (25b) の load を語彙規則によって派生させる方法を提案しているが，工藤 (2015b) は，英語の場所格交替では，動詞がはじめから2つの結果事象を両方含意（entail）していることが重要であると主張している．その根拠の1つは，次のような結果事象の取り消し可能性のテストである．

(28) a. #John loaded the hay onto the wagon, but the wagon was empty afterwards.

b. #John loaded the wagon with the hay, but none of the hay moved.

(Beavers (2006: 48))

(28a) は「主題の移動」を重視する構文であるが，「場所の状態変化」も意味的に取り消すことはできない．同様に，「場所の状態変化」を重視する (28b) の構文でも，「主題の移動」は必ず達成される．要するに，場所格交替動詞は，どちらの構文に生起した場合でも「主題の移動」と「場所の状態変化」の両方を論理的に含意するのである．これは構文形式にかかわらず，動詞の語彙的な意味にはじめから 2 つの結果事象が含まれているからと考えられる．このことから，load の意味を LCS で表すと次のようになる．

(29) [[x ACT ON y] CAUSE [[y MOVE TO z] BECOME [z BE LOADED]]]

ここでは，load が含意する結果事象に MOVE で表される中間段階があることが重要である．この中間段階は「主題の移動」の過程を表し，最終的な「場所の状態変化」を表す事象へと繋がっていく．このように考えると，BECOME はこの中間段階から最終段階への事象の橋渡しをする関数ととらえ直すことができる．このことから，2 節で提示した意味構造と統語構造との対応関係の考え方を一部修正し，V は結果事象の概念述語である MOVE あるいは BE を具現化する主要部と仮定してみよう．[5] すると，場所格交替における各構文の統語構造はそれぞれ次のように表せる．

(30) a. John loaded the hay onto the wagon.

[$_{vP}$ John [$_{v'}$ v$_{ACT}$ [$_{vP}$ the hay [$_{v'}$ V$_{MOVE}$ onto the wagon]]]]

b. John loaded the wagon (with the hay).[6]

[$_{vP}$ John [$_{v'}$ v$_{ACT}$ [$_{vP}$ the wagon [$_{v'}$ V$_{BE}$ LOADED]]]]

すなわち，(29) の LCS のうち，(30a) では [y MOVE TO z] の中間段階が，(30b) では [z BE LOADED] の最終段階がそれぞれ VP として統語的に具現化する．このように，場所格交替は，動詞が含意している 2 つの結果事象のうち，どちらか一方を選択して統語構造に写像する現象ととらえることができる．

　この下位事象の選択と連動しているのが，先に見た全体的解釈である．つまり，場所格交替動詞の 2 つの結果事象のうち，統語構造に写像される結果事象は他方よりも意味的に焦点化されていると考えられるので，その結果，目的

---

[5] 要するに，今まで [y BECOME <STATE>] と表記していた LCS は，正確には [BECOME [y BE <STATE>]] で，このうち BE が統語構造の V に対応するということである．

[6] (30b) における with 句の取り扱いについては工藤 (2015b) を参照されたい．

語に選ばれた項が出来事によって全体的に影響を受けたと解釈される傾向が出る．その証拠に，全体的解釈は動詞の論理的含意ではなく，話者の事態認知に基づく語用論的な推意（implicature）であるので，以下のように文脈や現実世界の知識によって容易に取り消しが可能である（Jeffries and Willis（1984）も参照）．

(31) a. [In a context in which the wagon is always only half loaded with hay]
John loaded the wagon with the hay, but there was still plenty of space for the grain.

b. [In a context in which only half of the hay must be moved]
John loaded the hay onto the wagon, and we can put the rest in the truck.　　　　　　　　　　　　　　　　　　　　(Beavers (2006: 51))

(32)　Kim loaded the car with the books, but did not fill the driver's seat.
　　　　　　　　　　　　　　　　　　　　　　　　　　　　(Beavers (2006: 52))

(31) では，構文が要求する目的語の全体性よりも文脈が設定する出来事の限界点（つまり，半分で良いという状況）が優先される．(32) でも，構文的には car 全体に book が積まれることが推論されるが，運転席にまで荷物を積んでは車が運転できなくなるという現実世界の知識がこの推論の棄却を可能にする．

　まとめると，英語の場所格交替では，動詞自体は (30a) でも (30b) でもどちらも対応できる意味構造を持っているが，統語構造に結果事象を投射するVP が 1 つしかないため，話者が主体的に下位事象を選択した結果が形式や意味の違いとして現れるということである．このことから，レキシコンとシンタクスは完全に同形ではなく，前者の中から必要な情報を選択して後者に写像するという両者のインターフェイスの関係性が見て取れる．

4.2. 日本語の与格交替

　このことは日本語の与格交替にも当てはまる．動詞が語彙的な意味として「が」（動作主），「に」（所有者，着点または場所），「を」（主題）の 3 項を要求する日本語の三項動詞文（例：太郎が花子に指輪をあげた）では，「に」格句と「を」格句の階層関係（つまり，内項の基本語順）が先行研究でしばしば議論されてきた．

　例えば，Hoji (1985) は，(33) の代名詞の束縛変項解釈の可否から，日本語の三項動詞文では「に」格句が「を」格句よりも上位に基底生成されると主

18 　　　　　第 I 部　語の意味と文の構造

張している.[7]

(33) a. *君は [$_{VP}$ [$_{NP}$ [$_S$ e$_i$ e$_j$ 送ってきた] 人 $_i$] に何 $_j$ を送り返した] の？
　　 b. 　君は [$_{VP}$ [$_{NP}$ [$_S$ e$_i$ e$_j$ 送ってきた] 本 $_j$] を誰 $_i$ に送り返した] の？

(Hoji (1985: 122, 125))

Hoji によると，束縛変項解釈を受ける代名詞は，基底構造か表層構造のどちらかで先行詞に c-統御されていなければならない．(33a) では，「を」格句内の「何」が「に」格句内の代名詞 (e$_j$) を束縛する解釈が成り立たないため，基底でも表層でも「に」格句は「を」格句よりも高い位置を占めていると考えられるが，(33b) では，「に」格句内の「誰」が「を」格句内の代名詞 (e$_i$) を束縛する解釈が可能であるので，表層では「かき混ぜ」(scrambling) によって語順が逆転しているが，基底では「に」格句が「を」格句よりも高い位置に生成されていたと考えられる.

　これに対して，Matsuoka (2003) は，(34) の例を用いて，日本語の三項動詞文では「がをに」の基本語順も可能であると主張している.

(34) a. 　?ジョンが [[[e]$_i$ pro$_j$ 注文した] 生徒 $_i$] に [すべての本]$_j$ を渡した.
　　 b. (?)ジョンが [[pro$_i$ [e]$_j$ 注文した] 本 $_j$] を [すべての生徒]$_i$ に渡した.

(Matsuoka (2003: 183-184))

Hoji の分析では，すべての三項動詞文について「に」格句が「を」格句よりも高い位置に基底生成されると考えられるため，「に」格句内の pro が「を」格句内の「すべての本」に束縛されている (34a) の容認度は説明できない．Matsuoka は，日本語の三項動詞文は動詞の意味によって基底構造が異なっており，「見せる」や「着せる」のように「に」格句が「経験者」の意味役割を与えられる場合には「に」格句が「を」格句よりも上位に基底生成されるが，「渡す」や「届ける」のように「に」格句が「着点」の意味役割を与えられる場合には「を」格句が「に」格句よりも上位に基底生成されると主張している.

　なるほど，たしかに Matsuoka のデータは，「渡す」という動詞の「に」格句と「を」格句に見られるある種の対称性を示してはいるが，その統語構造において「を」格句が「に」格句よりも上位に基底生成されるということを積極的に示してはいない．もし彼の言う通り，「渡す」で「を」格句が「に」格句よりも上位に基底生成されるのであれば，「がをに」の語順で「に」格句内の「す

---

[7] 以下，原典でローマ字表記の例文も漢字・かな表記に置き換えて提示する．なお，出典を明記した例文の容認性判断は原典のままである.

べての生徒」が「を」格句内の pro を束縛している（34b）は非文になるはずである．この問題を解決するためには，「渡す」の語彙的な意味を分析し，それが統語構造にどのように対応するかを明らかにする必要がある．

工藤（2015a）は，日本語の三項動詞を，動詞に「所有」の概念があるか，動詞に「移動」の概念があるか，という2つの基準によって以下の4種類に分類している．

(35) 日本語の三項動詞の意味分類

タイプ	所有	移動	例
Type A: 所有変化動詞	○	×	あげる，売る，貸す
Type B: 使役移動動詞	×	○	運ぶ，戻す，注ぐ
Type C: 位置変化動詞	×	×	置く，積む，塗る
Type D: 使役移動所有変化動詞	○	○	送る，届ける，渡す

工藤によると，動詞に「所有」の概念があるかは「に」格句に有生物を取れるかどうか，「移動」の概念があるかは「に」を「へ」や「まで」と置き換えられるかどうかでテストできる．例えば，所有変化動詞の「あげる」は，「に」格句が所有者と解釈される必要があるので，有生物は取れるが，無生物は取れない．また，「あげる」は主題の物理的な移動を含意しない（主題が移動しなくても所有者は変更できる）ので，「に」を，移動の方向を表す「へ」や，移動の範囲を表す「まで」などの後置詞と置き替えることができない．[8]

(36) a.　太郎が {花子に／*花子の家に} 指輪をあげた．
　　 b.　太郎が {花子に／??花子へ／*花子まで} 指輪をあげた．

重要なのは，これらの動詞の意味分類がそのまま統語構造の類型に繋がることである．例えば，「あげる」は，(37a) の LCS を持つと考えられるので，本稿の仮定する意味と統語の対応関係を当てはめると，(37b) の統語構造を持つことになる．

(37) a.　[[x ACT] CAUSE [z HAVE y]]
　　 b.　[$_{vP}$ 太郎が [$_{v'}$ [$_{vP}$ 花子に [$_{v'}$ 指輪を V$_{HAVE}$]] v$_{ACT}$]]

つまり，Type A では LCS 内の HAVE が統語構造の V と対応するので，そ

---

[8] 所有者をマークする「に」の「へ」との置き換えについては容認度に揺れがある．このことについて，本稿では事実の指摘に留めておく．

20 第 I 部　語の意味と文の構造

の主語である所有者が目的語である主題よりも高い位置に基底生成される. したがって,「あげる」の内項の階層関係は Hoji の観察通り「に＞を」になることが予想されるが, 以下の例からこの予想は支持される.[9]

(38) a. *太郎が [[e_i それ_j を欲しがった] 友達_i] に [3 着以上の服]_j をあげた.
　　 b. 太郎が [[そいつ_i が e_j 欲しがった] 服_j] を [3 人以上の友達]_i にあげた.

　一方, Type B に分類される「運ぶ」では,「に」格句に有生物は取れないが, 着点を表す「に」を「へ」や「まで」に置き換えることは可能である.

(39) a. 太郎が {*花子に／花子の家に} 荷物を運んだ.
　　 b. 太郎が {花子の家に／花子の家へ／花子の家まで} 荷物を運んだ.

このことから, (40a) のように,「運ぶ」の LCS には「所有」ではなく「移動」の概念が含まれると考えられるので, 統語構造で V に対応する概念述語は (40b) のように MOVE になる.

(40) a. [[x ACT ON y] CAUSE [y MOVE TO z]]
　　 b. [_vP 太郎が [_v' [_vP 荷物を [_v' [_PP 花子の家に] V_MOVE]] v_ACT]][10]

したがって, Type B では基底構造における内項の階層関係が Type A とは異なることが予測されるが, 以下に見るようにこの予測は正しい.

(41) a. 太郎が [[それ_i を e_j 設置する] 教室_j] に [3 台以上の TV]_i を運んだ.
　　 b. *太郎が [[e_i そこ_j に設置する] TV_i] を [3 つ以上の教室]_j に運んだ.

(41a) では,「を」格句内の「TV」が「に」格句内の「それ」を束縛する解釈が可能であるのに対し, (41b) では,「に」格句内の「教室」が「を」格句内の「そこ」を束縛する解釈が不可能である. したがって,「運ぶ」の内項の階層関

---

[9] 以下の代名詞の束縛変項解釈のテストでは, pro が持つ複数指示の性質や「すべての〜」が持つグループ読みの性質によって束縛変項解釈が不鮮明になるのを防ぐため, Takano (2008) に倣って, それぞれ顕在的な代名詞や「〜以上の〜」などの要素に置き換えている. なお, ここでの容認性判断は主に筆者の内省によるものであるが, インフォーマント調査では先行研究の例文も含めて判断にかなりの揺れが見られた. その原因の解明は本稿の及ぶところではないので, 本稿では議論の便宜上, 各ペアで相対的に悪いと思われるほうを一律にアスタリスクで表示する.

[10] (40b) の「花子の家に」が後置詞句 (PP) である理由については工藤 (2015a) を参照されたい.

第1章　意味合成の領域とレキシコンからシンタクスへの写像　　21

係は「を＞に」であることが示唆される.[11]

　ここで本稿の議論にとって重要なのは Type D の振る舞いである. 例えば,「届ける」は, 先に示したテストによると,「に」格句に所有者（有生物）も着点（無生物）も取れる. また,「に」格句が着点（つまり, 無生物）の場合,「に」を「へ」や「まで」と置き換えることが可能である.

(42) a.　太郎が｛花子に／花子の家に｝手紙を届けた.
　　　b.　太郎が｛花子に／??花子へ／*花子まで｝手紙を届けた.
　　　c.　太郎が｛花子の家に／花子の家へ／花子の家まで｝手紙を届けた.

つまり, このタイプの動詞は「所有」の概念も「移動」の概念も含んでおり, いわば Type A と Type B のハイブリッドになっている. このことから, Type D の動詞の LCS は次のように表せる.

(43)　[[x ACT ON y] CAUSE [[y MOVE TO z] BECOME [z HAVE y]]]

　前節で見たように, LCS 内に結果事象が2つある場合, そのどちらかを選択して統語構造に写像する必要がある. 英語の与格交替では, 所有変化を強調する二重目的語構文で間接目的語が有生物でなければならない（*John sent New York a package. は非文）という制約があるが, 日本語では同様の違いが「に」格句の有生性に現れる. つまり, Type D では, (44) のように,「に」格句が有生物の場合は,「所有」の概念が焦点化され, Type A と同じ振る舞いを示す.

(44) a. *太郎が [[e_i それ$_j$ を買った] 客$_i$] に [3つ以上の商品]$_j$ を届けた.
　　　b.　太郎が [[そいつ$_i$ が e_j 買った] 商品$_j$] を [3人以上の客]$_i$ に届けた.

一方, (45) のように,「に」格句が無生物の場合は,「移動」の概念が焦点化され, 内項の階層関係は Type B と同じになる.[12]

---

[11] ただし, 匿名の査読者も含め, (41a) に関しては束縛変項解釈が難しいと判断する話者もいた. そのような話者の多くは (41b) についても非文と判断しているため, 内項の階層関係とは別の要因でこれらの文の容認度が下がっていると考えられる. また, 筆者のインフォーマント調査では, (41a, b) とも可能とする話者もいた. この判断は後で見る Miyagawa and Tsujioka (2004) の主張と親和性がある.

[12] 工藤（2015a）では以下の例を提示したが, この文脈では「家」をメトニミー的に解釈して「所有」の概念が喚起される可能性があるため, (45) ではそのような解釈が出にくい例に置き換えている.

　(i) a.　太郎が [[e_i それ$_j$ を買った] 客$_i$ の家] に [3冊以上の本]$_j$ を届けた.

22　　　　　　　　　　第 I 部　語の意味と文の構造

(45) a.　太郎が [[そいつ$_i$ が e$_j$ 通っている] 学校$_j$] に [3 人以上の生徒]$_i$ を
　　　　届けた.
　　 b. *太郎が [[e$_i$ そこ$_j$ に通っている] 生徒$_i$] を [3 つ以上の学校]$_j$ に届
　　　　けた.

　以上のように，Type D の内項の階層関係は「に」格句の有生性と相関関係が
あり，「に」格句が有生物の場合は「所有」の概念が焦点化されて Type A と同
じ統語構造が現れるが，「に」格句が無生物の場合は「移動」の概念が焦点化さ
れて Type B と同じ統語構造になる.
　Miyagawa and Tsujioka (2004) も，次のような数量詞の作用域のテストを
用いて，「送る」の「に」格句は，それが有生物か無生物かによって主題より高
い語順も低い語順もあり得ると論じている.

(46) a.　太郎が誰かにどの荷物も送った.　　　(some>every, *every>some)
　　 b.　太郎がどこかにどの荷物も送った.　　(some>every, every>some)
　　　　　　　　　　　　　　　　　　　　　(Miyagawa and Tsujioka (2004: 5-6))

　表層が「がにを」語順の場合，「に」格句が有生物である (46a) では，「に」格
句が「を」格句より広い作用域を持つ解釈しかないが，「に」格句が無生物であ
る (46b) では，「を」格句が「に」格句より広い作用域解釈も可能である. こ
のことから，Miyagawa and Tsujioka は，所有者を表す「に」格句は常に「を」
格句よりも高い位置に基底生成されるが，場所を表す「に」格句は「を」格句
よりも高い位置にも低い位置にも基底生成できると主張している. 一方，本稿
の議論では，(46b) のデータは，無生物の「に」格句は「を」格句より低い位
置に基底生成された後，かき混ぜによって「を」格句より高い位置に移動し，
作用域が広がったと説明できる.[13]
　面白いのは，「誰か」が「へ」でマークされた場合は，以下のように「がへを」

---

　b. *太郎が [[そこ$_j$ の客が e$_j$ 買った] 本$_j$] を [3 軒以上の家]$_i$ に届けた.
　　　　　　　　　　　　　　　　　　　　　　　　　（工藤 (2015a: 82)：一部修正）
なお，「生徒を学校に届ける」という表現がぎこちなく感じる場合は，同じ Type D の「送る」
や「送り届ける」にすると，より「移動」の概念がはっきりすると思われる.
[13] Miyagawa and Tsujioka (2004: 6) は，(46b) がかき混ぜで得られた語順ではない根拠
として，「に」格句が無生物の場合は「がをに」の語順でも数量詞の作用域が曖昧になると述べ
ているが，データは示していない. 仮に (46b) の数量詞の語順を入れ替えても，every が
some より広い解釈は some が every より広い解釈を論理的に含むので，厳密にはテストになら
ないことに注意されたい. このほか，Miyagawa and Tsujioka はイディオムの形成に関す
る証拠も挙げているが，これについては今後の検討課題としたい.

の語順でも解釈に曖昧性が出る点である.

(47) 太郎が誰かへどの荷物も送った.　　　　(some>every, every>some)

(Miyagawa and Tsujioka (2004: 18))

本稿の議論では,「へ」でマークされた要素はもはや所有者ではなく着点(つまり, MOVE の項)と解釈されることから, (47) の「送る」は Type B の構造を持つと考えられる. したがって, 表層の「がへを」の語順はかき混ぜによって得られたものであるので, 数量詞の作用域が曖昧になるのである. (46a) と (47) の対比からも,「に」格句の性質が構造を分ける 1 つの要因になっていることがうかがえる.

　最後に, Matsuoka (2003) の (34) の容認性判断について, Takano (2008) が以下の例を出して明確に否定していることも重要である.

(48) a. *ジョンが [[e$_i$ それ$_j$ を注文した] 生徒$_i$] に [3 冊以上の本]$_j$ を渡した.
　　 b. ?ジョンが [[そいつ$_i$ が e$_j$ 注文した] 本$_j$] を [3 人以上の生徒]$_i$ に渡した.　　　　　　　　　(Takano (2008: 442-3):一部修正)

Takano の趣旨は, 注 9 で述べたように, 代名詞の束縛変項解釈を確実にするための語句の調整をすると, Matsuoka の例文の判断が変わるというものである. たしかに, 本稿の主張では,「に」格句が有生物の場合は Type A の構造になるはずなので, Takano の判断が支持される. 他方, なぜ Matsuoka の判断が揺らいだのかも本稿の議論から説明できる. つまり, Type D はその語彙的な意味の特性から,「に」格句が「を」格句よりも高い構造も「を」格句が「に」格句よりも高い構造も作り出す土台がある.「に」格句の有生性というのは構造を判断する 1 つの基準に過ぎず, 例えば「花子に届ける」と言っても,「花子のところに届ける」と解釈される場合もあるので,「に」格句が表面的に有生物だからといって必ずしも Type A の構造が約束されるわけではない. Matsuoka の (34) の例文判断の揺れも, (47) の解釈の曖昧性も, 原理的にはこのことに起因していると考えられる. 結局, レキシコンとシンタクスのインターフェイスは, 動詞の意味を正確に記述し, 文脈などの要因も考慮して統語構造との対応関係を慎重に見極めなければ, 正しく観察することはできないのである.

5. おわりに

　本稿は, 動詞の意味合成には, シンタクスで統語構造に依拠して行われるも

のと，レキシコンで統語構造から独立して行われるものの両方があることを主張したうえで，両者のインターフェイスに関わる構文交替現象の理論的な取り扱いについて説明した．

本稿の立場では，これまで語彙的だと分析されてきたいくつかの動詞の意味拡張は，シンタクスで統語的に行われると理解できるものもある．ただし，例えば分散形態論が主張するように，すべての語の意味が統語構造で一律に扱えると考えるには，いまだクリアしなければならない多くの課題が残されていると思われる．特に，日本語のように豊富な形態素を揃え，多様な意味合成のパターンが可能な言語では，反語彙主義的な語形成のあり方を慎重に検討する必要があるだろう．

また，構文交替に関しては，レキシコンとシンタクスを同一視してしまうような極端な語彙主義や極端な反語彙主義では，その本質がとらえられない可能性がある．実際，これまでの多くの構文交替の研究は，意味構造か統語構造のどちらかに焦点を絞ったものばかりであった．しかしそれでは，レキシコンとシンタクスの役割分担が不明瞭になり，本稿で指摘したような多くの経験的事実を見逃すことになりかねない．むしろ，両者の対応関係を重視し，そのインターフェイスに存在する制約を探るほうがより妥当な結論にたどりつくように思われる．

生成文法研究が統語論を中心に発展してきたことは，統語構造に課される制約の解明が進んでいることを意味する．一方，本稿で見たように，人間の主体的な事態認知に根差している動詞の語彙的意味の構造は，シンタクスの構造よりも幾分複雑であることが示唆される．したがって，我々が認識できる意味の世界と，それを表現する際の形式の世界には，前者から後者への全射的（surjective）な対応関係が潜んでいるものと考えられる．今後のレキシコン研究は，これらの対応関係の解明にも寄与していかなければならないだろう．

参考文献

Anderson, Stephen R. (1971) "On the Role of Deep Structure in Semantic Interpretation," *Foundations of Language* 7, 387-396.

Beavers, John T. (2006) *Argument/Oblique Alternations and the Structure of Lexical Meaning*, Doctoral dissertation, Stanford University.

Chomsky, Noam (1995) *The Minimalist Program*, MIT Press, Cambridge, MA.

Fujita, Koji (1996) "Double Objects, Causatives and Derivational Economy," *Linguistic Inquiry* 27, 146-173.

藤田耕司・松本マスミ (2005)『語彙範疇 (I)：動詞』研究社，東京.

Goldberg, Adele E. (1995) *Constructions: A Construction Grammar Approach to Argument Structure*, University of Chicago Press, Chicago.

Guerssel, Mohamed, Kenneth Hale, Mary Laughren, Beth Levin and Josie White Eagle (1985) "A Cross-Linguistic Study of Transitivity Alternations," *CLS* 21, Part 2, *Papers from the Parasession on Causatives and Agentivity*, 48-63.

Hoji, Hajime (1985) *Logical Form Constraints and Configurational Structure in Japanese*, Doctoral dissertation, University of Washington.

Jackendoff, Ray (1990) *Semantic Structures*, MIT Press, Cambridge, MA.

Jeffries, Lesley and Penny Willis (1984) "A Return to the Spray Paint Issue," *Journal of Pragmatics* 8, 715-729.

影山太郎 (1993)『文法と語形成』ひつじ書房，東京.

影山太郎 (1996)『動詞意味論：言語と認知の接点』くろしお出版，東京.

影山太郎 (2000)「自他交替の意味的メカニズム」『日英語の自他の交替』，丸田忠雄・須賀一好 (編)，33-70，ひつじ書房，東京.

影山太郎 (2013)「語彙的複合動詞の新体系：その理論的・応用的意味合い」『複合動詞研究の最先端：謎の解明に向けて』，影山太郎 (編)，3-46，ひつじ書房，東京.

加藤鉱三 (2007)「日本語結果述語は動作オプション表現である」『結果構文研究の新視点』，小野尚之 (編)，217-248，ひつじ書房，東京.

岸本秀樹 (2001)「壁塗り構文」『日英対照 動詞の意味と構文』，影山太郎 (編)，100-126，大修館書店，東京.

工藤和也 (2015a)「日本語 3 項動詞文の統語構造」『龍谷紀要』36(2)，75-89.

工藤和也 (2015b)「構文交替と項の具現化：生成語彙論的アプローチ」『語彙意味論の新たな可能性を探って』，由本陽子・小野尚之 (編)，46-71，開拓社，東京.

Kudo, Kazuya (2021) "The Derivation of the Cognate Object Construction via Co-composition," *JELS* 38, 37-43.

Levin, Beth and Malka Rappaport Hovav (1995) *Unaccusativity: At the Syntax-Lexical Semantics Interface*, MIT Press, Cambridge, MA.

松本曜 (1998)「日本語の語彙的複合動詞における動詞の組み合わせ」『言語研究』114，37-83.

Matsuoka, Mikinari (2003) "Two Types of Ditransitive Constructions in Japanese," *Journal of East Asian Linguistics* 12, 171-203.

Miyagawa, Shigeru and Takae Tsujioka (2004) "Argument Structure and Ditransitive Verbs in Japanese," *Journal of East Asian Linguistics* 13, 1-38.

Pinker, Steven (1989) *Learnability and Cognition: The Acquisition of Argument Structure*, MIT Press, Cambridge, MA.

Rappaport, Malka and Beth Levin (1988) "What to Do with θ-Roles," *Syntax and Semantics* 21: *Thematic Relations*, ed. by Wendy Wilkins, 7-36, Academic Press, New York.

斎藤衛（2014）「複合動詞の形成と選択制限：他動性調和の原則を手掛かりとして」『複雑述語研究の現在』，岸本秀樹・由本陽子（編），207-233，ひつじ書房，東京．

Son, Minjeong and Peter Svenonius (2008) "Microparameters of Cross-Linguistic Variation: Directed Motion and Resultatives," *WCCFL* 27, 388-396.

Takano, Yuji (2008) "Ditransitive Constructions," *The Oxford Handbook of Japanese Linguistics*, ed. by Shigeru Miyagawa and Mamoru Saito, 423-455, Oxford University Press, Oxford.

由本陽子（2005）『複合動詞・派生動詞の意味と統語：モジュール形態論から見た日英語の動詞形成』ひつじ書房，東京．

由本陽子（2013）「語彙的複合動詞の生産性と2つの動詞の意味関係」『複合動詞研究の最先端：謎の解明に向けて』，影山太郎（編），109-142，ひつじ書房，東京．

Washio, Ryuichi (1997) "Resultatives, Compositionality and Language Variation," *Journal of East Asian Linguistics* 6, 1-49.

第 2 章

「場所格交替」再訪
―多義性と強制に基づく項交替―*

岸本 秀樹
神戸大学

1. はじめに

　英語や日本語を含むさまざまな言語において「場所格交替（locative alterna-
tion)」と呼ばれる構文の交替現象が観察されている．例えば，(1) の英語や
(2) の日本語の例から，他動詞の smear や「散らかす」では，場所格交替によ
る 2 通りの項の配列が可能であることがわかる．

(1) a.　John smeared paint on the wall.　　　　　［材料目的語構文］
　　 b.　John smeared the wall with paint.　　　　 ［場所目的語構文］
(2) a.　子供がおもちゃを部屋に散らかした．　　　　［材料目的語構文］
　　 b.　子供が部屋をおもちゃで散らかした．　　　　［場所目的語構文］

smear や「散らかす」では，場所を表す項と材料を表す項で交替が起こる．本
論では，(1) と (2) で挙げた交替がどのようなメカニズムによって可能にな
るかを論ずるが，便宜上，場所格交替の 2 つの構文，すなわち，材料が目的
語になる構文と場所が目的語になる構文をそれぞれ「材料目的語構文」と「場
所目的語構文」として言及する．
　場所格交替においては，能動文と受動文の関係とは異なり，項の現れ方が異
なっても動詞の形態には変化が起こらない．場所格交替の 2 つの構文の表す
論理的な意味は同じように思えるが，詳細に見ると，それぞれの構文タイプに
よって表される意味は異なる．(1a) の材料目的語構文では，材料（移動物）
がある場所に移動するという材料の移動の意味，(1b) の場所目的語構文で
は場所が変化を起こすという場所の状態変化の意味が表されることが，さま

---

　* 本稿の内容に関して，2 名の査読者より有益な示唆をいただいた．ここに謝意を示したい．
本稿の研究は，JSPS 科研費（JP20K00605) の助成を受けている．

ざまな研究において指摘されている（Pinker（1989），Jackendoff（1990），Kageyama（1980），奥津（1981），川野（1997），岸本（2001）など）．

場所格交替に関して興味深いのは，どのような交替動詞を用いるかによって項省略の可能性が変わる点である．Pinker（1989）は，場所格交替では，場所の変化と材料の移動という 2 つの意味が語彙的な規則によって結びつけられるため，交替が成立するには場所移動から状態変化への視点の転移あるいはその逆の視点の転移が必要であるとしている．Pinker（1989）は，前置詞句を省略した場合に容認可能な文になるか容認されない文になるかが視点の転換の方向性の指標となるとしているが，それがなぜなのかを明らかにはしていない．本論では，視点の転換により構文が派生されるには，もともと動詞が持っていない格フレームが「強制（coercion）」により動詞に与えられるためとする岸本（2011）の提案の妥当性を再検討する．その後，Role and Reference Grammar（RRG）の枠組みで，なぜ場所格交替の視点の転換の方向性が項省略の可能性と相関するのかについての具体的な説明を試みる．

本論の構成は以下のとおりである．まず，2 節では，場所格交替の項省略の非対称性が日本語において観察されることを確認する．次に，3 節で，場所格交替においては，動詞が場所格交替を引き起こす意味を 2 つ本来的に持っている場合と，動詞が本来的に持たない意味が強制により派生されることで交替が引き起こされる場合があることを示し，RRG の枠組みで，日本語の場所格交替の項省略の可能性に対する理論的な説明を行う．4 節は結論である．

2. 場所格交替と項省略の非対称性

本論では，場所格交替における派生的な構文を生成するには，強制が必要であり，Logical Structure（＝LS: 論理構造（意味構造））で表示される項が適切に統語に写像されなければならないことを RRG の枠組みを用いて論じる．その議論に入る前に，本節では，Pinker（1989）の視点の転換の提案と日本語の項省略の事実について見ていく．

2.1. 視点の転換

場所格交替に関しては，Pinker（1989）が，密接に関係する出来事として認知される「場所の状態変化」と「材料の移動」の 2 つの意味が語彙的な規則によって結びつけられることにより成立すると主張している．Pinker によると，場所格交替が起こるのは，材料の移動と場所の状態変化が密接に関連する出来事として認知されることにより，移動から状態変化への視点の転移かその逆の

視点の転移が起こるからである．Pinker は，この視点の転換をゲシュタルトシフト (gestalt shift) と呼んでいる．

Pinker (1989) は，前置詞句の省略の可能性によって視点の転換の方向性が確認できるとしている (Levin and Rappaport (1986), Levin and Rappaport Hovav (1998) も参照)．例えば，英語では，pile に対しては，(3) のように前置詞句の省略の可能性に関する文法性の対立が観察される．

(3) a. He piled the books (on the shelf).
    b. He piled the shelf *(with the books).

Pinker は，(3) のような例から，pile にはもともと移動の意味が基本にあり，そこから，状態変化の意味が派生されるとする．これに対して，stuff では，前置詞句の省略に関して，(4) のような違いが観察される．

(4) a. He stuffed the pillow (with the feathers).
    b. He stuffed the feathers *(into the pillow).

Pinker の説明に従えば，stuff には状態変化の意味が動詞の基本的な意味としてあり，移動の意味が派生的に作られることになる．しかし，英語においては，項省略はそれほど自由ではなく，前置詞句の省略に関してさまざまな文法の制約がかかることが知られている (Huddleston and Pullum (2002) などを参照)．そのため，英語の場所格交替の項省略に対して，Pinker が言っているような視点の転換が常に関わっているとは一概に言い切れない．また，英語では，目的語は基本的に省略ができないために，目的語の有無が視点の転換に関わるかどうかについては検証することができない．

日本語では，英語とは異なり，項の指示が文脈で回復できるならば，かなり自由に項の省略ができる．例えば，英語では，John put the books on the table. のような文では，動詞の項の省略はできないため，on the table を省略した *John put the books. や the books を省略した *John put on the table. は非文法的になる．日本語の場合は，「置く」が英語の put に相当し，文脈が整えば，「（本を）（机に）置いたよ」のように場所項と主題項のどちらもが省略可能である．しかし，これから検討していく日本語の場所格交替の例では，文脈があっても省略が自由にできない事例が生じる．このことから，Pinker の視点の転換の提案の妥当性を検討するためのよりよい条件が日本語には整っていると言える．また，日本語の場所格交替に関して，岸本 (2011) も視点の転換による構文の派生について論じている．岸本 (2011) によれば，視点の転換による場所格交替は，動詞がもともと持っていない格フレームが「強制」によ

り成立すると可能になる.

「強制 (coercion)」という用語は，Pustejovsky (1995) による．Pustejovsky の議論は，「タイプ強制」についてである（「タイプ強制」は，意味論では，タイプ理論に基づいてタイプシフト (Type Shift) と呼ばれることが多い：Partee (1986) などを参照）．しかし，それ以外にも，「強制」によって引き起こされると考えられるさまざまな言語現象が観察されることは，例えば，Audring and Booji (2016) で指摘されている．また，動詞の意味が文中で起こる環境によって変化することは，Dowty (1979)，Tenny (1994) をはじめ，さまざまな研究で指摘されている (de Swart (1998)，Jackendoff (1997) なども参照)．岸本 (2011) は，タイプ強制ではなく，動詞が本来保持していない意味構造の派生のプロセスを強制として言及している．本論でも岸本(2011) に従い，動詞が本来持っていない意味構造の派生に関わる文法プロセスを「強制」として言及する．

岸本 (2011) の分析では，「強制」により場所格交替が起こるには，少なくとも，構文の形式を認定するための斜格項が存在する必要がある．しかし，派生的な構文が成立するのに，なぜ斜格項が必要になるかについての十分な説明はこれまで提供されていない．本論も基本的には，岸本 (2011) の分析を支持する議論を行うが，派生的な構文が成立するのに斜格項がなぜ必要になるかについても理論的な提案を行う．

項省略については，場所格動詞が材料の移動の意味と場所の状態変化の意味を本来的に持っている場合と，場所格動詞が本来的に一方の意味しか持っておらず，他方の意味が派生的に作られる場合とでは異なる分布が観察される．場所格交替動詞は，状態変化と移動の格フレームをとることから，場所の変化と材料の移動の 2 つの意味が備わっていると考えられることが多い (Jackendoff (1990)，奥津 (1981)，岸本 (2001) など)．しかし，単に，動詞に 2 つの意味が備わっているとするだけでは，以下で示すような項省略の可能性の分布を説明することはできない．

Pinker (1989) は，場所目的語構文と材料目的語構文のどちらにおいても斜格項の省略に関して非対称性が観察されない場合には，視点の転換がどちらの方向にも起こりうるとしている．その場合でも，視点の転換の方向性は，文が完全な形式と感じられるか省略的と感じられるかで区別できるとしている．しかし，項交替において，常に視点の転換が必要であるとする必然性はない．本論では，項省略において斜格項の省略に非対称性が見られる場合に視点の転換が関わり，非対称性がない場合には，動詞に 2 つの意味が備わっており，視点の転換による強制は起こる必要がないことを論じる．

2.2. 日本語の場所格交替と項省略

　場所格交替における視点の転換を議論する前提として，まず，日本語の場所格交替の項交替と項省略の可能性について見ておく．日本語では，文脈で指示するものが明らかである場合には，動詞の項を必ずしも表出しなくてもよい．日本語の項省略はかなり自由で，動詞の目的語も，英語の前置詞句に対応する斜格項もかなり自由に省略できるという特徴がある．例えば，「散らかす」の場合には，(5) と (6) に見られるように，目的語も斜格項も省略することができる．

- (5) a.　子供は（この部屋に）おもちゃを散らかした．
  - b.　子供はこの部屋に（おもちゃを）散らかした．
- (6) a.　子供は（おもちゃで）この部屋を散らかした．
  - b.　子供はおもちゃで（この部屋を）散らかした．

(5) は「散らかす」の材料目的語構文で，(6) は場所目的語構文である．どちらの形式においても，斜格項や目的語名詞句を省略しても構文の表す意味が保持される．項省略の判断は，(7) のように文脈があるとやりやすい．[1]

- (7)　A:　子供はおもちゃをどうしようとしているの？
  - B1:　子供は部屋に散らかそうとしている．
  - B2:　子供は部屋を散らかそうとしている．

(7) の A の質問は，「おもちゃ」がどうなるかについての質問なので，「おもちゃ」を表す項を省略した B1 の答えと B2 の答えが可能である．(7) からわかるように，材料目的語構文も場所目的語構文も A の質問に対する返答として成り立つ．次に，(8) の A の「この部屋」についての質問に対しては B1 と B2 の答えが可能である．

- (8)　A:　子供はこの部屋をどうしようとしているの？
  - B1:　子供はおもちゃを散らかそうとしている．
  - B2:　子供はおもちゃで散らかそうとしている．

(8A) の質問に対しては，「この部屋」を省略した B1 の答えと B2 の答えが可能で，材料目的語構文と場所目的語構文のどちらを使って返答してもよいことがわかる．このように，「散らかす」の場所格交替では，A の質問が「材料」

---

[1] A の質問は，材料や場所についてどのようにするかという質問で，答えに使用される構文のタイプは指定されてないことに注意されたい．

についてであっても「場所」についてであっても，材料目的語構文と場所目的語構文の目的語と斜格項を省略した返答は適格になる．

これに対して，「山積みにする」や「山盛りにする」の交替では，項省略ができない場合がある（岸本（2001, 2007, 2011））．

(9) a. 学生は本を（机に）山積みにしていた．
    b. 学生は（本を）机に山積みにしていた．
(10) a. 学生は机を *（本で）山積みにしていた．
     b. 学生は（机を）本で山積みにしていた．

(9) の材料目的語構文では，どちらの項も省略可能である．これに対して，(10) の場所目的語構文では，目的語の省略は可能であるが，斜格項を省略すると，意図された意味が表されない．

「山積みにする」の項省略の可能性は，先の「散らかす」の例と同じように文脈があると，違いがわかりやすくなる．(11) の「場所」についての質問が関与する対話では，A の質問に対して B1 や B2 のように返答することができる．

(11) A: 学生はこの机をどうしようとしているの？
      B1: 学生は本で山積みにしようとしている．
      B2: 学生は本を山積みにしようとしている．

(11) の A は，「机」についての質問なので，「机」を省略した場所目的語構文を使い，B1 のように答えられる．また，材料目的語構文を使い，B2 のように答えることもできる．しかし，A の質問が「本」についての場合は，事情が異なる．

(12) A: 学生はこれらの本をどうしようとしているの？
      B1: 学生は机に山積みにしようとしている．
      B2: #学生は机を山積みにしようとしている．

(12) の A は，「本」についての質問なので，「本」を省略した材料目的語構文を用いて B1 のように答えられる．しかし，場所目的語構文を用いて B2 のようには答えられない．これは，B2 は，「本」を机に山積みにしようとしているという意味ではなく，積み上げているのは「机」であるという解釈しか得られないためである．そのため，B2 は，A の「本」についての質問に対しては不適格な答えとなる．このように，「山積みにする」には，材料目的語構文と場所目的語構文で項省略の可能性に関して非対称性が観察される．

Pinker（1989）が主張するように，項省略により視点の転換の方向性を測る

ことができるのであれば，（11）の「山積みにする」のデータは，材料の移動を表す材料目的語構文が基本にあり，視点の転換により場所目的語構文が派生されることを示唆している．実際に，「山積みにする」は，材料の移動が基本的な意味として存在し，場所の状態変化の意味が派生されていると考えられる独立の理由がある．

まず，「山積みにする」の元になっている動詞の「積む」は，（13）のように，場所格交替を起こさない（岸本 (2001, 2006)）．

(13) a. 学生が本を机に積んだ．
　　 b. *学生が机を本で積んだ．

これは，（先に見た「置く」と同様に）「積む」が材料の移動の意味を表せても，場所の状態変化の意味を表すことができないからである．場所格交替を起こす「山積みにする」は，名詞化された「積む」に「山」が複合された複合名詞「山積み」が「する」の補部に現れて成立する．「山」自体は項をとる要素ではないものの，動詞「積む」と複合されると，「山」のようになった場所の状態変化が認識される．このことにより，材料の移動と場所の状態変化という 2 つの出来事が密接に隣接していると認知され，そのために「山積みにする」の場所格交替が可能になると考えられる．

重要な点は，「山」がなければ，「積む」は材料の移動を表す材料目的語構文のみをとるということで，この点においては，「置く」のような動詞と同様の振る舞いを示す．「置く」も動詞単体では，材料の移動の意味のみを表すため，材料目的語構文は可能であっても（「学生が机に本を置いた」），場所目的語構文はとることができない（「*学生が本で机を置いた」）のである．このことから，「山」が「積む」に交替を可能にする意味を供給していることがわかる．ちなみに「積む」に単に名詞を複合しただけで，場所格交替が可能になるわけではないことは，（14）の例から確認できる．

(14) a. 店員が本を机に平積みにした．
　　 b. *店員が机を本で平積みにした．

(14) の「平積みにする」は，単に整然と並べるという意味を表し，場所の状態変化の意味が認定されないため，材料目的語構文のみが許容され，場所格交替ができない．これに対して，「山積みにする」は，「山」と「積む」が複合することにより，場所の状態変化の意味が認定される．そのため，「山積みにする」では，本来とることができる材料目的語構文に加えて，場所目的語構文を派生的に作ることが可能になる．

34　　　　　第 I 部　語の意味と文の構造

　項省略に関する非対称性は，場所格交替と類似する交替を起こす他のタイプ
の動詞においても観察される．「結ぶ」と「縛る」は，「塗る」や「山積みにす
る」と同じ形式の材料目的語構文と場所目的語構文を構築することができる．
しかし，場所格交替の意味としてしばしば議論される全体解釈（holistic inter-
pretation）と部分解釈（partitive interpretation）の違いは得られない（Levin
(1993) 参照）．したがって，「結ぶ」の交替は「場所格交替」とは異なるタイ
プの交替であるとみなしてもよい．
　「結ぶ」と「縛る」の交替についても項省略の非対称性が観察される（岸本
(2011, 2020)）．まず，(15) と (16) は，「結ぶ」で観察される項省略の可能
性を示している．

(15) a.　彼が（箱に）赤い紐を結んだ．
　　 b.　彼が箱に（赤い紐を）結んだ．
(16) a.　彼が（箱を）赤い紐で結んだ．
　　 b.　彼が箱を ＊（赤い紐で）結んだ．

「結ぶ」の材料目的語構文においては，材料の「赤い紐」と場所の「箱」のどち
らの項も省略が可能である．しかし，「結ぶ」の場所目的語構文では，斜格の
「赤い紐」を省略してしまうと，意図された意味は保持されない．
　「結ぶ」も先の例のように，質問の文脈に入れると，項省略の可能性がより
わかりやすくなる．まず，「箱」について質問している (17) の A の質問に対
しては，「箱」を省略した 2 通りの答え方が可能である．

(17)　A:　　彼はこの箱をどうしようとしているの？
　　 B1:　　彼は赤い紐を結ぼうとしている．
　　 B2:　　彼は赤い紐で結ぼうとしている．

(17) の A の「箱」の質問に対する答えは，材料目的語構文を使用した B1 で
もよいし，場所目的構文を使った B2 でもよい．しかし，A が「赤い紐」につ
いて質問する場合は，(18) のように，1 通りの答え方しかできない．

(18)　A:　　彼は赤い紐をどうしようとしているの？
　　 B1:　　彼は箱に結ぼうとしている．
　　 B2:＃彼は箱を結ぼうとしている．

(18) の B1 は「赤い紐」についての質問に対する答えになる．しかし，B2 は
「赤い紐」についての質問の答えとしては不適格になる．これは，斜格項とし
て現れる材料の「赤い紐」を省略すると，B2 では意図された意味が表されな

くなるからである.

　「結ぶ」と似た行為を表す動詞の中には，場所目的語構文でも材料目的語構文でも項省略が自由にできる「縛る」のような動詞もある.（19）は「縛る」の場所目的語構文の項省略の例で，（20）は材料目的語構文の項省略の例である.

- （19）a.　彼が紐で（新聞を）縛った.
- 　　　b.　彼が（紐で）新聞を縛った.
- （20）a.　彼が新聞に（紐を）縛った.
- 　　　b.　彼が（新聞に）紐を縛った.

次に，「新聞」について質問する（21）のような文脈では，「縛る」の場所目的語構文と材料目的語構文を使った2通りの答え方が可能である.

- （21）　A:　彼は新聞をどうしようとしているの？
- 　　　　B1:　彼は紐を縛ろうとしている.
- 　　　　B2:　彼は紐で縛ろうとしている.

同様に，「紐」について質問する（22）においても，場所目的語構文と材料目的語構文を使った2通りの答え方が可能である.

- （22）　A:　彼はその紐をどうしようとしているの？
- 　　　　B1:　彼は新聞を縛ろうとしている.
- 　　　　B2:　彼は新聞に縛ろうとしている.

（19）と（20），及び，（21）と（22）からわかるように，「縛る」の材料目的語構文と場所目的語構文では，どの項に対して省略が起こっても，構文の表す基本的な意味は変わらない.「縛る」の場合は，「結ぶ」で観察されたような場所目的語構文と材料目的語構文での項省略の非対称性は生じない.

　上で見た「結ぶ」と「縛る」の項省略の可能性の違いは，動詞が持つ本来の意味と関係する（岸本（2020）).「結ぶ」には，紐のような材料を移動させて，場所に付けるという意味が基本にある.「結ぶ」は，それ自体では移動の意味しか表さないために，場所の状態変化の意味を表すには，その意味が派生的に与えられなければならない.これに対して，「縛る」の場合は，紐のような材料が使われて何かが固く固定された状態になるという意味を表すため，材料の移動の意味と場所の状態変化の両方の意味を持っていると考えられる.

　さらに，「巻く」も「彼は右腕に包帯を巻いた」と「彼は右腕を包帯で巻いた」がともに適格な文であることから，交替が可能であることがわかる.「巻く」の交替においても，（23）と（24）で示されているように，「結ぶ」と同じよう

な項省略の非対称性が観察される（岸本 (2011)）．(23) の「巻く」の場所目的語構文では目的語と場所を表す項の省略が可能である．これに対して，(24) の「巻く」の材料目的語構文では，斜格項が省略されると，構文の意味が維持されない．

(23) a. 彼は（包帯を）右腕に巻いた．
     b. 彼は包帯を（右腕に）巻いた．
(24) a. 彼は（右腕を）包帯で巻いた．
     b. 彼は右腕を *（包帯で）巻いた．

このことは，質問の文脈においても確認できる．(25) の A の「右腕」に関する質問に対しては，B1 の材料目的語構文でも B2 の場所目的語構文でも答えることができる．

(25) A: 彼は右腕をどうしようとしているの？
     B1: 彼は包帯を巻こうとしている．
     B2: 彼は包帯で巻こうとしている．

しかし，(26) では答え方が制限される．(26) の A の「包帯」に関する質問に対しては，B1 の材料目的語構文は答えになるが，B2 の場所目的語構文は答えとはならない．

(26) A: 彼はこの包帯をどうしようとしているの？
     B1: 彼は右腕に巻こうとしている．
     B2: #彼は右腕を巻こうとしている．

(23) と (24)，及び，(25) と (26) からわかるように，「巻く」についても，項省略の非対称性が観察される．

　先にも述べたように，Pinker (1989) によると，場所格交替は，同じ出来事に対する話者の視点の違いが関わっており，視点の転換によって交替が可能になる．Pinker の提案では，視点の転換は，省略の可能性を見ることによって知ることができる．Pinker によると，省略が自由にできる形式が基本で，省略で不都合が生じる形式が派生されたとみなされる．そうすると，上で見た「山積みにする」「結ぶ」「巻く」の例は，すべて材料の移動から場所の変化への視点の転換が関わっていることになる．これらの日本語の例では，材料目的語構文ではなく，場所目的語構文の斜格項が省略されると意味的な不整合が起こるが，目的語に対しては，材料目的語構文と場所目的語構文でそのような省略の非対称性は観察されないからである．

第 2 章 「場所格交替」再訪　　　　　　37

　ここで問題となるのは，斜格項に削除が起こると，なぜ意味的な不整合が生じることがあるのかということである．Pinker（1989）においては，項省略と構文形式の派生の方向性の関係については，単に仮定しているだけで，この相関関係に対しては何らかの説明が必要になる．この問題は，交替を起こす動詞が持つ基本的な意味と関係する．以下では，交替を起こす動詞が 2 つの意味を持たない場合には，交替が強制によって引き起こされることを論じる．そして，強制が起動されるには，項構造から統語への写像に不整合が生じることが条件になることを論じる．

3. RRG による説明

　本節では，場所格交替において斜格項の項省略が起こっても項交替が可能な場合には，動詞に 2 つの意味が備わっており，項省略により構文の意味が維持されない場合，動詞には一方の意味しか備わっておらず，他方の意味が強制（coercion）によって派生的に得られることを論じる．3.1 節では，場所格交替，及び，それに類似する交替現象についての説明に必要となる RRG の最小限の基本的概念について概観する．3.2 節では場所格交替における交替の可能性に対して RRG に基づく理論的な説明を提示する．

3.1. RRG の写像規則

　RRG は語彙・文法・談話に対して体系的な説明を提供する枠組みである（Van Valin（1993, 2001, 2005），Van Valin and LaPolla（1997），Van Valin（2023））．RRG の枠組みを用いて視点の転換に関する現象を説明する利点は，以下でも見ていくように，述語の意味と統語の写像関係でどのようなことが起こった場合に視点の転換が可能になり，どのような場合に意味の逸脱が起こるかを明示的に示すことができることである．

　RRG では，文の意味は，主に述語の意味から構築される Logical Structure（論理構造（＝LS））と呼ばれる意味構造で表示される．基本的には，LS は Vendler（1957）の動詞の 4 分類に基づく．それぞれのタイプの代表的な意味構造を（27）に挙げる．

(27) a. State（状態）：**predicate′**（x）
　　 b. Activity（活動）：**do′**（x, [**predicate′**（x）or（x,y）]）
　　 c. Achievement（到達）：INGR **predicate′**（x）
　　 d. Accomplishment（達成）：BECOME **predicate′**（x）

e.　Causative（使役）：φ CAUSE ψ

（27）の意味構造に現れる **do′** は活動一般を表す述語で，**predicate′** は語彙分解の際に現れるメタ言語としての述語である．INGR は瞬間的な変化，BECOME は時間的な推移を要する変化を表す．さらに，φ CAUSE ψ は，φ によって ψ が起こるという使役関係を指定する．本論で議論する場所格交替やその他の関係する交替に関与する動詞は，達成の意味を表す他動詞であるため，活動を表す述語と達成を表す述語で作られた使役の LS である [**do′** (x, [**predicate′** (x)])] CAUSE [BECOME **predicate′** (y)] が関係する．[2]

　場所格交替は，LS がどのように統語へ写像されるかを見ることで説明できる．RRG では，まず，LS において項の意味役割が決まり，次に項に与えられるマクロロール（macrorole）が決まる．マクロロールは，他動詞の場合，行為者（Actor）と被動者（Undergoer）の２つが（28）の階層に従って項に与えられる．

（**28**）　行為者 - 被動者の階層

Actor				Undergoer
	→			
		←		
Arg. of	1st arg. of	1st arg. of	2nd arg. of	Arg. of state
DO	**do′** (x …	**pred′** (x, y)	**pred′** (x, y)	**pred′** (x)
[Agent	Effector	Location	Theme	Patient]
		Possessor		

マクロロールが決定されると，LS から統語への写像が行われる．写像の際に統語主軸（Syntactic Pivot）が何になるかを決める必要がある．日本語は，主格-対格言語なので（29）の規則が適用される．

（29）a.　最もランクの高いマクロロールを持つ項には主格が与えられる．(The highest ranking macrorole argument is assigned nominative case.)

　　　b.　マクロロールを持つ他の項には対格が与えられる．(The other macrorole argument is assigned accusative case.)

日本語において，基本的に，主格を持つ項は主語として認定され，対格を持つ

---

[2] RRG において規定される Causative（使役）の LS は，Dowty (1979) において Accomplishment（達成）を表す動詞のクラスに与えられる意味構造に対応する．

項は目的語として認定される．その他の項については，LS の述語のタイプに応じて，斜格項として具現化される．本論で検討している場所格交替では，斜格で現れるのは場所と材料である．この項がどのように具現化されるかは，(30) のような斜格付与規則により規定される．

(30) a. LS の述語 **be-on′** (x, y) の x がマクロロール項でない場合には，後置詞の「に」が付与される．(The postposition *ni* is assigned to the nonmacrorole argument x in the LS segment **be-on′** (x, y).)[3]

b. LS の述語 **use′** (x, y) の y がマクロロール項でない場合には，後置詞の「で」が付与される．(The postposition *de* is assigned to the nonmacrorole argument y in the LS segment **use′** (x, y).)

(29) と (30) の写像付与規則により，LS から統語構造への写像が行われ，統語と意味構造の項がリンクされる．この写像が適格であれば，文に適切な解釈が与えられる．[4]

以上の RRG のメカニズムを念頭において，次節では，場所格交替の場所目的構文と材料目的語構文に対してどのような写像が行われるかについて見ていく．そして，強制のメカニズムと RRG の写像規則から，場所格交替の項省略の可能性を自然に説明できることを示す．

3.2. 場所格交替の説明

本節では，項省略が 2 つの変異形で自由にできる場合には，動詞に交替が必要な意味が備わっている一方で，項省略が自由に起こせない場合には，動詞に 1 つの意味しか備わっておらず，もう 1 つの意味が強制によって作り出されると，交替が可能になることを示す．

ここで，具体的に 2 節で取り上げた場所格動詞「散らかす」と「山積みにする」について検討する．まず，項省略が自由に起こる「散らかす」は，動詞に材料の移動と場所の状態変化の 2 つの意味が備わっている．この 2 つの意味

---

[3] RRG では，**be-LOC′** (x, y) の x は場所項の変項を表し，y は主題項の変項を表す．なお，場所関係は，さまざまなものがあるので，一般的には，**be-LOC′** (x, y) として指定され，LOC の部分を on, at, in などを入れることでさまざまな関係を表示する．本論で使用する例（「散らかる」「山積みにする」など）の場所関係を規定するには，表面上の接触を表す on を用いて **be-on′** (x, y) とするのが最も適切である．

[4] Rappaport and Levin (1985) が観察しているように，場所目的語構文をとる材料の斜格項は，道具項とは同じ振る舞いをしない．しかし，材料と道具はともに **use′** (x, y) の y 項として現れるので，同じ斜格の「で」が与えられる．

は，材料の移動を表す (31a) の LS と場所の変化を表す (31b) の LS で表示される．[5]

(31) a. [**do**′ (x, ∅)] CAUSE [BECOME **be-on**′ (z, y) & BECOME **scattered**′/**piled**′ (y)]
   b. [**do**′ (x, [**use**′ (x, y)])] CAUSE [BECOME **scattered**′/**piled**′ (z)]

(31a) は，動作主の x が行為を行った結果，材料 y が場所 z に移動して，材料 y が「散らかった／積み上がった」という材料の移動の意味を表す．これに対して，(31b) は，動作主の x が材料 y を使う行為を行った結果，場所の z が「散らかった／積み上がった」という状態変化を起こしたという場所の状態変化の意味を表す．

(31) の意味構造 (LS) から，RRG の写像規則によって，どのような統語構造が作られるかについて見てみる．まず，材料目的語構文の意味構造と統語構造の写像関係は，(32) のようになる．[6]

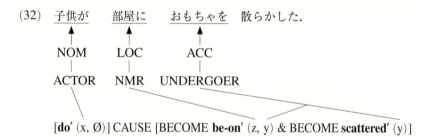

(32) では，行為者のマクロロールは，x に与えられ，x が主格で標示された「子供」にリンクされる．被動者のマクロロールは，材料の y に与えられるため，y が対格標示を受ける「おもちゃ」にリンクされる．場所の z には，マクロロールは与えられず，「部屋」にリンクされる．場所を指定する (30a) の斜格規則から，「部屋」にはニ格が与えられる．(32) では，意味構造から統語への写像が問題なく成立する．

次に，動詞「散らかす」が場所の状態変化の意味を持つ場合，場所目的語構

---

[5] 本論の分析では，**scattered**′ (x) や **piled**′ (x) が（場所あるいは材料の）結果状態を表す述語と仮定する (cf. Usón and Faber (2023: 225) の scatter の LS)．ただし，これらの述語を活動の様態を指定すると仮定すると，異なる LS が与えられる (cf. Van Valin (2005: 126) の sprinkle の LS 参照)．p∧q は p と q が同時に成り立ち，p&q は p が成り立つと q が成り立つことを示す．

[6] NMR は nonmacrorole（非マクロロール）の略である．

文が形成され，(33) のような写像関係が成立する．

(33)

(33) では，x に行為者のマクロロールが与えられる．そのため，x は，主格の「子供」にリンクされる．被動者のマクロロールは，場所の z に与えられ，対格を持つ「部屋」にリンクされる．材料の y には，マクロロールが与えられず，「おもちゃ」にリンクされる．材料の y はデ格の「おもちゃ」にリンクされているため，(33) は適切に解釈される．

次に，項省略が起こると容認されない交替形が生じる「山積みにする」では，行為が向けられる直接の対象は，移動物の材料であるため，動詞が移動の意味を表す LS を本来的に持つと考えられる．「山積みにする」では，場所の状態変化の意味が視点の転換からもたらされる強制によって派生的に得られる．

(34) [**do′** (x, Ø)] CAUSE [BECOME **be-on′** (z, y) & BECOME **piled′** (y)]
→ [**do′** (x, [**use′** (x, y)])] CAUSE [BECOME **piled′** (z)]

「山積みにする」に本来備わる移動変化の意味を表す意味構造から作られる材料目的語構文では，LS と統語との間で (35) で示される写像関係が成立する．

(35)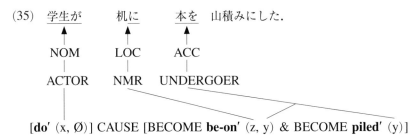

(35) では，まず，行為者のマクロロールが x に与えられ，この x 項は主格の「学生」にリンクされる．被動者のマクロロールは，材料 y に与えられ，y が対格で標示される「本」にリンクされる．場所の z は非マクロロール項で，ニ格で標示される「机」にリンクされるので，(35) の文には適切な解釈が与え

られる．

　次に，動詞「山積みにする」は，もともと場所の変化を表す意味を持っていないため，場所目的語構文の成立には，強制により材料の移動を表す LS から場所の状態変化の意味を表す LS が派生されなければならない．「山積みにする」の場所目的語構文は，2つのステップを経て成立する．まず，材料の移動を表す LS で (36) の統語への写像が試みられる．しかし，この LS では，適正な写像が成立しない．これは，(36) では，場所を表すニ格の斜格項は存在せず，代わりに，材料を表すデ格の「本」が存在するからである．

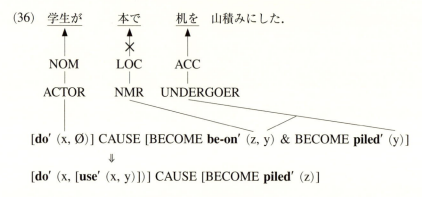

(36) では，LS から統語への適格な写像が成立しないので，場所の変化を表す LS が強制により与えられる．この強制が起動されれば，(37) のように，意味と統語が一致した写像関係を結ぶことができる．

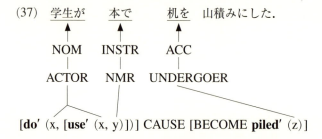

強制により生じた LS に基づいて統語への写像が起こると，LS と統語が整合し，文に対して適切な解釈が得られる．

　続いて，項省略が起こった場合の LS と統語の間の写像について検討すると，省略された項は，表面上は現れない．省略された項は，通常，文脈で指しているものがわかる．RRG では，談話表示理論 (Discourse Representation

Theory（= DRT））の表記を用いて，文脈から得られる情報を表示する（Van Valin（2005））．省略された項を [　] として表すと，例えば，「子供が　部屋に　散らかした」の項の情報は，(38) のように表記される．

(38)
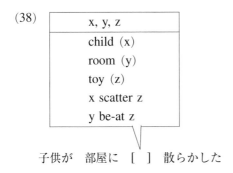
子供が　部屋に　[　]　散らかした

[　] は，文脈情報から「おもちゃを」に相当すると解釈される．ただし，この文脈情報は，LS と統語との写像には直接関与しないため，紙面の都合上，DRT の表示を提示せずに議論を進めることにする．

　場所格交替動詞の「散らかす」が使用される文で項省略が起こった場合，場所目的語構文でも材料目的語構文でも意図された意味が表される．(39) は移動の意味を表す材料目的語構文の写像関係を表している．

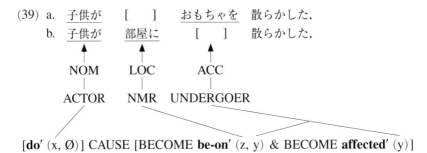

(39) においては，x に行為者のマクロロールが与えられ，材料の y に被動者のマクロロールが与えられる．場所の z は，非マクロロール項になる．表面上現れていない項がある (39) の LS から統語への写像に矛盾は生じない．(39) は，材料の移動を表す LS から統語に写像が起こるので，項が省略されていても，適切に材料の移動の解釈ができる．そのため，材料目的語構文では，材料を表す目的語と斜格の場所項のどちらを省略しても，適切な解釈が得られる．

基本的には,「散らかす」が場所の状態変化を表す場所目的語構文でも,同様のアルゴリズムに従ってLSと統語との写像が起こる.項の省略が起こった場合には,(40)で示すような写像関係が成立する.

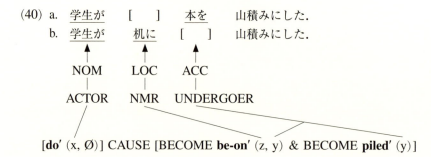

(40)では,xに行為者のマクロロールが与えられ,材料のyに被動者のマクロロールが与えられる.また,場所のzは,非マクロロール項になる.(40)の場合,場所項と被動者項のどちらが省略されていても,項のリンキングには矛盾が起きず,文は適切に解釈される.

次に,「山積みにする」の場所目的語構文について見ると,最初に,動詞が本来的に持つ材料の移動の意味に基づいて,(41)のように,材料の移動を表すLSから統語への写像が試みられる.

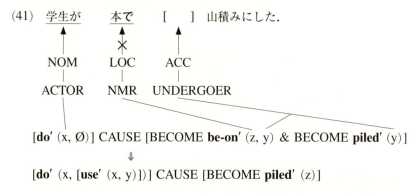

(41)では,xに行為者のマクロロールが与えられ,材料のyに被動者のマクロロールが与えられる.場所のzは非マクロロール項である.しかし,(41)では,統語的には,場所のzはデ格で標示される材料「本」にリンクされるため,LSと統語の写像は整合しない.そのため,移動変化のLSを場所の状態変化を表すLSに変換する強制が起こる.

次に，強制で作られた（場所変化を表す）LS に基づく写像関係は，(42) で示されるようになる．

(42)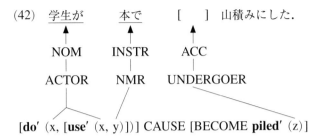

強制が起動され作られた LS に基づく (42) の写像では，x に行為者のマクロロールが与えられ，場所の z には，被動者のマクロロールが与えられる．また，材料の y は非マクロロール項で，デ格で標示される「本」にリンクされる．(42) の写像は，LS と統語が整合するため，(42) の文には適切な解釈が与えられる．

次に，「山積みにする」において，場所の斜格項が省略された場所目的語構文では，(43) の写像が起こる．

(43)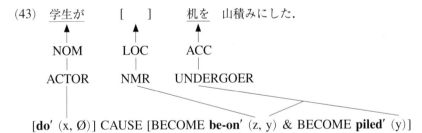

(43) の場合，x に行為者のマクロロールが与えられ，材料の y には，被動者のマクロロールが与えられる．また，場所の y は非マクロロール項で，(格標示が示されない) [ ] にリンクされる．この場合は，LS と統語の写像自体は矛盾なく起こっている．このため，(43) では，材料の移動の意味を表す LS から場所の状態変化を表す LS への強制による転換は起こらない．しかし，LS から統語への写像に不整合のなかった (43) を解釈しようとすると，問題が起こる．(43) の動詞の目的語には，本来なら被動者のマクロロールを持つ場所の z がリンクされるはずであるが，実際には，材料の y がリンクされている．そのため，(43) は，意図された意味では容認不可な文であると判断される．

46   第 I 部　語の意味と文の構造

　ここまでの分析からわかるように，場所格交替動詞が材料の移動と場所の状態変化の2つの意味を本来的に持っている場合の場所格交替では，項省略の有無にかかわらず，LS から統語への写像関係には問題が生じない．これに対して，動詞がもともと持っている意味構造では，斜格項への写像に不整合が起こり，強制が起動されることにより，写像の不整合が解消され，文には適切な解釈が与えられる．しかし，動詞が本来持っていない意味に基づく統語で，斜格項が省略されている場合には，LS から統語への写像自体は矛盾なく成立してしまい，強制は起動されない．この場合，動詞の意味構造と統語の間で不整合が起こるために，統語と意味が一致しない意味的に逸脱した文が作られてしまうことになる．[7]

　このことから，視点の転換は，項省略の可能性からその方向性を測ることができるという Pinker（1989）の主張は，ある程度妥当なものであることがわかる．ちなみに，Pinker は，場所目的語構文と材料目的語構文のどちらの構文においても斜格項が省略可能な場合には，視点の転換がどちらの方向へも起こりうるとしている．その場合でも，視点の転換の方向性が完全な形式と感じられるか省略的と感じられるかで区別できることがあるとしている．本論の分析では，場所格交替の視点の転換に相当するものは，Pinker が主張するように，常に起こるわけではない．本論の分析が正しければ，項省略により観察された非文法性は，視点の転換が成立しない場合に起こる．つまり，項省略によって，一方の構文が容認されなくなる場合には，動詞の意味構造と統語との写像が（適正な形でないものの）成立してしまうのである．このことは，意味構造と統語の写像がそのままでは成立しない場合に強制が起動されるのであって，意味的な不整合があっても強制が常に起こるわけではないことを意味する．

　場所目的語構文と材料目的語構文のどちらにおいても，斜格項の省略が可能な場合には，動詞の持つ本来の意味構造から統語への写像が可能になっている．この場合は，動詞が交替を起こすために必要な2つの意味を本来的に備えており，視点の転換（強制）は起こらない．このように，視点の転換を可能にする強制は，特定の条件下において起動される．さらに言えば，日本語の項省略の可能性を見るかぎり，強制（視点の転換）には方向性が認められる．日

---

　[7]「山積み」の項省略の非対称性（「机を ＊(本で) 山積みにする」と「（机に）本を山積みにする」）を文処理の負担から来るとすることはできない．たしかに，項省略が起これば，文脈を考えなければいけなくなるなど，文処理に時間がかかるであろう．しかし，項省略により文処理に負担がかかるために一方の意味が排除されるなら，曖昧な文は基本的に生じないことになり，「山積み」の項省略の非対称性を説明することはできない．

本語には，「注ぐ」のように，材料の移動の意味を本来的に表す動詞もあるが，「膨らます」のように，状態変化の意味を本来的に表す動詞もある．そうすると，論理的には，視点の転換は双方向に起こってもよさそうであるが，少なくとも日本語を見る限り，明確に逆の方向への強制を示すような例は見当たらない．これには理由があると考えられる．移動変化と場所変化の関係は，原因・結果の関係に相当する．材料の場所への移動があれば場所に変化が起こることは，十分に想像できる．しかし，場所に変化が起こったとしても，その原因となるものは，材料の移動だけではなく，それ以外にも多岐にわたる可能性がある．因果関係のうち，原因がわかっていれば，その結果は特定しやすいが，結果がわかっていてもその原因を特定するには困難が伴う．そのため，強制は，材料の移動の意味から場所の変化という方向性で起こりやすいと考えることができるであろう．[8]

　まとめると，場所格交替動詞には，交替に必要な意味が本来的に備わっている場合と，交替に必要な意味が強制によって供給される場合がある．後者のタイプの場所格交替動詞では，動詞が本来持っている意味構造と統語に不具合が出ると強制が起こり，動詞が本来持っていない意味構造の派生が起こる．強制による派生が起こった場合には，統語に合わせた意味が動詞に与えられるため，本来できないはずの交替形が統語上生起しても適切に解釈される．しかし，本来動詞が持っている意味構造からは作ることができない交替形でも，斜格項が表出されなければ，LS から統語への写像には不具合は起こず，強制が起動されない．その場合，項の配列と動詞の意味とのミスマッチが起こるため，文は意味的に逸脱していると判断される．以上のように，場所格交替においては，項省略の可能性を見ることで動詞の意味構造の派生が起こっているかどうかを知ることができる．

---

　[8]「満たす」は，場所格交替を許し，状態変化の意味が基本にあるが，項省略は，文脈があれば許される（「グラスが（水で）満たされた」「水が（グラスに）満たされた」）が，英語のfill は「満たす」に近い意味を表すのにもかかわらず，交替はしない（査読者の指摘による）．「満たす」がどちらの構文でも項省略を許すのは，2つの意味が語彙的に指定されているということが考えられる．基本の意味から派生した意味が語彙に登録されているとすると，視点の変換による構文の転換は起こらないので，項省略は自由に起こってよいことになる．どのようなクラスの動詞に対して場所格交替が起こるかに関しては，日本語と英語で同じような傾向があるものの，交替する動詞のクラスが完全に一致するわけでない（例えば，英語の spray は交替するが，日本語に外来語として取り入れられた「スプレーする」は交替しない）．このことは，同じ意味を表すように見える日英語の動詞を直接比較しても有意義な一般化が得られるとは限らないことを示唆する．英語の fill は，本来，場所格交替を起こさないと考えられるが，実際には交替する例が見つかることは，岸本 (2001) で報告されている．

4. 結論

本論では，場所格交替の項省略を見ることで，Pinker (1998) の提案する視点の転換による場所格交替の可能性について検討した．日本語では，文脈で指示するものが分かれば，比較的自由に項を省略することができる．しかし場所格交替の場合は，どのような動詞を用いるかによって項省略の可能性が変わる．場所目的語構文でも材料目的語構文でも項省略が自由に起こる場合には，場所格交替動詞は，材料の移動と場所の状態変化の意味を本来的に持っていること，及び，斜格項の省略ができない構文がある場合は，省略が許されない構文が強制により派生的に作られることを論じた．

Pinker (1989) は，構文が視点の転換により派生されるには，もともと動詞が持っていない格フレームが強制 (coercion) により動詞に与えられるためであると主張した．本論では，なぜ場所格交替の視点の転換の方向性が項省略の可能性と相関するのかという問題について，動詞の意味構造と統語との写像に不整合が起こる場合に強制が起動されるためであることを示した．さらに，場所格交替の文において意味的な逸脱が起こる場合もある．意味的な逸脱は，動詞が本来持っていない意味構造から派生された構文で斜格項が省略されると生じる．このような文においては，意味構造から統語への写像には不整合が起こらず，写像が成立してしまう．この場合，文を解釈しようとすると，意図する意味と衝突が起こり，意味的に逸脱したと判断される．

結論として，場所格交替では，項省略の可能性を見ることにより視点の転換の方向性を測ることができるという Pinker (1989) の主張の妥当性が，日本語の場所格交替動詞の項省略に対する本論の分析から確認されたことになる．

参考文献

Audring, Jenny and Geert Booij (2016) "Cooperation and Coercion," *Linguistics* 54 (6), 617-637.

de Swart, Henriëtte (1998) "Aspect Shift and Coercion," *Natural Language & Linguistic Theory* 16, 347-385.

Dowty, David (1979) *Word Meaning and Montague Grammar*, Reidel, Dordrecht.

Jackendoff, Ray (1990) *Semantic Structures*, MIT Press, Cambridge, MA.

Jackendoff, Ray (1997) *The Architecture of the Language Faculty*, MIT Press, Cambridge, MA.

Huddleston, Rodney and Geoffrey Pullum (2002) *The Cambridge Grammar of the English Language*, Cambridge University Press, Cambridge.

Kageyama, Taro (1980) "The Role of Thematic Relations in the Spray Paint Hypallage," *Papers in Japanese Linguistics* 7, 35-64.

影山太郎 (1996)『動詞意味論』くろしお出版，東京.

川野靖子 (1997)「位置変化動詞と状態変化動詞の接点——いわゆる「壁塗り代換」を中心に——」『筑波日本語研究』2, 28-40.

岸本秀樹 (2001)「壁塗り構文」『＜日英対照＞動詞の意味と構文』，影山太郎 (編)，100-126, 大修館書店，東京.

Kishimoto, Hideki (2002) "Locative Alternation in Japanese: A Case Study in the Interaction Between Syntax and Lexical Semantics," *Journal of Japanese Linguistics* 17, 59-81.

岸本秀樹 (2006)「「山盛りのご飯」のゲシュタルトと場所格交替」『レキシコンフォーラム No. 2』，影山太郎 (編)，233-250, ひつじ書房，東京.

岸本秀樹 (2007)「場所格交替動詞の多義性と語彙概念構造」『日本語文法』7(1), 87-108.

岸本秀樹 (2011)「壁塗り構文と視点の転換」『日中理論言語学の新展望 1　統語構造』，影山太郎・沈力 (編)，33-57, くろしお出版，東京.

岸本秀樹 (2012)「壁塗り交替」『ひつじ意味論講座　第 2 巻　構文と意味』，澤田治美 (編)，177-200, ひつじ書房，東京.

岸本秀樹 (2020)「「結ぶ」と「縛る」の項交替」『跨語言文化研究 Cross-Linguistic & Cross-Cultural Studies』第 14 輯，79-102, 中国社会科学出版社，北京.

Levin, Beth (1993) *English Verb Classes and Alternations: A Preliminary Investigation*, University of Chicago Press, Chicago.

Levin, Beth and Malka Rappaport (1986) "The Formation of Adjectival Passives," *Linguistic Inquiry* 17, 623-661.

Levin, Beth and Malka Rappaport Hovav (1995) *Unaccusativity: At the Syntax-Lexical Semantics Interface*, MIT Press, Cambridge, MA.

Levin, Beth and Malka Rappaport Hovav (1998) "Morphology and Lexical Semantics," *Handbook of Morphology*, ed. by Andrew Spencer and Arnold Zwicky, 248-271, Blackwell, Oxford.

奥津敬一郎 (1981)「移動変化動詞文——いわゆる spray paint hypallage について——」『国語学』127, 21-33.

Partee, Barbara (1986) "Noun Phrase Interpretation and Type-Shifting Principles," *Studies in Discourse Representation Theory and the Theory of Generalized Quantifiers*, ed. by Jereon Groenendijk, Dick de Jongh and Martin Stokhoff, 115-143, Foris, Dordrecht.

Pinker, Steven (1989) *Learnability and Cognition*, MIT Press, Cambridge, MA.

Rappaport, Malka and Beth Levin (1985) "A Case Study in Lexical Analysis: The Locative Alternation," ms., Center for Cognitive Science, MIT.

Tenny, Carol (1994) *Aspectual Roles and the Syntax-Semantics Interface*, Kluwer,

Dordrecht.

Usón, Ricardo Mairal and Pamela Faber (2023) "A Conceptually Oriented Approach to Semantic Composition in RRG," *The Cambridge Handbook of Role and Reference Grammar*, ed. by Delia Bentley, Ricardo Mairal Usón, Wataru Nakamura and Robert D. Van Valin, Jr., 218-241, Cambridge University Press, Cambridge.

Pustejovsky, James (1995) *The Generative Lexicon*, MIT Press, Cambridge, MA.

Van Valin, Robert D., Jr. (1993) "A synopsis of Role and Reference Grammar," *Advances in Role and Reference Grammar*, ed. by Robert D. Van Valin, Jr., 1-164, John Benjamins, Amsterdam.

Van Valin, Robert D., Jr. (2001) *An Introduction to Syntax*, Cambridge University Press, Cambridge.

Van Valin, Robert D., Jr. (2005) *Exploring the Syntax-Semantics Interface*, Cambridge University Press, Cambridge.

Van Valin, Robert D., Jr. (2023) "Principles of Role and Reference Grammar," *The Cambridge Handbook of Role and Reference Grammar*, ed. by Delia Bentley, Ricardo Mairal Usón, Wataru Nakamura and Robert D. Van Valin, Jr., 17-177, Cambridge University Press, Cambridge.

Van Valin, Robert D., Jr. and Randy J. LaPolla (1997) *Syntax: Structure, Meaning and Function*, Cambridge University Press, Cambridge.

Vendler, Zeno (1957) *Linguistics in Philosophy*, Cornell University Press, Ithaca, New York.

第 3 章

韓国語における受動文の派生と
二重使役の衰退について[*]

青柳　宏

南山大学

1.　はじめに

　韓国語は日本語と同様に主要部後置型の膠着言語であり，動詞語幹に接辞を
付加してボイス交替を示すという共通点がある.[1, 2] 以下，（1a-c）の日本語の
例に対応する韓国語が（2a-c）である.[3]

（1）a.　ネコが　ネズミを　食べた.
　　　b.　ネズミが　ネコに　食べられた.
　　　c.　ジョンが　ネコに　ネズミを　食べさせた.
（2）a.　koyangi-ka cwuy-lul　mek-ess-ta.
　　　　　ネコ-が　　　ネズミ-に　食べる-過去-平叙

---

　[*] 本稿は日本学術振興会科学研究費（20K00555）の支援を受けた課題研究の成果の一部
である.　伊藤貴祥氏，小川芳樹氏，佐々木冠氏，髙橋英也氏，中嶌崇氏，Heejong Ko 氏,
William O'Grady 氏，Myungkwan Park 氏，Sejung Yang 氏をはじめとする研究者との対話
から学んだところが大きい.　さらに，2 名の匿名査読者から貴重なコメントをいただいた. そ
のすべてに答えることはできなかった非礼を詫び，ここに記して謝する.
　[1] 韓国語にはほかに起動相を表す V-e ci による受動, V-key ha（「～するようにいう／する」
に該当）による使役（いわゆる長形使役）もあるが，本稿の考察の対象外とする.
　[2] 日韓語の系統的関係はいまだ不明である. 服部（1999）によれば，琉球語を除くと日本語
と系統的関係のある蓋然性が最も高いのが韓国語であるが，両者が共通の祖語から分岐したと
すると，それは 4000 年以上遡らなければならないという.
　[3] ただし，日本語のサセ，ラレによる使役化，受動化に比べると，韓国語の接辞による使役
化，受動化の生産性ははるかに低い. この事実をもって，例えば，（2c）の使役形 mek-i を語
彙部門に登録された三項他動詞とする見方もある（塚本（2012: 255-256）など）. しかし，鷲
尾（2002）が指摘するように，（2c）の与格句には Voice が付与する動作主（Actor）の読みも
可能である. 本稿では，韓国語の使役接辞を統語的な機能範疇 Cause の実現形（exponent）
だとみる立場をとる.

b. cwuy-ka　　koyangi-eykey mek-**hi**-ess-ta.
　　ネズミ-が　ネコ-に　　　　食べる-**受動**-過去-平叙
c. John-i　　　koyangi-eykey cwuy-lul　mek-**i**-ess-ta.
　　ジョン-が ネコ-に　　　　ネズミ-を 食べる-**使役**-過去-平叙

(1), (2) において，a-文の他動詞能動文を基に，受動文を派生すると b-文が，使役文を派生すると c-文がそれぞれ派生する．さらに，b-文，c-文の比較から，受動接辞 -hi がラレに，使役接辞 -i がサセに，それぞれ該当することがわかる.[4] ここまでは，日韓語の接辞による受動化，使役化はきれいに一対一対応している．

ところが，つぎの (3) が示すように，日本語には使役接辞に受動接辞がさらに下接した使役受動文が存在するが，韓国語には存在しない．

(3) a.　ネコが　ジョンに　ネズミを　食べさせられた．
　　 b. *koyangi-ka John-eykey cwuy-lul　mek-**i**-**hi**-ess-ta.
　　　　ネコ-が　　　ジョン-に　ネズミ-を 食べる-**使役**-**受動**-過去-平叙

日本語では使役のサセと受動のラレを同時に用いて (3a) のような使役受動文を派生することができるが，少なくとも現代標準韓国語（ソウル方言）では同じことは許されず，(3b) は完全な非文である．

また，韓国語の使役接辞には {-i,-hi, -li, -ki, -wu, -kwu, -chwu} の 7 つが存在し，このうち母音が /i/ の 4 つ，{-i,-hi, -li, -ki} は受動接辞としても用いられる（本稿では以下，使役接辞のうち母音が /i/ のものを /Hi/，母音が /u/ のものを /Hu/ と表記する）．/Hi/ は使役接辞としても受動接辞としても用いられうるので，実際につぎの (4a, b) のように解釈が曖昧な文が存在する.[5]

---

[4] 後述のように，韓国語の使役形と受動形は基本的に同形である．両者が異なるのは，使用頻度が高いものとしては，(2b), (2c) のように語幹動詞が mek（食べる）の場合にほぼ限られる．

[5] Yang, D.-W. (1979) によれば，彼が調査した /Hi/ 形の使役動詞 100 個のうち 66 個が潜在的に受動の解釈も許す．一方，Kim, K.-H. (1994) や Yeon (2002, 2003) は真に曖昧なものはずっと少ないという．筆者の調査したところでは，辞書に使役用法と受動用法の両方が記載されていても，どちらか一方しか容認しない話者がおり，話者の年齢が下がるほどその傾向が強く，加えて，接辞使役よりも -key ha による長形使役（注 1 参照）を多用する傾向がある．

第3章　韓国語における受動文の派生と二重使役の衰退について　　　53

(4) a. John-i　　　Mary-eykey sonkalak-ul mul-**li**-ess-ta.
　　　ジョン-が メリー-に　　指-を　　　　噛む-HI-過去-平叙
　　　(i)　ジョン$_1$はメリー$_2$に指$_{1,2}$を噛ませた.　　　　　　(使役)
　　　(ii)　ジョン$_1$はメリー$_2$に指$_{1,*2}$を噛まれた.　　　　　　(受動)
　b. John-i　　　Mary-eykey meli-lul kkakk-**i**-ess-ta.
　　　ジョン-が メリー-に　　髪-を　　切る-HI-過去-平叙
　　　(i)　ジョン$_1$はメリー$_2$に髪$_{1,2}$を切らせた.　　　　　　(使役)
　　　(ii)　ジョン$_1$はメリー$_2$に髪$_{1,*2}$を切られた.　　　　　　(受動)
　　　　　　　　　　　　（Kim, K.-H. (1994: 333) より一部改変して引用）

接辞に /Hi/ が用いられた (4a, b) は，それぞれ (i)，(ii) の日本語訳が示すように，いずれも使役の解釈と受動の解釈で曖昧である．ただし，語幹動詞の目的語である「指」や「髪」は，使役解釈ではジョンとメリーのいずれのものでもよいが，受動解釈ではジョンのものという解釈に限られる．このことは，つぎの (5a, b) の日本語の受動文が，それぞれ「指」と「髪」がジョンのものである解釈に加えて，メリーのものである解釈をも許す事実と対照をなす．

(5) a.　ジョン$_1$は　メリー$_2$に　指$_{1,2}$を　噛まれた.
　b.　ジョン$_1$は　メリー$_2$に　髪$_{1,2}$を　切られた.

さらに，日本語は自動詞を語幹とする受動文を許すのに対して韓国語はこれを許さない.

(6) a.　メリーが　（教室で）泣いた.
　b.　ジョンが　メリーに（教室で）泣かれた.
(7) a.　Mary-ka　　（kyosil-eyse）wul-ess-ta.
　　　メリー-が　教室-で　　　泣く-過去-平叙
　b. *John-i　　　Mary-eykey (kyosil-eyse) wul-li-ess-ta.
　　　ジョン-が メリー-に　　教室-で　　泣く-受動-過去-平叙

日本語は自動詞文 (6a) を基に受動文 (6b) を派生することができるが，韓国語で自動詞文 (7a) から同様の派生を試みた (7b) は完全な非文である.

　Washio (1993) は，韓国語において (4a, b) が受動解釈のときに語幹動詞の目的語「指」「髪」の所有者が主語ジョンのものに限定される事実と自動詞語幹受動の (7b) が非文になる事実を統一的に説明しようとした. (8a, b) が示すように，(4a, b) および (5a, b) で「指」「髪」がメリーのものであるとき，主語ジョンは，メリーによる自身の指噛み事象やメリーによる自身の髪切り事

象の参与者 (participant) ではないため, これらの事象から除外されるが, 自動詞を語幹にした受動文 (6b) や (7b) でも, ジョンは必然的にメリーが泣くという事象から除外される.

(8) a. [ジョン [メリー$_2$ 指/髪$_2$ 噛む/切る] られ]
   b. [ジョン [メリー 泣く] られ]

Washio (1993) は, 受動文主語に被害者の読みが義務的に生じるのは, 除外によるものだと主張し, これを除外による被害性 (adversity by exclusion) と呼び, (4a, b) の受動解釈で目的語の所有者が主語に限定される理由と (7b) の自動詞語幹の受動文が許されない理由を韓国語が除外型受動を許さないからだと主張した.[6]

本稿は, 韓国語の接辞型受動文について, 日本語の受動文と比較しつつ, つぎの (9a-c) の 3 つの問に答えることを目標とする.

(9) a. なぜ韓国語は除外型受動文を持たないのか.
   b. 韓国語の接辞型受動文はどう派生されるのか.
   c. 使役接辞のうち, なぜ /Hi/ 形のみが受動の意味を表しうるのか.

以下, 本稿の構成はつぎのとおりである. まず, 第 2 節では, 理論的背景として「動詞句階層仮説」を紹介する. つぎに, 第 3 節で (9a) の問題を取り上げ, 日本語の除外型受動のラレが直接受動のラレとは異なり Voice より高い位置を占めるとする Aoyagi (2010) の主張を紹介し, その主張を補強する新たな事実として使役受動文を考察する. 第 4 節で (9b) と (9c) の問題を取り上げ, 韓国語の受動文が奪主題化 (dethematization) に起因する構造的縮約 (Voice-Cause bundling) によって使役文から派生したと主張する. 第 5 節では, 本稿の分析の帰結として, 二重使役形式を考察し, これがなぜ現代標準韓国語に至る過程で生産性を失ったかに関する仮説を述べる. 第 6 節は全体のまとめと今後の課題である.

---

[6] Washio (1993) の除外による被害性という概念は以上の例に関しては有効であるが, 使役受動文を考慮すると, Aoyagi (2010) が提案した H-Appl (High Applicative) による分析の方が妥当である. この点については, 3.2 節で論じる.

2. 理論的背景
2.1. 動詞句階層仮説

　Rizzi（1997）に始まる言語地図制作（cartography）プロジェクトでは，まず補文標識 C の領域に主題（Topic）や焦点（Focus）のような階層性があることが示された．さらに，Cinque（1999）は時制辞 T の下にもボイス（Voice）やアスペクト（Aspect）等さまざまな階層があると主張した．本稿では，T 以下の階層構造がつぎの（10）のようになっていると考え，これを動詞句階層仮説と呼ぶ．

(10)
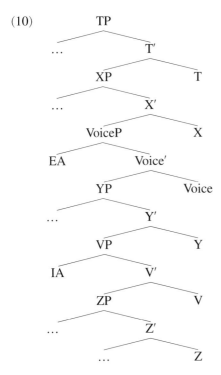

（10）に示した動詞句階層仮説の要点は，動詞の外項（EA）を導入する Voice（Kratzer (1996)）の上下や動詞句（VP）の上下にさまざまな機能範疇が現れるとする点である．例えば，Borer (2005), MacDonald (2006), Travis (2010), Fukuda (2012) は，（10）の X と Y の階層にそれぞれ High / Outer Aspect, Low / Inner Aspect が存在すると主張し，Pylkkänen (2000, 2008) や McGinnis (2001) によれば，（10）の Y と Z の位置に High Applicative と

Low Applicative が現れるという．さらに，Aoyagi (2010) は，日本語の High Applicative は X の位置に現れるとし，Aoyagi (2014)，青柳 (2023) は，影山 (1993) が語彙的複合動詞に分類した「(セーターが) 編み上がる」「(セーターを) 編み上げる」の後項「〜アガル／アゲル」のように自他交替するアスペクト動詞 (l-asp) は Z の位置に現れると主張した．

2.2. 使役形態素の位置

　使役形態素 (Cause) については，Pylkkänen (2008: 85) がつぎの3通りの出現環境があると述べている．

(11) a.　Root-selecting Cause:　　√R^Cause
　　　b.　vP-selecting Cause:　　vP^Cause[7]
　　　c.　phase-selecting Cause: $[_{\alpha P}$ EA … $\alpha]$^Cause

(11a) は分散形態論 (Halle and Marantz (1993), Marantz (1997), Embick and Noyer (2007) など) でいう語根 (√R: Root) を選択するもので，日韓語では，例えば，「渡す (wata-s)」(語根はワタ (海) に由来)，pakk-wu (「変える」の意．語根は名詞の pakk (ホカ，ソト)) などの名詞語根から動詞を派生するのに用いられる．[8] (11b) は自動詞 (非対格自動詞) を他動詞化 (使役化) するもので，日本語では「腐る (kusar-u) − 腐らせる (kusar-ase-ru)」「死ぬ (sin-u) − 死なせる (sin-ase-ru)」，韓国語にも ssek (腐る) − ssek-hi (腐らせる)，cwuk (死ぬ) − cwuk-i (死なせる，殺す) にみられる．最後に，(11c) はフェーズ (phase) を選択するもので，Pylkkänen (2008: 85) はフェーズを外項 (EA) を取る主要部の最大投射と定義している．これは伝統的に補文を取るとされてきた使役形態素のことで，日本語のサセのみならず，後述のように韓国語の {-i, -hi, -li, -ki} にもこの用法がある．

　以上から，日韓語の T 以下の階層構造は最大でつぎの (11) のようになる．

---

[7] Pylkkänen (2008: 85) は "V-selecting" としているが，分散形態論の仮定のもとでは，vP に当たる．また，この位置は Wurmbrand and Shimamura (2017) も使役形態素の出現位置として認めている．

[8] 分散形態論において語根 (√R: Root) は範疇未指定 (acategorial) だとされる．本稿では，ゼロ形式 (ø) の範疇決定辞 n, v, a と併合して，名詞，動詞，形容詞を派生する語根をそれぞれ名詞語根，動詞語根，形容詞語根と便宜的に呼ぶ．

第 3 章　韓国語における受動文の派生と二重使役の衰退について　　57

(12)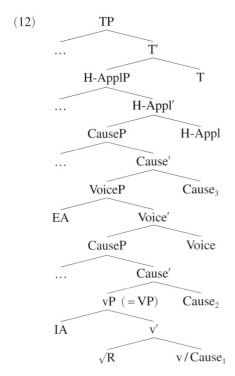

(12) において，T-v 間の機能範疇階層において必須のものは Voice のみである。[9] Voice は典型的には外項（EA）として行為者（Actor）を導入するが，[+passive] であれば，外項を奪主題化（dethematization）する。Voice より高い位置に現れ，有情物（Sentient）を指定部に取る H-Appl は，後述のように，日本語にだけ存在する。$Cause_1$ が (11a) に，$Cause_2$ が (11b) に，$Cause_3$ が外項を取る VoiceP を選択する (11c) に，それぞれ該当する。語根 √R は範疇決定辞 v と併合してはじめて内項（IA）を取りうる（Basilico (2008)）ので，vP が伝統的な VP にあたる。

---

[9] Aoyagi (2021) は日本語の Voice を (i) 外項（EA）を導入するか否か [±strong/EA]，(ii) 受動態をなすか否か [±passive] で以下のように交差分類した．

	− passive	+ passive
− strong / EA	ø: 非対格・中間構文	-rare : 直接受動文
+ strong / EA	ø: 他動詞・非能格構文	

58　　　　　　　　第 I 部　語の意味と文の構造

3.　除外型受動文と使役受動文

3.1.　日本語の High Applicative

　第 1 節の（8a, b）で示したような除外型受動文は日本語には存在するが，韓
国語には存在しない．除外型受動文の主語は義務的に被害者の解釈を受ける．
一方，日本語には受益を表す（～テ）モラウが存在する．これは，本動詞モ
ラウが文法化によって補助動詞化したものである．韓国語にもモラウに該当す
る動詞 pat があるが，これは日本語のモラウのようには文法化していない
（Shibatani（1994））．

- （13）a.　ジョンは　メリーに　本を　もらった．
  - b.　ジョンは　メリーに　働いて　もらった．
- （14）a.　John-un　　Mary-eykey chayk-ul pat-ass-ta.
  - 　　　　ジョン-は　メリー-に　　本-を　　　もらう-過去-平叙
  - b. *John-un　　　Mary-eykey ilha-y(e)　pat-ass-ta.
  - 　　　　ジョン-は　メリー-に　　働く-て　　もらう-過去-平叙

（13），（14）が示すように，本動詞としてのモラウと pat はほぼ等価であるが，
日本語のモラウが受益の補助動詞の用法を発達させているのに対し，韓国語の
pat にはその用法はみられない．

　Aoyagi（2010）は，日本語にだけ除外型受動文が存在する事実とモラウが
受益の補助動詞に文法化している事実を統一的に説明している．

- （15）a.　ジョン $_1$ は［$_{\alpha P}$ メリー $_2$ に自分 $_{1,2}$ の部屋でわざと $_{1,2}$ 泣か］れた．
  - b.　ジョン $_1$ は［$_{\alpha P}$ メリー $_2$ に自分 $_{1,2}$ の部屋でわざと $_{1,2}$ 泣いて］もらっ
    た．

（15a, b）が示すように，除外型受動のラレ，受益補助動詞のモラウに埋め込
まれた αP に含まれるメリーは「自分」の先行詞になり，主語指向副詞「わざ
と」の修飾も可能である．このことは，「泣く」の意味上の主語であるメリー
が典型的な外項（EA = Actor）の性質を持つことを意味し，αP = VoiceP だと
考えるのが妥当である．よって，（15a, b）のジョンを導入する除外型受動の
ラレ，受益補助動詞のモラウは必然的に Voice より高い位置を占めることに
なる．Pylkkänen（2000, 2008）や McGinnis（2001）によれば，受益者，被
害者等の項を導入するのは High Applicative であるという．Aoyagi（2010）
はこれを採用し，これらの補助動詞（助動詞）を "Higher Applicative" と呼ん

だ.[10] この提案の下では，(15a, b) はつぎのような構造を持つ．

(16)
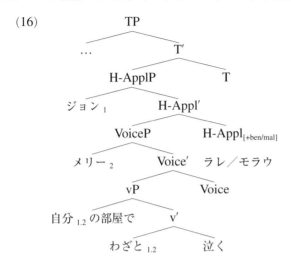

(16) に示したように，日本語の H-Appl は Voice より高い位置を占め，その指定部に有情物 (Sentient) を取る．H-Appl に [+benefactive] の素性があれば，モラウが語彙挿入され，ジョンは受益者に解釈される．逆に [+malefactive] であれば，ラレが挿入され，ジョンは被害者に解釈される．一方，韓国語にはこの位置に H-Appl が存在しないため，除外型受動文 (7b) も受益の補助動詞文 (14b) も不可能なのだと説明できる．これが問 (9a) への答えである．

Roberts and Roussou (2003: 36) は，文法化 (grammaticalization) とは，より上位の構造への再分析 ("reanalysis upwards") だと述べている．この考えに従うと，日本語における使役形態素ス・サス・サセ，受動形態素ル・ラル・ラレ，およびモラウの本動詞から補助動詞への文法化は，それぞれ (12) の構造表示においてつぎのように進行したとみることができるだろう．[11]

---

[10] "Higher" としたのは，Pylkkänen らが High Applicative が VP と VoiceP の間 ((10) の Y の階層) に現れるとしたのに対し，日本語のラレやモラウがより高い位置 ((10) の X の階層) に現れるからである．ただし，本稿ではこの差を論じるのが目的ではないので，単に High Applicative (H-Appl) とする．さらに，青柳 (2022) は，韓国語で文法化している (-e) cwu と日本語の (〜テ) ヤルを比較し，後者が Voice より高い位置 ((10) の X の階層) に現れるのに対して，前者は VoiceP と VP の間 ((10) の Y の階層) にしか生起しないと主張した．

[11] Aoyagi (2017) は，文法化には 2 方向があり，より上位の構造への文法化 (機能化 (functionalization)) に加えて，v から語根 ($\sqrt{R}$) への文法化 (語根化 (radicalization)) も存在すると主張している．ただし，本稿では語根化にはこれ以上立ち入らない．

(17) a. 使役形態素の文法化：v/Cause$_1$ → Cause$_2$ → Cause$_3$
b. 受動形態素の文法化：v → Voice → H-Appl
c. モラウの文法化：　　v → H-Appl

　除外型（被害）受動のラレと受益補助動詞のモラウを統一的に扱う本稿の分析は，日本語史や類型論の観点からも支持される．山口（2018）によれば，中世に発達した補助動詞モラウがラレとそれぞれ受益と被害で意味的に役割分担を果たすようになるのは，近世でもようやく 18 世紀中頃のことである．さらに，當山（2014）によると，日本語と日琉祖語から分岐した琉球諸語に属する首里語では受動形態素の除外型（被害）受動への文法化もモラウに該当する動詞の受益の補助動詞への文法化も起こっていない．[12] これは，少なくとも受動文と受益文の文法化に関するかぎり，韓国語は首里語と同じレベルにあることを示す．すなわち，ラレやモラウの H-Appl への文法化は日本語においてのみ，しかも比較的最近起こったことなのである．

3.2. 使役受動文と被害性

　第 1 節の（3a, b）でみたように，日本語には使役受動文（サセ・ラレ文）が存在するが，韓国語には存在しない．この事実も，3.1 節で紹介した H-Appl による分析を支持する．つぎの（18a）の他動詞文をもとに，（18b）の使役文，さらに（18c）の使役受動文が派生する．

(18) a. [$_{VoiceP}$ ジョン$_1$ が わざと$_1$ 自分$_1$ の子どもを ほめ] た
b. [$_{CauseP}$ メリー$_2$ が [$_{VoiceP}$ ジョン$_1$ に わざと$_{1,2}$ 自分$_{1,2}$ の子どもを ほめ] させ] た．
c. [$_{H-ApplP}$ ジョン$_1$ が [$_{CauseP}$ メリー$_2$ に [$_{VoiceP}$ e$_1$ わざと$_{1,2}$ 自分$_{1,2}$ の子どもを ほめ] させ] られ] た．

（18a）において，ジョンは「自分」の先行詞で，主語指向副詞「わざと」の修飾を許すので，Voice の導入する典型的な外項（EA = Actor）といえる．（18b）の使役文においても，ジョンはこれらの性質を保持する．よって，使役形態素サセは（11c）のフェーズ（この場合は外項を取る VoiceP）を選択するタイプということになる．（18b）のジョンは「ほめる」の行為者であると同時に被使役者でもあるが，この時点では特に被害者の意味は持たない．（18c）は（18b）を受動化したものである．すると，（18c）のラレは直接受動の [+ passive]

---

[12] 下地理則氏（個人談話）によれば，宮古語も同様である．

第 3 章　韓国語における受動文の派生と二重使役の衰退について　　　61

Voice ではなく，H-Appl の実現形でしかあり得ない．したがって，Voice よ
り高い位置に H-Appl が存在しない韓国語には（3b）のような使役受動文が存
在しないという事実が直ちに導かれる．

　ここで，注目すべきは，（18c）のジョンが（18b）のそれとは異なり，義務
的に被害性を帯びる点である．（18c）の使役受動文の主語ジョンは，VoiceP
の指定部にある空所（e_1）と同定され，かつ，「自分」の先行詞であり続けられ
る．すなわち，（18c）のジョンは，Washio（1993）のいう意味で埋め込み事
象（この場合，CauseP が表す使役事象）から除外されていないにもかかわら
ず，強い被害性を帯びる．この事実は，除外による被害性（adversity by ex-
clusion）では説明できない．

　受動文主語の除外と非除外，および義務的な被害性を整理すると，以下のよ
うになる．[13]

（19）a.　ジョン$_1$ が［メリー$_2$ に 子ども$_1$ を　ほめ］られた．
　　　　　（非除外，義務的被害性なし）
　　　b.　ジョン$_1$ が［メリー$_2$ に 子ども$_2$ を　ほめ］られた．
　　　　　（除外，義務的被害性あり）
　　　c.　ジョン$_1$ が［メリー$_2$ に［e_1 子ども$_{1,2}$ を　ほめ］させ］られた．
　　　　　（非除外，義務的被害性あり）

（19a）のように，子どもがジョンのものであるとき，ジョンはメリーによる子
どもほめ事象から除外されず，義務的な被害性も帯びない．一方，（19b）のよ
うに，子どもがメリーのものであるとき，ジョンは除外され，義務的に被害性
を帯びる．ここまでは，Washio（1993）の除外による被害性で説明できる．
ところが，（19c）のジョンは埋め込まれた使役事象から除外されていないにも
かかわらず，強い被害性を帯びる．これは，（19c）がつぎの（20）の構造を取
るからである．

---

　[13] 査読者 A 氏は，（19c）のジョン$_1$ が直接受動によって e_1 から移動する可能性を示唆され
た．かりに（19c）が直接受動文であるならば，メリーは付加詞に降格しているはずである．
次例（i）が示すように，直接受動文のニ句は「自分」の先行詞とはなりえない（Howard and
Howard（1976））．（（i）では，ラレが有情物（Sentient）を指定部に要求する H-Appl の実現
形である可能性を排除するために無情物主語が用いてある．）
　　（i）　ジョン$_1$ の車がメリー$_2$ に（によって）自分$_{*1,*2}$ の誕生日に壊された．
　（i）のジョンは c-統御条件を満たさず，メリーは付加詞に降格しているため，いずれも「自分」
の先行詞としての容認度は低い．ところが，（18c）のメリーは「自分」の先行詞となりうるの
で，直接受動文のニ句とは性質が異なる．

(20)

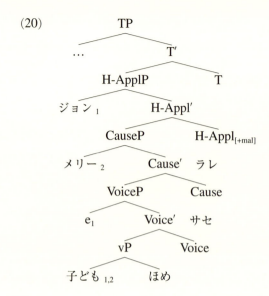

　(20)において，ラレは，外項（EA）を取る VoiceP を選択する Cause よりさらに高い位置にあるのだから，直接受動（[+passive]）の Voice の実現形（exponent）ではありえず，したがって H-Appl の実現形でしかありえない．よって，本稿における（18c）のジョンが持つ被害性に対する説明は，それが除外によるものというよりも，ラレが必然的に被害性を表す [+malefactive] の H-Appl を語彙化したものだからということになる．

　最後に，非除外型の（19a）の受動文はどのように派生するのだろうか．本稿では，(19b) の除外型受動の主語が H-Appl の指定部に基底生成されるオプションしかないのに対し，(19a) は所有者受動（possessor passive）によって派生しうるからだと考える．Kubo (1992) によれば，所有者受動は直接受動の一種であり，移動により派生される．これが正しいとすると，(19a)，(19b) の派生はそれぞれつぎのようになる．

第 3 章　韓国語における受動文の派生と二重使役の衰退について　　　　63

(21)

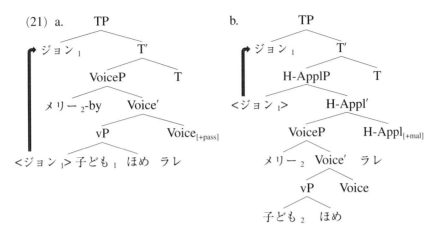

　(21a) は (19a) の表示である．この文のラレは直接受動 ([+passive]) の Voice の実現形である．このとき，メリーは外項 (EA) から付加詞に格下げされるので，子どもの所有者ジョンがメリーを超えて時制辞 T の指定部に移動することができる．一方，(21b) は (19b) の表示である．この文のメリーは Voice の外項 (EA) であるので，(21a) のようにジョンがこれを超えて移動することはできず，H-Appl の指定部に基底生成されるしかない．したがって，(19b) のジョンは義務的に被害性を帯びるのである．[14]

---

[14] 査読者 B 氏は以下のような例を基に本稿の分析に疑問を呈された．
　(i) a. ジョン₁ が (自分₁ の) 頭₁ に 帽子を 被った／*被せた．
　　　b. ジョン₁ が メリー₂ の 頭₂ に 帽子を *被った／被せた．
　(ii) a. ジョン₁ が メリー₂ に (自分*₁,₂ の) 頭₂ に 帽子を 被られた．
　　　b. ジョン₁ は メリー₂ に (自分₁,*₂ の) 頭₁ に 帽子を 被せられた．
まず，「(帽子を) 被る」という動詞は，「(服を) 着る」「(ズボンを) 穿く／(靴を) 履く」などと同じく語彙的に再帰性 (x put y on x's body part) を持つ着衣動詞である．一方，「被せる」は「着せる」と同様に三項他動詞 (つまり，使役形「被らせる」とは別) であり，着衣 y の他者 z への所有権の移譲 (change of possession: x put y on z ('s body part) & x ≠ z) を語彙的意味に含んでいる．したがって，(ia) で「被る」，(ib) で「被せる」を用いるのは当然である．
　つぎに，(iia) は，(iii) に示すように，「被る」の再帰性のために，ジョンは H-Appl 指定部に生成されるしかない．
　(iii) [H-ApplP ジョン₁ が [VoiceP メリー₂ に [vP 自分₂ の 頭₂ に 帽子を 被る] ∅] ラレ]
したがって，(iia) のジョンは義務的に被害性を帯びる．
逆に，(iib) は，所有権移譲の意味から，(iva, b) の派生を経る．
　(iv) a. [TP ... [VoiceP メリー₂ に [vP ジョン₁ の 頭₁ に 帽子を 被せ] ラレ] T]
　　　b. [TP ジョン₁ が [VoiceP メリー₂ に [vP <ジョン₁> の 頭₁ に 帽子を 被せ] ラレ] T]
すなわち，(iib) のラレは直接受動の [+passive] Voice の実現形であり，(iia) のラレとは異なる (さらに，(iib) の「自分」は A-移動の残余代名詞 (resumptive pronoun) である)．この

4. 韓国語の受動文の派生

4.1. 構造的縮約仮説

受動文の派生については，英語の get 受動文にみられるように使役文からの派生説が有力である (Keenan and Dryer (1985), Haspelmath (1990), Washio (1993) など).

(22) a. John got [Bill to hide].
b. John got [Bill hidden].
c. Bill$_1$ got [e$_1$ hidden].

(22a) は get による使役文で，(22b) の中間形を経て，なんらかの理由で get の主語位置 (Cause) が奪主題化されると補文主語が主節主語位置に移動し，(22c) の get 受動文が派生する．本節では，韓国語の受動文も同様の派生を辿ったと主張する.

つぎの (23a, b) は先の (4a, b) に少し手を加えたものである.

(23) a. John$_1$-i　[$_{VoiceP}$ Mary$_2$-eykey (caki$_{1,2}$) sonkalak-ul sey-key$_2$
ジョン-が　　　　メリー-に　　　自分　指-を　　　　強く
mul]-li-ess-ta.
噛む-HI-過去-平叙
(i)　ジョン$_1$がメリー$_2$に (自分$_{1,2}$の) 指を強く噛ませた．(使役)
(ii)　ジョン$_1$がメリー$_2$に (自分$_{1,*2}$の) 指を強く噛まれた．(受動)
b. John$_1$-i　[$_{VoiceP}$ Mary$_2$-eykey (caki$_{1,2}$) meli-lul chenchenhi$_2$
ジョン-が　　　　メリー-に　　　自分　髪-を　　ゆっくり
kkakk]-i-ess- ta.
切る-HI-過去-平叙
(i)　ジョン$_1$がメリー$_2$に (自分$_{1,2}$の) 髪をゆっくり$_2$切らせた．
(使役)
(ii)　ジョン$_1$がメリー$_2$に (自分$_{1,*2}$の) 髪をゆっくり$_2$切られた．
(受動)

派生を裏づける根拠として，(iib) では，「被せる」の意味上の主語メリーに付加するニをニヨッテに交換できる (Kuroda (1979), Kubo (1992)) という事実に加えて，(v) のように文脈を整えれば，ジョンの被害性が限りなく弱くなるという事実が挙げられる.
　(v)　ジョンはメリーに (よって) 頭に欲しかった帽子を被せられ，ご満悦だった.
したがって，(i), (ii) の例は本稿の分析にとって問題とはならない.

(23a, b) が使役解釈のとき，使役形態素に埋め込まれた句の意味上の主語メリーは，caki（自分）の先行詞となりうると同時に主語指向性様態副詞の修飾を許す．したがって，メリーは Voice が導入する典型的な外項（EA = Actor）であると考えられ，使役形態素は（11c）のフェーズを選択するタイプということになる．例えば，(23a) が使役文と解釈されるときの構造は以下のとおりである（ただし，語彙は日本語で示してある）．

(24)

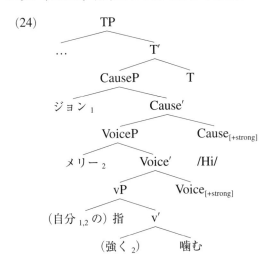

(24) において，Cause と Voice はいずれもその指定部に項を取る（[+strong]）ので，ジョンは使役者（Cause），メリーは行為者（Actor）の解釈を受け，いずれも外項であり，「自分」に当たる caki の先行詞になりうる．

Pylkkänen (2008: 84) は，英語のような言語において，変化他動詞の主語が行為者（Actor）であると同時に使役者（Cause）とも解釈されうる理由は，(25) に示したような Voice-Cause bundling という構造的縮約操作が適用したためだと主張している．

(25)

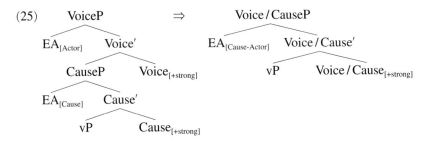

この構造的縮約の適用する条件は必ずしも明らかではないが，(i) Voice と Cause の少なくともいずれかの実現形がゼロ形 (ø) であり，(ii) Voice と Cause のいずれもが外項を取り ([+strong])，かつ，2 つの外項が同定されるとき，という条件が想定されているようである (Harley (2017)).[15]

本稿では，上記 (i), (ii) の条件に加えて，(iii) Voice と Cause のいずれも外項を取らない ([-strong]) とき (すなわち，同定されるべき外項が存在しないとき) にも構造的縮約が適用すると考える．すると，(23) の Cause と Voice がいずれも外項を取らないとき，つぎの (25) に示すように，Cause と Voice を折り畳む構造的縮約が起こる (語彙は日本語で示してある).

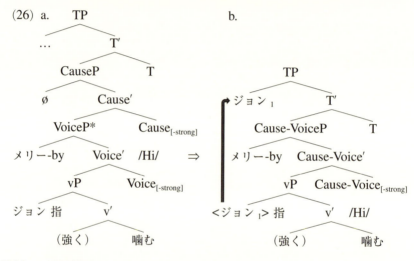

(26a) の階層構造は使役文 (24) と基本的に変わらない．ただ，(26a) の Cause, Voice の指定部はそれぞれ奪主題化されている (Mary-eykey (メリー-に) は付加詞に降格) ため，(26b) のように構造的縮約 (Voice-Cause bundling) が起こる．さらに，目的語「指」の所有者が TP 指定部に移動すると，受動文が派生する.[16] すなわち，韓国語の (26b) の派生は日本語の (21a) の

---

[15] Pylkkänen (2008: 84) は Voice-Cause bundling は (フィンランド語とともに) 日本語には適用しないと述べている．その理由は明らかにされていないが，おそらく日本語には使役受動形 (サセ・ラレ) が存在するため (i) の条件を満たさないと考えているからだと思われる．本稿 3.2 節の分析が正しければ，使役受動形のラレは Voice ではなく H-Appl なので Voice-Cause bundling とは無関係である．

[16] Yeon (2002, 2003) は，目的語の所有者が一旦所有者上昇 (possessor ascension) を経たのち主語位置に移動する可能性を示唆している．

所有者受動文の派生と本質的に同じである.

さらに,この構造的縮約には別の動機も存在する.(11) でみた使役形態素の出現環境を選択制限(selectional restriction)の一種だとみなすと,本来 (11c) のフェーズを選択する使役形態素であったはずの Cause が,Voice の奪主題化([+strong] → [−strong])のためにその選択制限を満たせなくなる.そこで,Voice との構造的縮約が適用することにより,(11b) の選択制限が満たされるようになる,というわけである.

本節では,韓国語の受動文が使役文からどのように派生するかを検討した.具体的には,受動文はその階層構造において使役文と変わらない.それゆえ,韓国語のように前者と後者は同形でありうる.ただし,受動文では Cause と Voice が奪主題化された結果,両者の間に構造的縮約(Voice-Cause bundling)が起こる.さらに,(4a, b) のような受動文は語幹動詞の目的語から所有者が TP の指定部に移動するので,被所有物((4a) の「指」や (4b) の「髪」)は受動文主語ジョンのものに限られることになる.[17]

4.2. /Hi/ 形と /Hu/ 形

第 1 節で論じたように,韓国語では 7 つ存在する使役形態素 {-i, -hi, -li, -ki, -wu, -kwu, -chwu} のうち 4 つの /Hi/ 形 {-i, -hi, -li, -ki} だけが受動形態素としても使われうる.本節では,/Hi/ 形と /Hu/ 形が選択しうる語根の性質の違いがこの差を生んでいることを示す.

つぎの (27), (28) は,それぞれ /Hi/ 形と /Hu/ 形の選択する語根の例である.[18]

(27) /Hi/ 形の選択する語根

    a. 形容詞語根:noph(高い)−noph-i(他:高める),nelp(広い)−nelp-hi(他:広げる),cop(狭い)−cop-hi(他:狭める),palk(明るい)−palk-hi(他:明かす),…

    b. 非対格自動詞語根:sal(生きる)−sal-li(他:生かす),kkulh(沸く)−kkulh-i(他:沸かす),ik(煮える)−ik-hi(煮る),…

---

[17] さらに,(26b) で John-uy sonkalak(ジョンの指)全体が移動して,(i) を派生することも可能である(日本語の (21a) も同様である).

  (i) John-uy   sonkalak$_3$-i Mary-eykey e$_3$ mul-li-ess-ta.
        ジョン−の 指−が   メリー−に   噛む−HI−過去−平叙
        「ジョンの指がメリーに噛まれた」

[18] この点に筆者の注意を向けてくださったのは伊藤貴祥氏(個人談話)である.

c. 他動詞・非能格自動詞語根： mul（噛む）– mul-li（噛ませる），palp（踏む）– palp-hi（踏ませる），ilk（読む）– ilk-hi（読ませる），cap（掴む）– cap-hi（掴ませる），kkakk（切る）– kkakk-i（切らせる），ket（歩く）– kel-li（歩かせる），…

(28) /Hu/ 形の選択する語根

a. 形容詞語根： nac（低い）– nac-chwu（他：低める），nuc（遅い）– nuc-chwu（他：遅らせる），…

b. 非対格自動詞語根： kkay（起きる）– kkay-wu（他：起こす），tal（焼ける）– tal-kwu（他：焼く），mac（合う）– mac-chwu（他：合わせる），…

c. 他動詞・非能格自動詞語根： なし

(27a, b)，(28a, b) が示すように，形容詞語根と非対格自動詞語根を選択して使役化（他動詞化）する例は，/Hi/ 形，/Hu/ 形のいずれにもみられる．しかし，他動詞または非能格自動詞語根を選択してそれを使役化する例は /Hi/ 形には存在するが，/Hu/ 形には見当たらない．一般に，形容詞や非対格自動詞の主語は内項（IA）であり，他動詞や非能格自動詞の主語が外項（EA）だと考えられている（Baker（2003））．すると，(11) の使役形態素の出現環境でいえば，形容詞語根を選択して使役化（他動詞化）する（11a）や非対格自動詞語根を選択してそれを使役化する（11b）の使役形態素の出現環境には /Hi/ 形も /Hu/ 形も現れうるが，外項（EA）を伴うフェーズを選択する（11c）の位置に現れうるのは，つぎの（29）に示すように，/Hi/ 形のみということになる．

(29)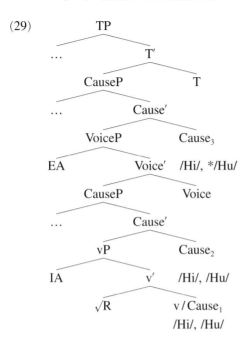

4.1 節で論じたように，韓国語の受動文は使役文から派生する．その際，外項 (EA) を取るフェーズとしての VoiceP とそれを選択する $Cause_3$ が構造的縮約 (Voice-Cause bundling) によって折り畳まれる ((26) 参照)．そのため，(29) で VoiceP を選択しうる /Hi/ 形の $Cause_3$ のみが受動文の派生に関与するのである．これが，第 1 節の問 (9b) に対する本稿の答えである．

5. 本稿の分析の帰結

5.1. 韓国語の二重使役

　現代標準韓国語（ソウル方言）では，1 つの動詞語幹には 1 つの使役（または受動）形態素しか付加しないとされる．ところが，4.2 節の提案（(29) 参照）が正しいとすると，むしろ 1 つの語根に複数の使役形態素が付加しうることを予測する．本節では，基本的にこの予測が正しいことを慶尚道方言や済州島方言にみられる事実や標準語で見逃されてきた事実を基に示す．

　まず，韓国語の使役形態素が (29) に示したような分布を示すとすると，(i) /Hi/－/Hi/，(ii) /Hi/－/Hu/，(iii) /Hu/－/Hi/，(iv) /Hu/－/Hu/ の 4 通りの形式がすべて存在しても不思議ではない．実際に，前近代韓国語や方言にまで目

を向けると，この予測が正しいことがわかる．[19]

(30) /Hi/ – /Hi/

    a. wul -i   -i   (-l   hyang)
       響く -HI -HI －連体 響
       「響く」   （『倭語類解』[20]）

    b. an   -ki -i
       抱く -HI -HI
       「抱かれる／抱かさる[21]」   （慶尚北道：Ito (2021)）

(31) /Hi/ – /Hu/

    a. meyk -i   (-wu)
       食べる -HI -HU
       「食べさせる」   （済州島：O'Grady et al. (2019)）

    b. peys -ki (-wu)
       脱ぐ -HI -HU
       「脱がせる」   （済州島：O'Grady et al. (2019)）

    c. se   -i -wu
       立つ -HI -HU
       「立てる」   （現代標準韓国語）

    d. tha   -i -wu
       焼ける -HI -HU
       「焼く」   （現代標準韓国語）

(32) /Hu/ – /Hi/

    a. al   -o[22] -i
       知る -HU -HI
       「お知らせする，申し上げる（謙譲語）」   （現代標準韓国語）

    b. pakk -wu -i
       ほか -HU -HI

---

[19] ただし，三重使役の例はどの方言にも見当たらない．

[20] 『倭語類解』は 18 世紀にソウルで出版された日韓語の語彙集である．

[21] 佐々木冠氏（個人談話）は，東北・北海道に分布し，二重接辞と分析できるラサル（r-as-ar）形式との類似点を指摘された．同氏によると，東北地方では，親が子どもに向かって「抱かさってみ！（（私に）抱かれてみなさい）」のように言えるそうである．

[22] 伊藤貴祥氏（個人談話）によれば，この /o/ は動詞語幹の /a/ に合わせて /u/ から母音調和により変化したものだという．韓国語では /i/ が中性母音，/a/ と /o/ が陽母音，/u/ を含むその他の母音はすべて陰母音とされ，陽母音と陰母音の結合は回避される．

「変わる」 （現代標準韓国語）

(33) /Hu/ – /Hu/

   a. mac -hwu -wu
      合う -HU -HU
      「合わせる」 （慶尚北道：Ito (2021)）

   b. nac -chwu （-wu）
      低い -HU   -HU
      「低める」 （済州島：O'Grady et al. (2019)）

(30)–(33) の例をみると，(30a) や (32b) のように自動詞や名詞の語根が1つ目の使役形態素によって他動詞化し，2つ目の使役形態素によって再び自動詞化しているようにみえるものもあるが，ほとんどの例では，自動詞や形容詞語根が単に他動詞化（使役化）している．(31a, b) や (33b) の済州島方言の例では，2つ目の /Hu/ は任意であり，あってもなくても特に意味は変わらないという．[23] (31c, d)，(32a, b) は現代標準韓国語でもよく使われるものであるが，広く知られた韓国語文法書である Martin (1992) や Sohn (2008) にも二重接辞との記述はない．例えば，(31c, d) の自動詞形はそれぞれ se（立つ），tha（焼ける）であるが，/Hi/ 形のみが付加した *se-i や *tha-i は存在せず，(32a) で /Hu/ 形のみが付加した *al-o も存在しない．[24] すなわち，現代標準韓国語にも二重接辞の痕跡は認められるものの，同じ自動詞語根に使役形態素が1つ（(29) の $Cause_2$）だけ付加したものと2つ（(29) の $Cause_2$ と $Cause_3$）付加したものが共存する例はない．

それでは，なぜ日本語では「起く (ok) – 起こす (ok-os) – 起こさせ (ok-os-ase)」のように非対格自動詞語根に使役形態素が2つ付加して二重使役形を形成することができるのに対して，現代標準韓国語（ソウル方言）ではこれが不可能なのだろうか．[25] つぎの (34a–c)，(35a–c) が示すように，日本語には (34a) の（非対格）自動詞「起きる (oki-ru)」に対応する (34b) の他動詞「起こす (ok-os-u)」に加えて，(34c) のように，いわば二重使役形である他動詞使役形「起こさせる (ok-os-ase-ru)」が存在するのに対し，韓国語には (35a) の自動詞 kkay（起きる）とそれを使役化（他動化）した (35b) の kkay-wu（起

---

[23] O'Grady et al. (2019) の共著者のひとりである Sejung Yang 氏（個人談話）による．

[24] (31c, d) の se-i, tha-i について，『朝鮮語大辞典』角川学芸出版（2013 年）には二重接辞形 se-i-wu, tha-i-wu の短縮形との記載はあるが，用例は挙がっていない．筆者が調査したかぎりにおいて，韓国語母語話者でこれら短縮形を容認する者はいなかった．

[25] この問題は，下地理則氏および査読者 B 氏によって提起された．

こす）は存在するが，後者をさらに使役化した *kkay-wu-wu や *kkay-wu-i
（起こさせる）は存在しない.

(34) a. メリーが　起きた.
　　 b. ジョンが　メリーを　起こした.
　　 c. トムが　ジョンに　メリーを　起こさせた.

(35) a. Mary-ka　kkay-ess-ta.
　　　　 メリー-が 起きる-過去-平叙
　　 b. John-i　　Mary-lul　kkay-wu-ess-ta.
　　　　 ジョン-が メリー-を 起きる-HU-過去-平叙
　　 c. *Tom-i　John-eykey Mary-lul　kkay-wu-wu / i-ess-ta.
　　　　 トム-が ジョン-に　メリー-を 起きる-HU-HU / HI-過去-平叙

　まず，(34a) の現代日本語の上一段活用動詞「起きる (oki-ru)」は古代語にお
いては上二段活用動詞「起く (ok-u)」であった．(34b) の他動詞形「起こす
(ok-os-u)」は，釘貫 (1996) によれば，自動詞「起く (ok-u)」に「語幹増加」
が適用して派生したという.[26]「語幹増加」は語根に近いところで起こっている
ので，「起こす」の他動化素 /os/ は本稿でいう v/Cause$_1$ とみなしうる．一方，
韓国語の非対格自動詞 kkay（起きる）は v＝ø によりゼロ派生する（(28b) お
よび注8参照）ので，他動詞形（使役形）kkay-wu（起こす）の -wu は，(29)
の Cause$_2$ とみなすのが妥当である．すると，Cause$_3$ には /Hu/ 形は現れない
ので，残る可能性は，*kkay-wu-i となる．以上のことから，日本語の (34c)
の構造は (36)，韓国語の (35c) の構造は (37) のようになると考えられる．

---

[26] Aoyagi (2017) は釘貫のいう「語幹増加」というプロセスを v の位置に導入された /as/
や /ar/ が語根化 (radicalization) したものだとし，同様のプロセスは韓国語には存在しないと
主張した．議論を簡略化するため，本稿ではこれを語根に最も近い使役化素 v/Cause$_1$ とみな
す．なお，日本語の「語幹増加」による自他交替が語根に近いところで起こっているとする根
拠の1つは，「起く (ok-u)」「起こす (ok-os-u)」，「空つ (ut-u)」「移す (ut-us-u)」などの例
に見られる「母音調和」とみなしうる現象である．日本語の「母音調和」は語幹でのみ起こっ
たとされる（馬淵 (1968)）が，伝統的な国語学における語幹は，概ね分散形態論における語
根 ($\sqrt{R}$) ＋最初の範疇指定辞 (v, n, a, …) に当たる．

第 3 章　韓国語における受動文の派生と二重使役の衰退について　　73

(36)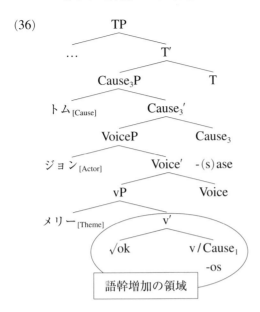

日本語の (36) において，$Cause_3$ と Voice はいずれも外項を取るが，外項同士が同定されないので，構造的縮約 (Voice-Cause bundling) は適用しない．

(37)

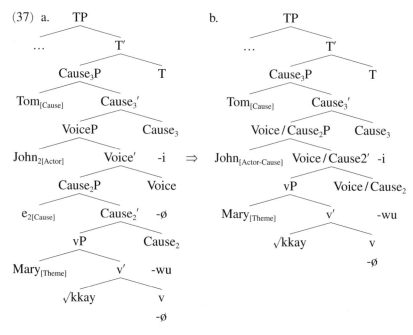

　一方，韓国語の (35c) では，Mary を起こすという事象において，John が原因項 (Cause)，かつ動作主項 (Actor) であることが意図されている．すなわち，(37a) に示したように Voice と Cause₂ の外項が同定されるので，構造的縮約 (Voice-Cause bundling) が適用し，(37b) が派生する．その結果，いずれも実現形を持つ Cause₂ と Cause₃ が隣接するので，これが (38) のような制約に違反すると考えられる．

　(38) *... Cause₂-Cause₃ ...　（ただし，Cause₂ ≠ ø, Cause₃ ≠ ø）

(38) の制約は，形態論における必異原理 (OCP: Obligatory Contour Principle) あるいは重音脱落 (haplology) の一種だと考えられる．
　(38) は現代韓国標準語（ソウル方言）のみならず，日本語にも適用する．例えば，(39a) の「腐る (kusar-u)」のような動詞は，古代語において「語幹増加」を経なかった．[27] (39b) のように Cause₂ によって状態変化他動詞「腐らせる (kusar-ase-ru)」は派生しうるが，(39c) のように，その使役形「?*腐ら

---

　[27] 『日本国語大辞典』によると，「くさる」は『日本書紀』(720 年) に初出が認められるが，古代語において「語幹増加」による他動詞形が形成された形跡はない．

せさせる (kusar-ase-sase-ru)」の容認度はかなり低い.

(39) a. 野菜が 腐った.
   b. メリー／長雨が 野菜を 腐らせた.
   c.?*ジョンが メリー／長雨に 野菜を 腐らせさせた.[28]

(40)

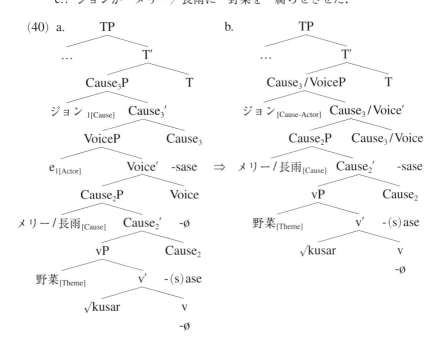

(39a) は主語が無情物の変化事象を表す典型的な非対格構文である．(39b) の主語は原因項 (Cause) なので，有情性はあってもなくてもよい．(39c) はジョンがなんらかの行為を起こすことで，メリーまたは長雨を起因として野菜が腐るような事態をもたらしたという事象を意図しているが，容認度は低い．この理由は，(40a) に示したように，$Cause_3$ 指定部のジョンが Voice 指定部と同定された結果，構造的縮約 (Voice-Cause bundling) が適用し，(40b) に示し

---

[28] 「腐らせる」の短縮形「腐らす (kusar-as-u)」を使役化して「?*腐らさせる (kusar-as-ase-ru)」としても容認度は変わらないように思われる．

たように，構造が折り畳まれ，(38) の制約に違反するからである。[29, 30, 31]

5.2. 単純使役と二重使役

前節でみたように，構造的縮約（Voice-Cause bundling）と (38) の制約のために，現代標準韓国語（ソウル方言）には自動詞語根の単純使役形（他動詞形）とその二重使役形の両者が意味的に対立するミニマルペアが存在しない．しかし，近代以前の韓国語には構造的縮約が適用しなかったことを示唆する事実が方言に残存する．(41a-c) は慶尚北道の安東方言の例である。[32]

(41) a. pulssangha-yse wuli ciip-ey halwuì pam swuìm-**key**-ø
　　　かわいそう–で　わが家–に　一晩　　　隠れ–HI–て
　　　'cw-ess-ta.
　　　やる–過去–平叙
　　　「かわいそうなので，（私は）（彼を）一晩わが家に隠してやった」

b. ǐsa eps-nun ke-l 'ni kaì-mun cwuk-nuìnta' ttak
　　意志 ない–連体 の–を お前 行っ–たら 死ぬ–非過去 しっかり
　　puthtuìl-e kaciì-ko swuìm-**ky**-e cwu-nun ke-ya.
　　捕まえ–て そして 隠れ–HI–て やる–連体 の–だ
　　「（隠れようという）意志がないのを，『お前，行ったら死ぬぞ』と（私は）しっかり（彼を）捕まえて，隠してやったのだ」

---

[29] メリーがなんらかの行為をなして積極的に野菜を腐らせた場合は，メリーが Voice 指定部に入り，Cause$_2$ 指定部と同定される．この場合も Voice と Cause$_2$ の間で構造的縮約（Voice-Cause bundling）が起こり，同じく (38) の制約に違反する．

[30] Kuroda (1993) は，「動く (ugok-u)」を二重使役化して「動かさせ (ugok-as-ase)」を派生することは可能だが，「働く (hatarak-u)」に同じプロセスを適用して「*働かさせ (hatarak-as-ase)」は派生できないことを指摘した．『時代別国語大辞典：上代編』によると，自動詞「動く (ugok-u)」とそこから「語幹増加」によって派生した他動詞「動かす (ugok-as-u)」はともに古代語にすでに存在した．一方，『日本国語大辞典』によれば，「働く」の初出は 10 世紀後半のことであることから，「働かす (hatarak-as-u)」は「働く」に「語幹増加」が適用したものではなく，「働かせる (hatarak-ase-ru)」の短縮形であることがわかる．

[31] (31c, d)，(32a, b) の現代標準語にみられる二重使役形がなぜ (38) の制約に抵触しないかは必ずしも明らかではないが，つぎの 2 つの可能性が考えられる．まず，Cause$_2$ と Cause$_3$ が /Hi/ 形と /Hu/ 形で異なるときは (38) が緩和される可能性がある．つぎに，(32b) の pakk-wu-i の語根 √pakk が名詞語根（pakk-ø は「他，外」の意の名詞）であることから，最初の -wu は明らかに v/Cause$_1$ である（ppak-wu は「変える」の意の他動詞）．これと同様に，他の 3 つの最初の使役化素も v/Cause$_1$ に再分析されている可能性がある．

[32] Ito (2021) によれば，安東方言では水準化 (leveling) によって /Hi/ 形使役接辞の母音が /e/（綴りは ey）に替わっている．

c. swum-**kéyey**-ø tal-lako ha-y kacìì-ko nay-ø swum-**kéy**-ø
   隠れ-HI-HI-て くれ-と 言う ので   私-が 隠れ-HI-HI-て
   'cw-ess-ta.
   やる-過去-平叙
   「（彼が）隠れさせてくれと言うので，俺が（彼を）隠れさせてやった」

(Ito (2021: 7) より引用)

(41a-c) の例では，いずれも語根は自動詞 swum（「隠れる」に該当）である．韓国語の swum は hay-ka kwulum-ey swum-ess-ta「太陽が雲に隠れた」のように無情物を主語に取り得ることから，元来非対格自動詞だと思われる．文脈から，(41a, b) の「彼」には隠れようという意志がなく，単純使役の /Hi/ 形が用いられているのに対し，(41c) の「彼」にはその意志があり，二重使役の /Hi/－/Hi/ 形が用いられている．すなわち，前者の単純使役形は日本語では他動詞形「隠す」に当たり，後者の二重使役形は意志動詞（非能格自動詞）に転換した「隠れる」の使役形「隠れさせる」に当たる．[33] (41a, b) の単純使役形と (41c) の二重使役形を表示したものが，それぞれ (42), (43) である．

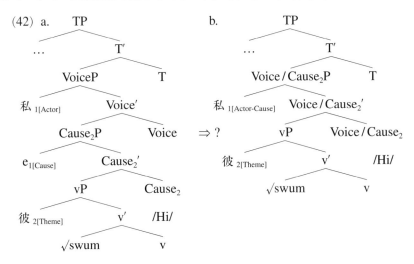

(42)

---

[33] Ito (2021) はこれらをそれぞれ「直接使役 (direct causative)」，「間接使役 (indirect causative)」と呼んでいる．

(43)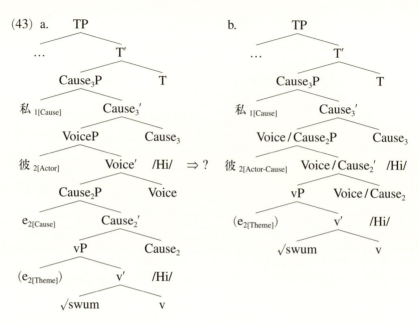

　(42a) は (41a, b) の単純使役の，(43a) は (41c) の二重使役の構造を表示したものである．(41a, b) における「彼」には隠れようとする意志がないので，単に位置変化事象の対象 (Theme) であり，位置変化の引き起こし手 (Cause) もそのためのなんらかの行為（例えば，彼を促して納屋に入れる）の行為者 (Actor) も「私」である．一方，(41c) の「彼」には明らかに隠れようとする意志があり，位置変化事象のための原因 (Cause) であり，かつ，そのための行為（例えば，自らすすんで「私」の家の納屋に入りこむなど）の主体 (Actor) でもある．

　これが現代標準語（ソウル方言）であれば，(42a) の Voice と $Cause_2$ と同様に，(43a) の Voice と $Cause_2$ も構造的縮約 (Voice-Cause bundling) の条件を満たす (4.1 節参照) ので，その構造は (43b) のように折り畳まれ，(38) の制約に抵触するはずである．ところが，Ito (2021) によれば，慶尚北道（安東）方言には二重使役形が豊富に観察される．Ito (2021: 4) は前近代韓国語や慶尚北道方言にみられる二重使役が現代標準韓国語（ソウル方言）にみられなくなったのは，つぎの (44), (45) のような音韻縮約規則が適用したからだと論じている．[34]

---

[34] 現代標準韓国語（ソウル方言）はアクセントを失っているが，慶尚北道方言はこれを保持

(44) a. 母音削除（無アクセントの第2音節で）

-Hí-Hi → -(C)íh

b. 音節末子音削除

-(C)íh → -(C)í

(45) a. 子音削除（無アクセントの第2音節で）

-Hí-Hi → -(C)íi

b. 母音縮約

-(C)íi → -(C)í

(44), (45) いずれのルートを辿っても，二重使役接辞の単純化（/Hi-Hi/ → (C)i）を説明できるという点で Ito (2021) の提案は優れている．しかし，(41a, b) vs. (41c) のような意味の違いを音韻規則のみがもたらすとは考えにくい．

そこで，本稿では，近代韓国語の時代（18 〜 19 世紀）に構造的縮約（Voice-Cause bundling）が起こり，2つの使役形態素（Cause$_2$ と Cause$_3$）が隣接するようになった結果，(38) の制約を避けるために (44), (45) のような音韻規則が適用するようになったとの仮説を提案したい．これが正しければ，周辺地の慶尚道や済州島に残存するように，かつての中央語（ソウル方言）では二重使役に一定の生産性があったが，近代に入り，いわば「負の文法化」ともいえる構造的縮約が起こった結果，二重使役の大半を失ったために，現代標準語のような姿になったとの見通しが立つ．

6. まとめと今後の課題

本稿では，まず韓国語の接辞による受動文の派生を検討し，つぎの結論を得た．

(46) a. 韓国語が除外型受動文を持たないのは，Voice より高い位置を占める H-Appl が（日本語とは違い）存在しないからである．[35]

b. 韓国語の受動文は使役文から Voice とそれを選択する Cause が同時に奪主題化されることで派生する．

c. /Hi/ 形使役形態素のみが受動形態素としても用いられうるのは，

しており，二重使役の場合は最初の使役形態素の母音にアクセント核がある．

[35] ただし，被害性が除外によるというよりも，[+malefactive] の素性をもった H-Appl に起因すると考えるべきことは，3.2 節で明らかにしたとおりである．

/Hi/ 形のみが，その選択素性により，外項（EA）を取る Voice より高い位置に現れうるからである．

さらに，韓国語の二重接辞使役についても考察を加え，つぎのような仮説を提案するに至った．

(47) a. 慶尚道方言や済州島方言に残存し，さらに現代標準韓国語にさえその名残があるように，かつての中央語（ソウル方言）では二重接辞使役に一定の生産性があった．

b. 二重使役文やそこから派生した受動文において，Voice と Cause が構造的縮約（bundling）で折り畳まれた結果，音韻的縮約規則が適用し，二重接辞が単純化した．

(47a, b) はあくまで当面の仮説である．韓国語には日本語のような古代資料が存在しない．ハングル文字の創製がようやく 15 世紀のことであり，近世語の資料も限られている．よって，言語周圏論的観点からも，今後さらに多くの方言に目を向けるべきであろう．さらに，済州島方言については，二重使役で 2 つ目の使役形態素が任意であり，その在不在が意味を変えないという点にもより詳しい検証が必要である．これらが，今後に残された課題である．

参考文献

Aoyagi, Hiroshi (2010) "On the Asymmetry in Passives between Japanese and Korean," *JELS* 7, 11–20.

Aoyagi, Hiroshi (2014) "On Serialization of Verbs in Japanese and Korean," *Harvard Studies in Korean Linguistics* XV, 219–231.

Aoyagi, Hiroshi (2017) "On Verb-stem Expansion in Japanese and Korean," *Japanese/Korean Linguistics* 24, 1–14.

Aoyagi, Hiroshi (2019) "On the Syntax of Causatives in Korean," *Universal Grammar and Its Cross-linguistic Instantiations: Proceedings of GLOW in Asia XII and the 21st Seoul International Conference on Generative Grammar*, 21–39.

Aoyagi, Hiroshi (2021) "On the Causative and Passive Morphology in Japanese and Korean," *Open Linguistics* 7, 87–110.

青柳宏 (2022)「日韓語の適用形について──補助動詞ヤルと cwu-ta を中心に──」『コーパスからわかる言語変化・変異と言語理論3』，小川芳樹・中山俊秀（編），162–175，開拓社，東京．

青柳宏 (2023)「日本語の動詞連鎖におけるテ形前項に関する一考察」『分散形態論と言語理論』，大関洋平・漆原朗子（編），55–82，開拓社，東京．

Baker, Mark C. (2003) *Lexical Categories: Verbs, Nouns and Adjectives*, Cambridge University Press, Cambridge.

Basilico, David (2008) "Particle Verbs and Benefactive Double Objects: High and Low Attachments," *Natural Language and Linguistic Theory* 26, 731–773.

Borer, Hagit (2005) *The Normal Course of Events* (*Structuring Sense, Vol II*), Oxford University Press, New York.

Cinque, Guglielmo (1999) *Adverbs and Functional Heads: A Cross-Linguistic Perspective*, Oxford University Press, New York.

Embick, David, and Rolf Noyer (2007) "Distributed Morphology and the Syntax-Morphology Interface," *The Oxford Handbook of Linguistic Interfaces*, ed. by Gillian Ramchand and Charles Reiss, 289–324, Oxford University Press, New York.

Fukuda, Shin (2012) "Aspectual Verbs as Functional Heads: Evidence form Japanese Aspectual Verbs," *Natural Language and Linguistic Theory* 30, 965–1026.

Halle, Morris, and Alec Marantz (1993) "Distributed Morphology and the Pieces of Inflection," *The View from Building 20: Essays in Honor of Sylvain Bromberger*, ed. by Ken Hale and Samuel J. Keyser, 111–176, MIT Press, Cambridge, MA.

Harley, Heidi (2017) "The 'Bundling' Hypothesis and the Disparate Functions of Little v," *The Verbal Domain*, ed. by Roberta D'Alessandro, Irene Franco and Ángel J. Gallego, 3–28, Oxford University Press, Oxford.

Haspelmath, Martin (1990) "The Grammaticization of Passive Morphology," *Studies in Language* 14, 25–72.

Howard, Irvin, and Agnes, M. Niyekawa-Haward (1976) "Passivization," *Syntax and Semantics 5: Japanese Generative Grammar*, ed. by Masayoshi Shibatani, 201–236, Academic Press, New York.

服部四郎 (1999)『日本語の系統』岩波書店，東京．

Ito, Takayoshi (2021) "The Semantics of the Two Causative Suffixes -C*i* and -C*ii* in Andong Dialect," *Open Linguistics* 7 (Topical Issue: *Current Issues in Morphosyntax in Japanese and Korean*), 1–16.

影山太郎 (1993)『文法と語形成』ひつじ書房，東京．

Keenan, Edward L., and Matthew S. Dryer (1985) "Passive in the World's Languages," *Language Typology and Syntactic Description* (*Vol. I: Clause Structure*), ed. by Timothy Shopen, 325–361, Cambridge University Press, Cambridge.

Kim, Ae-Ryung (1998) "VP Complement of HI-passives," *Japanese/Korean Linguistics* 8, 445–458.

Kim, Kyung-Hwan (1994) "Adversity and Retained Object Passive Constructions," *Japanese/Korean Linguistics* 4, 331–346.

Kratzer, Angelika (1996) "Severing the External Argument from Its Verb," *Phrase Structure and the Lexicon*, ed. by Johan Rooryck and Laurie Zaring, 109–137,

Kluwer, Dordrecht.

Kubo, Miori (1992) "Japanese Passives," *Language and Culture* 23, 231-302, The Institute of Language and Culture Studies, Hokkaido University.

釘貫亨 (1996)『古代日本語の形態変化』和泉書院，東京.

Kuroda, Shigeyuki (1979) "On Japanese Passives," *Explorations in Linguistics: Papers in Honor of Kazuko Inoue*, ed. by George Bedell, Eichi Kobayashi and Masatake Muraki, 305-347, Kenkyusha, Tokyo.

Kuroda, Shigeyuki (1993) "Lexical and Productive Causatives in Japanese: An Examination of the Theory of Paradigmatic Structure," *Journal of Japanese Linguistics* 15, 1-81.

馬淵和夫 (1968)『上代のことば』至文堂，東京.

MacDonald, Jonathan E. (2008) *The Syntactic Nature of Inner Aspect: A Minimalist Perspective*, John Benjamins, Philadelphia.

Marantz, Alec (1997) "No Escape from Syntax: Don't Try Morphological Analysis in the Privacy of Your Lexicon," *University of Pennsylvania Working Papers in Linguistics* 4, 201-225.

Martin, Samuel E. (1992) *A Reference Grammar of Korean*, Tuttle, Tokyo.

McGinnis, Martha (2001) "Variation in the Phrase Structure of Applicatives," *Linguistic Variation Yearbook* 1, 105-146.

O'Grady, William, Changyong Yang, and Sejung Yang (2019) *Jejueo* (*The Jeju Language*), University of Hawaii Press, Honolulu, HI.

Pylkkänen, Liina (2000) "Deriving Adversity," *WCCFL* 19, 399-410.

Pylkkänen, Liina (2008) *Introducing Arguments*, MIT Press, Cambridge, MA.

Rizzi, Luigi (1997) "The Fine Structure of Left Periphery," *Elements of Grammar*, ed. by Liliane Haegeman, 281-337, Foris, Dordrecht.

Roberts, Ian, and Anna Roussou (2003) *Syntactic Change: A Minimalist Approach*, Cambridge University Press, Cambridge.

Shibatani, Masayoshi (1994) "Benefactive Constructions: A Japanese-Korean Comparative Perspective," *Japanese/Korean Linguistics* 4, 39-74.

Sohn, Ho-Min (2008) *The Korean Language*, revised version, Cambridge University Press, Cambridge.

當山奈那 (2014)「首里方言における受動文の意味構造とベネファクティブ」*International Review of Ryukyuan and Okinawan Studies* 3, 11-25.

Travis, Lisa (2010) *Inner Aspect: the Articulation of VP*, Springer, Berlin.

塚本秀樹 (2012)『形態論と統語論の相互作用』ひつじ書房，東京.

Washio, Ryuichi (1993) "When Causatives Mean Passive: A Cross-linguistic Perspective," *Journal of East Asian Linguistics* 2, 45-90.

鷲尾龍一 (2002)「使動法論議再考」『事象と言語形式』，筑波大学現代言語学研究会（編），1-66，三修社，東京.

Wurmbrand, Susi, and Koji Shimamura (2017) "The Features of Voice Domain: Actives, Passives, and Restructuring," *The Verbal Domain*, ed. by Roberta D'Alessandro, Irene Franco, and Ángel J. Gallego, 179–204, Oxford University Press, Oxford.

山口響史 (2018)「近世を中心とした受身文の歴史」『日本語文法』18, 93–109.

Yang, Dong-Whee (1979)「국어의 피 - 사동 (韓国語の被 - 使動)」『한글 (Hankeul)』166, 189–206.

Yeon, Jae-Hoon (2002) "The Causative-Passive Ambiguity and the Notion of 'Contiguity' as a Crucial Factor in Explaining the Retained-Object Passive Constructions," *Eoneohag* 32, 197–221.

Yeon, Jae-Hoon (2003) *Korean Grammatical Constructions: Their Form and Meaning*, Saffron, London.

第 4 章

「ではないか」構文における節構造と上方再分析[*]

森山 倭成

鳴門教育大学

1. はじめに

本稿では，「ではないか」構文の節構造を提案し，変異形の「じゃん」「やん」が上方再分析（upward reanalysis）と呼ばれる文法化によって生じた形式であることを論じる．本稿における「ではないか」構文とは，(1) のように，「ではない（か）」という言語表現によって構成される構文を指す．

(1) あの人は大谷選手ではないか．

「ではないか」構文については，日本語の記述的な枠組みでの文法研究において多岐にわたる記述がなされている（蓮沼（1995），三宅（1996, 2011），宮崎（2000），宮島・仁田（編）（1995），凌（2021），田野村（1988, 1990）など）．「ではないか」構文についての初期的で網羅的な研究である田野村（1988, 1990）は，この構文が 3 つの用法をもつことを詳細に論じている．(1) の文は，「あの人は大谷選手ではない」という文否定の読みに加えて，「あの人は大谷選手かもしれない」という推定の読みと「あの人は大谷選手である」という気づきの読みが可能である．記述的な文法研究に対して，理論的な枠組みにおける文法研究では，管見の限り，「ではないか」構文に関する一般的な分析は存在しない．田野村（1988, 1990）の 3 分類が正しければ，(1) のような文は，表面的には同一の語から構成されていても，3 つの異なる統語構造を有してい

---

[*] 本稿は，日本言語学会第 164 回大会（2022 年 6 月 18 ～ 19 日，オンライン）のワークショップ「語彙と語用のはざまで」における発表に基づいている．本稿の内容に関して，日高俊夫，中谷健太郎，澁谷みどり，木戸康人，小川芳樹の各氏，及び，査読者から有益なコメントをいただいた．ここに謝意を示したい．本研究は，JSPS 科研費 JP22K19993, JP24K16058 の助成を受けている．

84

ることが示唆される.

　本稿では，分離 CP 仮説 (Culicover (1991)，Rizzi (1997)) と Nishiyama (1999) の形容動詞述語文の分析を採用し，「ではないか」構文が 3 種類の統語的派生をもつことを提案する．(2) に示すように，3 種類の「ではない」はいずれも CP 領域 (CTP および RJP) より下位の構造位置に基底生成される.

> (2) a. [$_{CTP}$ [$_{RJP}$ [$_{TP}$ [$_{NegP}$ [$_{VP}$ [$_{PredP}$ [$_{XP[+N]}$ …] *de*] V] *na*] *-i*] RJ] *ka*]
> 　　b. [$_{CTP}$ [$_{RJP}$ [$_{TP}$ [$_{NegP}$ [$_{VP}$ [$_{PredP}$ [$_{XP[+N]}$ …] *de*] V] ~~na~~] ~~na-i~~] na-i] *ka*]
> 　　c. [$_{CTP}$ [$_{RJP}$ [$_{TP}$ [$_{PredP}$ [$_{TP}$ …] *de*] ~~na-i~~] na-i] *ka*]

(2a) は文否定の用法に対応する．(2b) は推定の用法に対応し，否定辞が Neg から RJ に主要部移動する．(2c) は気づきの用法に対応し，「ない」が TP の主要部に基底生成された後に，RJ へと移動する.

　さらに，「ではないか」構文が転じてできた変異形の「じゃん」「やん」についても考察を加える.

> (3) a. あの人は大谷選手じゃんか.　　b. あの人は大谷選手やんか.

「ではないか」構文とは異なり，これらの変異形は CP 領域の RJ 主要部に基底生成される．「じゃん」「やん」の成立には，上方再分析と呼ばれる文法化が関与していることを論じる.

> (4) 　[$_{CTP}$ [$_{RJP}$ [$_{TP}$ ……] *zyan / yan*] *ka*]

　本論の議論は以下のように進める．2 節では，田野村の研究に基づき，「ではないか」構文を 3 タイプに分類し，本稿の提案を示す．3 節では，本論で仮定する分離 CP 構造について論じる．4 節では，Nishiyama (1999) によって提案された形容動詞述語文の統語構造を援用し，3 タイプの「ではないか」が互いに異なる統語派生を経て作られることを示す．5 節では，変異形の「じゃん」「やん」が CP 領域に基底生成されることを終助詞「の」のテストと丁寧語のテストから示し，これらの変異形は上方再分析によって生じた形式であると主張する．6 節は結語である.

2. 「ではないか」構文の下位分類と提案

2.1. 3 タイプの「ではないか」と変異形

　本節では，「ではないか」構文に 3 つのタイプがあることを確認する．田野村 (1988, 1990) の記述に基づくと，「ではないか」構文は 3 つのタイプに下

86   第 I 部　語の意味と文の構造

位分類できる．本稿では，説明の便宜のために，それぞれのタイプをタイプ I，
タイプ II，タイプ III と呼ぶ．

　タイプ I に現れる「ない」は，命題の真偽を反転させる否定辞である．(5a)
は，店や学校などが休みだと思っていたが，実際には休みではないことに話し
手が気づいたときに発話可能である．(5b) は「彼は本気である」という内容
が偽であることを表している．

　(5) a.　休みかと思いきや，休みではないか．
　　　b.　今回ばかりは本気だと思っていたが，今回も彼は本気ではないか．

　タイプ II の「ではないか」は，話し手の推定を表す．(6) の例から確認でき
るように，タイプ II の「ない」は命題の真偽を反転させる機能はもたない．
(6a, b) は，それぞれ，「それがなにかの間違いである」可能性や「雨が降る」
可能性があるという話し手の推定を表している．

　(6) a.　それはなにかの間違いではないか．
　　　b.　もしかしたら雨が降るのではないか．

　タイプ III の「ではないか」は，話し手が確信した事柄を伝達する機能をも
つ．(7a) は，ある人物が岡田さんであることに気づいた場合に発話できる．
(7b) は，人物や出来事が凄いと話し手が驚きや称賛をもって感じている状況
下で使用することができる．(7c) は，話し手の事前の忠告に聞き手が従わな
かった結果，問題が起こったときに発話可能で，聞き手への非難を表す．

　(7) a.　誰かと思ったら，岡田さんではないか．
　　　b.　すごいではないか．
　　　c.　だから言ったではないか．

(7) の各文は「岡田さんである」こと，「(何かや誰かが) すごい」こと，話し
手があることをすでに言ったことを，話し手が確信している場合に用いられ
る．[1]

---

　[1] 田野村 (1988, 1990) が記述しているように，「ではないか」構文の 3 タイプはプロソ
ディーにも違いがある．田野村の表現を借りれば，タイプ I は，「ではない」の「な」にプロミ
ネンスが与えられる発音と「な」がプロミネンスを欠く発音の両方が可能である．文末は上昇
調 (発問・反問) または下降調 (納得) である．タイプ II は，「な」がプロミネンスを欠き，
ほとんどの場合，文末は上昇調である．「かなぁ」や「かしら」で終わる場合には下降調にな
る．タイプ III の「な」もプロミネンスを欠くが，大抵の場合，文末は下降調である．「最近の
パソコンって昔に比べて性能が上がっているじゃない？ (だから～)」のように，「か」を伴わ

「ではないか」構文から派生したできた変異形に「じゃん」と「やん」がある．「じゃん」は，大正か昭和初期に静岡県などの東海地方で発生し，横浜を経由して戦後に東京に進出した形式である（井上（1998））．一方，「やん」は，明治か大正の頃に関西地方で使用され始めた形式である（前田（1977））．「じゃん」と「やん」は，タイプ III の「ではないか」と同じく，話し手が文の内容を確信している場合に使用することができる．そのため，(7) における「ではないか」を「じゃん」「やん」で置き換えても文の適格性や解釈に違いは生じない．

(8) a. 誰かと思ったら，岡田さん {じゃん／やん} か.
    b. すごい {じゃん／やん} か.
    c. だから言ってた {じゃん／やん} か.

これら 2 つの変異形は，タイプ I と異なり，文否定を表すことはない．ただし，タイプ II がもつ推定の解釈に関しては，「じゃん」と「やん」で差異が見られる．近畿方言の「やん（か）」は，推定の意味で用いられない一方で，松丸（2001）によると，東京方言においては，「じゃん」が推定の意味で用いられることがある．[2] ただし，「じゃん」が典型的に用いられるのは，タイプ III の解釈の場合であるため，本論では，「じゃん」の推定の解釈については取り扱わず，確信の解釈で用いられる「じゃん」のみを扱う．

2.2. 提案

本稿では，「ではないか」構文の 3 つのタイプと変異形「じゃん」「やん」の統語構造を提案する．分離 CP 仮説（Culicover (1991)，Rizzi (1997)）を採用し，(9) のような 3 つの階層からなる CP 領域を仮定する．CTP (Clause Type Phrase) は，節のタイプの指定に関する最大投射である．RJP (Recognition-Judgement Phrase) は，話し手の認識や判断を表す形式が認可される最大投射である．AddrP (Addressee Phrase) は，聞き手の属性や聞き手との関係（上下関係や親疎）の指定に関わる最大投射で，丁寧語が生起する場合のみに投射される（森山（2022），cf. Yamada (2019)）．(9) を仮定する根拠については，3 節において論じる．

ない場合は，上昇調になることもある．

[2] 査読者の 1 人が指摘するように，東京方言や近畿方言以外の日本語諸方言における「じゃん」や「やん」の使用の実態やそれらの用法については明らかにできていない．本稿の目的は，日本語諸方言における「じゃん」「やん」の使用状況の調査報告ではなく，構造的特性の究明である．そのため，査読者が指摘する問題については深く立ち入らない．

(9)　[$_{CTP}$ [$_{RJP}$ [$_{AddrP}$ [$_{TP}$ ... T] Addr] RJ] CT]

（10a）は「ではないか」構文のタイプ I，（10b）はタイプ II，（10c）はタイプ III の統語構造である.[3]

(10)　a.　[$_{CTP}$ [$_{RJP}$ [$_{TP}$ [$_{NegP}$ [$_{VP}$ [$_{PredP}$ [$_{XP[+N]}$ ...] *de*] V] *na*] *-i*] RJ] *ka*]
　　　b.　[$_{CTP}$ [$_{RJP}$ [$_{TP}$ [$_{NegP}$ [$_{VP}$ [$_{PredP}$ [$_{XP[+N]}$ ...] *de*] V] ~~*na*~~] ~~*na-i*~~] *na-i*] *ka*]
　　　c.　[$_{CTP}$ [$_{RJP}$ [$_{TP}$ [$_{PredP}$ [$_{TP}$ ...] *de*] ~~*na-i*~~] *na-i*] *ka*]

タイプ I の「ではないか」は，コピュラの否定文に終助詞「か」が付いたものである．コピュラ文の構造については，Nishiyama（1999）に従い，VP と PredP からなる [$_{VP}$ [$_{PredP}$ [...] *de*] *ar*] の構造を仮定する．なお，（10a–c）では，Pred の位置に *ar* が現れていないが，これについては 4.1 節で述べる．（10a）に示されるように，VP の上位には NegP が投射される．Pred 主要部に生起する「で」は名詞的な特性をもつ句（XP$_{[+N]}$）を補部に選択する．タイプ II は，タイプ I と同等の階層構造を有するが，（10b）からわかるように，タイプ I とは異なり，否定要素が主要部移動によって RJ まで上昇する．タイプ III は，（10c）のように，NegP や VP が存在しない縮小された構造をもつ．他のタイプと異なり，タイプ III における「で」は TP を補部に取る．タイプ III の「ない」は，タイプ II の「ない」と同様に，RJ への主要部移動を起こす．

一方，「じゃん」「やん」は，（11）に示されるように，RJP の主要部に基底生成される．この 2 つの形式は，タイプ III の「ではないか」が再分析されて，構造的に上位の最大投射に基底生成されるようになった変異形である．

(11)　[$_{CTP}$ [$_{RJP}$ [$_{TP}$ ......] *zyan/yan*] *ka*]

構造的に下位に生起していたものが上位に生起するようになる言語変化は，文法化研究において，上方再分析（upward reanalysis）と呼ばれる（Roberts and Roussou（2003），Ogawa（2023））．上方再分析の代表例は，英語における法助動詞である．かつて法助動詞は，当時の他の本動詞と同じく動詞上昇を起こしていたが，現代英語においては，上方再分析により，TP の主要部に基底生成される．タイプ III の「ではないか」においては，「ない」が Pred から

---

[3]「ではないか」構文のそれぞれのタイプでは，「は」を省略することも可能である．原因は定かでないが，「は」が含まれるときのほうが容認度は高い.
　(i)　a.（?）本物と思いきや，本物でないか.（タイプ I）
　　　b.（?）もしかして山田さんでないか?（タイプ II）
　　　c.（?）だから言ったでないか.（タイプ III）

RJ への主要部移動を起こすが，上方再分析が起こった結果，「じゃん」「やん」のような変異形が誕生したという主旨の主張を行う．3 節以降では，経験的な証拠を挙げて，(10) と (11) の提案を支持する．

3.　分離 CP 構造

本節では，日本語の CP 領域に関する本論の想定を示す．本稿では，分離 CP 仮説（Culicover (1991)，Rizzi (1997)）の立場をとり，(12) に示されるような分離 CP 構造を仮定する．TP の上位には CTP，RJP，AddrP が投射される．[4]

(12)　$[_{CTP} [_{RJP} [_{AddrP} [_{TP} \ldots T]$ Addr] RJ] CT]

CTP（Clause Type Phrase）は，節のタイプの指定に関する最大投射で，疑問文であることを指定する終助詞「か」が CT に基底生成される．Rizzi (1997) においては，節のタイプの指定に関する最大投射として ForceP が提案されているが，統語論における節のタイプと語用論における発話の力（illocutionary force）との関係が必ずしも明確でなく，誤解を招く可能性があるため，この点を考慮して，本稿では ForceP というラベルを採用していない．(13) は終助詞「か」が用いられた疑問文の例である．

(13)　もう飯は食った<u>か</u>？

RJP（Recognition-Judgement Phrase）は，話し手の認識や判断を表す形式が認可される最大投射である．例えば，RJP の主要部に基底生成される要素として終助詞の「っけ」がある（森山 (2022)）．この終助詞は，(14a) のように，記憶の確認をする場面で用いられたり，(14b) のように，回想場面で用いられたりする．

(14)　a.　今日は休みだった<u>っけ</u>？
　　　b.　昔ここで遊んでた<u>っけ</u>．あれからもう 20 年か．

RJP は，Koizumi (1993) で提案されている MP（Modal Phrase）と同一の投

---

[4] 本稿では，「ではないか」構文の統語構造を特定するにあたって最低限必要となる文末形式のみを抽出して，論を展開している．このため，(12) の統語構造は日本語の文末形式を網羅的に捉えるものではない．本稿で扱われていない文末形式の統語構造に関しては，Miyagawa (2022) や森山 (2022) でより詳しく議論されている．

射であると考えて差し支えない.[5]

　AddrP（Addressee Phrase）は，聞き手の属性や聞き手との関係（上下関係や親疎）の指定に関与する最大投射である（森山 (2022), cf. Yamada (2019)）.聞き手との関係に応じて使い分けられる丁寧語（対者敬語）がこの投射に関係づけられる．項の指示対象を敬意の対象とする尊敬語や謙譲語（素材敬語）はAddrP には関与しない．なお，「太郎が来た」のように，丁寧語が生じない文においては，AddrP は投射されないと仮定する．丁寧語には，時制要素の左側に現れるもの（丁寧語 A）と右側に現れるもの（丁寧語 B）の 2 種類がある．(15) は丁寧語 A の例で，(16) は丁寧語 B の例である.

(15) a.　太郎は本を読み<u>ました</u>.　　b.　昨日は休み<u>でした</u>.
(16) a.　太郎は優しかった<u>です</u>.　　b.　昨日は休みではなかった<u>です</u>.

　丁寧語 A の「ます」は動詞の連用形に接続し，丁寧語 A の「です」は体言に接続する．時制要素の「た」を TP の主要部と仮定すると，語順から丁寧語A は TP より下位の投射に生起していることが示唆される．丁寧語 A「ます」は，動詞から派生してできた語で，「差し上げる」を意味する謙譲語「まゐらす」に由来する（青木 (2020)）.丁寧語 A「です」の語源に関しては諸説あるが，「でさうらふ」や「であります」，「でござります」に由来するなどの説がある（青木 (2020)，日本国語大辞典第 2 版編集委員会 (2000–2002)）.いずれにしても，丁寧語 A の「ます」「です」は，形態的には動詞の性質を部分的に保っているために，TP より下位の領域に基底生成される.

　丁寧語 B は，形容詞型の活用語が含まれる文に現れる．典型的には (16a) のような形容詞述語文に現れるが，(16b) のように，形容詞型の活用をする否定辞「ない」が含まれる文においても現れる．丁寧語 B は時制要素の右側に現れるので，TP より上位の投射に生起すると考えることができる．分析の詳細はそれぞれ異なるが，Miyagawa (2022) や森山 (2022) や Tomioka and Ishii (2022) においても，TP より上位の投射に丁寧語 B が基底生成されると論じられている．丁寧語 B「です」が CP 領域（Addr 主要部）に基底生成さ

---

　[5] ただし，モダリティという用語には 2 つの異なる用法があることに注意しなければならない（Cruse (2006)）.様相論理（modal logic）においては，必然性と可能性に関わる概念として，モダリティという用語が用いられる．一方で，特に日本語の記述的な文法研究においては，命題に対する話し手の心的態度という意味で使われることが多い（日本語記述文法研究会（編）(2003)）.この場合，モーダル表現には，必然性や可能性に関わる要素だけでなく，断定や質問といった発話行為レベルの意味を表す要素（終助詞「よ」「ね」など）も含まれることになる．本論では，用語の混乱を回避するために，モダリティという用語を用いていない.

れていることは，「*太郎は優しかったでした」のように，「た」の接続が許容されないことからも支持される（辻村（1967））．

丁寧語 A は，TP より下位の領域に基底生成されるが，その後，AddrP への主要部移動を起こす．このことは，伝聞を表す「そうだ」の埋め込みから確認できる（森山（2022））．(17) に例を示しているように，伝聞の「そうだ」は終止形に接続する．

(17)　太郎が優秀 {だ／*な} そうだ．

丁寧語 B が埋め込まれた「*太郎は優しいですそうです」が非文であることからわかるように，伝聞の「そうだ」は CP 領域に基底生成される要素を補部に取ることはできない．このことは，伝聞の「そうだ」が TP を補部に選択することを示している．(18) のように，丁寧語 A についても「そうだ」への埋め込みが容認されない．「太郎は来たそうです」のように，「そうだ」の「だ」を丁寧語で置き換えられるので，(18) の不適格性を丁寧語の意味に求めることはできない．

(18) a. *太郎は来ましたそうです．　　b. *太郎は優秀でしたそうです．

丁寧語 A も AddrP に動くと仮定すると，伝聞を表す「そうだ」の補部に現れることができないことを導ける．「そうだ」は TP を補部に取り，丁寧語 A の移動先となる AddrP を提供しないため，丁寧語 A が生起できないのである．

Baker (1985) の鏡像原理（mirror principle）によると，形態構造における階層は統語構造を直接的に反映したものでなければならない．主要部後行型である日本語では，左側に現れる主要部要素ほど構造的に下位に生起する．CP 領域に生起する「か」「っけ」と丁寧語 B「です」の語順を確認すると，(19) のようになる．

(19) a.　去年の冬は寒かった {ですっけ／*っけです}．
　　 b.　去年の冬は寒かった {ですか／*かです} ？

丁寧語 B「です」(Addr) →「っけ」(RJ) →「か」(CT) の順に並ぶため，この順にそれぞれの句が投射されることになる．日本語の右方周縁部に現れる語の階層関係を捉えるには，単一 CP 仮説では不十分であり，(12) で示したような多重の CP からなる階層を仮定する必要があるのである．

4. 「ではないか」構文の内部構造

4.1. コピュラ否定文

本節では，「ではないか」構文の統語構造を提案するが，その議論に先立って，名詞述語や形容動詞述語が現れる否定文の統語構造を示す．説明の便宜上，この否定文をコピュラ否定文と呼ぶ．(20a) は名詞述語文で，(20b) は形容動詞述語文である．(20) の文は，「ではない」という語の連鎖を含んでいる点において，「ではないか」構文のそれぞれのタイプと共通している．とりわけ，「ではないか」構文のタイプ I は，コピュラ否定文に終助詞「か」が付加されたものであるため，(20) の否定文がもつ構造について検討しておく必要がある．

(20) a. 彼は学生ではない．   b. 彼は優秀ではない．

(20) のようなコピュラ否定文は，(21) に示される統語構造をもつ．(21) は，Nishiyama (1999) で提案された形容動詞述語文の統語構造に NegP を加えたものである．PredP は叙述 (predication) に関わる最大投射で，その補部 (名詞や形容詞が投射する句) と主語の叙述を仲介する (Baker (2003)，Bowers (1993))．Nishiyama (1999) が論じているように，「で」は，描写述語の内部 (「太郎は魚を生で食べた」) に生じるなど叙述が起こる環境に現れるため，PredP の主要部が音声的に具現化されたものと考えることができる．

(21)   [$_{TP}$ [$_{NegP}$ [$_{VP}$ [$_{PredP}$ …… [$_{Pred}$ *-de(-wa)*]] V] *na*] *-i*]

(21) では，「で」の右側に取り立て詞「は」が現れているが，取り立て詞に関しては，Kishimoto (2009) に従い，主要部に付加されると想定しておく．「ではない」に含まれる「は」は Pred に付加される語であり，「は」自体は独立の句を投射しない．[6] なお，口語においては，「では」は縮約によって「じゃ」

---

[6] 一般的に，取り立て詞「は」は，題目 (topic) の標識であると考えられている (Kuno (1973))．(i) の例が示しているように，原則として，題目の「は」は，関係節内や南 (1974) の A 類従属節や B 類従属節 ((ib) は B 類の「なら」節の例) に生起することができない．

  (i) a. *[太郎は読んだ] 本がここにある．
    b. *[太郎は来るなら] 僕はそこに行かない．

Kishimoto (2009) によれば，「は」を伴う句は，Rizzi (1997) のカートグラフィーにおける TopP の指定部に移動する．(i) で非顕在的な題目移動が起こった場合，複合名詞句や付加詞からの抜き出しとなってしまうため，これらの文は非文法的となる．(「という」を伴う名詞補文節や C 類の従属節では「は」の生起が可能である．この点については Kishimoto (2009) を参照．)

第4章 「ではないか」構文における節構造と上方再分析 93

と発音されるのが普通である.

取り立て詞「は」は，コピュラ否定文において異なる位置に現れることもある.（22）では，「ある」の連用形に「は」が付加されている.（取り立て詞の挿入に伴い，「する」の連用形「し」の挿入も起こっている（Kuroda (1965)）.）

(22)　彼は優秀でありはしない.

一般に，取り立て詞は，語の右端のみに付加される（影山 (1993)，岸本 (2005)）.「は」が複合語の右端に付加された（23a）は問題なく容認されるが，「は」が複合語の左端に付加された（23b）や複合語の内部に「は」が出現している（23c, d）は不適格である.

(23) a.　鳴門教育大学は　　 b. *は鳴門教育大学
　　 c. *鳴門は教育大学　　 d. *鳴門教育は大学

そうすると，（20）と（22）のデータから，「で」と「ある」と「な（い）」の間に語の境界が存在しているということができる. Baker (1985) の鏡像原理に基づくと，「で」→「ある」→「な（い）」の順にそれぞれの句が投射することになる.（21）の構造において，PredP と NegP の間に VP が投射されるのはこのためである. 否定辞「な（い）」は「ある」の未然形に接続できないという形態論的な制約があり，「あらない」という語の連鎖は，（24）のような形態的規則によって「ない」へと変換される.[7]

(24)　*ara*+*na-i* → *na-i*　　　　　　　　　　　　　　　(Kato (1985: 31))

(22) では，取り立て詞「は」の介在によって「ある」と「ない」が隣接的でなくなるため，（24）の規則が適用されずに，動詞「ある」が音声的に具現化される.（24）は形態レベルの規則なので，統語構造上は，「ある」が発音されない場合にも動詞句が投射すると考えて差し支えない.

これに対して，「ではない」に含まれる「は」は移動の効果を示さない.（ii）は，題目移動に対して島を構成する関係節や「なら」節に「は」が生起できることを表している.

(ii) a.　[犯人ではない] 人　　 b.　[本気ではないなら] やらないほうがよい.

このことは，コピュラ否定文における「は」が題目移動を起こさず，元の位置に留まったままになっていることを示唆している.

[7]「その話は本当ではありません」のように，丁寧語化を受ける場合は，（24）の形態的規則は適用外であるため，動詞「あり」と否定辞「ん」の共起が可能である.

4.2. タイプ I・II の節構造

4.1 節で示したコピュラ否定文の統語構造を踏まえ，取り立て詞の挿入や補部選択に関するデータから，「ではないか」構文の統語構造について論じる．タイプ I とタイプ II の統語構造を (25) に示す．

(25) a. [CTP [RJP [TP [NegP [VP [PredP [XP[+N] ...] *de*] V] *na*] -*i*] RJ] *ka*]
     b. [CTP [RJP [TP [NegP [VP [PredP [XP[+N] ...] *de*] V] ~~*na*~~] ~~*na-i*~~] *na-i*] *ka*]

これら 2 つは，コピュラ否定文と同様の TP 以下の階層構造をもつ．このことは，取り立て詞の挿入に関して，コピュラ否定文と同じ振る舞いをすることから確認できる．(26) からわかるように，タイプ I・II では動詞への「は」の付加が可能である．((26a) のように，タイプ I でこの位置に「は」を挿入すると堅苦しい言い回しになるため，やや容認度は下がるかもしれないが，文法上の問題はない.) タイプ I・II に関しては，「ある」の直後に取り立て詞「は」が挿入可能であることから，VP を投射する「ある」と NegP を投射する「ない」の間に語の境界が存在すると考えられる．

(26) a. 本物と思いきや，本物であり<u>は</u>しないか．(タイプ I)
     b. それはなにかの間違いであり<u>は</u>しないか．(タイプ II)

2 節で確認したように，タイプ II に含まれる「ない」は，文の真偽を反転させる機能をもたない．一般に，本来の否定辞としての機能を果たさない否定要素は，虚辞否定 (expletive negation) と呼ばれる (Espinal (2000)，Yoon (2013))．タイプ II に現れる「ない」も虚辞否定の例とみなせる．虚辞否定の診断方法の 1 つに，肯定極性表現 (Positive Polarity Item) のテストがある (Ihara (2022)，Sudo (2013))．肯定極性表現とは，否定文において生起できず，肯定文においてのみ生起できる言語表現を指す．(27) は，「ではないか」構文に肯定極性表現「どこか」が現れた例で，タイプ I の解釈はなく，タイプ II の解釈が得られる．

(27) 彼の態度は<u>どこか</u>変ではなかったか．

なお，「どこか」が肯定極性表現であることは，(28) の例から確認できる．(28a) のように，肯定文では「どこか」が現れることができるが，(28b) のように，否定文では「どこか」が生起できない．

(28) a. 太郎は<u>どこか</u>変だ．　b. *太郎は<u>どこか</u>変ではない．

タイプ II がタイプ I と同等の否定文であれば肯定極性表現と共起できない

第 4 章 「ではないか」構文における節構造と上方再分析　　　95

ことが予測される．(27) はタイプ II としての解釈が可能なので，タイプ II
における「ない」は虚辞否定であるということができる．タイプ II が推定と
いう話し手の認識を表すことから，(25b) のように，話し手の認識や判断を表
す形式が認可される RJP に虚辞否定の「ない」が移動すると考える．この見
方のもとでは，RJ に移動する虚辞否定「ない」が推定の解釈を引き起こして
いることになる．この点について，査読者の一人から，推定の解釈は，「ない」
単独ではなく，「ではないか」全体から生じているのではないかという指摘を
受けた．推定の解釈が虚辞否定の「ない」単独から生じていることは，以下の
ように，形容詞述語文や動詞述語文においても推定の解釈が可能であることか
ら確認できる (田野村 (1988, 1990))．

　　(29) a.　それは少し難しくない (か) ？ (形容詞述語文)
　　　　 b.　線が右に傾いてない (か) ？ (動詞述語文)

「で (は)」や「か」が現れていなくとも推定の解釈は生じるため，虚辞否定「な
い」が推定の解釈の引き金になっていると考えて差し支えない．
　　タイプ I・II の「ではないか」は体言にのみ接続できるという形態的な特徴
がある (田野村 (1988, 1990))．(30a) は，「ではないか」が TP を補部に選択
しているため非文である．このことから，(25) では，Pred が XP$_{[+N]}$(名詞的
な特性をもつ任意の範疇 XP) を補部に取ると想定している．NP や DP では
なく XP$_{[+N]}$ としているのは，(30b) に例を示しているように，形式名詞「の」
への接続が可能であることによる．

　　(30) a. *太郎は帰るではないか．(タイプ I, II)
　　　　 b.　太郎は帰るのではないか．(タイプ I, II)

(31) に見られるように，形式名詞「の」は，格助詞を接続させることができ
ると同時に，埋め込み節を導入する働きももつため，名詞的な特性をもつ補文
標識であると考えることができる．

　　(31)　太郎は花子が来たのを覚えている．

英語でも，非定形節において前置詞の for が補文標識として用いられることが
あるので，補文標識が他の統語範疇の性質を併せもつことは稀ではない．

4.3.　タイプ III の節構造
　　タイプ I・II に続き，タイプ III の統語構造について検討する．本稿では，
タイプ III の統語構造として，(32) に示している構造を提案する．

(32)　[CTP [RJP [TP [PredP [TP …] *de*] ~~*na-i*~~] *na-i*] *ka*]

タイプ III においては，(33) のように，「ある」と「ない」の間に取り立て詞を挿入できない．このことは，タイプ I・II でいうところの V（「あら」）および Neg・T に対応する語（「ない」）が形態的に緊密になって，一語化していることを意味している．

(33)　*素晴らしかったでありはしないか．（タイプ III）

このことから，タイプ III では，タイプ I・II において V と Neg と T に対応する「ない」が一語として派生に導入され，TP の主要部に外的に併合されると想定する．[8]

タイプ III は話し手の確信を表す点で，RJP と関係していると考えられる．このことから，タイプ III では，「ない」が RJP の主要部に移動すると仮定する．タイプ II に含まれる「ない」と同様に，タイプ III に含まれる「ない」は虚辞否定である．(34) のように，肯定極性表現が生起できることからこの点が支持される．

(34)　君の言うことはいつもどこか間違っているではないか．

補部選択についても，タイプ I・II とタイプ III の間で対立が見られる．(35a, b) から確認できるように，タイプ I・II は時制要素に後続することはできない．タイプ I・II の「ではないか」は体言に接続する必要があるからである（田野村 (1988, 1990)）．コピュラ否定文でも「*彼は優秀だっ<u>た</u>ではない」のような文は不適格である．他方，タイプ III の「ではないか」は時制要素に後続できることが (35c) から確認できる．

(35)　a. *休みと思いきや，休みだっ<u>た</u>ではないか．（タイプ I）
　　　b. *それはなにかの間違いだっ<u>た</u>ではないか．（タイプ II）
　　　c.　だから言っ<u>た</u>ではないか．（タイプ III）

---

[8] (i) が示しているように，タイプ I・II では「た」の接続が容認されるが，タイプ III では容認されない（三宅 (1996, 2011)，宮崎ほか (2002)，田野村 (1988, 1990)）．「彼は優秀ではなかった」のように，コピュラ否定文においては「た」の接続が可能なので，コピュラ否定文は，「た」の接続に関して，タイプ I・II と並行的に振る舞っていることがわかる．

　(i) a.　休みではなかっ<u>た</u>か．（タイプ I, II）
　　　b. *だから言ったではなかっ<u>た</u>か．（タイプ III）
　(ib) の事実を理論的にどのように解釈するかに関しては，さまざまな可能性があるが，タイプ III では，「ない」の過去形「なかった」という語形が存在しないものと考えておく．

第4章 「ではないか」構文における節構造と上方再分析　　97

　タイプ III の「で」は時制要素に接続できるので，TP を補部に取る．(36)
のように，名詞にも付くことができるが，これは，奥津（1978）が「「だ」の
消去」と呼ぶ現象の一例であると考えられる．奥津（1978）の分析のもとでは，
(36) の文は「今日は休みだではないか」のような文から「だ」が脱落すること
によって作られる．

　(36)　今日は休みではないか．（タイプ III）

(37a, b) のように，「らしい」「かもしれない」「だろう」でも，タイプ III と
同様に，名詞と時制要素の両方に接続可能である．

　(37) a.　今日は休み {らしい／かもしれない／だろう}．
　　　 b.　今日は休みだった {らしい／かもしれない／だろう}．

　(38a) が示しているように，これらの表現は「だ」に直接付くことはできな
い．これらの観察から，奥津（1978）は，(37a) のような文は，「だ」が義務
的に削除されることで派生するとしている．(38b) のように，タイプ III の
「ではないか」も直接「だ」に接続することはできない．タイプ III においても，
「だ」の消去が起こることで，名詞に接続する「ではないか」文が作られると仮
定する．

　(38) a. *今日は休みだ {らしい／かもしれない／だろう}．
　　　 b. *今日は休みだではないか．

　「だ」の消去は，統語構造から独立した音韻規則によって引き起こされる．
したがって，タイプ III の「ではないか」は名詞に付く場合も時制要素に付く
場合も，統語構造上はどちらも TP を補部に選択しているといえる．[9]

---

　[9]「ではないか」は，意志・推量を表す接辞 -(y)oo に付き，話し手の決意や決断を表すこと
がある．(i) にその例を示している．
　　(i)　受けて立とうではないか．
(i) のような文は，タイプ III に含まれる．(iia) のように，「ある」と「ない」の間への取り立
て詞の挿入が許されないことと，(iib) のように，時制要素「た」の接続が禁止されているか
らである．
　　(ii) a. *受けて立とうでありはしないか．
　　　　 b. *受けて立とうではなかったか．
タイプ III の「ではないか」が TP を選択するという本論の分析では，TP の主要部に -(y)oo
が生起することになる．ただし，意志・推量を表す接辞は，A 類や B 類の従属節内に生起で
きないという特徴があり（南（1974）），このことは単に TP の主要部に現れるという仮説だけ
では捉えられない．これらの事実の整合性に関しては，今後の研究課題とする．

98　　　　　　　　　　　　第 I 部　語の意味と文の構造

　「ではないか」構文に含まれる「ではない」は，どのタイプでも CP 領域より
も下位の構造位置に現れる．3 節で見たように，丁寧語には CP 領域より下位
に生起する丁寧語 A と CP 領域に基底生成される丁寧語 B がある．「ではな
いか」構文においても丁寧語の生起が可能である．(39a) では，丁寧語 A の
「ます」が V 主要部「あり」と Neg 主要部「ん」の中間の位置に生じている．[10]

> (39) a.　大谷選手ではありませんか．(タイプ I, II, III)
> 　　　 b.　大谷選手ではない<u>です</u>か．(タイプ I, II, III)

(39b) では，丁寧語 B の「です」が「ではない」の右側に現れている．丁寧語
を認可する AddrP は CP 領域の最下位に投射される．丁寧語 B「です」の左
側に現れる「ではない」は CP 領域より下位に現れているということができる．
タイプ II・III では，「です」の現れる Addr に「ない」が移動した後に，「な
い」と「です」の複合体が形成され，その複合体が RJ に移動することになる．

5.　「ではないか」の変異形と上方再分析

　本節では，「ではないか」の変異形である「じゃん」と近畿方言の「やん」が，
(40) のように，RJP の主要部に基底生成されることを示す．さらに，これら
が上方再分析によって生じた形式であることを論じる．

> (40)　$[_{CTP}[_{RJP}[_{TP} ……] zyan/yan] ka]$

　言語変化を受けて，構造的に下位の投射に現れていた語が構造的に上位の投
射に現れるようになる文法化の一種は，上方再分析 (upward reanalysis) と呼
ばれる (Roberts and Roussou (2003)，小川 (2020))．上方再分析の典型例
には英語の法助動詞がある．*can* や *shall* のような法助動詞は，本動詞に起源
があり，かつては動詞上昇 (verb raising) を起こしていたが，現代英語では
TP の主要部に基底生成される (Roberts (1985))．
　3 節において，TP の下位に基底生成されて AddrP に移動する丁寧語 A と
AddrP に基底生成される丁寧語 B があることを確認した．歴史的には，丁寧
語 B「です」の使用開始は比較的最近のことで，この形式は，20 世紀半ばに

---

　[10] 「ます」が基底生成される正確な構造位置について本稿で詳しく論じることはできないが，
先行研究では，NegP (Yamada (2019))，AgrP (Miyagawa (2022)) や動詞句 (森山 (2022))
の主要部を占めるという仮説が提案されている．なお，「*素晴らしかったでありはしません
か」が非文であることから示唆されるように，タイプ III に現れる「ありません」は，形態的
に緊密になって TP の主要部に基底生成される．その後，Addr を経由し，RJ に着地する．

なりようやく公的に認められるようになった。[11] 丁寧語 B「です」は，構造的に下位に生じていた丁寧語 A「です」が構造的に高い位置に現れる語として再分析された結果，完成したものと考えられる。このため，現代日本語における丁寧語 B「です」の成立は上方再分析の一例とみなすことができる。

(41)　$[_{\text{AddrP}}\,[_{\text{TP}}\,...\textit{des}+\text{T}]\,\textit{des}+\text{T}] > [_{\text{AddrP}}\,[_{\text{TP}}\,...\text{T}]\,\textit{desu}]]$

「ではない（か）」の変異形である「じゃん」「やん」についても，上方再分析が起こっている。本稿では，(42) のような統語変化を提案する。これらの変異形は，確信を表すタイプ III の「ではない（か）」が元になっており，「では」と「ない」が音韻的に縮約され，一語化 (univerbation) したことにより，「じゃん」「やん」となったと推定できる（井上 (1998) も参照）。

(42)　$[_{\text{CTP}}\,[_{\text{RJP}}\,[_{\text{TP}}\,[_{\text{PredP}}\,[_{\text{TP}}\,...]\,de]\,\textit{na-i}]\,\textit{na-i}]\,(ka)\,] > [_{\text{CTP}}\,[_{\text{RJP}}\,[_{\text{TP}}\,...]\,\textit{zyan/yan}]\,(ka)\,]$

4 節で論じたように，タイプ III の「ではない（か）」では，「ではない」が CP よりも下位の投射に生起し，「ない」が主要部移動によって RJ に移動する。これに対して，上方再分析が起こった「じゃん」「やん」は，CP 領域の RJP の主要部位置に基底生成される。

「じゃん」「やん」が RJP の主要部位置に置かれることは，終助詞「の」に関するデータから裏付けられる。(43a) は，終助詞「の」の例である。終助詞「の」は，(43b) のように，AddrP の主要部に現れる丁寧語 B「です」との共起が可能で，「ですの」の語順で生起する。(43c) は，RJP の主要部に現れる「っけ」とは終助詞の「の」が共起できないことを示している。(43d) から，「の」が CTP の主要部に現れる終助詞「か」と共起可能であることがわかる。

(43) a.　太郎は帰ったの.　　　b.　本当に美味しいですのよ.
　　 c.　*太郎は帰ったっけの.　 d.　太郎は帰ったのか.

Addr 主要部要素の右と CT 主要部要素の左に現れ，かつ他の RJ 主要部要素と共起できないという事実から，終助詞「の」は，(44) のように，RJP の主要部に生起するといえる。

(44)　$[_{\text{RJP}}\,[_{\text{TP}}\,......]\,\textit{no}]$

---

[11] 1952 年に国語審議会が発表した「これからの敬語（建議）」の「7 形容詞と「です」」において，「これまで久しく問題となっていた形容詞の結び方——たとえば，「大きいです」「小さいです」などは，平明・簡素な形として認めてよい」という記述が見つかる（国語審議会 (1952)）。

終助詞「の」は，話し手は認識しているが，聞き手が認識していないような内容を伝達する際などに用いられる．このことからも，話し手の認識や判断を表す形式が現れる RJ に終助詞「の」が生起すると考えられる．

「じゃん」「やん」が RJP の主要部要素であるという仮説は，これらの形式が終助詞「の」と共起不可能であることを予測する．予測通り，(45) は，「じゃん」「やん」が「の」と共起できないことを示している．（「*じゃんの」の不適格性については，松丸 (2001) にも同様の観察がある．）

(45) a. *だから言ってたじゃん<u>の</u>.　　 b. *だから言うてたやん<u>の</u>.

一方で，タイプ I から III までの「ではないか」構文では，終助詞「の」との共起が妨げられない（田野村 (1988, 1990)）．これは，3 つのタイプの「ではない」が RJ ではなく，CP 領域より下位の投射に基底生成されるからである．RJ 主要部は空であるため，そこに終助詞「の」が生起できる．

(46)　今日は休みではない<u>の</u>.（タイプ I, II, III）

次に，「やん」が RJ の主要部に生起するという仮説は，丁寧語 B「です」が「やん」の左側に生起し，右側に生起できないことを予測する．「やん」は RJ に生起するため，(47) のように，Addr を占める丁寧語 B の右側に生起しなければならない．

(47) a.　おもろかった<u>です</u>やんか.
　　 b. *だから言うてたやん<u>です</u>か.

一方，4.3 節で示したように，「ではないか」構文の 3 タイプでは，「ではない」の右側に丁寧語 B「です」が生起できる（例：「だから言ったじゃない<u>です</u>か」）．これは，「ではないか」構文の 3 タイプに現れる「ではない」が CP 領域より下位に基底生成されることによる．

「やん」に対して，「じゃん」では，丁寧語との共起が禁じられている．(48) のように，丁寧語 A か B かにかかわらず，丁寧語との共起が許容されない．

(48) a. *だから言い<u>まし</u>たじゃん.（丁寧語 A）
　　 b. *おもしろかった<u>です</u>じゃん.（丁寧語 B）

「じゃん」が丁寧語と共起できないという事実は，「じゃん」の補部選択によるものである．「やん」は AddrP または TP を補部に取るため，丁寧語と共起することが可能である．一方で，「じゃん」は，構造的には RJP の主要部に現れるが，AddrP を補部として選択できず，TP を補部に取るため，丁寧語と共

に現れることができないのである.

　最後に,「じゃん」「やん」の文法化が起こった要因について考察を加えたい.
英語の法助動詞と丁寧語 B,「じゃん」「やん」の上方再分析は, 主要部移動を
起こしていたものが上位の最大投射に基底生成されるようになった点で共通し
ている. van Gelderen (2004) は, 上方再分析を引き起こす言語的原理として
(49) に示す遅延併合原理 (Late Merge Principle) を提案している.[12] これは,
併合 (Merge) を移動 (Move) に優先して適用させることを規定した併合優先
の条件 (Merge over Move) を応用して提案された原理である (Chomsky
(1995)).

(49) Late Merge Principle
　　 Merge as late as possible. 　　　　　　(van Gelderen (2004: 12))

遅延併合原理は, 経済性条件 (economy condition) の一種で, 統語変化にお
いても作用する. ある要素を下位の構造位置に併合して, 上位の構造位置に移
動させるよりも, 併合を遅らせて, はじめから上位の構造位置に基底生成させ
るほうが経済的な派生となる. そうすると, 英語の法助動詞, 丁寧語 B およ
び「じゃん」「やん」についても, (49) の原理に従った結果, 要素を上位の構
造位置に基底生成させるほうが経済的であるとみなされ, 上方再分析が生じた
ということができる.

6. 結語

　本稿では,「ではないか」構文と変異形の「じゃん」「やん」の統語位置につ
いて論じた.「ではないか」構文には 3 つのクラスがあり, 取り立て詞の挿入
や虚辞否定のテストから異なる統語的な振る舞いをすることを示した. 加え
て, 丁寧語 B および終助詞「の」との共起に関するデータに基づいて, クラ
ス III が上方再分析を受けて変異形の「じゃん」「やん」が生じたと主張した.

　「ではないか」構文については, 日本語の記述的な枠組みでの文法研究にお
いて, 盛んに議論されてきたが, 生成文法の統語論研究では議論されてこな
かった. 本稿では, 分離 CP 仮説や統語テストに基づくことで,「ではないか」
構文とその変異形の構造位置を特定することを試みた.「ではないか」構文か
ら「じゃん」「やん」への通時的な変遷や文法化理論の精緻化については, 今
後さらなる検証と検討を要するが, 統語テストを援用して, 共時的な観点から

---

[12] Lebeaux (2000) の遅延併合 (Late Merge) とは異なる概念である.

言語事実を考察することによっても，文法化研究に貢献しうることが本論の議論によって確かめられたことになる．

参考文献

青木博史（2020）「第 III 部 日本語における丁寧語の歴史」『文法化・語彙化・構文化』，小川芳樹・石崎保明・青木博史（編），211-265，開拓社，東京．

Aoyagi, Hiroshi (1998) "Particles as Adjunct Clitics," *NELS* 28, 17-31.

Baker, Mark (1985) "The Mirror Principle and Morphosyntactic Explanation," *Linguistic Inquiry* 16, 373-415.

Baker, Mark (2003) *Lexical Categories: Verbs, Nouns and Adjectives*, Cambridge University Press, Cambridge.

Bowers, John (1993) "The Syntax of Predication," *Linguistic Inquiry* 24, 591-656.

Chomsky, Noam (1995) *The Minimalist Program*, MIT Press, Cambridge, MA.

Cruse, Alan (2006) *A Glossary of Semantics and Pragmatics*, Edinburgh University Press, Edinburgh.

Culicover, Peter (1991) "Topicalization, Inversion, and Focus in English," *Proceedings of the 8th Eastern States Conference on Linguistics*, 46-68.

Espinal, Teresa (2000) "Expletive Negation, Negative Concord and Feature Checking," *Catalan Working Papers in Linguistics* 8, 47-69.

蓮沼昭子（1995）「対話における確認行為——「だろう」「じゃないか」「よね」の確認用法——」『複文の研究（下）』，仁田義雄（編），389-419，くろしお出版，東京．

Ihara, Shun (2022) "The Global Licensing of Japanese Expletive Negation," *Proceedings of the 13th Generative Linguistics in the Old World in Asia* (*GLOW in Asia XIII*) *2022 Online Special*, 114-129.

井上史雄（1998）『日本語ウォッチング』岩波書店，東京．

影山太郎（1993）『文法と語形成』ひつじ書房，東京．

Kato, Yasuhiko (1985) *Negative Sentences in Japanese*, Sophia University, Tokyo.

岸本秀樹（2005）『統語構造と文法関係』くろしお出版，東京．

Kishimoto, Hideki (2009) "Topic Prominency in Japanese," *The Linguistic Review* 26, 465-513.

Koizumi, Masatoshi (1993) "Modal Phrase and Adjuncts," *Japanese / Korean Linguistics* 2, 409-428.

国語審議会（1952）「これからの敬語（建議）」[https://www.bunka.go.jp/kokugo_nihongo/sisaku/joho/joho/kakuki/01/tosin06/04.html]

Kuno, Susumu (1973) *The Structure of the Japanese Language*, MIT Press, Cambridge, MA.

Kuroda, S.-Y. (1965) *Generative Grammatical Studies in the Japanese Language*,

Doctoral dissertation, MIT.

Lebeaux, David (2000) *Language Acquisition and the Form of the Grammar*, John Benjamins, Amsterdam.

南不二男 (1974)『現代日本語の構造』大修館書店，東京．

前田勇 (1977)『大阪弁』朝日新聞社，東京．

松丸真大 (2001)「東京方言のジャンについて」『阪大社会言語学研究ノート』3, 33-48.

Miyagawa, Shigeru (2022) *Syntax in the Treetops*, MIT Press, Cambridge, MA.

三宅知宏 (1996)「日本語の確認要求的表現の諸相」『日本語教育』89, 111-122.

三宅知宏 (2011)『日本語研究のインターフェイス』くろしお出版，東京．

宮崎和人 (2000)「確認要求表現の体系性」『日本語教育』106, 7-16.

宮崎和人・安達太郎・野田春美・高梨信乃 (2002)『新日本語文法選書4 モダリティ』くろしお出版，東京．

宮島達夫・仁田義雄 (編) (1995)『日本語類義表現の文法 (上) 単文編』くろしお出版，東京．

森山倭成 (2022)『節の右方周縁部における線形順序と階層構造』博士論文，神戸大学．

日本語記述文法研究会 (編) (2003)『現代日本語文法4 第8部 モダリティ』くろしお出版，東京．

日本国語大辞典第2版編集委員会 (2000-2002)『日本国語大辞典第2版』小学館，東京．

Nishiyama, Kunio (1999) "Adjectives and the Copulas in Japanese," *Journal of East Asian Linguistics* 8, 183-222.

小川芳樹 (2020)「第II部 生成文法の観点から見る文法化・語彙化・構文化」『文法化・語彙化・構文化』，小川芳樹・石崎保明・青木博史 (編), 87-209, 開拓社，東京．

Ogawa, Yoshiki (2023) "Grammaticalization from Miminizer to Focus Marker as Upward Reanalysis along the Nominal Spine," *Studia Linguistica* 77(1), 1-49.

奥津敬一郎 (1978)『「ボクハウナギダ」の文法——ダとノ』くろしお出版，東京．

Rizzi, Luigi (1997) "The Fine Structure of the Left Periphery," *Elements of Grammar: Handbook of Generative Syntax*, ed. by Lilane Haegeman, 281-337, Kluwer, Dordrecht.

Roberts, Ian (1985) "Agreement Parameters and the Development of English Modal Auxiliaries," *Natural Language and Linguistic Theory* 3, 21-58.

Roberts, Ian and Anna Roussou (2003) *Syntactic Change: A Minimalist Approach to Grammaticalization*, Cambridge University Press, Cambridge.

凌飛 (2021)『現代日本語の文末形式「(の) ではないか」』専修大学出版局，東京．

Sudo, Yasutada (2013) "Biased Polar Questions in English and Japanese," *Beyond Expressives: Explorations in Use-Conditional Meaning*, ed. by Daniel Gutzmann and Hans-Martin Gärtner, 275-296, Brill, Leiden.

田野村忠温 (1988)「否定疑問文小考」『国語学』152, 109-123.

田野村忠温 (1990)『現代日本語の文法I——「のだ」の意味と用法——』和泉選書，大阪．

Tomioka, Satoshi and Keita Ishii (2022) "Being Polite and Subordinate: Morphosyntax Determines the Embeddability of Utterance Honorifics in Japanese," *Glossa: A Journal of General Linguistics* 7(1), 1-37.

辻村敏樹 (1967)『現代の敬語』共文社, 東京.

van Gelderen, Elly (2004) *Grammaticalization as Economy*, John Benjamins, Amsterdam.

Yamada, Akitaka (2019) *The Syntax, Semantics and Pragmatics of Japanese Addressee-honorific Markers*, Doctoral dissertation, Georgetown University.

Yoon, Suwon (2011) "Parametric Variation in Subordinate Evaluative Negation: Korean / Japanese Versus Others," *Journal of East Asian Linguistics* 22, 133-166.

第5章

とりたて詞の焦点拡張と多重生起
── 複文における対比のハを中心に ──*

佐野 まさき（真樹）

立命館大学

1. はじめに

　生成文法の初期から注目されてきた現象に，移動（movement）がある．そして移動は句に対して行われる句移動が典型的であり，語（投射範疇であれば主要部）に対して行われる（主要部）移動は，少なくとも統語部門における操作としては存在が疑問視されている．とりわけ，前置詞（日本語では後置詞）のような機能範疇的な語の移動は，少なくとも統語部門においては，存在する可能性は考えられてこなかったと言っても過言ではない．

　移動は近年の生成文法の枠組みでは，構造構築の一般操作である併合（Merge）のサブケースである内的併合（Internal Merge）によるものとされる．本論文では，具体的分析対象として，日本語に豊富なとりたて詞，特に対比を表すハを取り上げる．考察の主な対象は，意味解釈的には，とりたて詞の焦点拡張現象と視点の問題であり，形式的には，複文の従属節内と主節とに同時に生起する，形態上同一の複数のとりたて詞である．この形態上同一のとりたて詞の多重生起が，内的併合（従来の移動）によって生じる可能性を主張することにより，Narrow Syntax すなわち従来の統語部門における，日本語のとりたて詞ひいては言語一般の機能語の内的併合の存在を示唆することになる．

　＊ 本論文の第1稿に対して，議論の問題点や改善すべきところを関連研究とともに指摘された，2人の匿名の査読者に感謝申し上げる．これらの有益なコメントは大幅な加筆修正につながったが，その分スペースの関係で割愛せざるを得なくなったところも多く，それは別稿に譲りたい．もちろん，本稿において査読者の洞察を活かしきれなかった部分や残された不備の責任はすべて筆者にある．

105

2. 対比のハと比較の相手

　周知のように，ハは大きく主題を表す用法と対比を表す用法とがある．例えば二項述語の2つの項の両方にハが後接すると，一方のハ句は文の主題として，もう一方のハ句は対比として通常解釈される．次のような場合である．

　　(1) a.　花子は英語はできる．　　b.　英語は花子はできる．

(1a) では，文頭のハ句「花子は」は（"花子について言えば"のような）主題として解釈され，それに続く「英語は」は（"他の言語はともかく"のような）対比として解釈されるのが自然である．(1b) は「できる」の内項にあたる「英語」が外項の「花子」に先行して文頭に出ているが，その文頭の「英語は」は（"英語について言えば"のように）主題として，それに続く「花子は」は（"他の人はともかく"のように）対比的に解釈されやすい．[1]

　(1a, b) では，対比的に解釈される「英語は」や「花子は」の，それぞれの比較の相手である他の言語や他の人は明示されていないが，[2] 明示される場合もある．次のような例である．

　　(2) a.　花子は英語はできるが，フランス語はできない．
　　　　b.　英語は花子はできるが，太郎はできない．

この (2) では，接続助詞「が」でつなげられた前後の節の述語は肯定形とそれに対応した否定形になっている．野田 (1995: 13) は次のように述べている．

　　(3)　比較の相手が明示されているときは，一方の「は」が肯定の述語と呼応していれば，もう一方の「は」は否定の述語と呼応するというように，2つの述語がたがいにもうひとつの述語を否定する関係になるのがふつうである．そのため，対比の「は」は，基本的には，肯定否定の階層のものだと考えられる．

---

　[1] ただし1番目のハ句のハを特に高く読み直後にポーズを置いて（そして2番目のハ句は低く）読むといった，有標的なイントネーションで読むと，1番目のハ句が対比的に，2番目のほうは主題として解釈される．

　[2] 「比較の相手」という言い方は，すぐ下の (3) にもあるように野田 (1995: 13) によるものであり，とりたて詞一般の意味機能の説明で「他者」（沼田 (1986: 108)）や「同類の要素」（日本語記述文法研究会 (2009: 3)）などという言い方をされるものを，対比のハにおいてより具体的に言い換えたものと見ることができる．野田は「比較の相手」という言い方を対比のハだけでなく，「同類のモ」についても使っている（野田 (1995: 14)）．この2つのとりたて詞は，野田の分類ではともに「比較系」に属する．

野田（1995）は，文（の述部）に対し，内側から，語幹，ボイス，アスペクト，肯定否定，テンス／現実性，事態へのムード，聞き手へのムードといった階層構造を認め，一般にとりたて詞はそれぞれ，それが文の中で働く階層があると主張する．(3)の「肯定否定の階層」というのは，述部に肯定形だけでなく否定形も現れることを許すような大きさを持つ階層のことである．[3]

　例(2)は2つの節を「が」で並列した重文であるが，それぞれの節自体は1つの述語からなる単文であり，その単文の中のハが，述語（「できる」／「できない」）と（(3)の言い方で言えば）呼応していることになる．つまり「が」の後に続く，「できない」を述語とする単文に現れているハ（(2a)では「フランス語は」の「は」，(2b)では「太郎は」の「は」）も，対比のハである．

3.　複文におけるハと焦点の拡張

3.1.　焦点の2種とその関係

　それでは，単文ではなく複文に対比のハが現れる場合はどうだろうか．述語「できる」は，その内項として(1)のような単純名詞（「英語」）だけでなく，形式名詞コトによって導入される名詞節（コト節）もとることができるので，そのような例で考えることから始めよう．（対比のハを網かけで示す．）

　　(4)　花子は英語を話すことはできる．

(4)は(1a)の「英語」を「英語を話すこと」に置き換えただけであり，述語「できる」の内項に対比のハが後接しているという点では同じである．(4)にさらに(2a)と同様に比較の相手を明示した文を続けるとしたら，下の(5)のようなバリエーションを考えることができる．比較の相手を下線で示す．[4]

---

　[3] 対比のハが「肯定否定の階層のもの」で，その階層の肯定の述語ないし否定の述語と「呼応する」というのは，生成文法の枠組みに当てはめれば，対比のハは，ハ句（を束縛する演算子）が，肯定否定を決める Polarity Phrase（極性句，PolP）の指定部（Specifier）の位置を占め，主要部 Pol と指定部 − 主要部一致（Spec-Head Agreement）の関係にあると言い換えることができる．Tomioka（2010）は対比のハを Speech Act のレベルで働くものと主張するが，Speech Act Phrase（SAP）は PolP よりも高い階層にある範疇である．SAP を認めるとすると，SAP の指定部に対比のハ句（を束縛する演算子）が位置する，のように読み替えることになる．本論文は PolP や SAP の仮定は不要であるので，これらの句の存在に関しては中立的な立場を取る．

　[4]「英語を話すこと（は）」に対する比較の相手ということであり，比較の相手というのはどちらから見るかによって変わるので，(5)の下線部（＋「は」）に対する比較の相手はどれも「英語を話すこと（は）」になる．

108　　　　　　　　　　　　　第 I 部　語の意味と文の構造

(5) a.　花子は英語を話すことはできるが, ほかのことはできない.
　　 b.　花子は英語を話すことはできるが, 外国人に話しかけることはできない.
　　 c.　花子は英語を話すことはできるが, {#太郎に話しかけること／##太郎に告白すること} はできない.
　　 d.　花子は英語を話すことはできるが, 英語を読むことはできない.
　　 e.　花子は英語を話すことはできるが, フランス語を話すことはできない.

(5a) では, 比較の相手は漠然とした「ほかのこと」となっているが, もちろん「英語を話すこと」以外なら何でも「ほかのこと」になるということではなく,「英語を話すこと」と同類と見なせるほかのこと, ということである (先の注 2 を参照).「外国人に話しかけること」は「英語を話す」ことと (例えば語学力の活用という括りで) 同類と見なすことができ, (5b) は自然な文になるが, (5c) のように「太郎に話しかけること」や「太郎に告白すること」になるとこの順で「英語を話すこと」と同類とは見なしにくくなり, その見なしにくさに応じて (5c) は不自然になる. (5d, e) の「英語を読むこと」や「フランス語を話すこと」は,「英語を話すこと」と (例えば外国語の技能という括りで) 同類であると見なすことができ, これらの文は自然である.

「焦点 (focus)」という観点から見ると, (5a, b, c) では「英語を話すことは」のハは, その対比の焦点を, それが統語的に併合 (Merge) している対象である「英語を話すこと」そのものとしている一方,[5] (5d, e) では,「英語を話すこと」というハの併合対象を構成する要素の一部である「話す」や「英語」が, ハの対比の焦点になっているということができる. Taglicht (1984: 62ff.) が only などの英語の焦点副詞の振る舞いの記述に使った用語を当てはめれば, (5a, b, c) では「英語を話すこと」が, それと併合するハの syntactic focus でありかつ contextual focus である (syntactic focus と contextual focus が一致している) が, (5d, e) では,「英語を話すこと」がハの syntactic focus でありながら, contextual focus はその syntactic focus の構成要素の, (5d) では「話す」, (5e) では「英語」に, 狭められているということになる.[6]

---

　[5]「焦点」は本来意味的な概念であるので, コトは形式名詞 (機能範疇) で語彙的意味を持たないとすれば,「英語を話すこと」に併合しているハの焦点は厳密には「こと」を除いた「英語を話す」とすべきだが, 以下ではこの点は無視する.

　[6] Jackendofff (1972: §6.5) や Rooth (1985) が association with focus という言い方で説明した現象である. 沼田 (1986) は日本語のとりたて詞におけるこのような現象を「前方移動

3.2. 従属節内のハと主節への焦点拡張

前節の例 (5) では網かけをした対比のハはどれもコト節に併合（後接）して
いるが,[7] コト節の中の要素に併合するとどうなるだろうか. 次のような例で
ある. 便宜上, それぞれの例で 2 つの対比のハに番号を振ってある.

(6) a. 花子は英語は$_1$話すことができるが, 外国人に話しかけることは$_2$
できない.

b. 花子は英語を話すことは$_1$できるが, 外国人には$_2$話しかけること
ができない.

c. 花子は英語は$_1$話すことができるが, 外国人には$_2$話しかけること
ができない.

(6a) では,「は$_1$」がコト節内の述語「できる」の項である「英語」に併合して
いる.「は$_2$」は (5b) と同様,「外国人に話しかけること」というコト節自体に
併合している. (6b) では「は$_1$」は (5) 同様「英語を話すこと」というコト節
に併合しているが,「は$_2$」はコト節内の述語「話しかける」の項である「外国
人に」に併合している. (6c) では「は$_1$」「は$_2$」どちらも, コト節内の述語の
項に併合している. 今まで見てきたことからすると（注 2 も参照）, 一方のハ
の併合対象 X は他方のハの併合対象 Y に対して同類の比較相手になっている
はずであるが, (6) ではその X と Y は意味的に同類とは見なしがたい. (6a)
では X =「英語」, Y =「外国人に話しかけること」で, 一方は言語であり一方
は行為なので同類とは言えない. (6b) では X =「英語を話すこと」, Y =「外
国人に」で, 一方は行為で一方は行為の向かう先なのでやはり同類ではない.

スコープ」と呼んだが, 意図されているのは「スコープ（作用域）」ではなく「焦点」のことで
ある. また syntactic focus に当たるものは Branan and Erlewine (2023) は target of MSF
(= Morphosyntactic Response to Focus) と呼び（査読者の 1 人の指摘に負う）, contextual
focus に当たるものは（命名の適否はともあれ）logical focus と呼んでいる. そして例 (5d, e)
のように, target of MSF (syntactic focus) が logical focus (contextual focus) を真に含む
(properly contain) 現象を, 同論文では pied-piping と呼んでいる.

[7] 以下, 統語論的な概念である併合（Merge）という用語を主に用いる. 本論文は,（対比
の）ハの併合相手はその左側にくる（syntactic focus となる）構成要素であるとし, 両者が全
体で構成要素をなすという多くの先行研究が共有する前提を受け入れる（ただし Whitman
(1998: 178-180) 参照）. そしてそのハで終わる構成要素全体を「ハ句」と引き続き言及する
が, これはハが主要部として投射する（つまりハ句のラベルがハである）ということを含意し
てはいない. ハは単にその左側の要素に付加（adjoin）してそれ自体は投射しないという立場
もある (Sells (1995), Sakai (1998), 青柳 (2006) 等). 本論文ではハが投射する（ラベルに
なる）かどうかに関しては本論文の主張の妥当性に影響しないので, 議論しない.

（6c）では一方が言語で一方は行為の向かう先になっている．このように（6）では，2つのハのそれぞれの併合対象の X と Y は意味的に異種のものであるが，それにもかかわらず文全体として特に不自然さは生じていない．これは，（5c）で X＝「英語を話すこと」と Y＝「{太郎に話しかけること／太郎に告白すること}」が，行為を表しているという点では共通しているのに，その行為の内容が同類とは見なしがたいため不自然になっているのと対照的である．

例（6）を，対比のハに関わる比較の相手が互いに同類のものになっているとするためには，ハがその見かけの併合対象を裏切って，対比の焦点を拡張していると見る必要がある．すなわち（6a）で言えば，「は₁」は「英語」に併合しているにもかかわらず，焦点は「英語」を構成要素として含む「英語を話すこと」に拡張されることで，「は₂」の併合対象である「外国人に話しかけること」を同類の比較の相手にしている，ということである．同様に，（6b）で「は₂」は，その併合対象の「外国人に」を構成要素として含む「外国人に話しかけること」に焦点が拡張されることで，「は₁」の併合相手である「英語を話すこと」を同類の比較の相手にしている．（6c）では，「英語」に併合している「は₁」の焦点は「英語を話すこと」に拡張され，「外国人に」に併合している「は₂」の焦点は「外国人に話しかけること」に拡張されることで，一方が他方を同類の比較の相手としているということになる．そうすると，（6a）（6b）（6c）どの文も，その中に現れている2つの網かけのハは，そのどちらかあるいは両方が焦点を拡張することで，一方が「外国人に話しかけること」を同類の比較相手にし，他方が「英語を話すこと」を同類の比較相手にし，結果，（5b）の2つの網かけのハと同じ比較相手を持つことになり，（6）の各文の自然さは（5b）の自然さに帰されることになる．また逆に，次の（7）のような文は，たとえ「は₂」の焦点を「話しかける／告白する」を述部とするコト節全体に拡張したとしても，「は₁」が併合している「英語を話すこと」と同類の比較相手と見なすことの困難さは改善されず，（5c）と同様に不自然ということになる．

(7) 花子は英語を話すことは₁できるが，太郎には₂{#話しかける／##告白する}ことができない．

このような，焦点が見かけの併合対象（syntactic focus）から拡張されて解釈される現象は，対比のハに限らず，モやサエなど，他のとりたて詞にも見られる，日本語では一般性のある現象で，[8] つとに Kuroda (1965) が当時の生成

---

[8] 沼田（1986）が「後方移動スコープ」（意図は「スコープ」ではなく「焦点」）と呼んだ現象である．注6で触れた Branan and Erlewine (2023) の pied-piping とは逆に，logical focus

第5章　とりたて詞の焦点拡張と多重生起　　　111

文法の枠組みで彼の提唱した attachment transformation（AT）によって記述
し，青柳（2006）がより新しい生成文法の枠組みでさらに詳細に分析したもの
である．ただしこれらの先行研究は，（6）のような複文の例ではなく単文の例
を中心に焦点の拡張を議論したものである．Kuroda の分析では，当該のとり
たて詞を，意味解釈がなされる深層構造で文全体（語順的には文末）に（今の
用語で言えば）併合させておく．そして AT によってそのとりたて詞が表層構
造上の併合先に（下方移動されてあたかも焦点が「縮小」したように）現れる
ことになる．一方青柳の分析では，とりたて詞は見かけ上の併合位置に初めか
らあったのが，LF において，量化詞上昇（Quantifier Raising）と同様の上昇
移動（およびそれと連動する，焦点との関連づけ；次節第1段落参照）を経て，
焦点の拡張が起こるとする．青柳は上昇の着地点はとりたて詞によって異な
り，概略国文法で係助詞とされてきたハやモは時制辞 T(ense) に上昇（付加）
する一方，国文法で副助詞とされてきたダケやバカリは軽動詞 v に上昇（付
加）するとする（特に青柳（2006: 134）の（33）参照）．

　本論は，焦点の拡張現象にはとりたて詞の移動が関わっているとする点で
Kuroda や青柳の分析と軌を一にするが，その移動の性質と移動先については，
次節以降の議論で明らかになるように，これらの先行研究とは大きく異なる．
さらに先行研究では，複文の従属節に現れるとりたて詞の焦点の（主節への）
拡張現象に関する詳細な議論は，Sano（2000, 2001），佐野（2001a, b, c,
2004）以外にはほとんど見られず，また特に対比のハの従属節内からの焦点
拡張に関する研究は，管見の限り見られない．[9] 以下，従属節内の対比のハの
焦点拡張について，どのようなメカニズムが関わっているかを，詳細に議論し
ていく．

（contextual focus）が target of MSF（syntactic focus）を真に含む，anti-pied-piping と同論
文が呼ぶものである．

　[9] ただし青柳（2006: 151）にはモに関して次の例（一部修正；角カッコおよび下線は原文）
が見られ，(ic) の「も」は，「家で小説を読む」ことを（(ia, b) の「も」と同様）比較の相手と
する，角カッコ従属節内から主節への焦点拡張の例になる．青柳の LF 移動分析では，(ia, b,
c) の「も」はどれも主節の T の位置に LF 移動する．
　(i)　昨日の日曜日，太郎は家で小説を読んだだけでなく…
　　a.　銀座へ [映画を見に] 行きもした．
　　b.　銀座へ [映画を見に] も行った．
　　c.　銀座へ [映画も見に] 行った．

4. 焦点拡張を可視化するメカニズム

4.1. 非可視的な移動か可視的な内的併合か

　前節の例（6）に見られる焦点拡張はどのようなメカニズムを通して行われるのだろうか．前節で紹介した青柳（2006）のとりたて詞 LF 移動分析は，とりたて詞の焦点拡張を直接導くものではない．青柳のとりたて詞の LF 移動で直接得られるのはその作用域であり，焦点ではない．とりたて詞の焦点は，LF 移動による移動先で作用域が決定されたとりたて詞が，その作用域内にある，とりたて詞とは独立に焦点化されている要素が持つ焦点素性 [+focus] と，関連づけ（association with focus）を行うことによって決定される．[10] この，とりたて詞との関連づけを受ける焦点素性 [+focus] は，関連づけを受ける前に任意に拡張されることが可能なので，その拡張された [+focus] との関連づけによって結果的にとりたて詞自体の焦点が広がるという効果をもたらすことになる（青柳（2006: §4.3.3，特に §4.3.3.2））．また Branan and Erlewine（2023）は，青柳のようなとりたて詞の LF 移動は認めない代わりに，発音形を持たない空演算子 OP をたてる．そしてとりたて詞とその target of MSF（syntactic focus）からなる句（本論で問題にするハ句[11]）を真に含んだ logical focus（contextual focus）を c 統御する位置に OP を生成し，その OP と問題の句を Agree 操作で結びつけることにより，とりたて詞の焦点拡張現象を説明している（同論文の特に p. 605, p. 625）．

　青柳の分析では，とりたて詞が移動するのは LF においてである以上，可視的なものではない．とりたて詞の非可視的な LF 移動の代わりに発音形のない空演算子 OP をたてる Branan and Erlewine（2023）も，とりたて詞自体の可視的な移動は想定しない．また，青柳のとりたて詞 LF 移動は作用域の決定に関わるものであるから，移動先が，命題（proposition）（あるいは Chomsky（1986: 169）の意味での complete functional complex）の構成に関わる句の主要部，すなわち T や v になるのは自然なことである．

　それに対し本論文は，とりたて詞の焦点拡張は上の先行研究のような非可視的なプロセスではなく，Narrow Syntax で行われる可視的でありうる移動の付随物であると主張する．この移動は作用域とは直接関係しないので，移動先

---

[10] 青柳（2006: 135）は，「この関連づけという関係は，とりたて詞と焦点がお互いに持つ焦点素性 [+focus] の共有（feature sharing），またはこの素性に関する一致（agreement）だとみることができる」としている．

[11] ただし Branan and Erlewine（2023）は（対比の）ハについては扱っておらず，日本語についてはモが議論の中心になっている．

はTやνになる必然性はない．また，一般的に移動と言われる現象は，構造構築のもっとも基本的な統語操作である併合のサブケースである内的併合 (Internal Merge) による効果であり，その内的併合は No-Tampering Condition に従うのであるなら（Chomsky (2007, 2008, 2021), Chomsky et al. (2013) 等参照），移動先だけでなく移動元も，移動対象の発音形が可視的に現れうる位置になるはずである．[12]

4.2. 内的併合とそれに伴う音声化

移動先でも移動元でも発音形が現れ，とりたて詞の焦点拡張が可視化されるような移動とはどういうものであろうか．移動は内的併合から得られる現象としたが，その内的併合は，下の (8) で矢印の左側の X の内側にある Y を，矢印の右側にあるように X の外側に併合する操作である．これによって派生した Y と Y′ は 1 つの Y が 2 つの位置に生起した同一の，Chomsky (2021) の言う copy である．そして必然的に Y′ は Y を c 統御する．[13]

(8) $[_X ...Y...] \rightarrow [_X ...Y...] Y′$

具体例を出そう．次を見られたい．

(9) 花子は [英語は$_1$ 話すこと] は$_{1'}$ できるが，[外国人には$_2$ 話しかけること] は$_{2'}$ できない．

この例は，先の例 (6c) の，「英語」に外的併合 (External Merge) した「は$_1$」と，「外国人に」に外的併合した「は$_2$」が，さらに内的併合によって，(9) の角カッコで示されたそれぞれのコト節と併合したものと見ることができる．そして (9) が Narrow Syntax から Sensory-Motor (SM) system（従来の音韻部門）へ送られ，「は$_1$」「は$_{1'}$」「は$_2$」「は$_{2'}$」すべてが音声化されれば (9) の網かけ部分すべてが [wa] のように（言語運用の観点からは余剰的に）発音されたものになり，「は$_1$」と「は$_2$」だけが音声化され「は$_{1'}$」と「は$_{2'}$」は音声化さ

---

[12] よく引き合いに出されるのは，Wh 移動が英語では移動先で発音され，日本語では移動元で発音されるといった例である．Child English では（余剰的に）両方の位置で発音されることもしばしば引き合いに出される．Guasti, Thornton and Wexler (1995), Thornton (1995), Hiramatsu (2003) 等参照．

[13] Narrow Syntax においては線形順序は関与しないので，(8) の矢印の右側は Y′ $[_X ...Y...]$ と表しても同じである．しかしすぐ下でも述べる音声化においては線状化も伴ってくるので，(8) では日本語のとりたて詞の線形順序に合わせた形で表記してある．(8) はあくまでもインフォーマルな図式である．

114　第 I 部　語の意味と文の構造

れなければ（6c）の網かけ部分が [wa] と発音されたようなものになる．後者
の，「は₁′」と「は₂′」が音声化されない場合，（6c）のように対応する位置に格
助詞「が」が [ga] という発音形で現れる．「が」と「は」がともに音声化され
ることはなく（cf.「*… ことがは（＝[gawa]）…」）どちらか一方だけが音声化
されるのであるが，これは SM system の問題であり，Narrow Syntax の問題
ではない．さらに，（9）の「は₁」と「は₂」だけが音声化されたのが（6a）に
対応し，（9）の「は₁′」と「は₂」だけが音声化されたのが（6b）に対応する．
もし（9）の「は₁」「は₁′」「は₂」「は₂′」のどれも音声化されないと，ハが持つ
音韻素性が解釈されずに終わる（音声化される機会を持たない）ことになるが，
これは完全解釈の原理（Principle of Full Interpretation（Chomsky（1986:
98ff.）））によって排除されるものと考える（査読者の 1 人の示唆に負う）．次
の（10a）のような例は文法的ではあるが，音声化されない対比のハが隠れて
いるのではなく，対比のハをもともと有しない 2 つの文が単に接続助詞「が」
によって接続されているだけの例であるとすれば，ハの音韻素性に関する完全
解釈の原理は関わってこない．その意味で，（10a）は（10b）のような例と同
列ということになる．（「花子は」と「僕は」の「は」は主題のハで，ここでの
議論とは無関係．）

(10) a.　花子は英語を話すことができるが，外国人に話しかけることがで
きない．

b.　花子は英語を話すことができるが，僕は彼女のことが嫌いだ．

(10a) に（10b）にはない対比的な意味合いがあるとしても，それは 2 つのコ
ト節が（たまたま）同類の比較相手になりうる内容をお互いに表していること
による効果か，あるいは肯定文と否定文を「が」を介して並べていることから
くる効果（あるいはその両方）であり，要するに語用論の問題である．

　例（9）でハの内的併合先（移動先）は角カッコで示されたコト節，すなわち
「できる」が取る内項としての NP あるいは CP であり，ハの作用域に関わる
ような，「が」の前後の文としての TP（の主要部 T）ではない．青柳がハのよ
うなとりたて詞（係助詞）の LF 移動先を T に限ったのと対照的である．実
際，（対比の）ハが TP（の主要部 T）と併合する（少なくとも併合して音声化
される）ことはないと言ってよい．[14]

---

[14] 次のような例は動詞タ形（「できた」）で終わる TP（の主要部 T）に下線の「は」が併合し
ているように見えるが，この「は」は慣用表現の一部（idiom chunk）であり，また網かけの
（内的併合による copy 関係を持つ）対比的な「は」とは異なり，主題を表すものと思われる．

5. ハの多重生起，多重音声化，そして焦点拡張の可視化

5.1. 願望動詞が取るコト節の場合

前節の (9) に見られるような，1 つのハが，従属節内の（外的併合された）位置と主節の（内的併合された）位置の両方で音声化されるといった，多重生起したハの多重音声化による焦点拡張の可視化は，「できる」のような（義務的）コントロール述語の場合に限らない．同様の現象は，従属節内に主節の主語とは別の主語が顕在的に現れることを許す非コントロール（あるいは随意的コントロール）述語の場合にも見られる．以下では，そのような例を見ることにする．[15]

例えば願望動詞「望む」（やその類義語の「希望する」や「欲する」等）は，コントロール述語の用法も非コントロール述語の用法も持つが，いずれにおいても，多重音声化による焦点拡張の可視化を見せる．次の (11) がコントロール述語としての例，(12) が非コントロール述語としての例である．

(11) a. 花子は [大学院には$_1$ 行くこと] を望んだが，[研究者には$_2$ なること] を望まなかった．
    b. 花子は [大学院には$_1$ 行くこと] は$_{1'}$ 望んだが，[研究者には$_2$ なること] は$_{2'}$ 望まなかった．

(12) a. 花子は [太郎が大学院には$_1$ 行くこと] を望んだが，[研究者には$_2$ なること] を望まなかった．
    b. 花子は [太郎が大学院には$_1$ 行くこと] は$_{1'}$ 望んだが，[研究者には$_2$ なること] は$_{2'}$ 望まなかった．

例 (11) では角カッコで示されたコト節内に主語は顕在的には現れていないが，（他に文脈が与えられていなければ）もっとも自然な解釈は，主節主語「花子」と同一である（GB 理論的な分析ではコト節の主語として音声的に空の代名詞がありそれが主節主語にコントロールされている）解釈である．一方 (12) ではコト節に「太郎が」という，主節主語とは独立の主語が顕在的に現れている．

　(i)　花子に告白はすることはできたはいいが，その場で振られた．

[15] なお，先の (9) では，網かけされた「は$_1$」「は$_{1'}$」「は$_2$」「は$_{2'}$」を，音声化されているかどうかに関して中立的なものとし，それらと，それらの SM system における音声化（[wa] という発音形）とを区別して説明したが，以降の議論では簡便さを優先して，そのように区別することは（第 6 節を除き）しないことにし，「は」と表記しているものは音声化している（実際に [wa] と発音されている）ものと理解されたい．実際，これが (9) より以前の例文や説明での暗黙の了解であった．

（11）（12）いずれの a 文も，「は$_1$」と「は$_2$」は，それぞれの併合対象（syntactic focus）である「大学院（に）」（教育機関）と「研究者（に）」（身分）を互いに同類の比較相手として対比しているとは見なしがたい．むしろ，「（太郎が）大学院に行くこと」と「研究者になること」を（研究生活参入といった括りで）同類の比較相手として対比しているという解釈が自然である．（11）（12）それぞれの a 文の「は$_1$」と「は$_2$」は，見かけ上の併合対象ではなく，（太郎が）大学院に行くこと」と「研究者になること」にそれぞれ焦点を拡張しているということである．そしてその焦点拡張が多重音声化によって可視化されているのが，（11）（12）の b 文の，コト節に併合している「は$_{1'}$」と「は$_{2'}$」というわけである．

　注意すべきは，（11b）（12b）の，コト節に併合している「は$_{1'}$」と「は$_{2'}$」は，コト節内の「は$_1$」と「は$_2$」をコト節に内的併合してできた copy であり，前者はそれぞれ後者を c 統御しているということである（（8）の上参照）．c 統御関係にない 2 つの「は」の場合は，それらが copy 関係になることはなく，お互いに独立した，Chomsky（2021）の言う repetition となる．したがって 2 箇所で音声化された 1 つのハとして解釈されることはない．次の例を考えてみよう．

（13）a.　花子は太郎に（は）大学院進学は望んだが，研究職は望まなかった．
　　　b.??花子は太郎には$_1$大学院進学は$_{1'}$望んだが，次郎には$_2$研究職は$_{2'}$望まなかった．

（13a）では，「が」の前後の文で対比のハによって対比されているのは「大学院進学」と「研究職」である．「太郎に（は）」で「は」があっても，「が」以降の文に「太郎」に対応する比較相手がない以上，少なくとも（13a）の中で「太郎」がだれかと対比されているわけではない．一方（13b）では，「太郎」に対応するものとして「次郎」が現れており，両者は対比のハによって対比されている．そして（13a）同様，「大学院進学」と「研究職」も対比のハによって対比されている．しかしこのような対比をしている（13b）は不自然であろう．これは，2 つのペア（〈太郎，次郎〉のペアと〈大学院進学，研究職〉のペア）のそれぞれのメンバーを対比のハで同時に対比することは，いわば欲張りすぎで，望ましくないということを示唆している．たとえ（13b）のように「太郎」と「次郎」がハによって対比されていても，別の対比のペアがない次のような例は不自然にならない．

（14）　花子は太郎には大学院進学は望んだが，次郎には（大学院進学は）望
　　　　まなかった．

この例で「が」以下の後続文に丸カッコで括られた「大学院進学は」が省略さ
れずに現れていても，そこに出ている「は」は（「が」に先行する「大学院進学」
を受けた）主題のハであり，対比のハによって対比されているのは「太郎」と
「次郎」の1つのペアだけということに変わりはなく，問題はない．
　ここで仮に，(13b) の「は$_1$」と「は$_{1'}$」（「が」の後続文では「は$_2$」と
「は$_{2'}$」）が，内的併合によって生じた，1つの対比のハが2箇所で音声化され
たものという派生が可能であるなら，「が」の後続文と合わせて欲張った2つ
のペアのそれぞれのメンバーの対比ということにはならないのであるが，その
ような派生の可能性は「は$_1$」と「は$_{1'}$」（そして「は$_2$」と「は$_{2'}$」）がc統御関
係にないので存在しない．c統御関係にないのは，「太郎に（は）大学院進学」
という連鎖が構成要素をなしていない（「太郎に」と「大学院進学」は動詞「望
む」が取る別々の項である）からである．（「が」の後続文についても同様のこ
とが言える．以下，後続文については適宜省略する．）それに対し，(11) (12)
では，「（太郎が）大学院に（は）行くこと」は，動詞「望む」がとる1つの項
であり，今まで「コト節」と呼んできた構成要素をなしている．したがってそ
の構成要素であるコト節の内側の，「大学院に」に（外的）併合した「は」を，
内的併合によってコト節に併合することに問題はなく（(8) の図式にきれいに
収まり），それによって生じた (11) (12) のb文の「は$_1$」と「は$_{1'}$」（および
「は$_2$」と「は$_{2'}$」）は後者が前者をc統御するような copy 関係にあり，両者で
1つの対比のハということになる．つまり，(11) (12) のb文で対比されて
いるのはa文同様，「（太郎が）大学院に行くこと」と「研究者になること」と
いう1つのペアだけということになり，(13b) に見られるような欲張った複
数のペアのメンバー間の対比をしていることにはなっていない．

5.2.　思考動詞が取るト節の場合
5.2.1.　話者／主語視点のハと長距離結びつけ
　前節で見た「望む」などの願望動詞は，補部のコト節に顕在的な主語の出現
を許すが，その補部コト節の述語はタ形にはなりづらい（「花子は太郎が大学
に進学｛する／?*した｝ことを望んだ」）．それに対して思考（あるいは認識）
動詞の「思う」「考える」「信ずる」などは，特にト節を補部に取っている場合
は，その補部ト節の述語はル形でもタ形でもよく（「花子は太郎が大学に進学
｛する／した｝と思った」），「望む」のような場合よりさらに補部節の「文とし

118   第 I 部　語の意味と文の構造

ての一人前らしさ」は高い.[16] そのような場合でも，その補部節の内側に現れ
たハが内的併合により補部節自体に併合され，(11)(12) の b 文で見たのと
同様の，ハの多重音声化による焦点拡張の可視化が起こりうる．それを見る前
に，主節述語が思考動詞の場合はハの解釈に関して今までとは別の問題が出て
くるので，本節ではそれを確認しておく．

　次の例に出てくるハを考えてみよう．

　(15)　花子は太郎は大学に進学すると思った．

この文の文頭の「花子」は主節の述語「思った」の主語であるという解釈で考
えると，それが「は」によって主題として取り上げられているわけであるが，
主題として取り上げるために「は」という語を選択したのは文の話者 (話し手，
書き言葉なら書き手) である．(このことは，今までの例の文頭の「は」すべて
について言える.) さらに「花子は」に続く「太郎は」の「は」も，文の話者が
主題のハとして選択したという解釈も可能であるが，それとは別に，主節の主
語である「花子」が主題のハとして選択したという解釈も可能である．この後
者の解釈は，花子が心の中で太郎を主題として取り上げ，「太郎は大学に進学
する」という思いを持ったというような，いわば花子の心の中のつぶやきを直
接引用したような解釈である．前者の，話者が選択した解釈を話者視点のハと
呼び，後者の，主節の主語が選択した解釈を主語視点のハと呼ぶ.[17] ただ (15)
の「太郎は」は，文構造上曖昧な位置を占め，①ト節の中に位置する，あるい
は，②ト節の外の主節に位置しト節には「太郎」を受ける空範疇 (空代名詞，
ないし「太郎は」のト節外への移動の痕跡) が (主語位置に) ある,[18] このどち
らの構造も可能である．したがって (15) の例では，「太郎は」の「は」の話者
視点解釈は「太郎は」が主節にある②の構造からのものだという可能性がある．
しかしト節の中にあると言える構成要素に対しても，それに併合しているハ
が，主語視点だけでなく話者視点の解釈を受けることは可能である．次の例を
考えてみよう．

　(16)　花子は [太郎が大学には進学すると] 思った．

例 (16) では「大学には」は主格の「太郎が」に後続しており，「太郎が」は角

---

[16] 節の「文らしさ」に関する考察は野田 (2002) を参照．
[17] (対比的な) ハの視点の曖昧性については，Hara (2006) の特に第 3 章を参照．なお，ハ
の視点の判断には，谷川直美氏の協力を得た．
[18] 「空範疇」「空代名詞」「痕跡」といった言い方は，生成文法のかつての GB 理論の用語を，
説明の便宜として借用しているだけである．

第 5 章　とりたて詞の焦点拡張と多重生起　　　　119

カッコで示すようにト節内に主語としてあるとすると，「大学には」もト節内
にあるはずである．そしてこの「大学には」の「は」も，主語（「花子」）視点の
解釈だけでなく，話者視点の解釈も可能である．話者視点の解釈は主語視点に
比して難しく見えるが，主節述語「思った」に例えばラシイやカナといったモ
ダリティ要素を加えると捉えやすくなる（下の(17)）．また主語視点の解釈は，
すでに(16)のままでも得られやすいが，ト節述語「進学する」にモダリティ
要素を加えるといっそう強くなる（下の(18)）．

(17)　花子は太郎が大学には進学すると思った{らしい／かな}.
(18)　花子は太郎が大学には進学する{らしい／かな}と思った.

ここで，話者視点解釈のハは，主節述語に後続する（ラシイ／カナのような）
顕在的な，あるいは音声的に空の潜在的な，モダリティ要素と一種の係り結び
関係を結ぶことから生まれ，また主語視点のハは，補部ト節述語に後続する顕
在的ないし潜在的なモダリティ要素との係り結び関係から生まれるとしてみよ
う．そうすると(17)の「大学には」の話者視点解釈の「は」は，ト節という
節境界を越えて主節のモダリティ要素と係り結び関係を結んでいることにな
り，(18)の主語視点解釈の「は」では求められない，非局所的な長距離結び
つけ（long-distance construal）が求められることになる．特にモダリティ要
素が潜在的で音声的に空の(16)で「大学には」の「は」の話者視点解釈が主
語視点解釈より難しいのは，そのような非可視的な長距離結びつけの，言語運
用上の負荷によるものと見ることが可能である．

5.2.2.　対比のハと視点との関係
　前節で述べた長距離結びつけの負荷は，話者視点のハを主題ではなく対比の
ハで解釈することによって解消する．まず(16)に似た次の例を考えてみよう．

(19)　花子は[太郎が志望校に入学志願書は提出したと]思った.

(16)同様，ト節内のハ句「入学志願書は」の「は」は主語視点とも話者視点と
も解釈できるが，やはり主語視点の解釈のほうが得やすい．ところが対比的解
釈を促す文脈に入れてみると，そのような差はなくなる．次のような例であ
る．

(20) a.　花子は[太郎が志望校に入学志願書は₁提出したと]思ったが，[自
　　　　己推薦書は₂提出したと]思わなかった.
　　 b.　花子は[太郎が志望校に入学志願書は₁提出したと]は₁'思ったが，

[自己推薦書は₂提出したと] は₂ 思わなかった.

まず, (20a) の「は₁」と「は₂」を,「入学志願書」と「自己推薦書」をお互い
に比較の相手とした対比のハであるとすると, 話者視点の解釈が主語視点の解
釈を圧倒する. すなわち,「は₁」と「は₂」は, 話者が「入学志願書」と「自己
推薦書」を対比させるために選択したと解釈するのが自然であり, 主語の「花
子」がそうしたと解釈するのは不自然である (ただし次の段落以降の議論を参
照). そしてそれは, (20a) は「は₁」および「は₂」が角カッコで示されたそれ
ぞれのト節に内的併合して (20b) のように実はなっており, ただ (20b) では
音声化されている「は₁'」と「は₂'」が (20a) では音声化されていないとするこ
とで説明される (注 15 参照). ト節に併合している「は₁'」と「は₂'」は,「花
子は」の「は」が属するのと事実上同じ主節に属するので,「花子は」の「は」
が話者視点であるのと同様に話者視点である. そして「は₁'」と「は₂'」が話者
視点であるなら, それと内的併合による copy 関係を持っている「は₁」と
「は₂」も話者視点に決まることになる. (Chomsky (2021) の言う Stability,
Chomsky et al. (2023) の言う Preservaton である.) さらに,「は₁」の話者視
点の解釈は, 対比の文脈にない (19) の「入学志願書は」の「は」の話者視点
の解釈に比べ, はるかに得やすい. それは,「は₁」のト節への内的併合によっ
て得られた「は₁'」は「思った」に直接後続する (潜在的な) モダリティ要素と
係り結びの関係を持つことになるわけであるが, それはト節の節境界をまたが
ない, 局所的な短距離結びつけになっているからである. 以上の説明は,
(20b) に対してだけでなく, (20b) の「は₁'」と「は₂'」と同じものが (20b)
と同じ位置にあるが音声化はされていない (20a) にもそのまま当てはまる.

　しかし (20a, b) の「は₁」と「は₂」は, 主語視点の解釈も不可能ではない.
ただしその場合は (20b) の「は₁'」と「は₂'」は,「は₁」と「は₂」のト節への
内的併合によって得られた copy ではなく, 外的併合によって独立に導入され
た repetition になる. その場合でも「は₁'」と「は₂'」は主節に属している以上,
話者視点の対比のハである. 一方, その「は₁'」および「は₂'」と copy 関係を
持たない主語視点の「は₁」と「は₂」は, その併合対象である「入学志願書」
と「自己推薦書」をそれぞれ何かと対比しているわけでは必ずしもなく, その
意味で主題のハに近いものとなる. ただし, このような主語視点における主題
的な解釈は, 最初に出てくる「入学志願書は₁」の「は₁」に対しては問題なく
ても, 2 番目に出てくる「は₂」に対しては,「入学志願書」とは別の「自己推
薦書」を同じ主語 (の指示対象花子) が主題としてあらたに提示しているとい
うことになってしまう. それよりはむしろ同類のモ (注 2 参照) を用いて, 次

のようにしたほうが自然になる.

(21)　花子は [太郎が志望校に入学志願書は提出したと] (は) 思ったが, [自己推薦書も提出したと] (は) 思わなかった.

　以上の議論を「が」に先行する文だけに注目して整理補足すると, (20b) で「は $_{1'}$」が,「は $_1$」のト節への内的併合によって得られた copy である場合は,「は $_{1'}$」と「は $_1$」は同じ 1 つのハが複数の場所で音声化された, 話者視点の対比のハになる. そして「は $_1$」は音声化されても「は $_{1'}$」が音声化されないと (20a) が得られる. また (20b) の「は $_{1'}$」がト節と外的併合をしたものである場合は, それ自体はやはり話者視点の対比のハであるが,「は $_{1'}$」と copy 関係を持たない「は $_1$」は主語視点の(主題的な)ハになる. この, 外的併合による「は $_{1'}$」が (20b) のように音声化されることなく, 見た目上, (20a) のようになる可能性はあるかと言えば, それは (10) の上でも述べた完全解釈の原理によって排除される.「は $_{1'}$」が持つ音韻素性が解釈される機会がないことになるからである. したがって, (20a) で「は $_1$」が主語視点の解釈を取っている場合は, ト節に外的併合した音声化されない話者視点の「は $_{1'}$」があるのではなく, 初めから何もないということになる. (20a) の「は $_1$」が主語視点の解釈でなおかつ, 文全体に対比的な意味合いが出ているとすれば, それは先の (10) の下で述べたのと同じ理由によるものということになる.(同じことが (21) で「入学志願者は」の「は」が主語視点解釈でかつ丸カッコした「は」がない場合についても言える.)

　さらに (20b) で注意すべきは,「は $_1$」と「は $_2$」が, それぞれ「は $_1$」と「は $_2$」のト節への内的併合によって得られた copy の場合であっても, それはハの多重音声化による焦点拡張の可視化をしているわけではないということである. そもそも (20a, b) の「は $_1$」と「は $_2$」はどちらも, その syntactic focus と contextual focus は一致しており, 焦点拡張は要しない. つまり, 焦点拡張の必要はなくても内的併合は起こるということである. これは, 併合という操作が, 厳密に Narrow Syntax のものであり,(言語運用における)何らかの目的や機能を果たすために行われるものではないということを端的に示している. また音声化は SM system で行われるものであるが, これも, 内的言語 (I-language) とは無縁の外在化 (externalization) の 1 つのオプションにすぎず, それ自体何らかの(例えばコミュニケーションといった)目的を持っているわけではない (Chomsky (2013: 36-37), Chomsky (2021: 11-12) 等). まして多重音声化は, 1 箇所だけの音声化で済むところをわざわざ複数の場所で音声化するわけであるから, 言語運用上無駄にもなりうることをしているので

ある.

　もちろん，多重音声化が，結果的に焦点拡張の可視化になりうるのは (9) や (11b) (12b) で見てきたところであり，同様の例を思考動詞についても作ることはたやすい. 次のような例である.（ハを話者視点解釈に限定して考える.）

(22)　花子は [太郎が併願校に入学志願書は郵送したと] は思っているが，
　　a.　[到着が締切日には間に合ったと] は思っていない.
　　b.　[投函前に内容は確認したと] は思っていない.
　　c.　[振込先に受験料は納入したと] は思っていない.
　　d.　[担任に受験意志は伝えたと] は思っていない.

特に (22a) は「太郎が」とは別の主語「到着が」が現れていることに注意されたい. このト節内の主語に後続している「締切日には」はト節内にあり，この「は」は，話者視点解釈をする限り，ト節に併合している話者視点の「は」と，内的併合による copy 関係を持つ，対比のハの解釈になる. (22b, c, d) の，ト節内にあるニ格補語に後続しているハ句についても同様である.[19] これらのト節内の「は」がそれを含むト節に内的併合し，両者が多重音声化されれば，結果的に焦点拡張の可視化となる.

6.　考慮すべき問題とそれを扱うべき適所

　本論文で見た内的併合による多重音声化は，1 文に 3 箇所以上でも起こる.

(23)　スーパーの警備員は [[客がバッグに何かは₁ 入れるの] は₁′ 視認すること] は₁″ できたが，[[[それが店の商品であると] は₂ 確認すること] は₂′ 行うこと] は₂″ できなかった.

この例では，「が」に先行する文の「は₁」がノ節に内的併合して「は₁′」を作

---

[19] (22a, b, c, d) で語順転換が起こり，ト節内のハ句が左端にくると，話者視点の対比の解釈を保持することが困難になる. (22a) に対しては次である.

　(i)　花子は太郎が併願校に入学志願書は出したと (は) 思っているが，
　　　締切日には (到着が) 間に合ったと (は) 思っていない.

「到着が」がなければ，明示的な語順転換はなく，（丸カッコ内の「は」の有無にかかわらず）網かけの「は」の話者視点の対比解釈は保持できる. しかし「到着が」があって語順転換が明白であると，網かけの「は」の話者視点対比解釈はきわめて困難になる. この観察は，本論文の第 1 稿であげた例文に関する査読者の 1 人の判断がヒントになった. 重要な問題であるが，分析は別稿に譲ることにする.

り，それがさらにコト節に内的併合して「は$_{1'}$」を作るというように，2回の内的併合による3つのcopy形成がなされており，「が」に後行する文でも同様のことが起こっている．本論文で提案した分析によると，3つのcopyがどれも音声化されない場合は（査読者の1人の示唆通り）完全解釈の原理によって排除されるとしても，それ以外の，どれか1つでも音声化されている場合は問題ないということになる．つまり，それぞれのcopyが音声化されるかされないかで，「が」に先行する文だけでも，（どれも音声化されない場合を除いた）7通りの組み合わせの可能性を許すということになる．言語能力の観点からは文構築に要する併合の回数に上限がない以上，同一要素（ここではハ）の内的併合の繰り返しにも上限はないので，音声化のされ方に関しても無限の組み合わせが可能になる．先の査読者が指摘するように，どのような条件下でハのcopyの音声化が決定されるのかは明らかにすべき課題となりうる．ただ，これはNarrow Syntaxに属する問題ではない．Narrow Syntaxにおいて(23)のような例に見られるハの多重生起を生成可能にしておかなければならないことは明白であり，それらの音声化とそれに伴う効果は，SM systemとそれに続く言語運用での問題となる．例えば，上の(23)で「が」に後行する文で出てきている「確認すること（は$_{2'}$）行う」という表現は，「は$_{2'}$」の音声化とは別に，「こと（を）行う」の部分が余剰的であり，単に「確認する」という簡潔な表現ですませることができるものであるが，余剰的な部分を表したままでも，「は$_{2'}$」を「こと（を）」と「行う」との間で音声化することによって，余剰部分を分断し目立たなくすることができる．また逆に「は$_{2'}$」が音声化されていない（あるいは初めからそこにない）次のような例では，今度はハの多重音声化に伴う余剰性（くどさ）が軽減されている．

(24)　… が，それが店の商品であるとは確認することを行うことはできなかった．

こういったことは，言語運用の問題になろう．
　　ただ，今「「は$_{2'}$」が音声化されていない（あるいは初めからそこにない）」と言ったが，音声化されるかどうかはSM systemの問題である一方，「は」がある場合と，初めからそこにない場合とで，どのような解釈上の違いが出てくるかは，「は」が音声化されるかどうかとは独立に，Conceptual-Intentional (CI) systemが扱うべき問題となる．「は」がNarrow SyntaxとCI systemでは存在するがSM systemでは発音されない場合と，「は」は初めからそこに（Narrow SyntaxとCI systemに）ない場合とを，一般的な視点で比較検討することは本論文の範囲をはるかに越える．(10)に関してした議論や(21)の

下の段落でした議論は，この問題に個別的部分的に触れたものであった．

7. 他のとりたて詞の内的併合による多重生起

対比のハ以外のとりたて詞について，その内的併合による多重生起および多重音性化の可能性を詳しく検討する余裕はないが，例だけ若干あげ，簡単に見ておきたい．まず下の3例にそれぞれ現れている，下線を施した2つの「も」の例である．

(25)　父親は，娘が会社員とも結婚することも認めた．

(26)　昨日の日曜日，太郎は家で小説を読んだだけでなく，銀座へ [映画も見に] も行った．　　　　　　（青柳 (2006: 151) を改変：注9参照）

(27)　第一中隊の如きは，候補者の多数に悩んだ結果，長い悶着の後に通訳も入れることも出来ず，これは後になって重大な故障を生じた．

　　　　　　　　　　　　（大岡昇平『俘虜記』，「労働」の章；下線佐野）

例 (25) は，2つの「も」が外的併合によってそれぞれ独立に解釈される repetition 読みと，1つのモが内的併合によって2箇所で音声化された，同一のモとして解釈される copy 読みとがある．前者の repetition 読みでは，娘の複数の人間（会社員と例えば公務員）との（一妻多夫の）結婚を，他の，例えば仕事を辞めずに続けるといったこととともに，父親が認めたといった意味になる．後者の copy 読みでは，公務員との結婚だけでなく会社員との結婚も（別の選択肢として）父親が認めたといった意味，あるいは仕事の継続だけでなく会社員との結婚も認めたといった（焦点拡張をした）意味になる．(26) (27) は文脈上，1つのモの内的併合による2箇所での音声化の（焦点拡張）解釈，すなわち copy 読みが自然である．[20] 次はサエとナンカの例である．

(28)　父親は，娘が東大卒とさえ見合いすることさえ許さなかった．

(29)　私が東大卒になんかプロポーズされることなんかあり得ない．

詳しい意味解釈は省くが，[21] 本論文で議論してきた対比のハの多重音声化や，(25) (26) (27) のモの copy 読みの場合と同様の，余剰的な響きが (28) (29) の例にもあるのは，本来は1つの位置でだけ音声化すれば足りるのを2つの位置で音声化しているわけであるから，当然と言える．言語運用上の冗長

---

[20] モの多重生起については，佐野 (2004: 192–194) に簡単な議論がある．

[21] ナンカに関しては，最近の研究では井戸 (2023) に詳しい意味用法の分析がある．

的な（あるいは強調的な）響きは予測されるところである．

8. まとめと理論的意味合い

本論文は，とりたて詞の多重生起とそれに伴う多重音声化，そしてその付随的な結果としての，焦点拡張の可視化について，特に対比のハを中心に論じた．本論文の重要な主張点は以下である．2つ（以上）の同一形態のとりたて詞があるとき，それらは，それぞれ独立に何らかの2つ（以上）の要素に併合されて導入された別物（repetition）である可能性と，Xに併合したとりたて詞が，Xを構成要素として含むYに内的併合する（ことを繰り返す）ことによって，2つ（以上）の異なる位置に生起し（て音声化され）た同一物（copy）である可能性とがある．Copy関係にある2つ（以上）の「は」は，同一主体（話者）の視点のハになるが，repetitionである2つ（以上）の「は」はそうとは限らず，別主体（話者と主語）の視点のハの可能性を許す．

最後に，本論文で議論したとりたて詞の内的併合による多重生起の，理論的意味合いについて述べておきたい．とりたて詞は伝統文法では助詞の一種に分類され，生成文法では，英語のような主要部前置型言語の前置詞（preposition）に対応する，後置詞（postposition）に分類される．ここで，Chomsky (2021: 17, n. 27) の次の言明が問題となる．

(30) There are standard tacit assumptions that are normally put aside [...], though they should be made explicit and explained in a fuller account. For example, determiners and prepositions are not subject to IM.

すなわち，暗黙のうちに前提とされてきたことに，前置詞はIM（内的併合）を受けないというのがあるが，それは説明されなければならないというのである．たしかにV/*v*やT(ense)（あるいはI(nflectioin)）などの，主要部移動を受けうるものは別として，determinerやpreposition/postpositionが内的併合を受けているような現象は存在すると思われてこなかった．しかしとりたて詞が（prepositionに対応する）postpositionであり，本論文で議論してきたように内的併合を受けうるのであれば，英語などでprepositionが内的併合を受けないとしても，それはtheoretical gapではなくaccidental gapである（あるいはparameterに関係づけられる）可能性が出てくる．実際日本語では，後置詞が内的併合により多重生起していると思われる例が，とりたて詞以外の，れっきとした（格）助詞についても見られる．次のような例である．

126   第 I 部　語の意味と文の構造

(31) a.　太郎はいつも女の子<u>に</u>ばかり<u>に</u>会っている.
　　 b.　太郎はいつも女の子<u>と</u>ばかり<u>と</u>会っている.
　　 c.?*太郎はいつも女の子<u>に</u>ばかり<u>と</u>会っている.
　　 d.?*太郎はいつも女の子<u>と</u>ばかり<u>に</u>会っている.

動詞「会う」はその内項がとる助詞としてニとトの2つの選択肢があるが,
(31a, b) では, とりたて詞バカリを介して, 一方の助詞が二重に現れている.
(31c, d) のように, 2つ現れているのが同一の助詞でないと許容度がだいぶ落
ちるので, (31a, b) は (格) 助詞 (後置詞) の内的併合による多重生起の例と
見られる. 次は Web 上で拾った, とりたて詞ダケを介した助詞ニの内的併合
を示唆する実例である.

(32)　… の例を考えますと, 別に quantifier を含む文<u>に</u>だけ<u>に</u>現れる現象
　　　ではないと思います.

さらに下の (33) と (34) の例は, 補文化詞トや that の内的併合による多重生
起である可能性がある. (33) は同時に, とりたて詞ナドも内的併合で多重生起
することを示唆している.

(33)　太郎は [[[花子がカンニングをした(など)] <u>と</u>] など] <u>と</u>] 言っている.
(34)　I think [<u>that</u> overall [<u>that</u> Germany were better value]]
　　　　　　　　　　　(Radford (2018: 123); 下線および内側角カッコは佐野)

このように, とりたて詞だけでなく, 格助詞や補文化詞のような機能語も内
的併合によって多重生起／多重音声化していると思しき例を見ると, Chom-
sky の (30) の言明は, その妥当性と一般性について, 慎重に検討する必要が
あろう. 本論文がそのきっかけになれば幸いである.

参考文献

青柳宏 (2006)『日本語の助詞と機能範疇』ひつじ書房, 東京.
Branan, Kenyon and Michael Yoshitaka Erlewine (2023) "Anti-Pied-Piping," *Lan-guage* 99, 603-653.
Chomsky, Noam (1986) *Knowledge of Language: Its Nature, Origin, and Use*, Prae-ger, New York.
Chomsky, Noam (2007) "Approaching UG from Below," *Interfaces + Recursion = Language? Chomsky's Minimalism and the View from Syntax-Semantics*, ed. by Uli Sauerland and Hans-Martin Gartner, 1-29, Mouton de Gruyter, Berlin.

Chomsky, Noam (2008) "On Phases," *Foundational Issues in Linguistic Theory: Essays in Honor of Jean-Roger Vergnaud*, ed. by Robert Freidin, Carlos P. Otero, and Maria Luisa Zubizarreta, 133-166, MIT Press, Cambridge, MA.

Chomsky, Noam (2013) "Problems of Projection," *Lingua* 130, 33-49.

Chomsky, Noam (2021) "Minimalism: Where Are We Now, and Where Can We Hope to Go," *Gengo Kenkyu* 160, 1-41.

Chomsky, Noam, T. Daniel Seeley, Robert C. Berwick, Sandiway Fong, M.A.C. Huybregts, Hisatsugu Kitahara, Andrew McInnerney and Yushi Sugimoto (2023) *Merge and the Strong Minimalist Thesis* (Elements in Generative Syntax), Cambridge University Press, Cambridge.

Guasti, Maria Teresa, Rosalind Thornton and Kenneth Wexler (1995) "Negation in Children's Questions: The Case of English," *Proceedings of the 19th Annual Boston University Conference on Language Development*, 228-239.

Hara, Yurie (2006) *Grammar of Knowledge Representation: Japanese Discourse Items at Interfaces*, Doctoral dissertation, University of Delaware.

Hiramatsu, Kazuko (2003) "Children's Judgments on Negative Questions," *Language Acquisition* 11, 99-126.

井戸美里 (2023)『現代日本語における否定的評価を表すとりたて詞の研究』くろしお出版，東京.

Jackendoff, Ray (1972) *Semantic Interpretation in Generative Grammar*, MIT Press, Cambridge, MA.

Kuroda, S.-Y. (1965) *Generative Grammatical Studies in the Japanese Language*, Doctoral dissertation, MIT.

日本語記述文法研究会 (2009)『現代日本語文法5 第9部とりたて 第10部主題』くろしお出版，東京.

野田尚史 (1995)「文の階層構造からみた主題ととりたて」『日本語の主題と取り立て』，益岡隆志・野田尚史・沼田善子 (編)，1-35，くろしお出版，東京.

野田尚史 (2002)「第1章 単文・複文とテキスト」『日本語の文法4 複文と談話』，野田尚史・益岡隆志・佐久間まゆみ・田窪行則 (著)，1-62，岩波書店，東京.

沼田善子 (1986)「第2章 とりたて詞」『いわゆる日本語助詞の研究』，奥津敬一郎・沼田善子・杉本武 (著)，105-255，凡人社，東京.

Radford, Andrew (2018) *Colloquial English: Structure and Variation*, Cambridge University Press, Cambridge.

Rooth, Mats (1985) *Association with Focus*, Doctoral dissertation, University of Massachusetts.

Sakai, Hiromu (1998) "Feature Checking and Morphological Merger," *Japanese/Korean Linguistics* 8, 189-201.

Sano, Masaki (2000) "Island Effects on Invisible Movement of Focus Particles: A Case Study of *koso* and *sae* in Japanese," *English Linguistics* 17, 330-360.

Sano, Masaki (2001) "On the Scope of Some Focus Particles and Their Interaction with Causatives, Adverbs, and Subjects in Japanese," *English Linguistics* 18, 1-31.

佐野真樹 (2001a)「とりたて詞コソと WH 移動の共通性」『意味と形のインターフェィス』, 中右実教授還暦記念論文集編集委員会 (編), 665-676, くろしお出版, 東京.

佐野真樹 (2001b)「例示のデモの統語論」『立命館文学』第 586 号, 277-306, 立命館大学.

佐野真樹 (2001c)「日本語のとりたて詞の素性移動分析と Minimality 効果」*JELS* 18, 181-190.

佐野まさき (2004)「とりたて詞の作用域と連鎖形成について」『日本語文法学会第 5 回大会発表論文集』, 185-194.

Sells, Peter (1995) "Korean and Japanese Morphology from a Lexical Perspective," *Linguistic Inquiry* 26, 277-325.

Taglicht, Josef (1984) *Message and Emphasis: On Focus and Scope in English*, Longman, London.

Thornton, Rosalind (1995) "Referentiality and Wh-movement in Child English: Juvenile *D-Link*quency," *Language Acquisition* 4, 139-175.

Tomioka, Satoshi (2010) "Contrastive Topics Operate on Speech Acts," *Information Structure from Theoretical, Typological and Experimental Perspectives*, ed. by Caroline Fery and Malte Zimmermann, 115-138, Oxford University Press, Oxford.

Whitman, John (1998)「第 II 部 語順と句構造」『格と語順と統語構造』, 中右実 (編), 101-195, 研究社出版, 東京.

第Ⅱ部
語用論的意味をめぐって

第6章

日本語の指示詞の意味と語用論
── ソ系指示詞の直示用法を中心に ──*

澤田　淳

青山学院大学

1.　はじめに

　Fillmore（1982: 50）は，指示詞が3項体系をなす言語の中称（非近称・非遠称）の指示詞においては，「話し手から中距離（S-Medial）」，「聞き手から近距離（H-Proximal）」という2種のプロトタイプ的用法が認められ得る点を指摘している．では，なぜ，3項体系をなす中称（非近称・非遠称）の指示詞では，「話し手から中距離」と「聞き手から近距離」がプロトタイプ的用法として見られやすいのであろうか．また，両用法は，表面上は意味が大きく異なるように見えるが，深いところでどのようなつながりを持ち得るのであろうか．

　談話管理理論を背景とする金水敏，田窪行則両氏の一連の研究（金水・田窪（1990），金水・田窪（1992），金水（1999），田窪（2010）など）では，日本語のソ系指示詞に関して上記の問題意識を含む深い洞察がなされている．金水（1999: 87）は，「ソは直示においてもさらに人称区分と距離区分に分かれるのであるが，いずれもプリミティブな用法というより，コミュニケーション上の要請により隙間を埋める充填剤的な手段として適用されている」としている．また，田窪（2010: 311）は，「ソは，それが指示する対象に対し遠・近という認知的特徴付けができない場合，すなわち，ア［−Proximal］でもコ［＋Proximal］でも表せない対象を表すときに使われる」とし，ソ系が「埋め草的」な指示詞である点を指摘している（さらに，金水・田窪（1992: 169）参照）．

　ソ系が「隙間を埋める充填剤的」，「埋め草的」な指示詞であるとする指摘は極めて示唆に富むものであり，直感的にも正しい観察であるといえる．この観察の基礎の上に立って，さらに，他言語の状況も踏まえたより一般的な観点か

---

　* 本研究は，澤田（2016, 2019）で行った考察の一部を発展させたものである．本研究は，JSPS 科研費 JP21K00508 の助成を受けている．

らの考察を行うことが次なる課題となるように思われる．本稿では，新たに，ソ系が元来，距離において「中立」(neutral)（ないしは，「無標」(unmarked)）の指示詞であると想定した上で，ソ系において「中距離指示」と「聞き手領域指示」の2種の直示用法が確立するプロセスについて，他言語の状況を参照しつつ考察を行う．

2. 聞き手領域指示のソ系と中距離指示のソ系

指示詞を記述する際に利用される一般的な概念として，「人称」と「距離」がある (Fillmore (1982), Diessel (1999, 2013) など)．日本語の指示詞も，「距離区分」と「人称区分」の観点から一般に次のように記述されることが多い（金水・岡﨑・曹 (2002: 218-219), 加藤 (2004: 166), 澤田 (2016: 51) などによる整理を参照）．

(1) 人称区分：
　　コ系：話し手の勢力範囲（なわばり）内に属する対象を指す．
　　ソ系：聞き手の勢力範囲（なわばり）内に属する対象を指す．
　　ア系：話し手・聞き手の勢力範囲（なわばり）外の対象を指す．
　　距離区分：
　　コ系：話し手の近くにある対象を指す．
　　ソ系：話し手からやや離れたところにある対象を指す．
　　ア系：話し手から遠くにある対象を指す．

(1) の人称区分と距離区分とで，コ系とア系の特徴づけに本質的な違いはないが，ソ系の特徴づけは大きく異なる．それぞれ，「聞き手領域指示」のソ系，「中距離指示」のソ系と呼ばれるものである．

以下の例のソ系は，聞き手領域指示用法のソ系である．

(2) 「若いよ．そのスーツ，よく似合う」
　　「ああ，これ？」
　　美奈子は自分でスーツの胸を見たり，腕を伸ばしてみたりした．
　　　　　　　　　　　　　（松本清張『内海の輪』60頁）（下線筆者）
(3) 「さっきの三人だが……」
　　言いながら登が背中を押すと，馬六は急にいててと言った．
　　「若先生，そこだ．痛むのはそこですぜ」
　　　　　　　　　　　　　（藤沢周平『人間の檻』135頁）（下線筆者）

132　　第 II 部　語用論的意味をめぐって

(4) 田代は，逃げるのにあせりだした．からだから冷たい汗が出た．頭の
中が急に空虚になってゆくようだった．
すぐ横で声を聞いた．
はっとした時である．
「そちらは危ない．こっちに来てください」
女の声だった．

(松本清張『影の地帯』449 頁)（下線筆者）

　(4) の例の「そちら」は，話し手（女）が指定する方向を指す「こっち」に対
して，聞き手（田代）が指定する方向（すなわち，聞き手（田代）が逃げよう
とする方向）を指しており，聞き手領域指示のソ系とみなし得る．
　本稿では，澤田（2016: 51）に沿って，人称区分のコ系とソ系の選択の本質
を次のように捉えておく．

(5) 人称区分におけるコとソの選択は，本質的には，指示対象に対して話
し手と聞き手のどちらが相対的に優位に関与している（と話し手がみ
なしている）のかによって決まる．　　　　　　（澤田（2016: 51））

　一方，中距離指示のソ系は，現場からさほど遠くない距離にある対象（主に
場所）を指す．中距離指示のソ系は，2 つのタイプに下位分類できる（澤田
(2016)）．
　第 1 のタイプは，以下の例のように，話し手が現場からやや離れたところ
にある対象（主に場所）へと聞き手の視覚的注意を促す場面で用いられるタイ
プである．このタイプの中距離指示のソ系を「誘導的注意」のソ系と呼ぼう
(cf. Levinson (2004))．「誘導的注意」のソ系は，指差しなどの身振りを伴う
形で，聞き手に対する教導・注意喚起の場面で用いられる（金水（1999: 86），
澤田（2016: 65）参照）．

(6) 「芝村さんの別荘はどこですか？」
東が玄関の中で女中に訊いた．
「はい，すぐそこですが」
女中が表に出て右のほうを指した．旅館から少し離れたところに別荘
らしい家が外灯の光の蔭に暗くならんでいた．
(松本清張「火と汐」『松本清張傑作総集 II』所収，407 頁)（下線筆者）

(7) 煙草屋に寄ってピースを求めて，竜雄は店番の中年女にきいた．
「この辺で首吊りがあったそうですね．場所はどこですか？」
中年女は眼を輝かして，

第6章　日本語の指示詞の意味と語用論　　　133

「すぐそこの山ですよ」
と，わざわざ，道路まで出て来て，指さして教えた．
（松本清張「眼の壁」『松本清張傑作総集Ⅰ』所収，915頁）（下線筆者）

(8)　「今晩はもう帰る汽車もないからね．ここに泊めてもらいますよ」
菊代は，眼をぎらぎらさせて言った．
顔色を変えたのは宗吉だった．彼はお梅の顔をうかがうように見た．
が，お梅はぞんがいに平気であった．
「ああ，いいよ．あんたは，そっちで寝なさい」
そっと指さしたのは，次の板の間であった．
（松本清張「鬼畜」『張込み　傑作短編集（五）』所収，235頁）（下線
筆者）

　第2のタイプは，以下の例のように，指示対象（場所）が，現場からそう遠
くない距離にあるというニュアンスを持ちながらも，現場からは見えておら
ず，聞き手に対して指示対象への視覚的注意を促すという意図が見出しにくい
タイプである．以下，このタイプの中距離指示のソ系を「非誘導的注意」のソ
系と呼ぼう．「非誘導的注意」のソ系は，指差し等の身振りを伴い得るが，指
示対象へのピンポイント的な指し示しではないことから，指差し本来の機能が
形骸化している．

(9)　「今日は」
田代は，玄関をあけた．
田代が玄関に立つと，奥から久野の細君が出てきた．
（中略）
田代は細君の顔を見て，
「いま，そこの空地へ来てみたんですがね．ほら，久野が家を建てな
いかとすすめた土地ですよ」
と言うと，
「ああ，あすこですか？」
と細君はうなずいた．
「いま行ってみると，前に石鹸工場か何か建築中で，板囲いがして
あったんですが，今日見ると何もかもなくなっていますね．どうした
んですか？」
（松本清張『影の地帯』91頁）

(10)　「あなたは，東京からみえた方ですか？」
坊主は，底井武八に訊く．

「そうです．実は，岡瀬君とは知り合いの仲でしてね．そこの飯坂温泉まで来たので，ここに寄ってみる気になったんです」

(松本清張『死の発送』70 頁)（下線筆者）

(11) 今西栄太郎が，川口の妹のところに行ったのは，その翌る日だった．

　　　（中略）

「あら，兄さん，さっそくね．」

妹は今西の顔を見て，びっくりしていた．

「ああ，ついそこの赤羽まで来たからね．」

(松本清張『砂の器（下）』37 頁)（下線筆者）

この「非誘導的注意」のソ系には，以下の例のように，指示対象（場所）が曖昧に指示されるようなタイプも含まれる（(12) では，「そこら」が，場所が不定であることを示す「どこか」と併用されている点にも注目されたい）．[1]

(12) 鮎太はオシゲと一緒に三の宮へ出た．

「もっと入墨を見たいんなら，番町でも，新川へでも案内します」

と，オシゲは言った．

「もう沢山」

鮎太が言うと，

「じゃあ，どこか，そこらへ顔を出してみますか」

そう言って，オシゲに連れて行かれたのは，ビルの地下室にある酒場だった．　　　　　(井上靖『あすなろ物語』219-220 頁)（下線筆者）

(13)「お前，どう思う？」

「どう思うって……」

景子はなんの意味か分らなかった．兄はまた眩しげな表情だった．

「いや，今までおれは古本屋がいい商売だと思っていたが，だんだん聞いてみると，それほどでもないらしいな」

---

[1] 本稿でいう「非誘導的注意」のソ系は，「（しばらくぶりに再会した人に）その節はどうもありがとうございました」（金水 (1999: 85)）のようなソ系と共に，「曖昧指示用法」に含められることもある（金水 (1999)，坂口 (2022) 等）．確かに，「非誘導的注意」のソ系の指示対象（場所）は話し手の眼前にはなく，また，多分に曖昧性を含む点で，直示の性質が希薄化していると言える．ただし，金水・田窪 (1990: 103) で指摘されているように，（本稿でいう）「非誘導的注意」のソ系は，(i) 遠くも近くもない場所を指し示している，(ii) 現場ではないが，現場の延長という意識がある，(iii) 指差し等の身振りを伴い得る，という特徴が認められる．この点を踏まえ，本稿では，「非誘導的注意」のソ系を「中距離指示用法」の一種とみなす立場に立つ（澤田 (2016: 62-63) も参照）．

兄は具合悪そうに云った.
「今日も<u>その辺</u>の古本屋のおやじさんに会っていろいろと話を聞いて
みたんだ. ところが, やっぱり大変な商売らしいな」

(松本清張『落差（上）』217-218 頁）（下線筆者）

　「誘導的注意」と「非誘導的注意」のソ系は, 現場からさほど遠くない距離に
ある対象（場所）を指す点で共通性が認められるが, 後述するように, 韓国語
の中称（非近・非遠）の指示詞「ユ (ku)」では, 前者の用法は部分的に認めら
れるのに対し, 後者の用法は一切認められない. 対照言語学的にも中距離指示
用法を2つのタイプに下位分類する意義がある（3節参照）.

3. 「聞き手の注意」の概念をめぐって

　近年,「聞き手の注意」という語用論的要因が指示詞の選択に影響を与え得
ることが様々な言語の調査や実験によって報告されるようになってきた. 空間
指示詞を「聞き手の注意」という観点から捉える契機となったのがトルコ語指
示詞の研究である. トルコ語の指示詞は, bu/şu/o の3項体系をなすが,
Küntay and Özyürek (2006: 307) によれば, 近称 bu/遠称 o は, 話し手によ
る指示がなされる以前に, 聞き手の注意が指示対象に既に向けられているか,
それが向けられているかどうかにおいて中立的な場合に使われ（この場合, bu
は話し手から近い対象を, o は話し手から遠い対象を指す）, şu は, 話し手に
よる指示がなされる以前に, 聞き手の注意が指示対象にまだ向けられていない
場合に使われるとされる（表1参照）.

Addressee's visual attention on the referent	Distance of the referent	
	Proximal to the speaker	Distal to the speaker
Present/Neutral*	*bu*	*o*
Absent	*şu*	*şu*

Note: This category includes cases where the speaker presumes addressee's attention to be on the referent or is neutral with regard to its presence or absence.

表1：トルコ語指示詞の体系（Küntay and Özyürek (2006: 308)）

　また, Burenhult (2003, 2018) によれば, マレーシアで話されているジャ
ハイ語 (Jahai)（オーストロアジア語族）では, 9種類の指示詞が存在するが,

その1つである tŭn は，トルコ語の şu と相似して，「話し手による指示がなされる以前に，聞き手の注意が指示対象にまだ向けられていない場面（＝「聞き手の注意の不在」の場面）」で専用的に用いられる指示詞であるとされる．ジャハイ語では，さらに，「話し手による指示がなされる以前に，聞き手の視覚的注意が指示対象に既に向けられている場面」（＝「聞き手の注意の存在」の場面）で専用的に用いられる指示詞 ton も存在するとされる．

　注意概念に基づく近年の指示詞研究では，一般に，「聞き手の注意」が次の2つのケースに大別されている（Burenhult（2003），Levinson（2004），平田（2014, 2020），澤田（2016, 2019），Levinson et al.（2018）など参照）．

(14)　「聞き手の注意」
　　　a. 「聞き手の注意の不在」：話し手による指示がなされる以前に，聞き手の視覚的注意が指示対象にまだ向けられていないケース．
　　　b. 「聞き手の注意の存在」：話し手による指示がなされる以前に，聞き手の視覚的注意が指示対象に既に向けられているケース．

　このような「聞き手の注意」に基づく指示詞研究の展開の中で，Levinson, Kita, and Özyürek（2001: 53），Levinson（2004: 110）は，日本語の直示用法のソ系が，「聞き手の近傍にある対象を指す」用法と，「聞き手の注意の不在を示す」用法（または，「指示対象へと聞き手の視覚的注意を促す」用法）があるとし，従来，中距離指示とされてきた用法を「聞き手の注意の不在を示す」用法（「誘導的注意用法」）として捉え直すことを提案している．2節で見たように，中距離指示用法のソ系が聞き手の視覚的注意を誘導する場面で用いられるのは確かであるが（((6)-(8) 参照)，この提案には以下の疑問点も指摘できる．第1に，「聞き手の注意」という観点のみからでは，問題のソ系に中距離的なニュアンスが認められることの原理的な説明が困難である．第2に，実際には，コ系やア系も，指示対象へと聞き手の視覚的注意を促す（ないしは，話し手が指示する以前において，指示対象への聞き手の注意が不在である）場面で用いられるのであり，聞き手の注意を誘導する機能はソ系に特化した機能とはいえない．例えば，次の例では，指示対象へと聞き手の視覚的注意を促す場面でア系が用いられている．ここではソ系も用いられているが，ここでのソ系は，むしろ，指示対象へと聞き手の視覚的注意が確立した後で用いられている．

(15)　「どうしたんだ，何を見つけたのかね？」
　　　　と，伊瀬が訊くと，
　　　　「先生，あれをご覧なさい」

と，息を呑んだような顔をしている．

指さしたところは，拝殿にならんでいる絵馬の一つだった．

「どれどれ」

伊瀬は，その指尖の行く先に眼を凝らした．だが，そこには俵に載った大黒さんが描かれてあるだけで，何の変哲もない．

「その下ですよ，先生」

「う？」

伊瀬が見ると，額のふちに文字があった．

（松本清張『D の複合』100-101 頁）（下線筆者）

平田（2014，2020）もまた，「聞き手の注意」の観点から中距離指示用法のソ系の再解釈を試みている．ただし，平田（2014，2020）では，中距離指示用法のソ系を「聞き手の注意の存在」として再解釈している．平田（2014: 83）は，「従来「中距離指示」とされてきたソ系は，トルコ語の şu とは対照的に，発話時に聞き手の視覚的注意が向けられている対象，もしくは発話時以前に一度注意が向けられた対象を指す」とし，次のような例を挙げている．

(16) 真夜中のバスには，いつかと同じ学校の制服を着た女の子が乗っている．
　　（中略）

女の子は覗き込むように此木を見ている．

此木は視線を外し，天井近くの広告を見入ったふりをする．

淡い水彩画で描かれた白樺の列の向こう，ログハウスの写真がコラージュされていた．華やいだ緑の中，ログハウスのペンションは，清潔で可愛らしい．まるでドールハウスのような，頼りなげで嘘くさい風景だ．

女の子は此木の視線を辿って，自分もその広告を指さした．

「そう，流聖はそのペンションに行ったんですよ．（略）」

（堀川アサコ「暗いバス」『Fantasy Seller』所収，177 頁）（下線筆者）

（平田（2020: 55））

類例として，次のソ系の例が挙げられよう．

(17) 「お客さん」

と運転手が急に声を上げた．

「あそこから来る車は，さっき追跡したタクシーですよ」

底井武八は，運転手の指さすほうに眼を向けた．五，六台くらい車が走っていたが，緑色の中型車がその中に見える．

「あれに違いありません. さっきの車は東和のタクシーでしたからね. 客が降りたとみえ, 空車になっています」

「車体番号を憶えているか?」

「ちょっと待って下さい. もう少しすると, ナンバーが見えます」

その車が近づいてきた.

「間違いありませんよ」

運転手が番号を読んで叫んだ.

「きみ, その車を停めてくれ」

底井武八は, すぐ命じた.

(松本清張『死の発送』43-44 頁) (下線筆者)

平田 (2014, 2020) では, 従来の日本語指示詞研究であまり注目されてこなかった「聞き手の注意の存在」を示すソ系の興味深い実例が提示されている (先の (15) の例のソ系も「聞き手の注意の存在」を示すソ系とみなせよう).[2] しかし, この立場では, Levinson, Kita, and Özyürek (2001), Levinson (2004) とは逆に, (6)–(8) のような「聞き手の注意の不在」(ないしは,「誘導的注意」) を示す中距離指示のソ系の例が説明できない. 次の例も参照されたい.

(18) (話し手と聞き手は部屋の中にいる. 話し手 (A) と聞き手 (B) の双方から離れたところに置いてある荷物の陰から, ゴキブリが出てきたのを話し手が見つけ, 話し手がそれを指差す)

   A: うわっ, 見て! そこにゴキブリがいる!

   B: えっ! どこどこ!?

ここでは, 聞き手 B は話し手 A が指示する以前にゴキブリに注意を向けて

---

[2] ここで, 次の例を見てみよう.

(i) 「あれをごらん. あの蘭を何と言うのか知ってるかね」

   かづは自分の後ろへ首をめぐらして, 台の上に乗った鉢植をちらと眺めたが, 何の興味もなかったので, ろくに見もせずに首を戻して知らないと答えた. この答は何分早すぎた.

   「あれはデンドロビウムというのだ」

   と野口はいささか不機嫌に言った.

(三島由紀夫『宴のあと』40 頁) (下線筆者)

ここでは, 話し手 (野口) がア系で指示した対象へと聞き手 (かづ) は注意を向けたものの, その注意はすぐに外されている. 聞き手の視覚的注意が確立・保持されていないため, 話し手 (野口) は, 再度指示対象を指す際, 「あれはデンドロビウムというのだ」とア系を用いている. ここでは, 「それはデンドロビウムというのだ」とソ系で指すのは難しいであろう.

いたとはいえないが，中距離指示のソ系が現れている（澤田（2016: 74）参照）．

　また，「聞き手の注意の存在」を示すソ系の中には，ア系ではなくコ系と交替関係にある場面で用いられるものがある点も留意される．次の例のソ系は，「聞き手の注意の存在」を示すが，コ系と交替関係にある場面で用いられる．[3]

(19) まだ五時前だったが，冬の昏れ方は早く，殆んど夜になっていた．
「登戸大橋はここですよ」
タクシーの運転手は，祥子をふり返って云った．橋についた灯が間隔を置いて長くのびていた．ほかの自動車の灯が，その橋の上を走っていた．
「その橋を右に曲がって下さい」
祥子は云った．
「え，右ですって，この川堤をですか？」
運転手は窓から覗いた．乏しい灯が遠くにぽつぽつとあるだけで，真暗なのである．闇だけが広い空間にひろがっていた．
　　　　　　　　　　（松本清張『黒い樹海』145-146頁）（下線筆者）

　次は，実際に観察された実例である．

(20) （A と B は車で道路を走行中（A は運転席，B は助手席にいる）．A は B に少し先の信号を右折するかを確認している）
A：ここ？　（右折するのはこの信号のところかという意味で）

---

[3] 次の例のソ系は，「聞き手の注意の存在」を示すソ系とも，「聞き手の近傍にある対象を指す用法」のソ系とも解釈し得る．
(i) 「君は，今，どっちを探してるんだ？」
杉原は，もう一枚持っている西頸城郡の「小滝」という五万分の一の地図を上に重ねた．それは今岡の受持区域だった．
「ぼくはね，ここなんだよ」
今岡三郎は，地図の一点を指した．それは姫川の上流になっていて，途中，西に岐れ，小滝川という名になっている．この川の上流は，犬ヶ岳（一五九三メートル）から出ていた．
「なるほどね」
杉原は，その地点を仔細に覗き込んでいた．
「そこにはね」
と今岡が言った．
「天然ワサビがあるんだよ．この沢一帯に，そういうものが生えている．だから，水はとても冷たいんだ．今度はひとつ，この谿谷を歩いてみたい．この間は，この辺まで来たんだけどね．今度は，これから先を歩く計画だよ」
今岡三郎は，指で川の上をなぞっていた．
　　　　　（松本清張「萬葉翡翠」『松本清張傑作総集 II』所収，174-175頁）（下線筆者）

B：そこ．

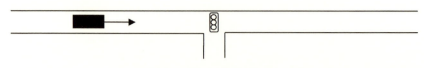

図1：例文(20)の状況

　本稿では，澤田 (2016: 74) に沿って，「聞き手の注意の存在を示す」ソ系は，「中距離指示」のソ系ではなく，「聞き手領域指示」のソ系に包含されるものと考える．「聞き手領域指示」のソ系の本質を，「指示対象に対して話し手より聞き手のほうが優位に関与する場合に現れる指示形式」(=(5)) と捉える本稿の立場からは，指示対象に対する聞き手のアクセスの先行性を認める「聞き手の注意の存在を示す」ソ系は，「聞き手領域指示」に包含される．認知言語学的に整理するならば，「指示対象に対して話し手よりも聞き手が相対的に優位に関与している（と話し手がみなしている）」ことを示すのが「聞き手領域指示」のソ系のスキーマ的意味であり，「聞き手の近傍の対象を指す」用法と「聞き手の注意の存在を示す」用法は，いずれもこのスキーマ的意味に合致する用法ということになる．

　さらに，指示対象と聞き手との結びつきの強さの観点から，「聞き手領域指示」においては，「聞き手の近傍の対象を指す」用法がプロトタイプ用法（典型事例）であり，「聞き手の注意の存在を示す」用法は，そこから外れた拡張用法（周辺事例）とみなし得る．「聞き手の近傍」にある対象は，たとえ話し手から遠く離れていたとしても，話し手視点からア系で指すことはできないことから，聞き手との結びつきは強い．一方，次の例が示すように，「聞き手の注意の存在」を示す対象は，話し手から遠く離れていた場合，話し手視点からア系で指すことが可能であることから，聞き手との結びつきは相対的に弱い．[4]

---

　[4] 一方，平田 (2020: 148) は，「日本語のソ系においては「聞き手の注意の存在」を示す用法がプロトタイプであり，「聞き手領域指示」用法はそこから派生的に生じた用法である」と想定している（平田 (2020) のいう「聞き手領域指示」は，本稿でいう「聞き手の近傍にある対象を指す」用法に限定されたものである）．
　また，堤 (2022) は，平田 (2020) に沿って，「中距離指示」には「聞き手の注意の存在」が必須となる」とした上で，「聞き手領域指示」との関係性を次のように捉えている．
　(i) 一方，「中距離指示」には「聞き手の注意の存在」が必須となる．この事実を平田の立場から説明すると，ソの使用には「聞き手の注意の存在」が必要な場合（中距離指示）と，そうでない場合（聞き手領域指示）があることになる．従来の捉え方は変わるが，ソに2種類の用法を認める点では同じである．評者には，中距離指示用法を，

第6章　日本語の指示詞の意味と語用論　　141

(21)　「室田さん，奥さまは？」
　　　室田氏は黙った．そして，ゆっくりと片手をあげた．その指先は蒼茫
　　　と暮れる沖を示した．
　　　「家内は ……」
　　　室田氏は，かすれた声で言った．風と波の音のために，その声は消え
　　　そうだったが，禎子の耳には，はっきりと聞こえた．
　　　「家内は，向こうに行っています．」
　　　指先がその方向を示した．禎子は，それを見つめた．重なりあった重
　　　い雲と，ささくれ立った沖との，その間に，黒いものが，ようやく一
　　　点，見つけられた．黒い点は揺れていた．その周囲に，目をむく白さ
　　　で，波が立っている．
　　　「あれが，家内です」
　　　禎子は，いつか，室田氏と肩を並べていた．

　　　　　　　　　　　　　　（松本清張『ゼロの焦点』271 頁）（下線筆者）

以上の議論をもとに，本稿でのソ系の直示用法の体系を示すと次のようになる．

(22)　ソ系の直示用法
　　(i)　中距離指示用法
　　　　a.　現場から見え，かつ，現場からさほど遠くないところにある対
　　　　　　象を指す用法（＝「聞き手の注意の不在を示す」用法のうちの
　　　　　　「誘導的注意」のタイプ）
　　　　b.　現場から見えないが，現場からさほど遠くないところにある対
　　　　　　象を（曖昧に）指す用法（＝「聞き手の注意の不在を示す」用法
　　　　　　のうちの「非誘導的注意」のタイプ）
　　(ii)　聞き手領域指示用法
　　　　a.　聞き手の近傍にある対象を指す用法
　　　　b.　聞き手の注意が向けられている対象を指す用法（＝「聞き手の
　　　　　　注意の存在を示す」用法）

　　「聞き手の注意の存在があることによって，聞き手領域が伸びてきた領域」を指す用
　　法として，「聞き手領域指示」の一種であると考えた方が両者を統一的に説明できる
　　と思われる．　　　　　　　　　　　　　　　　　　　　　　　（堤（2022: 182））
　　堤（2022）の論は，「聞き手の注意の存在」を示す用法を「聞き手領域指示」の一種である」
　とする点では，澤田（2016）や本稿と立場を共有する部分もある．ただし，堤（2022: 182）
　では，平田（2020）と同様に，「「中距離指示」には「聞き手の注意の存在」が必須となる」と
　されており，この点で，澤田（2016）や本稿とは立場を異にする．

142　　　　　　　第 II 部　語用論的意味をめぐって

　ここで，上記の分類を枠組みとして，韓国語の中称（非近・非遠）の指示詞
「ユ（ku）」（ku 系）の用法を整理してみよう．韓国語の指示詞は，日本語の指
示詞と同様，3 項体系をなす（近称「이（i）」，中称（非近・非遠）「ユ（ku）」，
遠称「저（ce）」からなる）が，一般に，ソ系と ku 系は，中距離指示の用法を
持つか否かで違いが見られるとされる（梅田（1982: 174-177），宋（1991:
141），金水・岡﨑・曺（2002: 235）など）．

(23)　i が話し手の近くにある対象を，ce が遠くにある対象を指すという用
　　　法は，安定して観察される．これらに対し，ku は話し相手のそばに
　　　ある対象を指し示せるという点も含めて，日本語のコソアの分布によ
　　　く似ていると言える．しかし ku には中距離指示の用法は観察されな
　　　い．直示用法における ku の使用は，日本語のソほど発達していない
　　　ようである．　　　　　　　　　　　　　　（金水・岡﨑・曺（2002: 235））

　韓国語の ku 系は，「聞き手の近傍にある対象を指す」用法（=（22）の（iia））
が安定した用法として確立しているのであるが（梅田（1982），金水・岡﨑・
曺（2002）など），「聞き手の注意の存在を示す」用法（=（22）の（iib））は，
出現環境が限られており，安定した用法とはいえない（澤田（2016, 2019））．
例えば，次の例を見てみよう．

(24)　（話し手の家のリビングの壁に一枚の絵が飾られている．話し手の家
　　　のリビングに通された聞き手が，絵から 4 メートルほど離れたとこ
　　　ろにあるソファーに腰掛けてその絵を見ている．話し手がその様子を
　　　確認して，聞き手の隣に座ってお茶をつぎながら話す）
　　　{ユ／저}　　　그림은　죽은　　남편의　　　유품　　　이에요.
　　　{ku/ ce}　　　kulim-un cwukun namphyen-uy yuphwum ieyyo.
　　　{その／あの} 絵-は 亡くなった 主人-の　　　形見　　　です
　　　「{その／あの} 絵は，亡くなった主人の形見なんです」
　　　　　　　　　　　　　　　　　　　　　　　　　　　　（澤田（2016: 68））

　この場面では ku 系の使用も可能であるが，インフォーマントによれば，話
し手も絵を見ながら話したり，絵を指差しながら話したりしている場合には，
ku 系は使いにくくなり，遠称の ce 系を使う必要があるという．このような場
合，韓国語では，指示対象に対する聞き手の優位性が保持されなくなるのだと考
えられる．日本語では，いずれの状況でも，「聞き手の注意の存在を示す」ソ系
の使用が自然となるのと対照的である（指差しを伴う例として，(16) を参照）．
　次に，中距離指示の用法であるが，韓国語の ku 系にも中距離指示の使用が

第 6 章　日本語の指示詞の意味と語用論　　　143

部分的にではあるが認められる（金（2006），李（2010）参照）．

(25)　（話し手 A が聞き手 B のバスターミナルの職員に質問をしている．
　　　　A と B が向かい合っており，彼らの右側，およそ 1.5 メートル位離
　　　　れた所にバスが一列で停車している．）
　　　A : acessi,　　kanglung-eyse ahop-si isip-pun-ey chwulpal-han
　　　　　おじさん　カンヌン-から 9-時　　20-分-に　　出発-した
　　　　　pesu tochak-hayss-eyo?
　　　　　バス　到着-過去-待遇
　　　　　「おじさん，カンヌンから 9 時 20 分に出発したバス，到着しま
　　　　　したか」
　　　B : （バスの方を見て，バスを顎で指しながら）
　　　　　ke,　tochak-hayss-canhayo.
　　　　　そこ　到着-過去-待遇
　　　　　「そこに到着したじゃありませんか」
　　　（『グッバイ・マイ・ライフ』韓国 MBC，1999 年放送）（金（2006:
　　　　52-53））

　金（2006: 53）によれば，この例では，「B が ke（keki（そこ）の縮約形）を
使って A の注意をバスに向けさせながら，両者から近くも遠くもない距離の
所に並んでいるバスを中距離の ku 系で以て指している」という．ただし，金
（2006: 57）によれば，「日本語のソ系の方が韓国語の ku 系に比べより話し手
から離れた地点まで指示でき，韓国語の ku 系は話し手を中心にピンポイント
的に狭い範囲内の地点しか指せない」とされる．すなわち，韓国語の ku 系で
は，日本語のソ系に比べて，「誘導的注意」型の中距離指示（＝(22) の (ia)）
の使用範囲が限定的である．また，韓国語の ku 系では，日本語のソ系と異な
り，「非誘導的注意」型の中距離指示（＝(22) の (ib)）の使用は一切認められ
ない（この点については，宋（1991: 141），金（2000: 59）の指摘も参照）．先
の金水・岡﨑・曹（2002: 235）の (23) の記述に見られるように，ku 系には
中距離指示の用法がないとされることがあるのも，このあたりに理由があるも
のといえる．
　以上の議論をもとに，ソ系と ku 系の相違点をまとめると，次のようになる
（○＝安定した用法，△＝不安定な用法（使用が限定的），×＝存在しない用法）．

	聞き手領域指示用法		中距離指示用法	
	「聞き手の近傍を指す」用法	「聞き手の注意の存在を示す」用法	「聞き手の注意の不在を示す」用法のうちの「誘導的注意」のタイプ	「聞き手の注意の不在を示す」用法のうちの「非誘導的注意」のタイプ
ソ系	○	○	○	○
ku 系	○	△	△	×

表 2：日本語のソ系と韓国語の ku 系の直示用法の比較

4. ソ系の意味規定

4.1. 「中立」の指示詞の存在

マックス・プランク心理言語学研究所の共同研究成果である Levinson et al. (eds.) (2018) は，Wilkins (1999) で開発された「指示詞調査票」を共通のエリシテーション・ツールとして，世界の 15 の言語の指示詞について詳細な調査・分析が行われている．Levinson (2018a: 23) は，「本書の主要な発見の 1 つ」として，距離を符号化しない「中立」(neutral)，ないしは，意味的に「無標」(unmarked) の指示詞の存在を指摘した点を挙げている．ある指示詞が潜在的に幅広い距離空間で使われ得る場合，その指示詞は距離を符号しない「中立」の指示詞（ないしは，意味的に「無標」の指示詞）であると想定される．Levinson (2018a) によれば，Levinson et al. (eds.) (2018) において調査対象とされている 15 の言語のうち実に半数近くの言語において，この「中立」(「無標」) の指示詞が確認されるという（図 2 参照）.[5] Levinson (2018a) は，

---

[5] 15 の言語は以下の通りである（調査地もあわせて示す）(Levinson et al. (eds.) (2018) 参照). ラオ語 (Lao)（タイ・カダイ語族，調査地：ラオス），ダラボン語 (Dalabon)（グンウィングアン語群，調査地：オーストラリア（アーネムランド）），ブラジル・ポルトガル語 (Brazilian Portuguese)（インドヨーロッパ語族，調査地：ブラジル），ゲマイ語 (Goemai)（アフロアジア語族，調査地：ナイジェリア），ツェルタル語 (Tzeltal)（マヤ語族，調査地：メキシコ），ユカテク語 (Yucatec)（マヤ語族，調査地：メキシコ），ラヴカレヴェ語 (Lavuka-leve)（孤立語，調査地：ソロモン諸島），ティリヨ語 (Tiriyó)（カリブ語族，調査地：ブラジル，スリナム），ツルマイ語 (Trumai)（孤立語，調査地：ブラジル（シングー）），サリバ-ロゲア語 (Saliba-Logea)（オーストロネシア語族，調査地：パプアニューギニア），ワラオ語 (Warao)（孤立語，調査地：ベネズエラ，ガイアナ），チュクチ語 (Chukchi)（チュクチ–カムチャッカ語群，調査地：ロシア（シベリア）），イェリ・ダニエ語 (Yélî Dnye)（孤立語，調査地：パプアニューギニア），ティドレ語 (Tidore)（北ハルマヘラ諸語，調査地：インドネシア（ティドレ島）），ジャハイ語 (Jahai)（オーストロアジア語族，調査地：マレーシア）.

従来,「中距離(中称)」(medial) とされてきた指示詞について次のような疑義を呈している.

(26) 本書の調査結果に拠るならば,「中称」(medial) の指示詞の報告,すなわち,3つの距離区分のシステムを疑ってかかる理由がある.これらの多くは,実際には,近称と遠称を明示的に符号化した2つの指示詞と,無標または相対的に無標の第三の指示詞から成り立っている可能性があるように思われる. (Levinson (2018a: 24))

図2は,各言語の指示詞の空間分布を示した図である(S＝話し手,A＝聞き手,Prox＝近称,Dist＝遠称,Far＝より遠称,N＝中立).

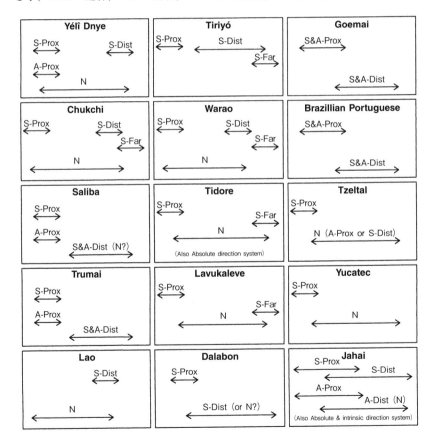

図2：各言語の指示詞の分布関係 (Levinson (2018a: 26))

一例として，パプアニューギニアのロッセル島で話されているイェリ・ダニエ語（Yélî Dnye）（孤立語）の指示詞を見てみよう．次の表は，イェリ・ダニエ語の空間指示詞（直示用法）の体系である（Levinson (2004: 109) も参照）．

	Speaker-based	Addressee-based
Proximal	*ala*	*ye*
Medial (neutral)	*kî*	-
Distal	*mu* (far from Spkr)	(potentially equivalent to *ye*)

表3：イェリ・ダニエ語の空間指示詞の体系（Levinson (2018b: 322)）

イェリ・ダニエ語には，ala（話し手から近距離），kî（話し手から中距離），mu（話し手から遠距離），ye（聞き手から近距離）の4つの空間指示詞がある（表3）．Levinson (2018a: 24, 2018b: 328) によれば，このうち，kî は，元来，距離指定を受けない「中立」（「無標」）の指示詞であるが，距離指定を含む「近／遠」（「有標」）の指示詞が占有する領域以外の残余領域を担うことで，結果的に中距離指示の領域を担う指示詞として確立しているとされる（図3参照）（ここには，後述する「語用論的優先」(pragmatic pre-emption) などの語用論的原理が深く関与しているとされる）．

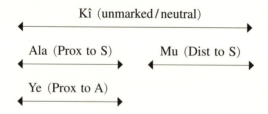

図3：イェリ・ダニエ語の指示詞の分布関係（Levinson (2018a: 24)）

次節では，この Levinson (2018a, 2018b) の分析を援用し，「有標／無標（中立）」の観点から日本語の指示詞の体系を捉え直すと共に，ソ系において中距離指示用法と聞き手領域指示用法が確立するプロセスについて説明を試みる．

4.2. ソ系における中距離指示用法と聞き手領域指示用法の確立のメカニズム

本稿では，日本語の指示詞が，遠近の距離指定を含む「有標」の指示詞コ系・ア系と，元来，遠近の距離指定を含まない「無標」（「中立」）の指示形式

ソ系からなると想定する（図4参照）．

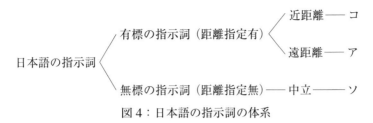

図4：日本語の指示詞の体系

　日本語指示詞の体系を「コ系・ア系」と「ソ系」の対立として捉える見方は，「コ系・ア系」と「ソ系」を，「強烈指示」と「平静指示」の違いとして捉えた堀口（1978），「直接的知識（体験的知識）」と「概念的知識」への指向の違いとして捉えた黒田（1979），「直接経験的領域」と「間接経験的領域」の指定の相違として捉えた金水・田窪（1992）などにも認められる見方であるが，本稿では，「コ系・ア系」と「ソ系」の違いを，「有標」と「無標」（または，「近接・遠隔」と「中立」）の違いとして捉え直している点に特徴がある．

　また，三上（1955: 179, 1970: 147-149）は，ソ系は，照応用法（文脈承前）として機能する場合には「意味が中性化」して「中立称」となっているとするが，本稿の立場では，ソ系は，本来的に「中立的」な指示詞であるために，照応（文脈指示）の領域においても，指示対象を「中立的に受ける」最も基本的かつ無標の指示詞として用いられているのだと考える．[6]

　さらに，本稿では，Levinson（2018a, 2018b）に従い，Grice（1989）の「量の公理」の1つ目（＝「できるだけ多くの情報を与えよ」）を背景とする「語用論的優先」（pragmatic pre-emption）の原理を想定する．一般に，「語用論的優先」の原理によって，情報量の多い表現（有標の表現）の使用は，情報量の少ない表現（無標の表現）の使用に優先される（Levinson（2018a, 2018b）参照）．この「語用論的優先」の原理を背景にして，「中立」（「無標」）の指示詞であるソ系は，以下のようなプロセスで「中距離指示」と「聞き手領域指示」の用法を確立させていったと考えられる．

　まず，「話し手からの遠近の距離指定が可能な領域」は，「語用論的優先」の原理（＝情報量の多い表現（有標の表現）の使用は，情報量の少ない表現（無

---

[6] この点に関連して，次の金水・田窪（1990: 104）の指摘も参照されたい．
　（i）基本的に文脈指示にはソが用いられる．話し手からの心理的距離に関して中和的なソに対し，近称のコは明らかに文脈指示においては有標であり，何らかの強調的な効果をもたらす． （金水・田窪（1990: 104））

標の表現）の使用に優先される）によって，遠近の距離指定を含む「有標」の指示詞であるコ系（近称）・ア系（遠称）で指示される．一方，「話し手からの遠近の距離指定ができない領域」として，「中距離領域」（＝話し手を基準として，そこから近とも遠とも指定できない領域）と，「聞き手領域」（＝聞き手が基準となるため，話し手を基準とした遠近の距離の指定ができない領域）とがあり得るが，通例，これらの領域はコ系（近称）やア系（遠称）では指示できない．そこで，遠近の距離指定を含まない「中立」（「無標」）のソ系がこれらの領域を指示する指示詞として駆り出されることになる．「中立」（「無標」）の指示詞であるソ系は，これらの領域での使用が重ねられることで，「中距離指示」と「聞き手域指示」の用法を確立させていったといえる．

　現代語では，「中距離指示性」と「聞き手領域指示性」は，ソ系において，語用論的に推意される（キャンセル可能な）意味ではなく，意味論的に符号化された意味となっているといえる．金水・田窪（1992: 188）が「すぐそこ（にある）」のように副詞「すぐ」によって修飾可能であるという性質は「ここ／あそこ」にはないものであり，「すぐそば／近く」と並んで，やはり「ここ」ではないが遠くない，つまり中距離性を持っている」と指摘するように，「中距離指示性」はソ系の語義の1つとして定着している．次の例も参照されたい．

(27)　横町を出て，電通裏の通りを歩いていると，この辺はキャバレーやバーが多く，今やネオンの灯の輝いている最中である．
「どこへ行くんだ？」
田代利介は，久野にきいた．
「おれの顔のきくところがある．そこへ行こう」
「遠いのかい？」
「いや，すぐ，そこだ．まあ，あまり文句を言うな」
久野は，少々，酔ったような足どりをしながら，先に歩いた．
　　　　　　　　　　　　（松本清張『影の地帯』54頁）（下線筆者）

　また，「聞き手領域指示性」もソ系の語義の1つとして定着しているといえる．例えば，話し手から遠い位置にある対象であっても，その対象が聞き手の近傍にあるならば，必ずソ系で指示され，ア系の使用は排除される．現代日本語では，聞き手の近傍領域はソ系と緊密に結びついているのである．

4.3.　指示詞が3項体系をなす言語における中称（非近称・非遠称）

　「語用論的優先」が一般的な原理であるならば，指示詞が3項体系をなす日本語以外の言語の中称（非近称・非遠称）の指示詞も，「話し手から中距離」と

「聞き手から近距離」の用法を発達させている可能性がある．実際，中称（非近称・非遠称）の指示詞において，「話し手から中距離」と「聞き手から近距離」の2つの用法を確立させている言語は，日本語以外の言語でも見られる（Fillmore (1982), Anderson and Keenan (1985), Diessel (1999, 2013), Dixon (2003), Huang (2014) など）．次は，フィジー語ボウマア方言（Boumaa Fijian）の指示詞の体系であり，中称（非近称・非遠称）の指示詞に両用法が認められる．

(28)　フィジー語ボウマア方言の指示詞の体系
　　　yai　　　"this / here", near speaker
　　　yaa　　　"that / there", mid distance from speaker, often near addressee
　　　mayaa　"that / there", far distance from speaker and addressee
　　　　　　　　　　　　　　　　　　　　　　　　　　　（Dixon (2003: 86)）

　一方で，中称（非近称・非遠称）の指示詞において，「話し手から中距離」と「聞き手から近距離」のうちの一方の用法しか見られない（または，もう一方の用法が（十分に）確立していない）言語も存在する（Dixon (2003: 86) 参照）．例えば，3節で見たように，韓国語の中称（非近称・非遠称）ku系では，「聞き手から近距離」は用法として確立しているが，「話し手から中距離」は限られた環境での使用に留まっている．一方，ソロモン諸島で話されているラヴカレヴェ語（Lavukaleve）（孤立語）は，韓国語と逆の状況のようである．Terrill (2018) によれば，ラヴカレヴェ語の指示詞は，ho-（近称），hoi-（中立（中称）），hea-（遠称）の3項体系をなすが，hoi-では，「話し手から中距離」の用法は確立しているが，「聞き手から近距離」の用法は確立していないとされる．
　また，トルコ語では，中称（非近称・非遠称）の şu が「話し手から中距離」とも「聞き手から近距離」ともいえない用法（＝誘導的注意の用法）を確立させている（3節参照）．şu が話し手の近傍にある対象や話し手から遠方にある対象をも指示し得る点を踏まえるならば（林 (1989, 2008), Küntay and Özyürek (2006) など参照），トルコ語では，近称 bu や遠称 o による「語用論的優先」の原理の適用が弱いといえる．[7] 近称や遠称の指示詞による「語用論

---

[7] 例えば，次のトルコ語の例では，話し手が手にする対象が中称（非近称・非遠称）の şu で指示されている（林 (2008: 221)）．

　(i)　（乗り合いタクシーに乗った乗客が，運転手の背後から手にもった料金を渡そうとして運転手に話しかける）

的優先」の原理の適用が弱ければ，近称・遠称の占有領域とそれ以外の残余領域という区別が生じにくい（4.2 節参照）．おそらく，1 つにはこのことが，トルコ語の中称（非近称・非遠称）指示詞 şu において，「話し手から中距離」や「聞き手から近距離」の用法が発達していない（これらとは異なる用法が発達している）理由であると考えられる．

5. コ系／ア系の意味規定

最後に，コ系とア系についても触れておきたい（詳細は，澤田 (2019) 参照）．一般に，コ系は近称の指示詞，ア系は遠称の指示詞とされる．一方で，コ系は遠くの対象を指示し得る事実も知られている．例えば，次の例を見てみよう．

(29) a. （他の様々な木に囲まれている 20 メートル先の高い木を指して）
{あの／??この} 木は樫の木です．
　　 b. （広い場所でポツンと立っている 20 メートル先の高い木を指して）
{あの／この} 木は樫の木です．

(Hoji et al. (2003: 109)，田窪 (2010: 309))

この例は，コ系が遠くの対象を指示できる事実を示しているが，ア系が a 文の状況でも b 文の状況でも自然であるのに対して，コ系は b 文の状況でのみ自然であるとされる（Hoji et al. (2003: 109)，田窪 (2010: 309) 参照）．

では，このような現象は，コ系／ア系が「中立／遠称の対立」をなすと見るべきことを示す現象であろうか．それとも，あくまで「近称／遠称の対立」として説明できる現象であろうか．「中立／遠称の対立」としてコ系／ア系を捉える見方に立てば，コ系は，話し手から遠くの対象を指せるが，指示対象が聞き手に同定しにくい状況にあるなどの語用論的な要因によって，コ系の使用が困難となる場合もあると説明されることになろう．この場合，コ系が自然となる (29b) の状況が特別なのではなく，コ系が不自然となる (29a) の状況のほうが特別であるとみなされよう．実際，平田 (2020: 119–120) は，Enfield (2003) によるラオ語（タイ・カダイ語族）の指示詞の分析を援用する形で，

şun-dan (?bun-dan／*on-dan) iki kişi al-ın.
これ-から　　　　　　　二 人　取る-[命令]
「これから 2 人（分）取ってください」　　　　　　　　(林 (2008: 221))
　林 (2008: 221) によれば，ここでは，「話し手である乗客は，自分が渡そうとしている 2 人分の料金に運転手がまだ気づいていないと考えている」ため，「şu がもっともふさわしい」とされる．

第6章　日本語の指示詞の意味と語用論　　　151

「空間的に柔軟性を持つコ系は，ラオ語指示詞の nii^4 と同様，「指し示す」機能
である ‘DEM’ 概念のみをコード化する無標の指示形式」であり，「従来，コ
系の意味だと考えられていた近接性は，より強い意味を持つ代替形，ア系の存
在によって生じる破棄可能な推意である」とみなしている．
　一方，「近称／遠称の対立」としてコ系／ア系を捉える見方に立てば，コ系
はあくまで話し手から近い対象を指すのが普通であって，指示対象が卓立して
いるなど指示対象が「近い」と感じられやすい語用論的状況が整っていれば，
遠くの対象もコ系で指せると説明されることになろう．この場合，コ系が不自
然となる（29a）の状況が特別なのではなく，コ系が自然となる（29b）の状況
のほうが特別であるとみなされよう．実際，Hoji et al. (2003)，田窪（2010）
は，コ系は「＋proximal」，ア系は「−proximal」であるとみなしている．
　ソ系を「中立（無標）」の指示詞として位置づける本稿の立場からは，コ系を
「中立（無標）」の指示詞とはみなし得ない．以下では，コ系／ア系を「近称／
遠称の対立」として捉える見方のほうが妥当である点を，用例をもとに示して
みたい（澤田（2019）参照）．はじめに，次の例を見てみよう．

(30)　（刑事達が遠く離れた場所から一軒の店を注視し，そこに犯人が現れ
　　　るのを待っている．一人の刑事が隣にいるもう一人の刑事に向かっ
　　　て）犯人は必ず {あそこ／ここ} に来るはずだ．　（澤田 (2019: 181)）

　ここでは，話し手から遠くの指示対象をコ系で指すことが可能である．この
場合，話し手が遠くの指示対象（店）に対して一定時間視覚的注意を向けるこ
とで，指示対象までの物理的な距離感が捨象され，コ系の使用が可能となって
いるといえるが，ア系の場合，そのような認知的制約とは一切関係なく使用可
能である．また，ここでは，ア系が使用される場合，指さしを伴っても伴わな
くてもよいが，コ系が使用される場合，指さしを伴わないのが普通である．す
なわち，この例では，コ系に使用上の制約が課されており，コ系の使用に対し
て特別な説明が必要となる（澤田 (2019)）．
　次の例のように，発話場所が「ここ」で示されている場合には，視覚的注意
を向けている遠くの注目場所は「ここ」で指示しにくくなる（二重下線部の「こ
こ」は発話場所，一重下線部の「あそこ／ここ」は遠くの注目場所を指す）．こ
の場合，遠くの注目場所が発話場所と対立的に捉えられることで，遠近感覚が
生じ，距離感の捨象（喪失）が難しくなるのだと考えられる（澤田 (2019)）．

(31)　（刑事達が遠く離れた場所から一軒の店を注視し，そこに犯人が現れ
　　　るのを待っている．一人の刑事が隣にいるもう一人の刑事に向かっ

て）犯人はここではなく，必ず {あそこ／*ここ} に来るはずだ.

(澤田 (2019: 181))

　次の実例では，遠くに見える八ヶ岳をア系で指していた話し手が，途中から
それをコ系で指している（同例は，林 (1997: 77-78) でも取り上げられてい
る）．一定時間視覚的注意を向けることで，八ヶ岳までの距離感が捨象され，
コ系の使用が可能となったのだと考えられる.

(32)　私は何も言わずに，彼女の側に並んで，同じ方角を見つめた.
　　　彼女が再び快活そうに言った.「此処まで出ると，八ヶ岳がすっかり
　　　見えるのね」
　　　「うん」と私は気のなさそうな返事をしたきりだったが，そのままそ
　　　うやって彼女と肩を並べてその山を見つめているうちに，ふいと何ん
　　　だか不思議に混んがらかったような気がして来た.
　　　「こうやってお前とあの山を見ているのはきょうが始めてだったね.
　　　だが，おれにはどうもこれまでに何遍もこうやってあれを見ていた事
　　　があるような気がするんだよ」
　　　「そんな筈はないじゃあないの？」
　　　「いや，そうだ……おれはいま漸っと気がついた……おれ達はね，
　　　ずっと前にこの山を丁度向う側から，こうやって一しょに見ていたこ
　　　とがあるのだ. いや，お前とそれを見ていた夏の時分はいつも雲に妨
　　　げられて殆ど何も見えやしなかったのさ. ……しかし秋になってか
　　　ら，一人でおれが其処へ行ってみたら，ずっと向うの地平線の果て
　　　に，この山が今とは反対の側から見えたのだ. あの遠くに見えた，ど
　　　この山だかちっとも知らずにいたのが，確かにこれらしい. 丁度そん
　　　な方角になりそうだ. ……お前，あの薄がたんと生い茂っていた原
　　　を覚えているだろう？」
　　　「ええ」
　　　（堀辰雄「風立ちぬ」『風立ちぬ・美しい村』所収，159-160 頁）（下
　　　線筆者）

　以上の事実は，コ系はあくまで近称の指示詞であって，種々の語用論的な要
因によって指示対象が「近い」と感じやすい状況が整っている場合に限り，遠
くの対象もコ系で指せるという見方，すなわち，「近称／遠称の対立」として
コ系／ア系を捉える見方のほうがより説明力が高いことを示している. 空間指
示ではないが，「このごろ」，「ここのところ」などのコ系の時間指示が「発話

第 6 章　日本語の指示詞の意味と語用論　　　153

時から近い時間」を指す現象も,「話し手から近い空間」を表す空間指示のコ
系からの比喩的な拡張として説明できるなど,この見方を採ることで自然な説
明が可能となるコ系の現象も多いといえる (澤田 (2019)).

6.　おわりに

本稿では,日本語指示詞について考察を行い,以下の点を明らかにした.

1. ソ系の「中距離指示用法」は,(i) 現場からさほど遠くない場所にある
   対象に聞き手の注意を誘導する用法と,(ii) 現場からは見えないが,現
   場からさほど遠くない場所にある対象を (曖昧に) 指示する用法とに下
   位区分される.一方,ソ系の「聞き手領域指示用法」は,(i) 聞き手の
   近傍にある対象を指す用法と,(ii) 聞き手の注意が向けられている対象
   を指す (「聞き手の注意の存在を示す」) 用法とに下位区分される.
2. 「聞き手領域指示」のソ系の本質を「指示対象に対して話し手より聞き手
   のほうが優位に関与する場合に現れる指示形式」と捉えるならば,指示
   対象に対する聞き手のアクセスの先行性を認める「聞き手の注意の存在
   を示す」ソ系は,聞き手領域指示の一種とみなされる.また,指示対象
   と聞き手との結びつきの強さの観点から,「聞き手領域指示」のソ系で
   は,「聞き手の近傍の対象を指す」用法が典型用法 (典型事例) であり,
   「聞き手の注意の存在を示す」用法は,そこから外れた拡張用法 (周辺事
   例) とみなし得る.
3. 「話し手からの遠近の距離指定が可能な領域」は,「語用論的優先」の原
   理によって,遠近の距離指定を含む「有標」の指示詞であるコ系 (近
   称)・ア系 (遠称) で指示される.一方,「話し手からの遠近の距離指定
   ができない領域」として,「中距離領域」(=話し手を基準として,そこ
   から近とも遠とも指定できない領域) と「聞き手領域」(聞き手が基準と
   なるため,話し手を基準とした遠近の距離の指定ができない領域) とが
   あり得るが,通例,これらの領域はコ系 (近称) やア系 (遠称) では指
   示できない.そこで,遠近の距離指定を含まない「中立」(「無標」) のソ
   系がこれらの領域を指示する指示詞として駆り出されることになる.「中
   立」(「無標」) の指示詞であるソ系は,これらの領域での使用が重ねら
   れることで,「中距離指示」と「聞き手領域指示」の用法を確立させて
   いったといえる.
4. コ系は近称の指示詞であって,種々の語用論的要因によって指示対象が

「近い」と感じやすい状況が整っている場合に限り，遠くの対象もコ系で指せる．すなわち，コ系／ア系は，「中立／遠称」ではなく，「近称／遠称」の対立をなしている．

　本稿で得られた知見によって，日本語指示詞の歴史に対しても，新たな視点からの記述が可能となると考えられる．最後に，この点の見通しについて簡単に触れておきたい．

　金水・岡﨑・曺（2002: 231）は，「韻文中心という資料的制約を十分に考慮に入れる必要がある」ものの，「上代のソ系列の用例には，明らかな直示用法は見あたらない」点から，「少なくとも，ソ系列が直示を原型とする証拠は見出せない」とする．[8] また，金水（1999: 87-88）は，「直示用法がソ系の原型的用法であるという可能性の低い」点を指摘した上で，歴史的に，「文脈照応用法を足がかりにして，直示用法においてソ系列の領域が確定していく過程」を想定している．実際，ソ系において，話し手の眼前描写の中で使われる直示用法（聞き手領域指示用法，中距離指示用法）の確例が見出されるようになるのは中古以降である（金水・岡﨑・曺（2002），藤本（2008, 2021），岡﨑（2010），澤田（2015），金水（2018），澤田・多田・岡田（2023）など参照）．[9]
上代以前（文献以前）の日本語の指示詞の直示体系は，有標のコ系（近称）とカ系（遠称）の2項対立であり，無標（中立）のソ系は，専ら非直示領域（照応領域，曖昧指示領域，など）で用いられていた可能性が想定される．ここでは，ソ系において直示用法が非直示用法に後発するという意味変化の方向を想定しているが，Kinuhata and Hayashi（2018），衣畑（2021）で示されている琉球諸方言の指示体系，及び，そこから措定され得る琉球祖語の指示体系（直示二系列，照応一系列の指示体系）を勘案するならば，ここでの想定は，必ず

---

　[8] ただし，上代文献のソ系の中には，直示空間内に存在しない不可視の相手を指すと解し得る例は認められる（澤田（2015），澤田・多田・岡田（2023）など参照）．

　[9] 金水（2018）の次の記述も参照されたい．

　　(i)　現代共通語との違いで重要なのは，聞き手領域が体系的に印づけられているかどうかである．中古からソ系で聞き手や聞き手近辺の対象を指示する用法は認められるが，問題はア系・カ系でも聞き手および聞き手近辺の対象が指し示される例が中世前期まで認められることである．これは，遠称ア系で聞き手や聞き手近辺を指し示せない現代共通語との大きな相違点である．現代共通語と同じ体系は中世後期の話し言葉資料から認められるので，このあたりで直示の体系が大きく転換したと推定できる．　　　　　　　　　　　　　　　　　　　　　　　　　　　　　　（金水（2018: 728））

　聞き手や聞き手の近傍の対象の指示として，カ・ア系に加えて，新たにソ系の使用が認められ，しばらく両者の併用状態が続くが，中世後期頃にはソ系の使用が優位となり，現代語とほぼ同様の状況になったといえる（澤田（2015）参照）．

第 6 章　日本語の指示詞の意味と語用論　　　　155

しも不自然な想定とはいえない.

　以上の点を，本稿の知見と絡めて解釈した場合，中央語におけるソ系の直示
用法の歴史に対して，次のようなシナリオを想定することができる.

(33)　元来，日本語指示詞の直示用法は，距離を明示的に符号化した有標の
　　　指示形式である近称コ系と遠称カ系（のちにア系）が担っていた. そ
　　　の後，「コミュニケーション上の要請」（金水（1999: 87））によって，
　　　話し手からの遠近の距離指定ができない直示領域（中距離領域および
　　　聞き手領域）への指示が必要となったとき，その直示領域を専用的に
　　　指す指示形式として，非直示領域（照応領域，曖昧指示領域，など）
　　　で用いられていた距離指定を含まない「中立」（「無標」）のソ系が駆
　　　り出され，利用されることとなった.「中立」（「無標」）の指示詞であ
　　　るソ系は，上記の直示領域での使用が重ねられることで，「中距離指
　　　示」と「聞き手領域指示」の直示用法を確立させていった.

　ソ系の直示用法の歴史の詳細な記述については，別稿に委ねたい.

用例出典
○井上靖：『あすなろ物語』新潮文庫／○藤沢周平：『人間の檻』文春文庫／○堀辰雄：
『風立ちぬ・美しい村』新潮文庫／○堀川アサコ：『Fantasy Seller』新潮文庫／○松本清
張：『内海の輪』『死の発送』『落差（上）』角川文庫／『D の複合』『影の地帯』『砂の器
（下）』『張込み　傑作短編集（五）』新潮文庫／『松本清張傑作総集 I ／ II』新潮社／『黒
い樹海』講談社文庫／『ゼロの焦点』光文社／『絢爛たる流離』文春文庫／○三島由紀夫
『宴のあと』新潮文庫

参考文献

Anderson, Stephen R. and Edward L. Keenan (1985) "Deixis," *Language Typology and Syntactic Description: Volume 3,* ed. by Timothy Shopen, 259-308, Cambridge University Press, Cambridge.

Burenhult, Niclas (2003) "Attention, Accessibility, and the Addressee: The Case of the Jahai Demonstrative *ton*," *Pragmatics* 13(3), 363-379.

Diessel, Holger (1999) *Demonstratives: Form, Function, and Grammaticalization,* John Benjamins, Amsterdam.

Diessel, Holger (2006) "Demonstratives, Joint Attention, and the Emergence of Grammar," *Cognitive Linguistics* 17(4), 463-489.

Diessel, Holger (2013) "Distance Contrasts in Demonstratives," *WALS Online,* ed. by

Matthew S. Dryer and Martin Haspelmath (Available online at http://wals.info/chapter/41, Accessed on 2023-09-14.)

Dixon, Robert M. W. (2003) "Demonstratives: A Cross-linguistic Typology," *Studies in Language* 27(1), 61-112.

Enfield, Nick J. (2003) "Demonstratives in Space and Interaction: Data from Lao Speakers and Implications for Semantic Analysis," *Language* 79(1), 82-117.

Fillmore, Charles J. (1982) "Towards a Descriptive Framework for Spatial Deixis," *Speech, Place, and Action: Studies in Deixis and Related Topics,* ed. by Jarvella, Robert. J. and Wokfgang Klein, 31-59, John Wiley and Sons Ltd, Chichester.

藤本真理子 (2008)「ソ系列指示詞による聞き手領域の形成」『語文』90, 40-53, 大阪大学国語国文学会.

藤本真理子 (2021)「日本語指示詞の指示の変容――聞き手の存在と結びついた「そ」――」『日本語の歴史的対照文法』, 野田尚史・小田勝 (編), 137-156, 和泉書院, 東京.

Grice, H. Paul (1989) *Studies in the Way of Words,* Harvard University Press, Cambridge, MA.

林徹 (1989)「連載＝トルコ語のすすめ 3「これ・それ・あれ」あれこれ」『月刊言語』18 巻 1 号 (1 月号), 96-101.

林徹 (2008)「トルコ語の指示詞 şu の特徴」『東京大学言語学論集』27, 217-232, 東京大学文学部言語学研究室.

平田未季 (2014)「注意概念を用いたソ系の直示用法と非直示用法の統一的分析」『言語研究』146 号, 83-108.

平田未季 (2020)『共同注意場面による日本語指示詞の研究』ひつじ書房, 東京.

Hoji, Hajime, Satoshi Kinsui, Yukinori Takubo and Ayumi Ueyama (2003) "The Demonstratives in Modern Japanese," *Functional Structure (s), Form and Interpretation: Perspectives from East Asian Languages,* ed. by Andrew Simpson and Audrey-Li Yen-hui, 97-128, Routledge Curzon, London.

Huang, Yan (2014) *Pragmatics,* Second edition, Oxford University Press, Oxford.

堀口和吉 (1978)「指示語の表現性」『日本語・日本文化』8, 23-44, 大阪外国語大学.

加藤重広 (2004)『日本語用論のしくみ』研究社, 東京.

金善美 (2006)『韓国語と日本語の指示詞の直示用法と非直示用法』風間書房, 東京.

金水敏 (1999)「日本語の指示詞における直示用法と非直示用法の関係について」『自然言語処理』6(4), 67-91.

金水敏 (2018)「日本語の歴史」『日本語学大辞典』, 日本語学会 (編), 725-729, 東京堂出版, 東京.

金水敏・田窪行則 (1990)「談話管理理論からみた日本語の指示詞」『認知科学の発展』3, 85-116, 日本認知科学会.

金水敏・田窪行則 (1992)「日本語指示詞研究史から／へ」『指示詞』, 金水敏・田窪行則 (編), 151-192, ひつじ書房, 東京.

金水敏・岡﨑友子・曹美庚 (2002)「指示詞の歴史的・対照言語学的研究――日本語・韓

国語・トルコ語──」『対照言語学』，生越直樹（編），217-247，東京大学出版会，東京．

衣畑智秀（2021）「琉球諸語と上代日本語からみた祖語の指示体系試論」『フィールドと文献からみる日琉祖語の系統と歴史』，林由華・衣畑智秀・木部暢子（編），190-213，開拓社，東京．

Kinuhata, Tomohide and Yuka Hayashi (2018) "On the Anaphoric Use of Demonstratives in Miyakoan," *Japanese/Korean Linguistics* 25, ed. by Shin Fukuda, Mary Kim and Mee-Jeon Park, 35-47, CSLI Publications, Stanford.

Küntay, Aylin C. and Asli Özyürek (2006) "Learning to Use Demonstratives in Conversation: What Do Language Specific Strategies in Turkish Reveal?" *Journal of Child Language* 33, 303-320.

黒田成幸（1979）「（コ）・ソ・アについて」『英語と日本語と』，林栄一教授還暦記念論文集刊行委員会（編），41-59，くろしお出版，東京．

Levinson, Stephen C. (2004) "Deixis," *The Handbook of Pragmatics,* ed. by Laurence R. Horn and Gregory Ward, 97-121, Blackwell, Oxford.

Levinson, Stephen C. (2018a) "Introduction: Demonstratives: Paterns in Diversity," *Demonstratives in Cross-Linguistic Perspective,* ed. by Stephen C. Levinson, Sarah Cutfield, Michael J. Dunn, N. J. Enfield, and Sérgio Meira, 1-42, Cambridge University Press, Cambridge.

Levinson, Stephen C. (2018b) "Yélî Dnye: Demonstratives in the Language of Rossel Island, Papua New Guinea," *Demonstratives in Cross-Linguistic Perspective,* ed. by Stephen C. Levinson, Sarah Cutfield, Michael J. Dunn, N. J. Enfield, and Sérgio Meira, 318-342, Cambridge University Press, Cambridge.

Levinson, Stephen C., Sotaro Kita and Asli Özyürek (2001) "Demonstratives in Context: Comparative Handicrafts," *Manual for the Field Season 2001*, ed. by Stephen C. Levinson and N. J. Enfield, 52-54, Max Planck Institute for Psycholinguistics, Nijmegen.

Levinson, Stephen C., Sarah Cutfield, Michael J. Dunn, N. J. Enfield, and Sérgio Meira (eds.) (2018) *Demonstratives in Cross-Linguistic Perspective,* Cambridge University Press, Cambridge.

李賢淑（2010）「現場指示使用に見られる認識の差に関する韓日対照研究──現場指示の融合型を中心に──」『日語日文學』45号，177-196，大韓日語日文學會．

林鍾大（1997）「指示詞コソアの意味機能」『上智大学国文学論集』30号，77-92，上智大学国文学会．

三上章（1955）『現代語法新説』刀江書院，東京．

三上章（1970）『文法小論集』くろしお出版，東京．

岡﨑友子（2010）『日本語指示詞の歴史的研究』ひつじ書房，東京．

坂口清香（2022）「ソ系の曖昧指示に関する考察」『日本語學研究』72，65-85，韓國日本語學會．

澤田淳（2015）「ダイクシスからみた日本語の歴史——直示述語，敬語，指示詞を中心に——」『日本語語用論フォーラム 1』，加藤重広（編），57-100，ひつじ書房，東京.

澤田淳（2016）「指示と照応の語用論」『語用論研究法ガイドブック』，加藤重広・滝浦真人（編），49-76，ひつじ書房，東京.

澤田淳（2019）「指示詞研究の新展開——空間指示詞の類型論——（Stephen C. Levinson et al. (eds.) *Demonstratives in Cross-Linguistic Perspective* の書評論文）」『語用論研究』21 号，161-186.

澤田淳・多田知子・岡田純子（2023）「古代語の近称指示詞「この」の記憶指示用法について——「かの」「あの」「その」との対照を含めて——」『青山語文』53 号，217-272，青山学院大学日本文学会.

宋晩翼（1991）「日本語教育のための日韓指示詞の対照研究——「コ・ソ・ア」と「이・유・저」との用法について——」『日本語教育』75 号，136-152.

田窪行則（2010）『日本語の構造——推論と知識管理——』くろしお出版，東京.

Terril, Angela (2018) "Lavukaleve: Exophoric Usage of Demonstratives," *Demonstratives in Cross-Linguistic Perspective,* ed. by Stephen C. Levinson, Sarah Cutfield, Michael J. Dunn, N. J. Enfield, and Sérgio Meira, 206-221, Cambridge University Press, Cambridge.

堤良一（2022）「［書評］平田未季（著）『共同注意場面による日本語指示詞の研究』」『語用論研究』24 号，179-191.

梅田博之（1982）「朝鮮語の指示詞」『講座日本語学 12　外国語との対照Ⅲ』，寺村秀夫（編），173-184，明治書院，東京.

Wilkins, David. P. (1999) "The 1999 Demonstrative Questionnaire: 'This' and 'That' in Comparative Perspective," *Manual for the 1999 Field Season*, ed. by David Wilkins, 1-24, Max Planck Institute for Psycholinguistics, Nijmegen.

第 7 章

「普通に」における語用論的意味
─客観化・対人化─ *

日高 俊夫

武庫川女子大学

1. はじめに

　「普通においしい」等に見られる「普通に」は，NHK のテレビ番組『みんなでニホン GO!』(2010 年 4 月 15 日放送)[1] や毎日新聞の記事（2011 年 1 月 25 日）などでも取り上げられ，その意味が議論されている.[2] インターネット上でも，「期待通り」「なかなか」「そこそこ」「とても・非常に」「お世辞抜きに・素で・他意なく」など様々に解釈されることが指摘されている. また，デジタル大辞泉の「ふつう」の項には次のような説明がある.[3]

(1)　ふ-つう【普通】
　　【一】[名・形動] 特に変わっていないこと. ごくありふれたものであること. それがあたりまえであること. また，そのさま.「今回は普通以上の出来だ」「普通の勤め人」「朝は六時に起きるのが普通だ」「目つき が普通でない」
　　【二】[副] 1 たいてい. 通常. 一般に.「普通七月には梅雨が上がる」
　　　　　　　 2 （「に」を伴って）俗に，とても.「普通においしい」
　　[補説]【二】2 は，「普通におもしろかった」のように，称賛するほどではないが期待以上の結果だったという意味合いで，肯定的な表現と

---

　* 本論は日本言語学会第 164 回大会ワークショップ「語彙と語用のはざまで」における発表内容を大幅に加筆・修正したものである. ワークショップメンバー（中谷健太郎，澁谷みどり，森山倭成），および発表に対して質問・コメントをいただいた方々，郡司隆男，板東美智子，新井文人，高橋有香，そして丁寧に査読いただいた二人の査読者の各氏に感謝申し上げます.
　[1] NHK「みんなでニホン GO!」制作班 (2010)
　[2] https://www.ndsu.ac.jp/blog/article/index.php?c=blog_view&pk=15753758652a15d8efd9fa2c758c6701d4d1ef3ea4&category=&category2=
　[3] https://dictionary.goo.ne.jp/word/普通/#jn-193346

組み合わせて 2000 年代から用いられるようになった.

（[補説] は 2017 年に実施した「あなたの言葉を辞書に載せよう.
2017」キャンペーンでの「普通」への投稿から選ばれた優秀作品.）

最近では「普通によせつけない強さ」や,「普通にレジェンド」[4]のように名詞を修飾していると思われる例もある. このような状況を鑑みると,「普通に」は（全世代に認められるかは別として）より多義的な使用がなされるようになってきていると言えるだろう. 本稿はこの比較的新しいと思われる「普通に」の表す意味・用法を詳細に観察・分析することを目的とする.

本論の構成は次のとおりである. 第 2 節では本論で対象とする「普通に」を分析した先行研究を概観し, 本論の立場と主張を提示する. 第 3 節では, 本論で主張する重要な変化である「対人化」を比較的最近（主に 20 世紀以降）になって受けたと考えられる「正直」のデータを提示することにより, 本論の分析のサポートとする. 以上を踏まえ, 第 4 節で「普通に」の新用法の具体的分析を示す. 第 5 節はそれぞれの用法の簡潔なまとめを提示し, 第 6 節ではその意味用法の変化の理由を今後の課題とともに提示する.

2. 先行研究と本発表の立場

井本 (2011) は「普通に」の意味用法を「動作様態副詞的用法」「注釈副詞的用法」「程度副詞的用法」の 3 つに分類し,「程度副詞的用法」に焦点を当てて分析している. 具体的には,「普通に」の語彙的意味が変化したものではないと位置づけ, 副詞的成分が持つ「文脈敏感性」という概念を提示している. その上で, 当該解釈が「標準値よりも低い程度が前提として導入されるという文脈的条件および副詞的修飾関係という構文的性質によって複合的にもたらされる現象」であることを主張するものである（以下 (2)–(5) はすべて井本 (2011) による）.

動作様態副詞的用法
(2) a. 動詞が表すウゴキのサマを修飾限定する用法
→ 何が［普通］であるかは当該動作や行為に対する社会通念（言語外の事実）に依存する.
ex. 映画だからといって演技をせずに, 普通に話してください. /
福島から米沢まで, 普通に走れば 45 分で到着する.

---

[4] いずれもフィギュアスケート選手羽生結弦の優勝に対するインターネット上でのコメント.

b. 言語外現実の知識に依存する相対的なサマという性質は周辺的事例と考えられる例をうむ. (「それが動作主にとっては[普通]であると考えられるサマ」)

　　ex. ナイフを向けられても春夫は普通に携帯をいじっていた. / 夏子は床に落ちたクッキーを普通に食べた.

　　これらは「主体の心的状態・主体の態度的ありよう」を表す以下のような副詞的成分(仁田 (2002)) に相当する.

　　ex. 春夫は<u>しぶしぶ</u>携帯を床に置いた. / 夏子は<u>素直に</u>クッキーをごみ箱に捨てた. 　　　　　　　　　　　　(下線は筆者による)

注釈副詞的用法

(3)　修飾成分が表すサマを修飾限定するのではなく, 表されるコトガラ (叙述内容) に対する話者の評価・注釈を表す (工藤 (1983, 2000)). 命題内で修飾関係を構成するのではなく, 叙述内容の外側で叙法を規定する叙法副詞 (モダリティに関わる副詞) に近づいている.

　　ex. ひとりカラオケも普通に行くよね. / 教室で携帯の充電, 普通にするよね.

程度副詞的用法:スケールにおいて段階的属性の程度値を有標的に指し示す

(4)　「おいしい・かわいい」などが含意するスケール的属性の程度値が無標の標準値ではなく, 「すごく / とても / 普通に / まあまあ / そこそこ」が定める値であることが表される. このとき, 「普通に」はスケールの中間点＝標準値よりもやや高い程度であるような内省が確かにある.

　a.　学食のラーメン, {すごく / とても / 普通に / まあまあ / そこそこ} おいしいよ.

　b.　春夫のカノジョ, {すごく / とても / 普通に / まあまあ / そこそこ} かわいいよ.

井本 (2011) は, このうち「注釈副詞的用法」を分析対象から外し, 「普通にかわいい」が「かわいい」よりもよりかわいいと解釈される理由を論点として, 「普通に」が一種の逆説的文脈を前提とするという文脈敏感性を持っているため ((5) を参照), 「普通」のレベルが相対的に高く感じられる (「普通に」がスケール上の高い位置を指すという語彙的意味を持っていたり, 普通であることに対する社会的価値観が変化したわけではない) と主張している.

(5) a.　学食のラーメン, まずいって聞いていたけど, 普通においしかった.

　　 b.??学食のラーメン, おいしいって聞いていたけど, 普通においしかっ

た.
c. 泉さんのカレ，ダサイって聞いていたけど，普通にかっこよかった.
d.??泉さんのカレ，かっこいいって聞いていたけど，普通にかっこよかった.

しかしながら，(5b, d) の容認性の低下は，その存在により「おいしい」を否定するような内容が続くことを期待させるという，逆接を表す「けど」の機能によってもたらされる結果であり，「普通に」が「文脈敏感性」を持っているために引き起こされるものではないと考えられる．その証拠として，逆接でない文脈では，「普通に」の使用は問題なく容認される.

(6) a. 学食のラーメンはおいしいって聞いていた．実際に食べてみたら，（やっぱり）普通においしかった.
b. 泉さんのカレはかっこいいって聞いていた．実際に会ってみたら，（やっぱり）普通にかっこよかった.

西村（2016: 54）も，四谷（2015）からの例文（7）を用いて否定的文脈は必ずしも必要ないことを指摘し，当該用法を注釈的解釈の延長としての多義性と捉えて（8）のように説明している.

(7) さっきからかみなりが鳴ってる．音がでかくてふつうに怖い.
(8) a. [友人が自分の彼女は可愛くないと言っていたが，いざ会ってみると美人だった時：標準程度否定文脈が存在する場合]
お前の彼女，普通にかわいいじゃん.
→友人の先行発話によって形成されていた標準程度否定文脈を更新　　　　　　　　　　　　　　　　　　　　　(cf. 井本 (2011))
b. [街である見知らぬ女性を見て：標準程度否定文脈が存在しない場合] ねえねえ，あの子，普通にかわいくない？読者モデルみたい.
→[あの子が可愛いと感じる] コトは，話者にとって普通（当然）と感じられるホドのことだ

「話者にとって普通（当然）と感じられるホド」という部分の正確な解釈が筆者には定かではないが，本論では，「普通にかわいい」に類する例については注釈的用法にあたるものとそうでないものとの間で曖昧性があるという分析を以下で示す.
　本論の「普通に」の新用法の分析における全体的な見通しとしては，「おい

第 7 章 「普通に」における語用論的意味　　163

しい」などの主観的判断の関わる述語とある程度客観性を持つ「普通に」を共起させることによる語用論的効果と，「普通に」の「対人化」(Traugott (2003) では「(間) 主観化」)[5] による慣習的推意 (Conventional Implicature ; Grice (1975)，Potts (2005)) 表現である発話態度副詞への拡張という観点，すなわち語彙的・語用論的意味の変化としてとらえる (一部，従来用法の中での拡張的使用についても述べる). 具体的分析は第 4 節で述べるが，次節では「対人化」に関して近代から現代にかけて同様の変化を受けたと考えられる「正直，彼は苦手だ」のような文における「正直」(以下「正直φ」) の使用データに関する先行研究および筆者独自のデータを紹介し，本論の主張のサポートとする.

3. 話者の発話態度を表す「正直φ」

3.1. 先行研究

東泉・高橋 (2021) は，現代語における「正直」について，BCCWJ[6] および CSJ[7] を用い，現代日本語における「正直」の副詞用法の使用実態を調査している. 具体的には「正直φ」や「正直 (に) 言って」「正直な話」など，副詞句 (節) として用いられているものを「「正直」の副詞用法」と定義し，それらが「正直」全用例中の半数，その中でも「正直φ」「正直言って」の 2 種類で 8 割近くを占めることを指摘している. 中でも，BCCWJ の話し言葉的な文が多用されるレジスター「ブログ」「知恵袋」での使用の割合が高いとする分析結果を提示している. (9), (10) が本論にとって重要な東泉・高橋 (2021) の分析結果である.

(9) 『日本国語大辞典 第二版』:「正直φ」の初出は 19 世紀以降.「気持や行動が偽りや見せかけでないさまを表わす語. 本当のところ.」
しかし正直未練が残るぜ. 此美くしい顔が見おさめだと思やア
(『日本国語辞典 第二版』人情本・英対暖語四・二三章，1838 年)
(10) a. 「正直」の副詞用法は，BCCWJ においても CSJ においても広く使用されている.
b. 「正直」の全用例中，半数以上を副詞用法が占めている.

---

[5] 本論では，小柳 (2018) にしたがって，「間主観化」でなく「対人化」という用語を用いる. 詳しい理由については小柳 (2018) を参照されたい.
[6] 現代日本語書き言葉均衡コーパス (https://chunagon.ninjal.ac.jp/bccwj-nt/search)
[7] 日本語話し言葉コーパス (https://chunagon.ninjal.ac.jp/csj/search)

c. 「正直」の副詞用法で多用されている表現は「正直φ」「正直言ッテ」であり，この2種類で全体の8割近くを占めている．

d. 「正直φ」以外の副詞用法で，「正直」と共起する表現は，「言ウ」「話」など発話に関するものであり，話し手がこれから述べることが本音や本心であるという前触れのメタ言語的機能を果たしている．「正直φ」の機能も同様である．

また，趙（2013）は近現代における漢語副詞の特徴として次のような点をあげている．

(11) a. 命題の外側から働く〈陳述の副用語〉には，助詞を伴わないφ型の漢語副詞が多い．

b. 近現代語の完成期（1960年以降）には，φ型を含め，「厳密にいうと（いえば）」「正直にいうと，いって，いえば）」「率直にいって」「端的にいえば」「正確には」などの話者の述べ方に関わる漢語副詞の使用が増加する（近現代語の形成期（1868年から約20-30年）のデータには，「正直に白状してしまうが」（夏目漱石『坊ちゃん』）の1例しか見当たらなかった）．

以上，「正直φ」に関する先行研究を概観した．次節では，筆者収集による青空文庫における「正直φ」の出現データを提示する．

3.2. 近代作家における「正直φ」

「正直，彼が苦手だ」のような話し手の心的態度を表す「正直φ」の使い方について，青空文庫[8]における「正直」の分布は表1のようになる[9]（便宜上，全データ3431例のうち，作家による使用例が80以上のものを提示している）．

---

[8] https://www.aozora.gr.jp/index.html
[9] 発話態度副詞的な「正直φ」の数値は内数である．また，吉川英治では「正直φ」に類すると思われる「正直.」を含む．

第 7 章　「普通に」における語用論的意味　　165

	「正直」の総数	「正直φ」	「正直に言えば」など[10]
吉川英治（1892-1962）	401	48	10
岡本綺堂（1872-1939）	380	0	8「正直のところ」
野村胡堂（1882-1963）	327	0	25
山本周五郎（1903-1967）	150	0	32
夏目漱石（1867-1916）	132	0	10
宮本百合子（1899-1951）	115	0	3
谷崎 潤一郎（1886-1965）	111	0	55
中里介山（1885-1944）	108	0	13
国枝史郎（1887-1943）	80	0	12

表 1：近代作家における「正直φ」

　表中では吉川英治だけが現代日本語における「正直φ」と同様の使い方を比較的頻繁にしている他は，「正直に言えば」のように言い換えられる「正直φ」の用法は見つからなかった.[11] このことと東泉・高橋（2021）の現代語における観察結果から，話し手（もしくは話し手の共感焦点（empathy focus; EF, ex. 「正直，あなたはどう思うの？」）の態度を表す用法は，（9）にあるように初出が 1838 年であったとしても，少なくとも近代以降に定着してきたもので，「正直（に）言えば」に類する表現に関連して出現してきたと考えられるが，現代の我々の直感では，「正直φ」という表現が（他に表現を補うことなく単独で）話者や EF の命題に対する態度表明を表す副詞として確立していると見る方が自然であろう. 現代日本語では，話し言葉より書き言葉において「正直φ」の割合が高い（東泉・高橋（2021））ことから考えてもこのことは支持されると思われる.[12]

---

[10] 「正直 {の / な} ところ」「正直に白状すれば」などがある.

[11] その他の作家に関する「正直φ」と思われる例は 15 例であった（林不忘（4），正岡容（3），日野葦平（2），折口信夫，国木田独歩，近松秋江，林芙美子，三島霜川，三好十郎（各 1））

[12] Kong and Qin（2017）では，英語においては I tell you honestly のような形をもとに，語彙化された発話行為副詞の honestly が 1830 年代から出現するとの観察および分析がなされている. また，Tagliamonte（2011: 220）によれば，現代英語においても，方言によっては We had it on fire one night, honest. のように，接尾辞なしで副詞的に使用される形容詞の例がある.

4. 「普通に」の新用法 [13]

4.1. 副詞的用法の増加

文副詞としての「正直φ」の出現・確立と類似の態度表明副詞への変化が現代において「普通に」にも起こっているのではないかと思われる.

	青空文庫	BCCWJ「小説」「教科書」	BCCWJ 全体
全体	3851	1781	16844
普通の	2464 (64.0%)	849 (47.7%)	5594 (33.2%)
普通に	226 (9.2%)	184 (10.3%)	3056 (18.1%)
普通,	51 (1.3%)	76 (4.3%)	484 (2.9%)
普通は	33 (0.9%)	89 (5.0%)	926 (5.5%)

表 2：青空文庫，BCCWJ における「普通」

形容詞用法である「普通の」の割合は青空文庫で 64% であるのに対して，BCCWJ の「小説」「教科書」の領域では 47.7% である．一方，副詞的用法である「普通に」「普通,」「普通は」の合計割合については，前者では 11.4% となるのに対して，後者では 19.6% となっている．また，BCCWJ 全体では「普通の」は 33.2%，「普通に」「普通,」「普通は」の合計は 26.5% である．このことから，この間，形容詞的用法が減少し，副詞的用法が増加してきたということは言えるのではないかと考えられる.

4.2. 従来の用法

本論で論じる新用法に関連して，次の意味用法を従来から使用されているものと位置づけた上で，そこからの拡張という方向性で議論を展開する．[14]

---

[13] 本節の内容に関しては，日本言語学会第 164 回大会ワークショップでの発表内容に対する中谷健太郎氏，三宅智宏氏からいただいたコメントが大変参考になった．付して感謝申し上げます.

[14] 「健は普通に走った」が「多くの人と同じくらいの距離を走った」とも「多くの人が走るように健も走った」とも解釈が可能であるように，I から III の間で意味解釈に曖昧性を持つ例も多く，この 3 つの解釈も派生によって関係づけられる可能性を持っていると思われるが，本稿で問題にするのはあくまで新用法の位置づけであるので，便宜上，従来の用法をこの 3 つに分け，それを基本として，以下ではそれと新用法の関係性を議論していく.

I. 動作様態解釈：「多くの人がする（と話者が思う）やり方で」

(12) a. 「普通に歩け」（歩きながらふざけている子どもに対して）
　　 b. 「普通に食べろ」（変な食べ方をしている人に対して）

II. 数量・程度解釈：多くの人が数量・程度的に「普通」（標準的）と評価する（と話者が思う）点や範囲を指す．

(13) a. 「たくさん飲んだの？」「いや，普通に飲んだだけだよ．」
　　 b. 「少な！普通についでよ．」（ビールをついでもらったがわずかしか
　　　　入っていない場合）

III. 常識的命題評価解釈：井本（2011）の「注釈副詞的用法」に相当する．
「普通に」が修飾する命題内容を，言語外の一般常識に沿う（「普通」「当然」）
ものとみなす解釈．

(14) a. 「普通に朝ご飯くらい食べろ．」（朝ご飯を抜いた人に対して）
　　　　（朝ご飯を食べることは普通のことだ．）
　　 b. 「宿題くらい普通にやるよ．」
　　　　（宿題をやることは普通のことだ．）
　　 c. 日本では普通に地震が起こる．
　　　　（日本で地震が起こることは普通のことだ．）

この用法としては他に次の実例があげられる．

(15) 　丸のなかに井の字の暖簾を染め出してあるので，普通に丸井と呼び慣
　　　わしているが，ほんとうは井沢屋というのである．

（岡本綺堂（1985 版）『半七捕物帳』）

この用法は言語共同体で共有されるいわゆる常識の下支えがあって初めて成り
立つ．例えば，現代日本では朝食を食べることは多くの人が一般的に実行して
いる常識的行動と思われるが，もし朝食を食べる習慣をもつ人がご一部しかい
ない言語共同体が存在する場合，そこでは「普通に朝ご飯くらい食べろ」とい
う言明は成り立たない．

4.3. 新用法への拡張
4.3.1. 数量・程度解釈の形容詞句への拡張
　前節 II の数量・程度解釈の修飾対象はあくまで「数量を含意する動詞句」

であったが，その対象がもともと数量や程度を表す形容詞句となった[15]ものが「普通においしい」の類の表現であると位置づけられる．[16]

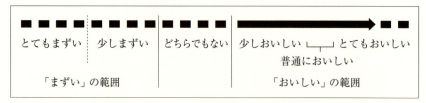

図1：味の評価スケール[17]

「おいしい」は解放スケールをもった述語であると思われるが，図1で「普通においしい」が表す範囲は，IIの場合と同様に「多くの人が「標準的においしい」と評価すると思われる点や範囲」である．(16) が示すように，「おいしい」は話者の主観評価を表す形容詞であり，一人称主語の場合は主語が表出されない．(16a) は飯田 (2019) の「表白」表現にあたるが，「普通においしい」は，そのような主観的な述語に対して「誰が食べても大体おいしいと評価する点や範囲」を指定することにより，評価にある程度の客観性を担保しようとする表現であると言える．

(16) a. そのラーメン，(??私には) おいしい．

---

[15] その意味では自然な変化（拡張）であると思われる．ただ，この表現に違和感がある日本語母語話者にとっては，後述するように「おいしい」等の主観を表す表現とある程度客観性を持つ「標準」を表す「普通に」の共起がその違和感の原因であると思われる．
[16] 段階性のない形容詞の場合，後述する「対人化」解釈となる．ex. 走行三大要素の「走る・曲がる・止まる」は普通に完璧です．（タイヤに関する消費者レビュー（https://www.autoway.jp/brand/hifly/lineup_hf201））
[17] 一人の査読者から「普通に」と「非常に」が同等に思えるものがあるということで次の例が提示され，以下の (17b) についても「本当に」と同様の意味ではないかという指摘があった．
 (i) （カツ丼を食べていて）普通においしい．というより，非常においしい．
(i) は「というより」で言い直しており，「普通にというよりもむしろ非常に美味しい」ということが成り立つように思われるので，むしろ図1の正当性を裏付けるものであると思われる．(17b) については，査読者の指摘は「程度」というよりは「恐ろしさの種類」として「通常使う意味での恐ろしさの種類を指す」ということであると考えられるので，「程度」ではなく「種類あるいは下位分類の中の典型例」とする必要があるかもしれない．詳細は今後の課題としたいが，その場合でも「恐ろしさの種類」の中で「言語外の一般知識（常識）によって典型だと認知されている種類の恐ろしさ」ということになり，本節の内容を大きく逸脱する例ではないと考える．

b. *そのラーメン，{あなた/健} にはおいしい.
　 cf. そのラーメン，健にはおいしいらしい.

この形容詞に「普通に」がつく例は，青空文庫のデータではまだ出現数が少なく，次の2例のみである.

(17) a. 老人の名は土彦と云った．岩石人の長（おさ）であった．白髪が肩まで垂れていた．彼の右腕は千切れていた．身長（せい）だけは普通に高かった．左手に玉を握っていた．それは勾玉管玉であった．
(国枝 史郎（1922-1926）『蔦葛木曽桟』)
→ 尋常でない特徴を持った老人であるが，背の高さだけは多くの人が「高い」と認める値を指す.

b. 「どうも怖（おそ）ろしい人だね」と追いついた孤堂先生が云う．怖ろしいとは，本当に怖ろしい意味でかつ普通に怖ろしい意味である．
(夏目漱石（1907）『虞美人草』)
→ 「恐ろしい」というのは色々意味がありうるが，ここでは多くの人が「恐ろしい」と感じる程度の恐ろしさである.

　現代の日本語では，主に若者言葉としてではあるが，この種の表現は枚挙にいとまがない．また，その場合，次のように多くの人が「おいしい」と判断する点や範囲（客観的おいしさ）と自分本来の主観を対比させる例も多くあるように思われる.

(18) a. 普通においしかったけど，私の好きなタイプのパンケーキじゃなかった笑
(https://tabelog.com/rvwr/005560932/rvwdtl/B229395642/)
b. 普通においしかったけど，私は断然錦糸町の麺魚さんが好き
(https://ameblo.jp/snow-white-83/entry-12443519377.html)
c. 学食のラーメン，まずいって聞いていたけど，普通においしかった．
(井本（2011）)
→ 誰かがまずいと主観で言っていた（噂でまずいと聞いていた）が，多くの人がおいしいと感じる程度にはおいしいと言える.

「普通に」は，原義が「多数派に従って」のような意味である．それが「おいしい」などの主観的表現に対して用いられることで，いわば「主観的表現の客観

170 　第 II 部　語用論的意味をめぐって

化」がなされていると言える.[18]

　「普通に」は人称制限をもついわゆる「主観述語」ではない「背が高い」など
を修飾し,「普通に背が高い」のような表現としても用いられるが, 事情は同
様である. 同じ背の高さに対しても個人の主観によって評価は異なりうるが,
「普通に背が高い」となると「多くの人が背が高いと認める（と話者が判断す
る）標準的高さ（の点や範囲）」を指すことになる. ここでも, 個人によって異
なりうる「背が高い」ということへの認定に対して多数派が標準と考えるよう
な点や範囲を提示するという意味で, ある種の客観化がなされているといえ
る.

　以上,「普通に」は, 主観的判断や感覚などの度合いを修飾して「多くの人
が標準的にそうであると認める範囲」を指定することによってある種の「客観
化」を提示するという分析を示した. これは逆に言えば「おいしい」「かっこ
いい」などの主観的意味を表す述語に関して, 自分の主観判断をそのままスト
レートに出すのではなく,「自分も, 多くの人がそう感じる程度に感じた」こ
とを表明することになる. つまり, 自分独自の判断表明を回避するための表現
であるとも位置づけられる.

4.3.2.　反常識的命題評価解釈 [19]

　ある文脈内で, 一般常識とは異なるような命題に対して, その文脈内であれ
ばそれが当然と判断されるということを述べる形式. 敢えて一般常識とは異な
る命題内容を入れることで, 話者やその EF が「普通・当然である」と判断し
ている意味合いが生じる.

　（19）　健は朝ご飯は普通に食べない. / 健は普通に朝ご飯を食べない.

（19）は「健にとっては朝ご飯を食べないのが普通（習慣）だ」のような意味に
なる.

　ただし,（19）を肯定にした（20）のような文は「朝ご飯を食べることは普
通である」という「常識的命題評価」としては解釈されるが,「朝ご飯を食べる
のが私独自の習慣だ」という「反常識的命題評価」としての解釈はなされにく
いように思われる.

---

　[18] この「主観表現の客観化」という部分に関しては首藤（2015）の「残念な人」のような「残
念な」の客観用法と並行的に扱えるように思われる.
　[19] 本節の内容は一人の査読者のコメントに負うところが大きい. ここに記して感謝申し上
げます.

第7章　「普通に」における語用論的意味　　　171

(20) a. ?朝ご飯は普通に食べる.

　　 b. ?健は朝ご飯は普通に食べる.

　　　　　　(いずれも「反常識的命題評価」解釈としての容認性を表す.[20])

これは「?私は朝ご飯を食べるのを習慣にしている」のような文の容認性が落ちるのと同様「朝ご飯を食べる習慣」が広く多くの人に見られるため,「私の習慣」「健の習慣」として取り立てて言うには情報価値が少ないためであると考えられる. つまり言外の一般常識によって「常識的命題評価」がディフォルト的な解釈として指定されているということである.

　それに対して「食べない」ということや, 比較的珍しいものを食べるような,「常識的命題評価」があてはめられない場合は「反常識的命題評価」がなされる.

(21)　健は朝食に普通に {ステーキ/丼飯/?トースト/?ごはん} を食べる.

　　　　(「トースト」「ごはん」は「常識的命題評価」解釈としては容認可)

ちなみに, (22) が示すように, 同じような使い方をすると思われる副詞用法の「普通」を用いた場合はこのような制限はないようである.

(22)　健は普通, 朝食に {ステーキ/丼飯/トースト/ごはん} を食べる.

したがって,「反常識的命題解釈」の「普通に」は, 話者や行為主体にとってはその行為が「普通」であるが, それはあくまで話者や主体独自にとっての「普通」であり, 一般常識からするとむしろ少数派であるという意味合いを持つことになる. このことから,「反常識的命題評価」の「普通に」は, (23) にあるように,「常識的命題評価」から発生した修辞的用法と位置づけることができる.

(23)　「常識的命題評価」の命題内容として敢えて多数派 (普通) でない命題を共起させることでむしろそれが世間一般的な普通ではなく, 話者や行為主体独自においてのみ普通のものであるという推意を逆説的に生み出す表現.

したがって,「話者や行為主体にとっての普通性」が保証されない行為に対しては用いられない.

(24) *健は今朝だけ普通に朝食を食べなかった.

---

[20] この文は通常の命題解釈用法として「多くの人がそうするように, 健は朝ご飯を食べる」のような解釈は可能である.

172　　第 II 部　語用論的意味をめぐって

これは，いかに健の共感視点を取ろうとも，1 回限定の行動のみでその行動が健にとって普通かどうかを判断する根拠に欠けるためであると考えられる．しかしながら，たとえ 1 回の行為を対象としていても，それが行為主体（健）にとって普通であると判断可能な限りは容認される．(25) では「も」によって健にとって朝食を食べないことが習慣的（普通）であることが保証される．

　　(25)　健は今朝も普通に朝食を食べなかった．[21]

いっぽう，「常識的命題評価」の場合は，言語外の常識が容認性を下支えしているので，1 回きりの行為に関しても使用可能である．

　　(26)　健は今朝だけ普通に朝食を食べた．
　　　　　（健は今朝だけ朝食を食べるという一般常識に沿うことをした）

「反常識的命題評価」は，話者や主体独自の行為についての叙述であると解釈され，共有される言語外知識（常識）の下支えが存在しない．したがって，その行為（ex. 朝食を食べないということ）が「主語や主体にとって普通のことだ」ということ自体を述べたり，そのことが文脈によって補償されたりする必要があり，その限りにおいて容認可能となる．

　　ところで，これまでの例では「朝ご飯を食べる」のような習慣的行為を「反常識的命題評価」の対象となる命題例として提示してきたが，文脈によって下支えされる限り，その対象は習慣的行為に留まらない．[22]

　　(27) a.　いやフツーに離婚するから．（離婚したら困るだろうという夫に対しての妻の言葉）
　　　　 b.　ママ友に子どもあずかってくれと頼まれたけど，フツーに断った．

(27a) では，「離婚したら困るだろう」と言われた場面で，通常は常識的な内容があてがわれる補文内に敢えて普通ではないと思われる内容を生起させることによって，それが行為主体のスタンダードに基づく（こんな状況なら離婚するのが普通であるという妻の主観的判断）ことを想起させると同時に，それが世間一般のスタンダードとは異なるという推意が得られる．(27b) でも同様に「常識的には引き受けるであろうが，当該主体にとっては断ることが普通であ

---

[21]「普通の食べ方をしなかった」という様態解釈も可能である．
[22] 査読者からいただいた例に基づく．また，当該査読者から「新しい用法での「普通に」はカタカナで「フツーに」と書かれていることが多いような印象がある．」とのコメントをいただいた．確かにそのような傾向はあるように思われるが，表記に関する分析は本論のおよぶところではない．

第 7 章 「普通に」における語用論的意味 173

る」という意味合いが読み取られる。[23]

　やはりこの場合も，習慣的行為の場合と同じように，命題内容を比較的常識的なものにすれば「常識的命題評価」の解釈が得られる．

(28) a.　もう少ししたら普通に結婚するつもりだ．
　　 b.　ママ友に子どもあずかってくれと頼まれて，普通に引き受けた．

(28a) は「結婚するのが普通だ」「世間で一般的と考えられているように私も結婚する」，(28b) は「あずかってくれと頼まれたら引き受けるのが普通だ」のようなディフォルト的「常識的命題評価」解釈となる．

　以上，「反常識的命題評価」は，命題を「普通である」と評価するという点では「常識的命題評価」と同じであるものの，後者が言語外知識として共有される「多くの人が標準的であると判断する点や範囲」を基準として，当該命題内容がそれに沿う（「普通」）ものであると認定するのに対して，前者は「話者や行動主体にとって普通である」というように，話者や行動主体の視点からの「普通性」に言及しているという違いがある．行為主体（主語）が一人称でない場合は，話し手が行為主体を EF として取り立てている表現であるといえるが，これをさらに進めて，話し手自身が自分のこと（発話態度）を「普通だ」と認定して聞き手に伝える表現が次節で述べる「対人化」である．

4.3.3.　対人化：発話主体自身の態度が（大げさでなく）「普通」であるとの表明

　発話主体としての自分の聞き手に対する状態や態度が「（大げさでなく）普段通り（普通）である」ということを表明した表現である．「普通に言って/判断して」「大げさでなく」「素直に」「お世辞抜きに」のような意味合いとなる．

(29) a.　このラーメン，普通においしい．[24]
　　 b.　さっきからかみなりが鳴ってる．音がでかくてふつうに怖い．

　　　　　　　　　　　　　　　　　　　　　　　　　　　　　　（西村 (2016)）

　　 c.　若い女の子はおしゃれなので行き過ぎるぐらい敏感な子が多いです．シャネルやルイヴィトンにクリスチャンディオールなど高級

---

[23] 同じ例を学生に尋ねたところ，これを「世間一般でも断るでしょ」というような「常識的命題評価」として解釈した学生があった．何かと責任問題が言及される現代日本の社会では断る方がむしろ多数派なのかもしれない．

[24] もちろん，場面によっては「形容詞への拡張用法」として「多くの人がおいしいと思う程度の味」を表すこともできる．

ブランドに惹かれて競うようにそれを主張しすぎます．バーキンのバックからルイヴィトンの財布が出てくるのが大げさでなく普通に多いぐらいです．　　　　　　　　　　　(https://belcy.jp/38378)

d. 霊力がこもってそう　お札のようなデザインの湿布が「普通に欲しい」「ご利益ありそう」と反響呼ぶ
(https://nlab.itmedia.co.jp/nl/articles/2209/03/news004.html)

e. デートですよね．個人的な感想を書きますと…
食事に行ったとき注文したあとに料理が来るまで YouTube
← 彼女と会話しないのと疑問に思う．普通にいやだ．
(https://detail.chiebukuro.yahoo.co.jp/qa/question_detail/
q13277553838?__ysp=IuaZrumAmuOBq%2BOBhOOChOOBoC
I%3D)

対話の相手に対して，話を盛らず，素直に「おいしい」「こわい」などということを表明することにより，かえって「おいしさ」「怖さ」などが強調される結果となる．このような，聞き手に対する話者の態度（発話態度）を表すという意味で「正直，英語は苦手だ」のような「正直」と同様の用法であると位置づけられる．

このような対人化として小柳 (2018) は，次のような例を提示している．

(30) a. 客体敬語，主体敬語の対者敬語化
候ふ：「〜にお仕えする」→「〜がございます」
参らす → まらする → ます（丁寧な提示）

b. 感動詞の対者化
おい（詠嘆 → 呼びかけ）/ ああ（詠嘆→応答）

c. た（過去の助動詞 → 行為要求 (ex. どいたどいた)）

「普通に」の意味変化もこのような一連の「対人化」の１つであると位置付けられる．「普通に」の場合，「反常識的命題解釈」において行為の担い手が話者と一致した場合 (ex. 私は普通に丼飯を朝ご飯に食べる)，自己の行為について語り，それが自分にとって普通（習慣）であるというある種の自己評価を聞き手に対して伝えることになる．その評価対象が自己の発話態度となり，それが「普通」（普段の発話態度と変わらず，大げさでもなければ控えめでもなく素直な態度）であるとしたものが対人化した「普通に」であると考えられる．

社会言語学的考察は本論の及ぶところではないが，この「普通に」の意味・用法の変化は，付き合う友人によって「キャラを演じ分ける」というような

「キャラ」という概念が重要な意味を持つ若者社会[25]の中で，この対人化した「普通に」を用いて表現した内容に限っては「キャラを演じていない素の自分」が述べていることを表明する役目を果たしているのかもしれない．

ところで，この対人化の「普通に」は命題外に位置づけられる話者の発話態度を表すので，命題内の「普通に」のような程度副詞と共起できることが予測される．

(31) a. フツーに学食のラーメンは普通に美味しい．
b. 普通にめっちゃキュンキュンした．
(https://eiga.com/movie/93753/review/03128790/)
b. シン・ウルトラマン，すごくフツーに普通に面白い優等生な映画ウルトラマンになりそうで少し肩透かされた気分だけど十分に期待できる．
(https://twitter.com/sinnrinn/status/1514946154064080897)

(31a)は作例だが「誇張せずに言って，学食のラーメンはみんなが美味しいと思う程度においしい」という解釈が可能であると思われる．(31b)は「お世辞抜きですごくキュンキュンした」，(31c)は「率直に言って多くの人が面白いと思う程度の優等生な映画になりそうで少し私の期待には反してはいるが，それでも期待はできる」という意味に解釈される．

5．まとめ

これまで本論で議論してきたことをまとめて図式化すると下図のような関係性が浮かび上がってくる．

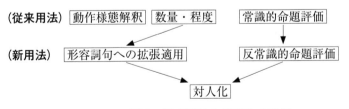

図2：従来用法と新用法の関係

---

[25] 心理学の分野ではキャラを演じることを扱った研究が最近比較的多く見られるようであり，一般記事としても多数見つかる (ex. https://toyokeizai.net/articles/-/81028)

（従来用法）

動作様態解釈 ex.（変な箸の使い方の人に）ちゃんと普通に箸を使え．
動詞句を修飾．「多くの人がするやり方で」という意味．

数量・程度 ex. 大盛りが常の店だが，少食の私のために普通に盛ってくれた．
動詞句を修飾．「多くの人が数量・程度的に「標準」と評価する（と話者が思う）点や範囲を指し，ある程度の客観性を持つ．

常識的命題評価 ex. 朝ご飯くらい普通に毎日食べなさい．
言語外常識に照らし合わせて命題内容を「普通」（当然）であると解釈するもの．

（新用法）

形容詞句への拡張適用 ex. 学食のラーメンは普通においしい．
感情や感覚，「長い」や「深い」など主観的・段階的な内容を表す形容詞を用いる．[26] 主体が表現する際に主体の判断としてそのまま出すのではなく，「多くの人がそう（例えば「おいしい」など）判断する点や範囲」を指すことにより，ある種の客観化を施す．その結果として主体的判断の意味合いが弱まる．

反常識的命題評価 ex. 健は普通に丼飯を朝ご飯として食べる．
話者や行為主体の視点から，行為主体の行動について「それが普通だ」という評価を表明する．常識的命題評価用法を基盤としながらも，敢えて多数派に属さない（常識に反する）ような行為を表す命題を対象とすることで，むしろ当該行為が普通でなく，話者や主体独自のものであるという推意を逆説的に生み出す修辞的表現．

対人化 ex. 普通にめっちゃ面白い．[27]/普通に嫌だ．
話者自身の命題に対する様態（発話態度）が「普通」（冷静・大げさでない・率直など）であることを聞き手に対して表明する．「大げさに言わなくても面白い」のような意味合いにもなるので，述語で表される事象（「面白いこと」や

---

[26] 査読者の一人から，客観的な形容詞でも主観的な判断ができれば，次の例のように容認されるのではないかという指摘を受けた．
　(i)　「あの車，何色？」「普通に黒やで」
この場合の解釈は「多くの人には黒に見える」あるいは「通常の黒」のような意味であると思われるので，例えば「（あなたには深緑っぽく見えるかもしれないが，）標準的な黒だ」ということである．「黒」はあくまで色なので色合いに関しては主観の入る余地はあると思われる．あるいは「対人化」の意味として「私が冷静に判断した結果，黒である」という解釈も可能である．

[27] https://detail.chiebukuro.yahoo.co.jp/qa/question_detail/q10242337105

「嫌なこと」など）がかえって強調される結果となる．話者の自己言及という意味では「反常識的命題評価」表現において話者が行為主体となる場合（ex. 私は普通に丼飯を朝ご飯として食べる）と重なる．形容詞句を修飾している例（ex. フツーに普通に面白い）もあり，「形容詞への拡張適用」とも関係していると考えられる．

6. 意味用法の変化と社会

本論では，2000 年以降にその意味用法が変化してきたと考えられる「普通に」を考察してきた．その変化や意味機能の大きな特徴は次のようにまとめられる．

(32) a. 段階性を持つ主観的な形容詞などの述語を修飾するようになり，「多くの人がそう（ex.「おいしい」など）判断する点や範囲を指定することによって，その言明にある種の客観性を持たせ，自己の主観による判断であるという意味合いを薄れさせる．それに伴って自己の言明責任を一定程度回避することができる．（形容詞への拡張適用）

   b. 常識的命題評価解釈の文脈に敢えて多数派に属さない（普通でない）ような行為を話者や主体にとっての標準的行為として提示することで，むしろその行為が普通でなく，話者や主体独自のものであるという意味合い（推意）を逆説的に生み出す．（反常識的評価解釈）

   c. 話者が命題に対する自分の発話態度が「普通」であるということを表明することによって，その命題内容が「素の自分の判断」に基づくことを聞き手に感じさせる効果を持つ．（対人化）

以上，「普通に」の新しい意味用法について観察・考察してきた．一口に「意味」といっても「普通に」の場合，根本的な意味が大きく変化しているというよりも，「普通である」ことをどんな文脈で何に適用するかということによって，結果的に様々な意味合いが出てくるということになる．(32) の「自己の言明責任の一定程度の回避」や「話者や主体独自の標準」解釈，「話者の発話態度が普通であること」などは，いずれもいわゆる真理条件的な意味論の対象というよりは，慣習的推意などの語用論的な意味に属するものであると考えられる．これらの出処については本論でもある程度論じることができたと考えるが，その内容の理論的形式化については今後の課題としたい．

ところで，これら新用法の「普通に」については若者と年配者の間でその意味をめぐってコミュニケーションに支障をきたすことも多いように思われる．本論の内容から推察すると，その原因としては，以前に比べて多義化・多用法化が進んでおり，主に年配者がそれについて行けないということも考えられるが，それよりも重大なことは，そもそもその多義化・多用法化の原因が，昨今の，特に若者の間で広がる社会文化的風土であるかもしれないということである．

（32）にまとめたように，新用法の「普通に」は，主観的なことに客観性をまとわせて自分の主観性の度合いを薄めて提示したり，「自分の発話態度がキャラを演じたものでないこと」を（わざわざ）表明したりといった対人的機能を持つ．逆に言えばこのような対人的機能が必要になる社会言語的土壌が若者社会を中心に存在しているということではないだろうか．この，世代間によって異なる社会言語的土壌が，主に若者が使う「普通に」の正確な理解を妨げている第一義的な要因であるのかもしれない．

参考文献

Grice, Herbert P. (1975) "Logic and Conversation," *Syntax & Semantics, iii*, ed. by Peter Cole and Jerry Morgan, 43–58, Academic Press, New York.

飯田隆（2019）「ムーアのパラドックス，思考動詞，主観性」『場面と主体性・主観性』，澤田治美・仁田義雄・山梨正明（編），251-270，ひつじ書房，東京．

井本亮（2011）「「普通にかわいい」考」『商学論集』79(4)，59-75.

Kong, Lei. & Qin, Hongwu (2017) "The Development of Manner of Speaking Markers in English and Chinese: "Pragmaticalization, Grammaticalization and Lexicalization," *Journal of Pragmatics,* 107, 16-30.

小柳智一（2018）『文法変化の研究』くろしお出版，東京．

工藤浩（1983）「程度副詞をめぐって」『副用語の研究』渡辺実（編），176-198，明治書院，東京．

工藤浩（2000）「副詞と文の陳述のタイプ」『日本語の文法3 モダリティ』，森山卓郎・仁田義雄・工藤浩（編），161-234，岩波書店，東京．

NHK「みんなでニホンGO!」制作班（2010）『正しい日本語は本当に"正しい"の？ みんなでニホンGO！オフィシャルブック』祥伝社，東京．

西村恵美（2016）「「普通にかわいい」再考：高い程度を表すと解釈される副詞的成分「普通に」の新用法に関して」『英語学英米文学論集』42，43-63.

仁田義雄（2002）『副詞的表現の諸相』くろしお出版，東京．

Potts, Christopher (2005) *The Logic of Conventional Implicatures.* Oxford University Press, Oxford.

首藤佐智子（2015）「「残念な」の客観化にみる語用論的制約操作とポライトネスの希薄化現象」『日本語語用論フォーラム 1』，加藤広重（編），209-247，ひつじ書房，東京．

Tagliamonte, Sali, A. (2011) *Variationist Sociolinguistics: Change, Observation, Interpretation*, John Wiley-Blackwell, Malden.

東泉裕子・高橋圭子（2021）「現代日本語における漢語「正直」の副詞用法」．『言語資源活用ワークショップ (Proceedings of Language Resources Workshop) 発表論文集』6, 249-258，国立国語研究所．

Traugott, Elizabeth Closs (2003) "From Subjectification to Intersubjectification," *Motives for Language Change*, ed. by Raymond Hickey, 124-139, Cambridge University Press, Cambridge.

四谷厚子（2015）「「現在進行中の意味拡張に関する実証的研究——「普通（に）/大丈夫/痛い/やばい」の意味理解と自然性判定に着目して——」ポスター発表，第四回日本語用論学会年次大会．

趙英姫（2013）「近現代の漢語副詞の成立」『現代日本漢語の探究』，野村雅昭（編），214-233，東京堂出版，東京．

コーパス，辞書など

青空文庫（http://www.aozora.gr.jp/index.html）

デジタル大辞泉（https://dictionary.goo.ne.jp）

現代日本語書き言葉均衡コーパス（https://chunagon.ninjal.ac.jp/bccwj-nt/search）

日本語話し言葉コーパス（https://chunagon.ninjal.ac.jp/csj/search）

第 8 章

「V することを始める」の持つ「習慣性」
—— 統計モデリングを用いた容認度判断の検証 ——*

山田 彬尭

大阪大学

1. はじめに

アスペクトを表す「始める」などの語彙には，(1) に挙げられた本動詞としての用法だけでなく，(2) に示す補助動詞としての用法が存在している (Shibatani (1973)，久野 (1983)，Matsumoto (1996)，由本 (2005)，Fukuda (2012)，Kageyama (1993, 2016))。[1]

(1) a. 「[　　　授業　　　] を始める／続ける／終える」
　　 b. 「[英語を教えること] を始める／続ける／終える」
(2) 「英語を教えはじめる／つづける／おえる」

動詞が，ヲ格目的語とコト節の両方を選択すること自体は，「[将来] を考える／[英語教師の職に就くこと] を考える」のような非アスペクト動詞でも観察される。だが「*英語教師の職に就き考える」が非文であることからもわかるように，(1b) が (2) で書き換えられる点はアスペクト動詞を特徴づける性質である。この書き換えは，統語的複合動詞を語彙的複合動詞から区別するためのテストの1つとして用いられ，日本語の複合動詞の理論化に際し，きわめて重要な役割を果たしてきた (影山 (1993: 78))。

---

* 本研究は 2022-2027 年度基盤研究 (C)「コーパス言語学と実験言語学の統合：敬語の確率的構文交替を事例に (代表：山田彬尭)」(#22K00507)，および 2021-2026 年，研究拠点形成事業 (先端拠点形成型)「自然言語の構造と獲得メカニズムの理解に向けた研究拠点形成 (代表：宮本陽一)」(#JPJSCCA20210001) の助成を受けた研究成果の一部である。

[1] 「V しおえる」に関しては，振る舞いが「V しはじめる」や「V しつづける」とは異なるという指摘があり，アスペクト動詞の間でも語彙によって差が存在する (影山 (1993)，Kageyama (2016:285))。本稿では「V しはじめる」についてのみ扱い，残りについては将来の研究に委ねることとする。

180

第8章 「Vすることを始める」の持つ「習慣性」　　　181

しかし，(1b) と (2) は，本当に，同一の意味内容を有していると見なせるのであろうか．確かに，(3b) が矛盾律になるという観察から，(1b) と (2) が極めて類似した意味内容を表しているという見方は成り立つであろう．[2]

(3) a. [p 英語を教えることを始めた] が，[q 教員免許を取っ] てはいない．
　　b. *[p 英語を教えることを始めた] が，[q 英語を教えはじめ] てはいない．

だが，より詳細に検討すると，両者には形態統語的な差だけでなく，意味的な差も存在することがわかる．その違いとして Yamada (2019a) が挙げているのが「習慣性」である．これは，(1b) では，1回きりの出来事ではなく，習慣が開始・継続・終了されたという点が意味されるという指摘である．

この「習慣性」は Yamada (2019a) の理論的分析において重要な役割を果たす一方で（第2節），しかし，その容認度判断については疑義も唱えられてきた．そこで，本研究では，この意味制約が1人（あるいは少数）の研究者のバイアスによって生じたものなのか，それとも，程度の差こそあれ多くのネイティブスピーカーに支持される観察であるのかを実証的に検証するために，クラウドソーシングを用いた，大規模なウェブ実験に基づく容認度調査を実施し（第3節），統計モデリングの観点から定量的な考察を行う（第4節，第5節）．結果として Yamada (2019a) の分析を修正し「習慣性」という概念は前提として捉えられるよりも，キャンセルが可能な慣習的含意の1種であると分析することが望ましいという結論を導く（第6節）．

2. 定性的データ分析：「Vすることを始める」と「Vしはじめる」

ここでは，先行研究で指摘されている (1b) と (2) の相違点を簡潔に概観する．第1の相違点は，プロソディである．日本語の動詞，助動詞は複合語を形成する際，全体で %LH … HL% というピッチ・パターンを形成する．「教え（る）」と「始める」がこのような単一の音韻的輪郭を形成するのは，(2) の構文だけであり（例：教えはじめる LHHHHHL），(1b) においては「教える LHHH」と「始める LHHH」がそれぞれ独立したピッチの山を形成する．

第2の相違点は，副詞が V と「始める」の間に割って入ることができるの

---

[2] 一般に「P したが，Q していない ($P \land \neg Q$)」という形式は，矛盾した文にはならない．これは，(3a) に示す通りである．この形式が矛盾を示す文となるためには $P = Q$，すなわち，$P \land \neg P$ という形式になる必要がある．この P と Q にそれぞれ (1) と (2) の用法を埋め込んだ (3b) の文は，矛盾した意味を示す．このため，(1) と (2) が表す意味は，基本的に真理条件的に同一だ，という結論が導かれ，(1) と (2) との意味上の類似性が示される．

か，という形態的緊密性である（影山（1993: 76））．「*教え昨日はじめた」は非文となるが，「教えることを昨日始めた」という文は問題がない．

上記の観察は，「V することを始める」と「V しはじめる」では，同じ「はじめる」という音の列を持つが，前者の「始める」は1つの動詞として認識され，後者の「はじめる」は複合動詞の一部であるという，すでに第1節で先取りをして導入していた区別を，客観的に証拠づける相違点である．

第3の相違点は，主語が意図性を持つか否かである．例えば，(4a) は「傷口」を擬人化し，それが意志を持つ主体であると見なされない限りは非文であるが，(4b) ではそのような制約がない（cf. 影山（1993: 140-141））．

(4) a. *傷口が自然に治ることを始めた．
    b. 傷口が自然に治りはじめた．

第4の相違点は，能動・受動の区別に影響を受けるか否かということである．下記に示すように「V することを始める」では容認度が異なる．

(5) a. 私は英語を小学校で {教えることを始めた/教えはじめた}．
    b. 英語が小学校で {*教えられることを始めた/教えられはじめた}．

第5の相違点は，イディオムの保存についてである．「閑古鳥が鳴く」など主語を含むイディオムは，(1b) では破壊され，(2) では保持される．

(6) a. 閑古鳥が鳴くことを始めた．（*意図された読み：不況が始まった）
    b. 閑古鳥が鳴きはじめた．　　（意図された読み：不況が始まった）

第6の相違点は，習慣性であり，これが本稿の重要な考察対象となる．Yamada（2019a）では，(1b) は，1回きりの出来事が開始するという意味では用いることができず（読み1：非習慣読み），複数回にわたって出来事が反復すること，すなわち習慣の開始が意味されるのに対し（読み2：習慣読み），(2) ではどちらの読みでも使用が可能である，という指摘がなされている．これを確認するために，(7) と (8) の2つの文脈を比較されたい．

(7) 文脈 A：留学している大学院生の A さんは，一時帰国をして日本にいる．翌日にまたアメリカに戻るという一時帰国の最終日に，久しぶりに母校の高校を訪れたところ，昔お世話になった英語の先生とばったり会い，そこで突然「今日，私のクラスのゲストスピーカーとして1時間だけ英語の授業をしてくれない？」との依頼を受けた．最初は断っていたものの，先生の熱意に押され，A さんは，1回だけという

ことで …

(8) 文脈 B：留学していた大学院生の A さんは，博士論文を執筆後，日本の大学で英語を教えるポストを得た．こうして，A さんは 4 月から …

この 2 つの文脈には次のような違いがある．文脈 A では，「英語を教える」という事象が 1 度きりでしか成立しないのに対して，文脈 B ではそれが習慣として存在している．このようなとき，(1b) の文は，文脈 A では不自然に聞こえるのに対して，文脈 B では自然に聞こえる．ここから，「V することを始める」では，単なる出来事の開始ではなく，習慣の開始が必然的に意味されるのに対し，「V しはじめる」には，そのような制約が欠けているということがうかがえる（Yamada (2019a)）．

3. 定量的データ分析

このように，2 つの構文には，(i)「始める」という同一の音形が用いられていること，(ii) 動詞（V）で表された事態の開始が意味されるという共通点が存在する一方で，(iii) 先行する動詞とどれくらい形態統語的に強固に結びついているのか，また，(iv) 意図性や習慣性といった意味制約を持つのか，という点で大きな違いが存在する．これらの共通性と相違点がどのように成立するのかを明示的に説明するモデルとして，Yamada (2019a) は，分散形態論と形式意味論の枠組みを前提に，先行研究の分析を継承しつつ（影山 (1993)，Kageyama (2016)，Matsumoto (1996)，Koizumi (1999)，Fukuda (2012) など），(9) に示す統語構造を (1b) と (2)，それぞれに対して提案している（重要な点のみを示しているので，移動等は表示していない）．

(9)

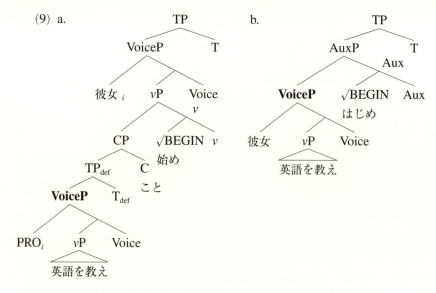

「英語を教えることを始める」に対応する (9a) では「英語を教え」という VoiceP が「こと節」の中に埋め込まれている．一方，(9b) の VoiceP は Aux に選択されており，そこに複文構造は存在しない．[3]

3.1. 形態統語論

この分析では，前節で概観した共通点と相違点は以下のように説明される．第1に，どちらの構文でも hazime という音列が発音されるという共通点については，(9a)，(9b) のどちらにおいても同じ √BEGIN というルートが存在することから説明される．

第2に，(9a)，(9b) では前者が本動詞，後者が補助動詞として用いられる点は，√BEGIN が併合する対象となるカテゴライザーの違いから説明される．√BEGIN はそれそのままでは，動詞でも助動詞でもなく，v あるいは Aux と併合することによってはじめてその範疇が決まる．日本語の主要部移動（または Lowering）では，(9a) の「教え」と「始め」が結びつくことはできないが，v-to-Aux の主要部移動（または Lowering）は可能である．単一のピッチプロ

---

[3]「V しはじめる」に，コントロール構文としての用法も存在すると考える研究者もいる (Koizumi (1995)，岸本 (2009)，Kishimoto (2014)) が，ここでは扱わない．また，vP に相当する部分（の下）により細かい投射を仮定する分析もある (Kishimoto (2014)) が，投射の細かさは本稿の目的とは無関係なので，(9) に示した簡素な表示で議論を進めることとする．

ソディは単一の head complex に対して付与されるということを前提とすると，(9b) の「教えはじめ」全体が 1 つのピッチ付与を受けることは，この 2 つが同一の head complex の中にいるからだと説明ができる．主要部移動（または Lowering）が発生しない (9a) では「教え」と「始め」がそれぞれ異なる head complex の中にいるため，異なるピッチ付与が発生する．

また，(9a) にだけ「始め」の前に副詞が置かれうるのも，CP は，動詞と離れてスクランブリングできるが，Aux と head complex を形成した Voice は Aux を置き去りにして前置できない，ということから自然に帰結する．

第 3 に，意図性とイディオム，および受動態のデータは，コントロール構文と繰り上げ構文の違いとして説明される．(10) に見るように「始める」は「思い出す」などとは異なり「こと節」の中に，時制の対立を示さない．

(10) a. 英語を教え{る/た}ことを思い出した．
     b. 英語を教え{る/*た}ことを始めた．

この「る」形は（時制を担う T とは異なる）時制が defective な T である．そこで，英語で She tried [PRO to teach English] などと同じく，(9a) では T_{def} と PRO が存在し，「始め（る）」を補部に取る VoiceP は，その指定部に来る NP の意味役割が動作主（Agent）であることを要求する (Kratzer (1996)) と考える．(9a) では主語が必ず動作主でなければならず，「傷口」という世界知識上無生物である NP では容認度が下がり，VoiceP を持たない (9b) ではこの制約はなく，「傷口」などの無生物も許容される．また，「英語が教えられることを始めた」がおかしいのも無生物の「英語」に「動作主」という意味役割が与えられてしまうことから説明できる．同様に，(9a) でイディオムが破壊されるのも，PRO と同一指示を持つ「彼女」に意味役割（動作主）が付与されてしまうからなのだ，と分析される．

3.2. 意味論

第 4 に，(9a) に習慣性という意味が生じる点についても，(9a) の T が defective であることに結び付けて議論をすることが可能である．「始める」が取る「こと節」の T が defective であるということは，この T に特定の時間を指し示す機能がないということであり，特定の時間に依存せず，単一の時間を指示できないということは，この T が指す事象が非単一的，すなわち，複数的なものであることを表している．この点を捉えるために，Link (1983) で定義されている結合（join）演算子⊗を用いて，イベントの集合に対して，(11) に示す区別／定義を導入する (cf. Krifka (1992), Landman (1996), Kratzer

(2007), Ferreira (2016)).

(11) a. $D_S = \{e_1, ..., e_n \otimes e_2, e_1 \otimes e_3, ..., e_1 \otimes e_2 \otimes e_3, ...\}$
b. $D_S^{SG} = \{e_1, e_2, ..., e_n\}$
c. $D_S \setminus D_S^{SG} = \{e_1 \otimes e_2, e_1 \otimes e_3, ..., e_1 \otimes e_2 \otimes e_3, ...\}$

$D_S \setminus D_S^{SG}$ とは，D_S に含まれるものの中で，D_S^{SG} には含まれないものの集まりであり，$\otimes$ 操作によって複数化されたイベントのみの集合である．すなわち，(12) の格子構造に示すように，非複数イベントが排除された集合である．

(12)
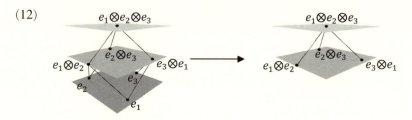

この準備建てのもと Yamada (2019a) は T_{def} の意味を (13) のように分析している．T はその姉妹接点 (VoiceP) に対して恒等関数として振舞い，その入力を任意のイベントではなく（例えば e_1），複数性を有するイベント（例えば $e_1 \otimes e_2$ など）に限る働きを担っている（C やカテゴライザーの Aux や v は意味上の役割を持たない，完全なる恒等関数として扱われている）．

(13) $[\![T_{def}]\!] = \lambda P_{<s,t>}. \lambda e \in D_S \setminus D_S^{SG}. P(e).$

そのうえで，$\sqrt{\text{BEGIN}}$ については，(14) に示す意味が (9a)，(9b) のどちらのケースに対しても想定されている．なお，$MIN(P(e_0))$ および $MAX(P(e_0))$ は，イベントのインターバル (EI) の開始/終了点を指し，「『始まりの期間』の終わり」を定める閾値は，この EI を 1: $(n-1)$ に分割（内分）する点としてモデル化されている（ここで，n は文脈上与えられたパラメータである）．[4]

(14) $[\![\sqrt{\text{BEGIN}}]\!] = \lambda P. \lambda e. \lambda w. \forall w' \in BEST(w). \exists e'.$
$INT(e) \subseteq \left[MIN(P(e')), \dfrac{MAX(P(e')) + (n-1)MIN(P(e'))}{n} \right]$ in w'.

テクニカルな点は本稿の主要な主張とは直接関係しないので，詳細は Ya-

---

[4] 値 B と値 A を 1: $(n-1)$ に内分する値は，$\dfrac{1 \times A + (n-1) \times B}{n}$ で与えられる．

mada（2019a）に譲るが，重要な点は，（1b）と（2）のどちらの構文においても $\sqrt{\text{BEGIN}}$ は同じ意味を有していると想定されている点で，（14）の分析は両者の構文の共通性を捉える要となっている．一方で，（1b）と（2）の差は，T_{def} が存在するか否かにのみ帰せられ，したがって，「習慣性」の違いは T_{def} の意味論から説明される．[5]（7）の文脈では「英語を教える」イベントは A さんが一時帰国したその日の突発的な単一の出来事であり，反復性は明確に否定される．したがって，（8）の文脈で（1b）を用いると，（13）が指定する前提への違反が生じ，文は不自然となる，というのが Yamada（2019a）の分析である．

　このように Yamada（2019a）では，（1b）と（2）の共通点と相違点について一通り分析を構築している．しかしながら，最後に見た「習慣性」については，容認度判断に，疑義も寄せられてきた．Yamada（2019a）の意味論は，この「習慣性」という観察が正しいという前提のもと展開されていたので，本当に（1b）が「習慣性」と結びついているのか，その観察の妥当性を経験的に検証することが望まれる．そこで 4 節以降は，この習慣性が本当に成立するのかについて，言語実験データを用いて，詳細に検討していきたい．

4.　定量的なデータ分析：オンライン容認度調査

4.1.　実験協力者

　本研究では，クラウドソーシング会社（CrowdWorks 社）に 50 名の実験協力者の募集の業務委託を行った．公募ページにリンクを設置し，実験協力者には PCIbex 上で作業を行わせた．方言間の変異の影響を排除するため，募集の段階で，実験協力者を関東で生まれ，現在も関東に在住のものに限定した．2023 年 9 月 9 日の 1 日ですべての回答が得られたが，上記の条件を満たしながらも，第 1 言語を琉球方言とする回答者がいたため，この者については，謝金を支払ったうえで，以降の分析からは外すこととした．

　さらに，適当な回答をして報酬を得ようとする回答者を防ぐため，第 1 に，これまで CrowdWorks 社の過去の作業承認率 95% 以上という制約を付けて募集を行い，また，第 2 に，正誤のはっきりしたダミー問題を 11 問設置し，このダミー問題を 4 回以上間違えた回答者はその時点で強制的に実験が終了

---

[5]（14）の分析は，アスペクトはモーダルを表すという先行研究の知見と，インターバルを用いて時間関係の表す先行研究の慣習に従っている（Dowty（1977），Landman（1992, 1996），Portner（1998），Ferreira（2016））．

されるように設定し，信頼ができる回答者のみを分析対象に残した．

　実験を企画した2023年の上半期の大阪府の最低賃金が1時間あたりおよそ1,000円（正確には1,023円）であり，実験の回答時間におよそ20分弱かかるという見込みから，各実験協力者に330円を支払うという条件で公募をかけた（この金額からシステム手数料が差し引かれた金額が実験協力者に支払われ，この点については明示的に通知を行った）．

4.2. 刺激文

　(i) 習慣性の有無と (ii)「Vすることを始める／Vしはじめる」の選択，という2つの要因で (15) に示す4つのパターンの刺激文を用意し，これを24セット作成した（付録を参照）．参加者の負担を減らすため，刺激文はラテン方格に従う形で提示され，各実験協力者は，それぞれの条件の文を6回ずつ，合計24個判断している．また，ターゲットの刺激文は，48個のフィラーの間に，2個おきに提示されるように疑似ランダマイズ化されている．すべての提示文に対して，7段階のリッカート尺度で容認度判断が測定された．

(15)　ターゲットの刺激文
　　　a.　先輩：「今日の9時頃って，何してたの？」
　　　　　状況：あなたは，風邪を引いた先生の代打で，今日だけ例外的に，8時50分から始まる高校3年生の授業を担当していました．
　　　　　あなた：「英語を教えることを始めていました」
　　　b.　（a と同じ状況）
　　　　　あなた：「英語を教えはじめていました」
　　　c.　先輩：「今年の4月って，何してたの？」
　　　　　状況：あなたは，念願かなって今年の4月から高校の英語の教師になっていました．
　　　　　あなた：「英語を教えることを始めていました」
　　　d.　（c と同じ状況）
　　　　　あなた：「英語を教えはじめていました」

5.　結果

5.1.　実験参加者の人口統計情報

　スクリーニング後の実験参加者は45名で，年齢の平均値は39.8歳（中央値：39歳），標準偏差は，8.93歳（平均偏差：6.92）で，20歳から60歳まで

第8章 「Vすることを始める」の持つ「習慣性」　　189

の年齢の幅があった．性別は，女性が20名，男性が24名であり，女性の全体に占める割合は45.5％であった．ここから，生産年齢を代表する世代を，おおよそ男女偏りなくサンプリングできたものと考える．

5.2. 統計的推測
5.2.1. モデル比較

本実験では，以下の変数を考察の対象とする．第1に，固定効果の予測変数として，(16) に示す変数を考察する．固定効果（fixed effects）とは，その母集団における効果量が固定的に想定される変数のことである．

(16)　固定効果変数

    a.　x_1（固定効果）：「補助動詞か否か」を表すダミー変数．「Vしはじめる」なら1を，それ以外なら0を取る．

    b.　x_2（固定効果）：「習慣性の有無」を表すダミー変数．「習慣性がある状況」なら1を，それ以外なら0を取る．

    c.　$x_1 \times x_2$（固定効果）：x_1 と x_2 の交互作用．

第2に，変量効果については (17) の変数を考察する．変量効果（random effects）とは，母集団から何が抽出されるのかによって，ランダムに変動する効果のことを指す．例えば，容認度判断は，どの回答者の容認度判断が採用されるのか（母集団から抽出されるのか）によって変動することが予想される．標本抽出の過程で生じる変量効果の不確定性には，何らかの確率分布が想定れることが通例であり，本分析では，いずれもが正規分布に従うという最も無標な仮定を採用する（固定効果と変量効果の詳しい説明については Baayen (2008) や Baayen et al. (2008)，また Yamada (2022) などを参照のこと）．

(17)　変量効果変数

    a.　u_{0j}（変量効果）：j 番目の実験協力者の切片における独自性．

    b.　v_{0k}（変量効果）：k 番目のセットの切片における独自性．

    c.　u_{1j}, u_{2j}, u_{3j}（変量効果）：j 番目の実験協力者の回答の当該偏回帰係数に対する独自性．

    d.　v_{1k}, v_{2k}, v_{3k}（変量効果）：k 番目のセットの当該偏回帰係数に対する独自性．

最後に，応答変数については，以下の通りである．[6]

---

[6] 応答変数に z-score を用いなくてもよいのかという質問が査読者から寄せられた．しかし，

(18)　応答変数 $y_{i(jk)}$：i 番目の容認度判断（回答した実験協力者の ID を j，アイテムの ID を k で表記している）．なお，1 が「とても不自然」であり，7 が「とても自然である」というスケールを取っている．

　今回の実験で観察した要因をすべて含める場合，固定効果として 2 つの要因とその交互作用を，また，変量効果として実験協力者の独自性と刺激文の独自性を投入した (19) の交差分類モデルを検討することになる．

(19)　$y_{i(jk)} = \beta_{0(jk)} + \beta_{1(jk)}x_{1i} + \beta_{2(jk)}x_{2i} + \beta_{3(jk)}x_{1i}x_{2i} + \varepsilon_i$
　　　$\varepsilon_i \sim N(0, \sigma^2)$
　　　$\beta_{0(jk)} = \gamma_{00} + u_{0j} + v_{0k}$　　　$u_{0j} \sim N(0, \tau_{0u}^2)$　　　$v_{0k} \sim N(0, \tau_{0v}^2)$
　　　$\beta_{1(jk)} = \gamma_{10} + u_{1j} + v_{1k}$　　　$u_{1j} \sim N(0, \tau_{1u}^2)$　　　$v_{1k} \sim N(0, \tau_{1v}^2)$
　　　$\beta_{2(jk)} = \gamma_{20} + u_{2j} + v_{2k}$　　　$u_{2j} \sim N(0, \tau_{2u}^2)$　　　$v_{2k} \sim N(0, \tau_{2v}^2)$
　　　$\beta_{3(jk)} = \gamma_{30} + u_{3j} + v_{3k}$　　　$u_{3j} \sim N(0, \tau_{3u}^2)$　　　$v_{3k} \sim N(0, \tau_{3v}^2)$

　ただし，最も複雑なモデルが最良のモデルであるとは限らない．そこで，このモデルと，このモデルとネストした関係にある（すなわち，(16) / (17) に含まれる一部の要因を持つ）合計 $2^{11} = 2,048$ 個のモデルを AIC と BIC という情報量基準の観点から比較し，最良のモデルを選択する（情報量基準については，小西・北川（2004）や室田・土屋（編）（2007）などを参照）．[7] すべてのモデルの AIC / BIC を表示したものが図 1 と図 3 に示すバーコードプロットである．このうち上位 30 個のみを取り出したものが図 2 と図 4 である．

　AIC と BIC では異なるモデルが最良のモデルとして選択されている．これは AIC と BIC が異なる目的の下で考案された指標であるためだが，より詳

応答変数に z-score を用いること（例えば，Schütze and Sprouse (2014)）は，言語学の界隈でのみ「神話」化したあまり本質的ではない作業である．おそらく小標本理論の t 検定などで応答変数に正規分布を仮定することから来る誤解であると考えられるが，t 検定や分散分析とは異なり，混合効果を含むモデルでは，変量効果の組み合わせの影響で，残差も連続値を取ること，また z-score は，元来，母集団の期待値や分散の値がわからない限り計算ができないことなどを踏まえ，本稿では「z-score 変換」と先行研究で呼ばれている変換は施さず，非標準化得点を用いて議論する．

[7] 査読者から「AIC と BIC の両方のモデル選択の結果を報告して比較するということに」は「余剰性」が存在するのではないかという指摘があった．これは統計学に対する考え方で意見の分かれるところである．統計学を，言語学を遂行するためのツールと見なし，機械的で画一的なルール化を目指す立場では，このような考え方も成り立つであろう．一方，情報量基準が何を意味し，どのように設計されたかまで理解して使うのであれば，1 つのモデルに捕らわれない複眼的な姿勢もまた理にかなうものである．本稿では後者の立場に立ち，複数の指標を算出し，それらの整合性を多角的に精査する．

細に検討すると必ずしもこの 2 つの情報量基準が矛盾した傾向を示しているわけではないことがわかる．どちらもモデルでもレベル 1 の固定効果 3 つ，および，u_{0j}, v_{0k}, v_{2k} の 3 つの変量効果が含まれている．唯一の違いは，u_{1j} を含むか否かで，AIC より BIC の方がより変数の少ないモデルを選ぶ傾向があるという一般的な観察が今回でも成立していると言える．この状況で，どちらか一方のモデルのみを解釈の対象としてしまうと，そこには恣意性が生まれてしまう．そこで，本稿では，"All models are wrong; some, though, are better than others and we can search for the better ones" (McCullagh and Nelder (1989); cf. Box (1976)) という統計モデリングの哲学を重視し，これらの推定結果のいずれをも解釈の対象とし，その結果を総合的に判断して，どのような整合的な解釈が得られるのかを考察する．

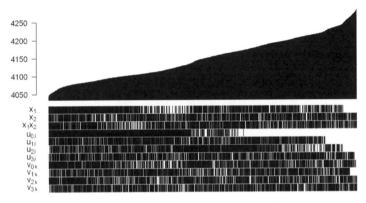

図 1：AIC によるモデル選択の結果（2,048 個のモデル）

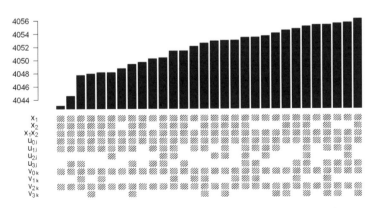

図 2：AIC によるモデル選択の結果（上位 30 個のモデル）

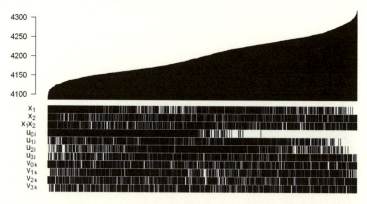

図3：BIC によるモデル選択の結果（2,048 個のモデル）

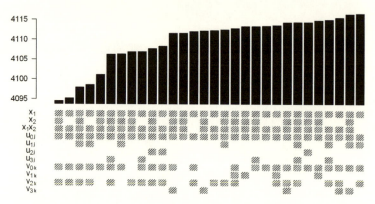

図4：BIC によるモデル選択の結果（上位 30 個のモデル）

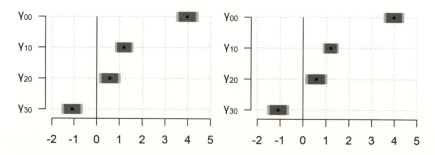

図5：固定効果の推定結果（左：AIC での最良モデル，右：BIC での最良モデル；Wald 法に立脚した R の confint 関数を使って推定を行った）

5.2.2. 推定結果

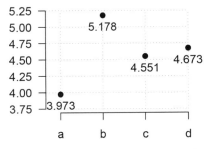
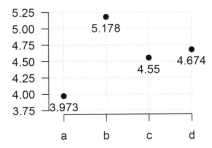

図6：各刺激文の容認度に対する点推定値（左：モデル1，右：モデル2）

	推定対象	推定値
実験協力者	τ_{0u}^2	0.72
	τ_{1u}^2	0.3
	cor (u_{0j}, u_{1j})	−0.53
アイテム	τ_{0v}^2	0.24
	τ_{2v}^2	0.4
	cor (v_{0k}, v_{2k})	−0.78
残差	σ^2	2.06

	推定対象	推定値
実験協力者	τ_{0u}^2	0.55
アイテム	τ_{0v}^2	0.23
	τ_{2v}^2	0.39
	cor (v_{0k}, v_{2k})	−0.79
残差	σ^2	2.14

表1：変量効果の推定値（左：モデル1，右：モデル2）

この2つのモデルにおける固定効果の推定値を表したものが図5である．信頼区間の幅等に多少のずれ等が見受けられるものの，いずれの推定結果も極めて類似している．異なるモデルで類似した結果が得られたことで，これらの結果から得られる解釈が安定的で，必然性の高いものであることがうかがえるであろう．AICでのベストモデル（以下，モデル1）とBICでのベストモデル（以下，モデル2）の点推定値を各固定効果に対して計算し，それを（15）に掲げた各刺激文と対応させたものが図6である（違いは小数点第3位に以下に絞られており，解釈上は同一視してよいであろう）．

次に，変量効果の推定値についてであるが，こちらはモデルごとに異なるのでそれぞれの推定結果を報告する．

第1に，モデル1では，u_{1j} がモデルに投入されており，切片や交互作用には実験協力者／刺激文のばらつきは含まれていない．級内相関係数の値は0.268（調整済み級内相関係数の値は0.285）であり，実験協力者やアイテムのばらつきは一定数存在するものの，それよりも大きく残差の影響が出ているこ

とがわかる．u_{0j} と u_{1j} の間には中程度の負の相関がある（表1を参照）．これ
は，切片の高い実験協力者は β_{1j} の上昇分が弱まるということを意味し，7と
いうリッカート尺度の上限が存在していることに起因した上限効果によるもの
と思われる．v_{0k} と v_{2k} についてはより強い負の相関が見られ，a の容認度判
断が高かった場合，c の容認度判断との差が減る傾向にあることがわかる．こ
れも上限効果の1種として解釈されようが，この点は Yamada (2019a) を解
釈する上で重要な観察を提供する（6節で詳述する）．

第2に，u_{1j} が含まれないモデル2では，級内相関係数の値は 0.241（調整
済み級内相関係数の値は 0.257）と，先ほどよりも低い値が出ており，やはり
残差の影響が無視できないことが示されている．先ほどのモデル1とは異な
り，実験協力者の変量効果は切片にのみ想定され，そのばらつきもモデル1
よりも小さい．上記同様，アイテム間のばらつきの推定値はおおむねモデル1
と同じで，その2つの間にやや強い負の相関が認められる．

6. 解釈とディスカッション

6.1. 解釈

「習慣性は『V することを始める』という構文を使う上でどのくらい必要な
条件なのか」というリサーチクエスチョンに対して，5節で得られた結果がど
のような結論を与えるのかを，複数の視点から掘り下げて議論したい．

まず，固定効果，すなわち，俯瞰的，大局的なトレンドを見れば，Yamada
(2019a) で指摘された「『V することを始める』は『V しはじめる』とは異な
り，非習慣読みで容認度が下がる」という観察は支持されたと言えよう．図6
に示されたように，a が他の条件より容認度が低いためである．

ただし，次の点を考慮すると，この大局的な傾向を絶対視することには注意
が必要であることもわかる．第1に，図6から固定効果 a の点推定値が4近
辺であるらしいことはわかるのだが，7段階のリッカート尺度で4というもの
は決して低い値ではない．相対的に見れば，確かに「非習慣読み」と「V する
ことを始める」との組み合わせは，他の組み合わせよりも悪いことは悪いので
あるが，それが絶対的にとても駄目だというわけではない，という点を押さえ
る必要がある．[8]

---

[8] リッカート尺度の値はあくまで相対的なもので，練習文やフィラー文の良し悪しに応じて
そのベースラインが変化することには注意が必要である．ただし，もし非習慣読みがこの構文
の文法的制約から画一的に排除されるものであるのだとしたら，フィラー文によらず一律に1

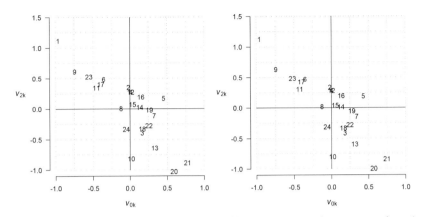

図 7：変量効果 v_{0k} と v_{2k} に対する推定値（左：モデル 1，右：モデル 2）：プロットされた番号は付録のアイテム番号に対応する。

第 2 に，ICC の値が低く，このモデルで説明できないランダムネスを表す残差の値がそれなりに大きいことを踏まえると，上記の一般化から逸脱する事例がそれなりにあることを認めなければならない．

第 3 に，モデル 1 においてもモデル 2 においても v_{2k} がモデルに含まれており，それが v_{0k} と負の相関を持っている．これを図示したものが図 7 である．先述の通り，先述の通り，アイテムによって，a が高く（v_{0k}），a と c の差が小さい（v_{0k}）ものがある．これは，上記に述べた一般的な傾向は，用いられた刺激文／文脈の個性によって変動を受けるということを意味している．

具体的にどのような刺激文でそのような予測に反する結果になったのかについては，具体的な事例を質的に検証する必要がある．そこで，図 7 で特異な振る舞いを見せていた刺激文 20，21 を取り出したのが，下記の (20) および (21) である（ほかの刺激文については付録を参照されたい）．

(20) アイテム 20：翌日の物理の授業の予習をする／（状況：非習慣）あなたは，今日 1 日だけ，3 時 50 分から，翌日の物理の授業の予習をしていました．／（状況：習慣）あなたは，今年の 5 月から，物理の授業がある前日には，欠かさず予習をしてきました．

や 2 という低い値が与えられることが予測される．そうはならずにいるという事実から，少なくとも習慣性の不成立は絶対的な非文性を導く意味論的な制約とは異なる性質のものとして捉えることに一定の理があるであろう．

(21) アイテム 21：薪を割る／（状況：非習慣）あなたは，今日 1 日だけ薪
でお湯を沸かすため，6 時 50 分から薪を割っていました．／（状況：
習慣）あなたは，ガス代を節約するために，薪でお湯を沸かすため，
今年の 11 月から毎朝薪を割ることにしてきました．

　このうちアイテム 21 では，非習慣の読みにおいても薪割りの動作が反復さ
れることから，容認度が上がったのではないかと考えられる．そうであるな
ら，むしろ (13) の意味論を支持する結果だともいえよう．一方で，アイテム
20 で，なぜ条件 a と条件 c との差が縮まるのかということについては説明が
つけられない．この点については将来の研究に考察を委ねることとする．
　以上の点をまとめると次のようになる．第 1 に，Yamada (2019a) の観察
は大局的（平均的）には成立することが実証的に示され，「V することを始め
る」では，基本的に「習慣読み」が求められることがわかる．第 2 に，「V す
ることを始める」が「非習慣読み」で使われることが絶対的に悪いかというと
そうではなく，場合によっては局所的（例外的）に「非習慣読み」も許容され
ることがある．大局的な傾向と，局所的な例外をどちらもバランスよく説明で
きるきめ細やかな言語理論の構築が求められてこよう．

6.2. Yamada (2019a) の分析の修正

　それでは，この一見矛盾する平均的な傾向と例外的な事例の存在をどのよう
に捉えたらよいのであろうか．仮に，Yamada (2019a) で主張された (13) の
語彙的意味を想定してしまうと，常に画一的に習慣性という意味が発現するこ
とになってしまい使用実態にそぐわない．また，逆に，習慣性がキャンセルで
きるという点を重要視し，会話の含意のような語用論的規則から解決を図ろう
としても，そもそもなぜ，そして，どの会話の格律から慣習性が生じるように
なるのか，という点が説明できない．
　それでは，この習慣性とは，いったいどのような性質のものとして捉えるべ
きなのだろうか．本稿では，この問いに対する答えとして，習慣性は Grice
(1975) が説くところの慣習的含意（Conventional Implicature）に属するもの
であるという分析を提案する．下に引用する Grice の説明を見られたい．

(22) "If I say (smugly), *He is an Englishman; he is, therefore, brave*, I
have certainly committed myself, by virtue of the meaning of my
words, to its being the case that his being brave is a consequence of
(follows from) his being an Englishman (Grice (1975: 41))."

（22）で斜体字にされた推論が成立するのは，Englishman という単語が brave という慣習的な意味を持つからだ，というのが Grice の立場である．ただし Grice（1975）では，慣習的含意は積極的には論じられず，会話の含意ではない含意として，話の前置き程度の位置づけで紹介されている．慣習的含意はその後，とりわけ Christopher Potts の博士論文でその理論的位置づけが明確なものとなり（Potts（2003）），非制限用法の関係節や敬語，誹謗中傷語，差別語といった意味分析の基盤を与えるものとなっていく．

　ただし，慣習的含意の定義については注意も必要である．Potts（2003: 26）では，慣習的含意は，語の意味から「必ず」帰結するのだという考え方が見て取れる．例えば「いらっしゃる」という敬語には，「来る／行く」という本筋の意味に加え「話し手が主語の指示対象に敬意を払う」という慣習的含意があると分析されることが多い（Potts and Kawahara（2004），Yamada（2019b））．敬意は疑問の対象や否定の対象にはならないため，慣習的含意はキャンセル不可能なものだという見解は多い（「先生はいらっしゃらなかった」は「先生は来たけど，私は先生に敬意を持っているわけではない」という意味では使えない）．だが，Englishman の事例に即して言えば，*He is an Englishman, but he is not brave.* という文を発話することは可能であり，Grice の慣習的含意は，キャンセル可能なものであることに注意されたい．*x* is an Englishman から *x* is brave への推論とは「ほかにバッティングする情報がなければ成立するが，他に矛盾する情報があればキャンセルされてしまう」というような性質の推論である．

　逆に，Potts（2003）の定義では，その単語に結びつきながら，キャンセルが可能であるものはすべて前提（presupposition）という括りに入れられている．これは例えば，Frege-Strawson Thesis として知られ，Heim and Kratzer（1998: 75ff.）などで領域条件として理論化・実装される「その情報が満たされないと真理条件が問えない条件」という意味での「前提」とは捉え方が大きく異なっている点に注意されたい．

　上記の議論を踏まえて，本稿では「V することを始める」に結びついている「習慣性」とは，Grice の意味で言うところの慣習的含意なのだという立場を取る．この構文に結び付いた「習慣性」とは，他にバッティングする情報がなければ成立するが，他に矛盾する情報があればキャンセルされてしまうものであり，このため，一部の非習慣的な場面でも「V することを始める」の使用が容認されるのだ，ということである．より具体的には，defective な T の意味として，（13）を修正し，（23）を提案する．

(23)　$[\![\mathbf{T_{def}}]\!] = \lambda P_{<s,t>}.\ \lambda e \in D_S.P(e)\ \heartsuit\ e \in D_S \setminus D_S^{SG}$

　この式において，イベント e は領域条件（前提）としてではなく，慣習的含意（♥の後ろの意味記述）として分析されており，この at-issue 意味とは切り離された情報は「他にバッティングする情報がなければ成立するが，他に矛盾する情報があればキャンセルされてしまう」ものとして処理される．「V することを始める」で習慣性が一般的に意味されるという傾向だけでなく，その習慣性が場合によっては（多少の容認度判断の低下と引き換えに）キャンセルできるのだ，という 6.1 節で見た非常に微妙な意味側面を押さえており，Yamada (2019a) の観察とそれに寄せられた批判の双方の直感を融合した分析として (23) は位置づけられる．

7.　まとめと今後の課題

　本稿では，「V することを始める」と「V しはじめる」の違いを分散形態論／形式意味論の立場から論じた Yamada (2019a) の分析を再検討し，発展させてきた．オンライン調査で得られた言語実験データを，統計モデリングの観点から分析し，複数のモデルに依拠しながら，推定された固定効果，変量効果，残差の値を複眼的に解釈し，その結果，前者の構文が持つ「習慣性」とは慣習的含意であるという分析を提案した．

　ただし，本稿の分析にも将来への課題は存在する．第 1 に，モデル 1 においてでも，モデル 2 においてでも，残差の値が比較的大きく存在している．何か今回のモデルに検討された要因以外にも容認度判断に影響を与えるような要因が存在している可能性は否めない．今後の研究で，そのような要因の存在が突き詰めて議論される必要があるだろう．なお，その候補に，「困難度」という要素が挙げられうる．例えば，文脈 A と同じだが追加して「教えることになったのは，全員が素行不良な生徒という荒れたクラスで，1 コマの授業をやりおおせるかどうか，多大なる不安が A さんの頭をよぎっていた」という情報を足すと，非習慣的なイベントでありながら，(1b) の容認度は低くなりにくい，という指摘がある（辰己雄太氏との個人談話）．

　本稿の著者（山田）もこのような困難度効果については感じるところではある．しかし，それが今回の「英語を教える」という事例にのみ当てはまるのか，ほかの事例にも当てはまるのかという点に関しては不明瞭であり，また，仮に困難度が重要な役割を果たすとしても，それがなぜ「V することを始める」という構文の使用と結びついているのかについては，本稿の分析からでは説明が

第8章 「Vすることを始める」の持つ「習慣性」　　　199

つかない．将来の研究で詳しく検討されることが望まれる．[9]

　第2に，T_{def} と習慣性が結びつくのであれば，他の言語でも類似したパターンが観察されるはずである．英語で I have started teaching English といった場合には，習慣読みを強く示唆される一方で，I have started to teach English という構文ではこの限りではないという直観を持つ英語のネイティブスピーカーもいる（Paul Portner 氏との個人談話）．なぜ英語ではコントロール構文の間で，日本語の (1b) と (2) に見るような対立が生まれるのかについては今後の研究において深められることが求められよう．

付録：実験に用いられた刺激文

アイテム1：英語を教える／非習慣：あなたは，風邪を引いた先生の代打で，今日だけ例外的に，8時50分から始まる高校3年生の授業を担当していました．／習慣：あなたは，念願かなって今年の4月から高校の英語の教師になっていました．

アイテム2：新聞を配る／非習慣：あなたは，今日1日だけ代打で，3時50分から新聞配達のアルバイトをしていました．／習慣：あなたは，今年の5月から，念願かなって新聞の配達員になっていました．

アイテム3：陶器のコップを作る／非習慣：あなたは，10時50分から，今日1日だけ陶芸教室で，陶器のコップを作っていました．／習慣：あなたは，念願かなって今年の5月から陶器の職人になり，陶器のコップを作っていました．

アイテム4：ダンベルの持ち上げに挑戦する／非習慣：あなたは，スポーツジムの1日体験で，今日だけ，100kg のダンベルの持ち上げに1時50分から挑戦していました．／習慣：あなたは，今年の4月から，100kg のダンベルの持ち上げに挑戦していました．

アイテム5：映画を撮る／非習慣：あなたは，1回きり今日1日で，自主製作の10分映画を，9時50分から撮っていました．／習慣：あなたは，念願かなって今年の1月から映画監督の仕事を始めていました．

アイテム6：ネコを探す／非習慣：あなたは，今日，いつも遊びに来るネコが来ないことを心配し，3時50分から，あたりを捜し歩いていました．／習慣：あなたは，今年の3月から，猫探し専門のペット探偵を立ち上げ，猫

---

[9] 習慣の形成に労力が伴う点が関わっているという説明は考えうる．「事々しい」や「これはことだ」のような表現の存在も関連する可能性もある．

探しをしていました.

アイテム7: 油絵を描く／非習慣：あなたは，今日1日だけ仕事がなくなったので，暇つぶしに8時50分から油絵を描いていました.／習慣：あなたは，今年の10月から水彩画から油絵の画家に転身していました.

アイテム8: ジョギングする／非習慣：あなたは，今日だけ，仕事が急にキャンセルになったので，空いた時間に9時50分からジョギングをしていました.／習慣：あなたは，今年の4月から，毎朝ジョギングをしていました.

アイテム9: 演歌を歌う／非習慣：あなたは，普段歌わないのですが，今日だけ2時50分からカラオケで演歌を歌っていました.／習慣：あなたは，今年の9月に，Jポップの歌手から演歌の歌手に転身していました.

アイテム10: 荷物を運ぶ／非習慣：あなたは，今日1日だけ，8時50分から友人の引っ越しを手伝っていました.／習慣：あなたは，転職して今年の2月にトラック運転手の仕事を開始しました.

アイテム11: お得意先を訪問する／非習慣：あなたは，風邪を引いた営業の同僚の代わりに，今日だけ今日の1時50分からお得意先を訪問していました.／習慣：あなたは，今年の8月から営業の部署に配属され，お得意先を訪問していました.

アイテム12: 焼きそばを売る／非習慣：あなたは，11時50分から，今日1日だけ文化祭で焼きそばを売っていました.／習慣：あなたは，今年の1月に，お好み焼き屋さんから転身して焼きそば屋さんになっていました.

アイテム13: バイト先でお皿を洗う／非習慣：あなたは，皿洗いのアルバイトの友人が休んだので，今日1日だけ，7時50分から，調理ではなく皿洗いの仕事をしていました.／習慣：あなたは，飲食店のお皿洗いの仕事に今年の6月から従事しています.

アイテム14: 村に伝わる民話を語る／非習慣：あなたは，子供たちにせがまれて，今日1回だけ，2時50分から，4時間にわたって，村に伝わる民話を聞かせてあげました.／習慣：あなたは，村の伝承が途切れてしまうことを危惧して，今年の7月に語り手になりました.

アイテム15: 山に登る／非習慣：あなたは，今日，7時50分から友達と富士山を登っていました.／習慣：あなたは，今年の1月から登山同好会に入り，いくつもの山を登ってきました.

アイテム16: ゴミ拾いをする／非習慣：あなたは，公園で線香花火の後，今日だけ，10時50分から，自分たちのものだけでなく，公園中のごみを拾って帰りました.／習慣：あなたは，夏の間，線香花火をする人たちがごみを出すので，公園が汚れることを嫌に思い，今年7月から毎朝ごみを拾って

きました.

アイテム 17: スクワットをする／非習慣：あなたは，今日だけ，1日体験で訪れた体操教室で，3時50分から，3時間にわたりスクワットをしていました.／習慣：あなたは，今年の9月から，毎朝スクワットをしてきました.

アイテム 18: その日の数学の授業を復習する／非習慣：あなたは，今日1日だけ，8時50分から，その日の数学の授業を復習していました.／習慣：あなたは，今年の5月から，数学の授業があった日に，夜にきちんと復習する習慣を実践してきました.

アイテム 19: 村上春樹の小説を読む／非習慣：あなたは，今日1日だけ，9時50分から，村上春樹の小説を1日中読んでいました.／習慣：あなたは，今年の10月から村上春樹の小説を読んできました.

アイテム 20: 翌日の物理の授業の予習をする／非習慣：あなたは，今日1日だけ，3時50分から，翌日の物理の授業の予習をしていました.／習慣：あなたは，今年の5月から，物理の授業がある前日には，欠かさず予習をしてきました.

アイテム 21: 薪を割る／非習慣：あなたは，今日1日だけ薪でお湯を沸かすため，6時50分から薪を割っていました.／習慣：あなたは，ガス代を節約するために，薪でお湯を沸かすため，今年の11月から毎朝薪を割ることにしてきました.

アイテム 22: ダンスのライブ配信する／非習慣：あなたは，YouTubeで，今日だけ自分のダンスを，3時50分からライブ配信していました.／習慣：あなたは，YouTubeで，今年の4月から，毎朝自分のダンスをライブ配信することにしてきました.

アイテム 23: クラシックを聴く／非習慣：あなたは，気分転換に，いつものJポップではなく，今日1日だけ7時50分から，勉強の間，クラシックを聴いていました.／習慣：あなたは，集中力向上に良いと聞いたので，今年の9月から，勉強の間に，クラシックを聴いていました.

アイテム 24: バイクで郵便配達に回る／非習慣：あなたは，今日1日だけ車が故障したので，8時50分から，バイクで郵便配達に回っていました.／習慣：あなたは，念願かなって郵便配達屋さんになり，今年の6月から，バイクで郵便配達に回っていました.

参考文献

Baayen, R. Harald (2008) *Analyzing Linguistic Data: A Practical Introduction to Statistics Using R*, Cambridge University Press, Cambridge.

Baayen, R. Harald, Douglas J. Davidson and Douglas M. Bates (2008) "Mixed-Effects Modeling with Crossed Random Effects for Subjects and Items," *Journal of Memory and Language* 59(4), 390-412.

Box, George E. P. (1976) "Science and Statistics," *Journal of the American Statistical Association* 71(356), 791-799.

Dowty, David R. (1977) "Towards a Semantic Analysis of Verb Aspect and the English 'Imperfective Progressive'," *Linguistics and Philosophy* 1, 45-77.

Ferreira, Marcelo (2016) "The Semantic Ingredients of Imperfectivity in Progressives, Habituals, and Counterfactuals," *Natural Language Semantics* 24, 353-397.

Fukuda, Shin (2012) "Aspectual Verbs as Functional Heads," *Natural Language and Linguistic Theory* 30(4), 965-1026.

Grice, Herbert P (1975) "Logic and Conversation," *Speech Acts*, ed. by Peter Cole and Jerry L. Morgan, 41-58, Brill, Leiden.

影山太郎 (1993)『文法と語形成』ひつじ書房，東京．

Kageyama, Taro (2016) "Verb-Compounding and Verb-Incorporation," *Handbook of Japanese Lexicon and Word Formation*, ed. by Taro Kageyama and Hideki Kishimoto, 237-272, Walter de Gruyter, Boston.

岸本秀樹 (2009)「補文をとる動詞と形容詞——上昇とコントロール」『日英対照　形容詞・副詞の意味と構文』，影山太郎（編），152-190，大修館書店，東京．

Kishimoto, Hideki (2014) "The Layered Structure of Syntactic V-V Compounds in Japanese,"『神戸言語学論叢 9』1-22.

Koizumi, Masatoshi (1999) *Phrase Structure in Minimalist Syntax*, Doctoral dissertation, MIT.

Kratzer, Angelika (1996) "Severing the External Argument from its Verb," *Phrase Structure and the Lexicon*, ed. by Johan Rooryck and Laurie Zaring, 109-137, Cambridge University Press, Cambridge.

Kratzer, Angelika (2007) "On the Plurality of Verbs," *Event Structures in Linguistic form and Interpretation*, ed. by Johannes Dölling, Tatjana Heyde-Zybatow and Martin Schäfer, 269-300, De Gruyter, Berlin.

Krifka, Manfred (1992) "Thematic Relations as Links between Nominal Reference and Temporal Constitution," *Lexical Matters*, ed. by Ivan A. Sag and Anna Szabolcsi, 30-53, Stanford University, Stanford.

久野暲 (1983)『新日本文法研究』大修館書店，東京．

Landman, Fred (1992) "The Progressive," *Natural Language Semantics* 1, 1-32.

Landman, Fred (1996) "Plurality," *The Handbook of Contemporary Semantic Theory*,

第 8 章 「V することを始める」の持つ「習慣性」　　203

ed. by Lappin, Shalom, 425-457, Blackwell, Oxford.

Link, Godehard (1983) "The Logical Analysis of Plural and Mass Nouns: A Lattice-Theoretic Approach," *Meaning, Use, and Interpretation of Language*, ed. by Rainer Bäuerle, Christoph Schwarze and Arnim von Stechow, 302-323, de Gruyter, Berlin.

Matsumoto, Yo (1996) *Complex Predicates in Japanese: A Syntactic and Semantic Study of the Notion 'Word,'* CSLI Publications, Stanford.

McCullagh, Peter and John A. Nelder (1989) *Generalized Linear Models*. Chapman & Hall/CRC Press, Boca Raton, FL.

Portner, Paul (1998) "The Progressive in Modal Semantics." *Language* 74, 760-787.

Potts, Christopher (2003) *The Logic of Conventional Implicatures*, Doctoral dissertation, University of California.

Potts, Christopher and Shigeto Kawahara (2004) "Japanese Honorifics as Emotive Definite Descriptions," *Proceedings of Semantics and Linguistic Theory 14*, 235-254.

Schütze, Carson and Jon Sprouse (2014) "Judgment Data," *Research Methods in Linguistics*, ed. by Devyani Sharma and Rob Podesva, 27-50, Cambridge University Press, Cambridge.

Shibatani, Masayoshi (1973) "Where Morphology and Syntax Clash: A Case in Japanese Aspectual Verbs," 『言語研究』64, 65-96.

Yamada, Akitaka (2019a) "Syntax and Semantics of Aspectual Constructions in Japanese: Defective T and Habituality," *Proceedings of GLOW in Asia 12 & SICOGG 21*, 604-613.

Yamada, Akitaka (2019b) *The Syntax, Semantics and Pragmatics of Japanese Addressee-Honorific Markers*, Doctoral dissertation, Georgetown University.

Yamada, Akitaka (2022) "Statistical Methods for Experimental Pragmatics," *Key Concepts of Experimental Pragmatics*, ed. by Yoichi Miyamoto, Masatoshi Koizumi, Hajime Ono, Kazuko Yatsushiro and Uli Sauerland, 173-186, Kaitakusha, Tokyo.

由本陽子 (2005) 『複合動詞・派生動詞の意味と統語――モジュール形態論から見た日英語の動詞形成』ひつじ書房，東京．

第 9 章

テシマウは本当に完了のアスペクト形式なのか*

中谷　健太郎

甲南大学

1.　はじめに

　本稿では完了的なアスペクトを表すといわれている補助動詞表現テシマウについて分析を行うが，そもそもテシマウは本当にアスペクト形式なのだろうか．もっといえば，どういう条件を満たせばそれはアスペクト形式といえるのか，そしてテシマウはどのような点においてその条件を満たしているのか．日本語で書かれたいわゆる日本語学分野の先行研究を紐解くと，そのあたりの議論がしばしば漠然としているように感じられることがある．その要因の１つとして，日本語をメタ言語にした分析（つまり日本語を使って日本語を説明する分析）が主流であるため，例えば「アスペクト」という用語１つ取っても，どのような意味で使われているのかがやや曖昧な場合が見受けられるし，さまざまな先行研究がさまざまな用語を使ってテシマウの用法を記述しているが，日本語をメタ言語にした散文による定義がされているため，先行研究間の分析の相互関係が見えにくくなる場合があるようである．さらに，自然言語をメタ言語とする場合のもう１つの大きな問題として，形態素レベルの構成性の検討が十分にできない傾向がある点が挙げられる．例えば，テシマウ，テシマオウ，テシマッタでは形態素構成が異なるにもかからず，大雑把にテシマウの用法としてカウントされるといった現象が見られる（次節参照）．

　本稿ではテシマウの分析について先行研究の問題点を指摘し，形式言語を

---

　* 本研究は第 167 回日本言語学会（於同志社大学 2023 年 11 月 11 日）でのポスター発表「テシマウは本当に完了のアスペクト形式なのか」を発展させたものである．コメントをくださった聴衆に感謝する．また，本稿の匿名査読者には貴重なコメントをいただき，あらたな着想を得た．深く感謝申し上げる．残された誤りや問題点はすべて筆者の責任である．本研究はJSPS 科研費 JP20H01263 の助成を受けた．

使った構成性に基づく分析の必要性を主張する.[1]

2. メタ言語に自然言語を使うことの潜在的問題

本節では,日本語で書かれたテシマウについてのいくつかの代表的な先行研究を例示するが,強調しておきたいのは,筆者はここで挙げた代表的な研究が必ずしも間違っていると言いたいのではない.むしろ妥当かつ先見的な洞察が多々見られる.ここで示したいのは,自然言語をメタ言語して用いて分析しているがために,その「先見的な洞察」を読み込むためにはかなり行間を推察してやらなければならないこと,各研究間の微妙な用語の定義の違いを読み手の方で解きほぐさなければならないこと,そして構成性についての議論がしばしばおざなりであるため,事実観察から導かれる結論の妥当性に注意が必要なことを示したい.

2.1. 用語の定義の曖昧性と循環性

古くは松尾(1936)が「完了」という用語を以下のように循環論的に定義している.

(1) 完了とは,或る事實が完了して,存在することをいふ.

(松尾(1936: 664))

おそらく(1)の最初の「完了」は perfect の意味で,2番目の「完了」は perfective の意味ではないかと思われるが,その判断は定義自体ではなく,読み手の判断と読解力にゆだねられている.さらに松尾(1936: 669-670)は文語の「つ」「ぬ」「り」「たり」などを完了の助動詞として取り扱ったうえで,これらが口語体では「た」「ている」「てしまう」などに訳されることから「完了の意であることが明かである」と述べている.つまり,「た」「ている」「てしまう」が完了の意であることを暗黙の前提としている.これに対し,金田一(1955/1976: 29-30;頁番号は 1976 のもの:以下同様)はこの分析を批判し,(i)「雪が降った」,(ii)「雪が積もっている」,(iii)「雪がすっかり消えてしま

---

[1] なお当然であるが,本稿は,日本語学の(特に 1950 年代から 70 年代の古い)研究について,形式言語を使った分析が採用されていないこと自体を批判したいわけではない(Montague の主要論文が 1970 年代に出版されたことを思い起こされたい).また,本稿の分析でも,構成性に関与しない部分(意味公準など)では,不要な煩雑さを避けるために自然言語を用いた定義を残している場合がある.

う」という例文に対して以下のような分析を提示している．少し長いが引用する．

(2) 私の考えでは，この，「――た」という形，「――ている」という形，「――てしまう」という形は，それぞれ全くちがった意義を表わすものだと思う．即ち，まず，(iii) の「消えてしまう」は「完全に『消失』という作用が行われる」という意味である．「てしまう」は，**作用が行われることを表わす**言い方である．他の言葉に例をとれば，「降る」とか「積る」とかいうのと同じ性格のもので，てっとり早くいえば「する」の一種である．次に (ii) の，「積っている」は，「以前に『積雪』という作用が行われた，その結果がまだ存続している状態にある」という意味で，即ち，「ている」は，**あるものがある状態にあることを表わす**言い方である．つまり，「降りそうだ」とか，「雪らしい」とかいうのと同じ性格のもので，てっとり早く言えば「ある」の一種である．この二つは全く種類のちがったもので，(iii) の「消えてしまう」の意味は「――ある」の形で言い表わすことはできず，逆に (ii) の「積っている」の意味を「――する」の形で言い表わすこともできない．また，(i) の「降った」は，「『降雪』という作用が完了した」という意味を表わす，という以外には説明しようのないもので，これまた，「――する」とも「――ある」とも言い換えられないもの，「状態にあることを表わす」とも言えず，「作用が行われることを表わす」とも言えず，これこそ，**「完了を表わす」**としか言えないものである．

(金田一 (1955/1976: 29-30)：太字も金田一のもの)

　ここで長々と引用したのは，このように日本語をメタ言語として分析した場合，著者の分析の真意を理解するためには用例を含めた文脈を押さえる必要があることを示すためである．短く要約すると，この金田一 (1955/1976) の主張は以下のようになるだろう．

(3) a. 「――た」は「作用が完了した」という意味を表すという以外には説明しようがない
　　b. 「――ている」は「あるものがある状態にある」ことを表し，「ある」の一種である
　　c. 「――てしまう」は「作用が行われる」ことを表し，「する」の一種である

しかしこの短い要約を見るだけでは，松尾 (1936) がタ，テイル，テシマウを

第9章　テシマウは本当に完了のアスペクト形式なのか　　207

まとめて「完了」の枠組みで言及したことへの反論になっているのか，いない
のかは判断しがたいだろう．金田一（1955/1976）はタ，テイル，テシマウは
「それぞれ全くちがった意義を表わすもの」と述べているのだから，一見松尾
の「完了説」とでもいうべきものに対する反論のように見えるが，よく読めば，
タは「『作用が完了した』という意味を表わす，という以外には説明しようが
ない」と述べてられているのだから，テイル，テシマウについては「『作用が
完了した』という意味を表わすという以外の説明方法がある」，つまり，テイ
ル，テシマウが「完了を表す」ことを否定していないというようにも読める．
つまり，行間を読めば，テイルとテシマウは「確かに完了を表すが，完了以外
の意味も含む」と主張していると読むことができる．
　しかし金田一（1955/1976: 48）は，さらにテシマウについて以下のように
述べている．

(4)　これは「ある動作・作用が完全に行われる」つまり「完了する」とい
　　　う意味をもつ．即ち「消えてしまう」は「消え終る」と言い換えられ
　　　る．「完了する」であるから「ある」の一種ではなくて「する」の一種
　　　であること明らかである．これを「完了」を意味するからといって
　　　「完了態」と呼ぶ人があるが，§4 にのべた「──た」の形とは明ら
　　　かに別のものであるから，特に「**終結態**」と呼ぶことにしたい．
　　　　　　　　　　　　　　　（金田一（1955/1976: 48）；太字も金田一のもの）

ここに到ってテシマウを「完了」の一種と考えているのかいないのか，怪しく
なってくる．少なくともここでは「完了態」と「完了するということ」が区別
されていて，テシマウは「完了する」ことを表しているが「完了態」ではない
としている．ちなみに「完了態」の定義は以下のようになっている．

(5)　「雪が降った」の「──た」は [...]「ある動作なり作用なりが，すで
　　　に実現ずみだ」という事態を表わす形である．これを「完了態」と呼
　　　ぼうと思う．　　　　　　　　　　　　　　　（金田一（1955/1976: 34））

「終結態」と「完了」の関係について金田一はさらに以下のように述べている．

(6)　この終結態は，上に述べたように「する」の一種である．つまり動
　　　作・作用を表わす語句である．動作・作用を表わす語句であるから，
　　　§2 に述べたように，過去態とか現在態とかいう別はないわけである．
　　　その代りに，§4 に述べたように，完了態・不完了態の別があるわけ
　　　である．例えば，「消えてしまう」「読んでしまう」は不完了の終結態

であり,「消えてしまった」「読んでしまった」は完了の終結態である.
（金田一（1955/1976: 29-30）；太字も金田一のもの）

これは現代的な目で見れば,終結態はアスペクトであり,テンスではないということを述べているように読め,これ自体は間違っていない.ただ,「完了」という用語に目を向ければ,(4)では「消えてしまう」について「完了する」であると述べている一方で,(6)では「消えてしまう」「読んでしまう」が「不完了の終結態」とされており,やはり「完了」という用語の定義に曖昧性があるといわざるをえない.後述するように金田一の論全体を精査すれば必ずしも矛盾したことを主張しているわけではないといえるのであるが,メタ言語に自然言語を使うことによって用語の使用がともすれば堂々巡りのようになりかねないことが観察される.

　そのほかの主だった日本語で書かれた先行研究において,テシマウは以下のように分析されている.（例文も引用元のもの.ただし,ひらがなを漢字に直したり,項や付加詞を一部省略している場合がある.本章では述語の解釈を問題にしているので,引用する文末の動詞の形は引用元のままにしている.）

(7)　高橋（1969/1976: 131）
　　　a. 〔終了〕うごきがおわりまでおこなわれることをあらわす
　　　　 e.g.,「電燈がみんなきえてしまった」
　　　b. 〔実現〕過程のおわりとしておこなわれる動作が実現する
　　　　 e.g.,「たいがいは死んでしまう」
　　　c. 〔期待外〕予期しなかったとと,よくないことが実現することをあらわす　e.g.,「おもわず笑いだしてしまった」
(8)　吉川（1976: 228-254）〔動作の完了〕ある過程を持つ動作がおしまいまで行なわれることをあらわす　e.g.,「梨をみっつとも食べてしまう」
　　　a. 〔対抗的〕積極的に動作に取り組み,これをかたづけることをあらわす　e.g.,「木を切ってしまう」
　　　b. 〔逸走的〕ある動作・作用が行なわれた結果の取りかえしがつかないという気持ちをあらわす　e.g.,「ばったりとたおれてしまいました」
　　　　　i. 〔無意識的動作〕動作が無意志的に行なわれることをあらわす　e.g.,「あわててしまいました」
　　　　　ii. 〔不都合・反期待〕不都合なこと,期待に反したことが行なわれることをあらわす.　e.g.,「黒板ふきが,とんでしまいました」

(9) 寺村 (1984: 152ff) 基本的に，行為・動作，できごとが完了したことを特に強調する表現である
  a. 〔完了の強調〕終わったことに対する話し手の心理的反応を表す
    e.g., 客観的終了を表す「書キオワル」「書キオエル」に対して「書イテシマウ」は心理的反応を表す
  b. 〔悲しみや後悔〕瞬間動詞に付く場合，「その事が起こって，もはや起こる前の状態に戻ることはできない」という心理を表す
    e.g.,「永い交際も終わってしまった」
  c. 〔実現〕意向表明や勧誘の「シヨウ」や，命令形になると，「完了の強調」は，早く，ただちに，そのことを実現させよう，実現しろ，という意味になる　e.g.,「暗クナラナイウチニ，ヤッテシマオウ」
(10) 杉本 (1991: 109-110)
  a. 〔完結相〕アスペクト的意味　e.g.,「その本を読んでしまった」
  b. 〔実現相〕モダリティー的意味　e.g.,「太郎は死んでしまった」
(11) 金水 (2000: 67-68)〔限界達成の前景化〕「りんごを一度に 5 個食べた」という限界達成に対して「りんごを一度に 5 個食べてしまった」は限界達成が前景化されている
(12) 梁井 (2009: 15-16)「広義の〈完了〉」
  a. 〔完遂〕動的に展開し時間的な幅をもつ事態の終わりの局面を捉える　e.g.,「おやつを食べてしまってからにしなさい」
  b. 〔実現〕それ以外　e.g.,「一日中歩き続けたから疲れてしまった」

　上記いずれもテシマウがある種の「完了」を表すことを認めつつも，「完了」という用語が持つ曖昧性を避け，テシマウの持つ独自の意味を捉えるために「終結」「終了」「完了の強調」「完結相」「限界達成の前景化」「完遂」などという新たな用語が導入されている．しかし，結局のところ，「完了」といってしまうと語弊があるということで，詳細に分析し分けるためにさらに自然言語を用いて「終結」「完結」「完遂」といった用語を導入し，そしてそれが何を意味するかをさらに自然言語を用いて定義しようとしているわけであり，メタ言語の上にメタ言語を重ね続けるというメタ・メタな状況，de Swart (1998: 41) のことばを借りれば infinite regression（無限回帰）[2] に陥ってしまっているように見える．

---

[2] "If we use another natural language as a metalanguage, we might be in trouble, because they could also have ambiguities, which we would have to analyze in another language, which again, etc. The result is clearly an infinite regression." (de Swart (1998: 41))

2.2. 構成性の問題

もう1つ，自然言語をメタ言語として用いる潜在的な問題点は，構成性についてはっきりとした分析と予測を提示しにくいことにある．例えばテシマウの分析が α として提示され，テシマウに付随する要素の意味分析が β として提示された場合，この α と β が組み合わさった結果，全体としてどのような意味になるかという予測があることが望ましいのはいうまでもない．しかし，α も β も自然言語によって記述された場合，合成の結果がどのようになるかを明示的に予測することが難しいという側面がある．以下ではこれについて，テシマウに先行する要素（2.2.1 節）と後続する要素（2.2.2 節）に分けて問題点を論じたい．

2.2.1. 先行する述語の語彙アスペクトとテシマウの意味

前節で見た先行研究の多くでは，テシマウが動作などの「完了/終了/完遂/完結」を表す場合と「実現」を表す場合があるという主張がなされている．そもそもこの「実現」とはいったい何なのか，先行研究では正確な定義が与えられていないので行間を読むしかないのだが，「完了/終了/完遂/完結」で挙げられる例文や説明と，「実現」で挙げられる例文や説明を対比させると，各研究の中で「実現」という概念がどのように捉えられているのかが浮かび上がってくる．以下に前節に挙げた先行研究の「完了/終了/完遂/完結」と「実現」で挙げられる例文を抜き出して再掲する．

- (7) 高橋 (1969/1976: 131)
  - a. 〔終了〕「電燈がみんなきえてしまった」
  - b. 〔実現〕「たいがいは死んでしまう」
- (9) 寺村 (1984: 152ff)
  - a. 〔完了の強調〕「書イテシマウ」
  - c. 〔実現〕「暗クナラナイウチニ，ヤッテシマオウ」
- (13) 杉本 (1991: 109–110)
  - a. 〔完結相〕「その本を読んでしまった」
  - b. 〔実現相〕「太郎は死んでしまった」
- (14) 梁井 (2009: 15-16)「広義の〈完了〉」
  - a. 〔完遂〕「おやつを食べてしまってからにしなさい」
  - b. 〔実現〕「一日中歩き続けたから疲れてしまった」

寺村以外の高橋・杉本・梁井のいう「実現」はどのような意味なのかというと，まずこれらの分析で特徴的なのは，「終了/完結/完遂」が「動作」に対し

てのみ適用される用語であると考えられている点である．高橋（1969/1976）における「うごきがおわりまで」，梁井（2009）における「動的に展開し時間的な幅をもつ事態の終わりの局面」という文言からそれが読み取れるし，杉本（1991: 112）にも「完結相の『てしまう』が接続するには，最低限，動詞に継続性が必要であることは確かである」と述べられている．この考えは金田一（1955/1976）の以下のような分析を踏襲していると考えられる．

(15) 又「終結態はある動作・作用が完全に行われることを表わす態である」といった．「ある動作・作用が」という以上は，終結態をとり得る動詞は，状態を表わす動詞ではなくて，動作・作用を表わす動詞でなければならない．又「完全に行われる」という以上は，その動作・作用はある時間の間継続するものでなければならない．即ち，終結態をとり得るのは，継続動詞に限るはずであって，瞬間動詞には終結態はないはずである． （金田一（1955/1976: 49））

さらに，「実現」分析も提唱されている．

(16) ところで「瞬間動詞には終結態がない」と言って来ると，問題になるのは，瞬間動詞にも「てしまう」がつくではないか，ということである．例えば「死んでしまう」などがこれである．然し，今，この意味をよく考えて見ると，これは継続動詞についた「てしまう」と同じものではない．[...] これは「その動作・作用がかりそめでなく本当に行われる」ということ，つまり「その動作・作用が実現する」というとこを表わしているのである．「本当に行われる」という意味であるから，裏には「もとに返る望みはない」とか「残念だ」とかいう意味が宿ることが多い． （金田一（1955/1976: 49））

「かりそめでなく本当に行われる」という「実現」の定義が何を意味するのかは良くわからないが（では「終結」はかりそめの完了なのだろうか？），少なくとも，「終結態」は「継続動詞」（Vendler（1957）でいう activity）に限られ，「瞬間動詞」（Vendler の achievement におおよそ相当）にテシマウが付く場合は「実現」となるという区別がされており，上記の高橋，杉本，梁井の見解の源流と考えることができよう．先行する動詞の語彙アスペクトによってテシマウの解釈が変わるとの主張は一見構成性への目配りであるように見える．しかし，(15) を見ると，「終結態」が継続動詞に限られる理由について，「終結態」の定義を取り上げて「『ある動作・作用が』という以上は，[......] 動作・作用を表わす動詞でなければならない」と述べられている．継続動詞だから「終結

態」の意味になるというよりは,「終結態」の定義に継続性や過程性があらかじめ含まれているから瞬間動詞は「終結態」にならないと説明されているように読める.そうだとすれば,循環的な色合いを帯びてくる.そうでないとしても,これは用語の定義に基づくタクソノミーにすぎないのではないか.また,別の観点からいえば,テシマウの意味に「終結/終了/完結/完遂」と「実現」の別があるといっても,どちらの意味になるかは先行述語との組み合わせ次第なのだから,テシマウが単独でこの2つの意味を持つわけではないといえる(Pustejovsky (1995) のいう相補的多義性).つまり,これらの分析は「テシマウと共起動詞の組み合わせ」の意味を記述したものであって,テシマウ単独の意味をピンポイントで捉えているとはいいがたい.

しかしそれ以前に,そもそも「終結/終了/完結/完遂」というカテゴリーと「実現」というカテゴリーの区別というのは実質的な区別といえるのだろうか.上記 (16) には「実現」について,「『本当に行われる』という意味であるから,裏には『もとに返る望みはない』とか『残念だ』とかいう意味が宿ることが多い」と述べられているが,では「終結」の「食べてしまう」に「もとに返る望み」はあるだろうか? もちろんないし,文脈によっても「残念」の意味も当然持ちうる.つまり「終結/終了/完結/完遂」も「実現」のフレーバーを持ちうる.一方,「死んでしまう」のような「実現」に「終結/終了/完結/完遂」の意味はないのかといえば,もちろん何らかの perfective な意味が付随するのは先行研究でも指摘されている通り明らかで,「だがそれは〔終結/終了/完結/完遂〕とは呼ばない,〔実現〕と呼ぶのだ」といわれてしまえばそれまでで,タクソノミーとしてはそれで良いのかもしれないが,テシマウの意味分析としてここに区別を設けることにどれほどの意義があるのかは必ずしも明確ではない.このあたりの問題は,やはり自然言語をメタ言語としているがゆえに,構成性に基づく理論的予測を明示的に立てるのが難しいことに起因すると考えられる.構成的な理論的予測が難しいがゆえに,どうしても形態素を組み合わせた「結果」の分類に終わってしまいがちになる傾向があるように思える.

2.2.2. 後続する形態素とテシマウの意味

前節ではテシマウと共起する述語の語彙アスペクトの意味論がテシマウの意味分析に混入する問題を論じたが,この節ではテシマウに後続する形態素の意味論がテシマウの分析に混入するという,先行研究に広く見られる問題を例を挙げて取り上げたい.

まず,確認しておきたいのは,テシマウと便宜上記述しているが,形態素分析をすれば,-te, simaw, -(r)u という3つの形態素から成っているというこ

とである．特に問題なのは，-te simaw の次に来る形態素の意味論が -te simaw の意味論と混ざって議論される場合である．

　簡単な例として，(9c) で引用した寺村 (1984) の「実現」を見てみよう．寺村の「実現」の定義は金田一，高橋，杉本，梁井などと異なり，「暗クナラナイウチニ，ヤッテシマオウ」といった例を挙げて，「意向表明や勧誘の『シヨウ』や，命令形になると，『完了の強調』は，早く，ただちに，そのことを実現させよう，実現しろ，という意味になる」と分析されている．つまり，先行する述語の語彙アスペクトとの関連では捉えられておらず，後続する接辞との関係で捉えられているわけである．しかし，ここでいう「実現させよう」「実現しろ」といった意味はあくまで勧誘の「シヨウ」や命令形が限界述語と組み合わさった結果の意味であって，テシマウ特有の属性であるとは限らない．例えば，「暗くならないうちに帰ろう」とか「今のうちに手渡そう」とか「そんなことは忘れよう」などにも，テシマウがないにも関わらず「実現しよう」というような解釈があるといえる．いっぽう，「暗くならないうちにやろう」と「暗くならないうちにやってしまおう」には明確な違いがあり，前者は起動の実現が示唆され，後者は完結の実現が示唆されている．しかしそれは活動述語の yar と到達述語の simaw の語彙アスペクトの違いが -yoo の意味論と相互作用を起こした結果であって，補助動詞表現テシマウ特有の意味属性の問題とはいえない．この話は次節でも論じるが，ここでは「ヤッテシマオウ」が「実現」を表すからといって，テシマウが「実現」を表すとは限らないことを指摘するにとどめる．

　もう 1 つ，典型的な構成性の問題として挙げられるのは，-te simaw の分析に -ta の意味論が混入する問題である．すなわち，-te simaw が完結的な意味があることはほとんどすべての先行研究で言及されており，それゆえ -te simaw が「アスペクト形式」であるという主張が広くされているのであるが，-ta にも完結的な意味がある以上，-te simat-ta の用例を以て -te simaw に完結性があることを示すのは適切ではない．しかるに，少なくない先行研究では -te simat-ta の用例が -te simaw の完結性を示す例として挙げられている．例えば (7a) の「電燈がみんなきえてしまった」は完結的だが「電燈がみんなきえた」も完結的である．kie-ta が完結的であるのは -ta の機能だと考えられるが，では kie-te simat-ta の完結性はどこから来るのか．-ta がすでに完結的であるなかで，-te simaw の意味に「完結性」は含まれているのだろうか．寺村 (1984) は「完了の強調」と呼んだが，-te simaw に完了の意味が含まれていて，-ta にも完了的な意味が含まれているなら，-te simat-ta は完了的な意味が 2 階建てになるが，そういう理解で良いのか．それとも，-te simat-ta が「完

了の強調」であるというのは，-ta が完了で，-te simaw が -ta の完了性を強調する機能があるということだろうか．では，-te simaw-u のように -ta がつかない場合の解釈はどうなるのか．メタ言語に自然言語を使った分析では，テンスを表す -ta や -ru が動詞いっしょくたに分析される傾向があるため，このあたりの議論がおざなりになる傾向があるように思える．

　もちろん，日本語をメタ言語として用いる先行研究すべてがこの問題にまったく無頓着だったわけではなく，本稿で取り上げた先行研究のうち，金田一 (1955/1976) と金水 (2000) は明示的にこの問題を取り上げている．特に金田一 (1955/1976) は -ta と -te simaw の完結性の違いについてかなり詳しく論じており，-ta を「完了態」，-te simaw を「終結態」と呼んで区別している．そして，(6) に引用したように，後者には「完了態・不完了態の別」があるとし，「消えてしまう」を不完了の終結態，「消えてしまった」を完了の終結態と分析した．また，金田一 (1955/1976) は -te simaw は「する」の一種であり，「動作相のアスペクト」を表すことを繰り返し強調している．これは卓見といえると思うが，前節で述べたように自然言語による用語の定義がやはりやや循環的で分かりづらく，のちに続く研究でこの分析が発展的に検証されているかというと心許ない．

　いっぽう金水 (2000) の -te simaw の分析はごく短いものだが，-ta の完結性と -te simaw の意味の区別に意識的で，以下のように述べられている．

(17)　シテシマウ（シテシマッタ）を時間性の面から見ると，スル（シタ）と基本的に変わりがない．例えば，「食べてしまった」で表される時間的意味のうち，「食べた」で言い表せない意味はないのである．

(金水 (2000: 67))

そのうえで，以下の用例を挙げ，(18a) では進行の解釈が優勢だが，(18b) では「行為の達成後の段階」＝「パーフェクト相現在」の意味にしか取れないと指摘している (金水 (2000: 67-68))．

(18) a.　田中さんは夕食を作っている．
　　 b.　田中さんは夕食を作ってしまっている．

さらに続けて金水 (2000) は，上記例「作る」の語彙アスペクトに限界性が含まれていることを指摘し，(11) で引用したように，-te simaw の機能はその限界達成を「前景化」することにあると結論づけたわけである．寺村 (1984) が「完了の強調」と分析したのと違い，「限界達成の前景化」としたところが卓見であるのだが（後述），自然言語をメタ言語として使っているがゆえに，両

者に決定的な違いがあることが見えにくい．いっぽう「前景化」が正確に何を意味するのかは，読み手の解釈にゆだねられており，自然言語をメタ言語に使った場合に典型的な，定義の問題はやはり残されている．

3. 形式言語を使った分析

　前節で取り上げた先行研究は洞察的ではあるが，共通した形式言語がないため，これらの研究を総合してどこに着地点を見出せば良いのか見通しを立てにくい．本節以降では形式言語を使った分析を Nakatani (2013) のテ形複雑述語派生の仮説に基づいて提示し，どのようにこれらの問題が解決されうるかということを例示したい．なお，以下の形式言語を用いた分析においても，構成性に直接関わらない部分における原子概念や意味公準については，煩雑さを避けるために自然言語による定義が与えられることがあることをあらかじめ記す．

　前節で見たように，-te simaw の「完結的」な意味を分析する際に，もともと完結性を持っている過去形の -ta を接辞として用いた例文を挙げるのは得策ではないことが明らかであるので，完結性を持たない -ru 形で考えてみる．まず，限界述語についた単純非過去 -ru の例と，完了の -te i-ru 形と，-te simaw-u 形を比べてみよう（下記では -te が音韻同化によって -de になる）．[3]

> (19) a.　ケンが死ぬ sin-*u*
> 　　 b.　ケンが死んでいる sin-*de i-ru*
> 　　 c.　ケンが死んでしまう sin-*de simaw-u*

過去接辞 -ta が用いられない状態で，死という事象が完了している読みがあるのは (19b) のみであり，(19a, c) は未来または未完了の意味しかない．この事実を見るだけで，-te simaw を単純に「完了」と呼ぶのは適切ではないことは明らかである．(19c) は未来完了の解釈があるから，-ru が未来を表すとすれば引き算をすれば -te simaw は完了を表すと主張する者もいるかもしれないが，(19c) の解釈は客観性に基づく英語の未来完了（Ken will have died by then）とは異なり，やはり寺村 (1984: 153) など多くの先行研究であるように「心理的反応」の解釈が強いという点で，やはり「完了」と呼ぶのは問題がある

---

[3] この節では初稿では他動詞の例を用いて分析を示したが，匿名査読者に項の数が少ない自動詞の方が議論が簡潔になるとの助言をいただき，それを採用した．査読者の方に御礼申し上げる．

と考えられる.

いっぽう，(19b) は，「死という事象が終わってその状態が現在も続いている」という解釈であるから，いわゆる「完了 perfect」というカテゴリーにぴったり合う．では，-te i-ru を構成する 3 形態素で「現在完了」の意味に貢献しているのはどの形態素なのだろうか．Reichenbach (1947) 流に分解すれば，発話時 S と参照点 R（現在）を導入するのは -ru である．では事象 E の完結性がどこに起因するかというと，非過去の -ru や状態述語の i ではないことは明らかなので，-te が死の瞬間の事象の先行性・完結性をもたらすと考えざるを得ない．

3.1. -ta / -te / -ru

では，どのような形式化が可能なのか具体的に分析してみよう．まず -te については，松尾 (1936)，吉川 (1976)，Kuno (1973) などが主張するように先行関係を表すとし，Nakatani (2003, 2013) に従い，-ta の異形態（統語的には T）だと考える．-te および -ta の形式的な分析については Ogihara (1996) の -ta についてのインターバル意味論分析を事象意味論に翻案し，以下のように規定する．

(20)　a.　$[\![\textbf{-te}]\!] = \lambda P \lambda e_1 \lambda e_2 \, [e_1 < e_2 \, \& \, P(e_1)]$
　　　b.　$[\![\textbf{-ta}]\!] = \lambda P \lambda e_1 \, [e_1 < s^* \, \& \, P(e)]$
　　　　　$(e_1 < e_2 := \mathrm{T}(e_1) < \mathrm{T}(e_2)$; where $\mathrm{T}(e)$ maps e onto the whole interval in which e holds, and $<$ represents temporal precedence; $s^* := $ speech time$)$

すなわち，-te の外延は述語変数 P と事象変数 e_1, e_2 を入力に取る関数で，e_1 が e_2 に先行し，かつ e_1 が P によって特徴づけられる事象であることを規定する．統語構造としては，-te は vP または VP と併合して teP（＝TP）を成し，teP はさらに後続する動詞に付加されるとする．テ形複雑述語においては -teP が否定極性表現の認可の障壁とならないことや -te と後続する V2 の間に音韻的縮約が起こること，-te と V2 の間に句を挿入できないことなどを根拠に，統語派生としては主要部移動の連続が仮定され，複雑述語としての意味合成が駆動される．

(21)　$[_{\mathrm{TP}} \, [_{\mathrm{vP1}} \, \dots \, \text{V1}] \, \text{V1-}te] \, \text{V1-}te\text{-V2}$

(20) の意味分析に戻ると，e_1 は VP1（あるいは vP1）の事象を表し，e_2 は

V2 の事象であり，-te は e_1 が e_2 に時間的に先行することを規定する．いっぽう，-ta については，節末に来るので e_2 に当たるものがなく，発話時 s* に事象 e_1 が先行することを規定する．[4] 金田一（1955/1976），金水（2000）など，数多くの先行研究で指摘されている通り，-ta の意味論は単なる「過去」にとどまらないが，本稿では論の簡便化のためとりあえずこのように単純に考える．

次に，-ru の意味論についてだが，基本的に -ru の意味は -ta の意味の補集合として考える．すなわち，-ta は事象 e_1 が発話時 s* に先行する（$e_1 <$ s*）と規定するが，-ru は事象 e_1 が発話時 s* に先行しない，つまり，同時または後続する（s* $\leq e_1$）と考える．[5] さらに e_1 が状態を表すときには同時解釈，すなわちその状態が成り立つ時間区間に発話時が含まれると解釈され（s* $\subset e_1$:= s* $\subset \tau(e_1)$），e_1 が状態を表さないとき，後続解釈（つまり未来解釈：s* $< \tau(e_1)$）となると分析する．

(22)　$[\![\text{-ru}]\!] = \lambda P \lambda e_1 [s^* \leq e_1 \ \& \ P(e_1)]$
　　　(if e_1 is a state, $s^* \leq e_1 \Vdash s^* \subset e_1$; otherwise, $s^* \leq e_1 \Vdash s^* < e_1$)

3.2.　到達述語

到達述語については推移事象を指示すると捉え，推移事象を推移の瞬間の最小インターバルとして定義した Dowty（1979: 76）の BECOME 分析を事象意味論として翻案した分析を取る．よって，sin(-u) の意味を以下のように分析し，死の状態が成立する最初の最小事象とする．

(23)　$[\![\text{sin}]\!] = \lambda x \lambda e \exists e' [\text{INIT}(e') = e \ \& \ \text{dead}(e') \ \& \ \text{Theme}(e') = x]$
　　　(where $\forall e, e' [\text{INIT}(e') = e \leftrightarrow e$ is the smallest initial moment of e'])

これをすべて合わせると，「ケンが死ぬ」の意味の合成は以下のようになる．

---

[4] 実際は Nakatani（2013: 77ff）が主張するように，s* は -ta の意味論の一部ではなく外部から導入されると考えたいが（すると -te と -ta の明示的意味は同一になる），本稿ではそのポイントは重要ではないので簡便のため省略する．

[5] -ta の場合と同じく，-ru の場合も s* は -ru の意味論の一部ではなく，外部から導入されると実際は考えたい．そう考えなければ「言うと思った」のような -ru の相対テンス解釈ができないからである．しかしこのポイントは本稿の主旨にとっては重要でないので，s* が最初から -ru の意味に入っていると単純化して考える．

218 第 II 部　語用論的意味をめぐって

(24) a. $[\![\textbf{Ken-ga sin}]\!]$

　　$= \lambda e \exists e' \, [\text{INIT}(e') = e \ \& \ \text{dead}(e') \ \& \ \text{Theme}(e') = Ken]$

　 b. $[\![\textbf{[Ken-ga sin]-(r)u}]\!]$

　　$= \lambda P \lambda e \, [s^* \leq e \ \& \ P(e)] \, ([\![\textbf{Ken-ga sin}]\!])$

　　$= \lambda e \, [s^* \leq e \ \& \ [\![\textbf{Ken-ga sin}]\!](e)]$

　　$= \lambda e \exists e' \, [s^* \leq e \ \& \ \text{INIT}(e') = e \ \& \ \text{dead}(e') \ \& \ \text{Theme}(e') = Ken]$

　　$= \exists e \exists e' \, [s^* < e \ \& \ \text{INIT}(e') = e \ \& \ \text{dead}(e') \ \& \ \text{Theme}(e') = Ken]$

最後の行では，存在閉包（existential closure; Heim (1982)）によって存在量化子による e の束縛が起こり，また (22) の解釈規則に従い，未来解釈が採用されている．つまり，「ケンが死ぬ」が真となるのは，発話時以降に，ケンが死という状態 e' になる最初の瞬間 e が存在することが条件となる．同様に，「ケンが死んだ」は以下のようになる．

(25)　$[\![\textbf{[Ken-ga sin]-da}]\!]$

　　$= \exists e \exists e' \, [e < s^* \ \& \ \text{INIT}(e') = e \ \& \ \text{dead}(e') \ \& \ \text{Theme}(e') = Ken]$

3.3.　-te i

　続いて (19b) の sin-de i-ta であるが，まず teP の意味は以下のように分析する．sin-de と sin-da の違いは，後者が e_1 と s^* との先行関係を規定するのに対し ($e_1 < s^*$)，前者は e_1 と e_2 の先行関係を規定する点である ($e_1 < e_2$)．主語については，複雑述語内の 2 事象についてなんらかの共通化の過程（主語の上昇や PRO コントロールなど）が必要であるが (Nakatani (2013: 136-164))，詳細は現在の議論に関係が薄いので，ここでは単純に teP 内の主語は teP が補助動詞に付加されたあとに導入されるという扱いとし，主語未導入の teP を考える．

(26)　$[\![\textbf{[sin]-de}]\!]$

　　$= \lambda x \lambda e_1 \lambda e_2 \exists e_1' \, [e_1 < e_2 \ \& \ \text{INIT}(e_1') = e_1 \ \& \ \text{dead}(e_1')$

　　$\& \ \text{Theme}(e_1') = x]$

状態動詞 i は x が z において存在するというように考える．

(27)　$[\![\textbf{i}]\!] = \lambda z \lambda x \lambda e \, [\text{exist}(e) \ \& \ \text{Theme}(e) = x \ \& \ \text{Location}(e) = z]$

(26) の teP と (27) の V2 との合成には，事象変数の受け渡しのために Heim and Kratzer (1998: 65) の Predicate Modification のような特別な合成規則が

必要なので (cf. Nakatani (2013: 89)),事象変数 (下記の e_2) と個体変数 (下記の x) を共有させる以下のような合成規則を仮定する.

(28) $[\![\text{teP V}]\!] = \lambda x \lambda e_2 \exists e_1 [[\![\text{teP}]\!](e_1)(e_2)(x) \ \& \ [\![\text{V}]\!](e_2)(x)]$

この規則に基づいて合成を進めると以下のようになる. (ここでは派生の煩雑さを避けるため主語を [teP V] の外に置くが,コントロールや上昇を仮定しても議論の本筋には影響しない.)

(29) a. $[\![\text{[sin-de] i}]\!]$
$= \lambda x \lambda e_2 \exists e_1 [[\![\text{sin-de}]\!](e_1)(e_2)(x) \ \& \ [\![\text{i}]\!](e_2)(x)]$
$= \lambda x \lambda z \lambda e_2 \exists e_1 \exists e_1' \ [e_1 < e_2$
$\& \ \text{INIT}(e_1') = e_1 \ \& \ \text{dead}(e_1') \ \& \ \text{Theme}(e_1') = x$
$\& \ \text{exist}(e_2) \ \& \ \text{Theme}(e_2) = x \ \& \ \text{Location}(e_2) = z]$

b. $[\![\text{Ken-ga [sin-de i]}]\!]$
$= \lambda z \lambda e_2 \exists e_1 \exists e_1' \ [e_1 < e_2$
$\& \ \text{INIT}(e_1') = e_1 \ \& \ \text{dead}(e_1') \ \& \ \text{Theme}(e_1') = Ken$
$\& \ \text{exist}(e_2) \ \& \ \text{Theme}(e_2) = Ken \ \& \ \text{Location}(e_2) = z]$

c. $[\![\text{[Ken-ga sin-de i]-ru}]\!]$
$= \lambda P \lambda e_2 \ [s^* \le e_2 \ \& \ P(e_2)]([\![\text{Ken-ga sin-de i}]\!])$
$= \lambda e_2 \lambda z \exists e_1 \exists e_1' \ [s^* \le e_2 \ \& \ e_1 < e_2$
$\& \ \text{INIT}(e_1') = e_1 \ \& \ \text{dead}(e_1') \ \& \ \text{Theme}(e_1') = Ken$
$\& \ \text{exist}(e_2) \ \& \ \text{Theme}(e_2) = Ken \ \& \ \text{Location}(e_2) = z]$
$= \exists e_2 \exists z \exists e_1 \exists e_1' \ [s^* \subset e_2 \ \& \ e_1 < e_2$
$\& \ \text{INIT}(e_1') = e_1 \ \& \ \text{dead}(e_1') \ \& \ \text{Theme}(e_1') = Ken$
$\& \ \text{exist}(e_2) \ \& \ \text{Theme}(e_2) = Ken \ \& \ \text{Location}(e_2) = z]$

$s^* \le e_2$ については,e_2 が状態事象なので,(22) に従い同時解釈 $s^* \subset e_2$ (e_2 が成り立つ時間区間に発話時が含まれるという解釈)となる. 大雑把にいえば,「ケンが死んでいる」の真理条件は,ケンの死の状態 e_1' が存在し,その最初の瞬間 e_1 が暗黙に了解された空間 z におけるケンの現在の存在状態 ($s^* \subset e_2$) より前に起こっている ($e_1 < e_2$) ことである.[6] 事象の時間関係を図式化すると

---

[6] 死んだ者がどこか z に存在するというのは,文字通り死体が特定の場所に存在するとか,あるいは死者がこの世でない仮想の空間に存在するということである. 前者の読みがあることは,例えば「鳥がそこに死んでいる」(cf.「*鳥がそこに死んだ」) というように,sin が認可できない明示的な場所句を i が認可できることから経験的に支持される. しかし後者の場合,例えば「*鳥があの世に死んでいる」とは言えないので,なお議論の余地がある.

以下のようになる.

(30)

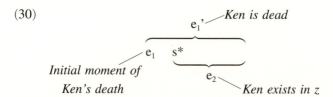

3.4. -te simaw

最後に本題たる (19c) の分析をしてみよう. -te simaw が本動詞の simaw の意味論を反映していることは寺村 (1984), Ono (1991), 梁井 (2009), Nakatani (2013) はじめ, 多くの研究者が指摘している. これに従い, -te simaw の simaw は本動詞の「(物を箱に) しまう」の隠喩的拡張と考える. まず本動詞の simaw の意味を以下のように考える.

(31)　⟦**simaw**⟧
　　　$= \lambda z \lambda y \lambda x \lambda e_1 \exists e_1' \ [\text{INIT}(e_1') = e_1 \ \& \ \text{Agent}(e_1) = x \ \& \ \text{exist}(e_1')$
　　　$\& \ \text{Theme}(e_1') = y \ \& \ \text{in}(e_1', z) \ \& \ \text{BOX}(z)]$
　　　(where $\text{BOX}(z) = 1$ iff z is a closed, long-term storage space)

すなわち,「x が y を z にしまう」というのは, y が z の中にあるという状態 e_1' の最初かつ最小の事態 e_1 であり, その Agent は x である.[7] そして, z は長期間の保管を前提とする閉空間 BOX として特徴づけられる.[8]

では, テシマウの場合はどうなるか. テ形複雑述語となる補助動詞全般の特徴として, 本動詞にあった動作主性が抑制され, 主題の結果事象に焦点が当てられることが多く見られる. さらに, その主題 y がモノではなく, 共起する VP1 の事象から類推される「結果」に置き換わることが指摘されている. 例え

---

[7] Nakatani (2013: 221) では, simaw は process と transition の 2 事象からなる達成述語と考えたが, 例えば「?長時間家を建てた」や「長時間絵を描いた」のような典型的な達成述語において,「長時間」が process を修飾できるのに対し,「長時間商品を倉庫にしまった」の場合,「長時間」が結果状態しか修飾できないことなどから, simaw に process 成分があると仮定する根拠は非常に薄いと考えられる. よって, simaw は到達述語であると考え, process 事象を置かず, Agent 役割のみを設定した.

[8] Nakatani (2013: 221) では z を単に閉空間と定義したが, 例えば「収穫したりんごを箱に {詰める | ??しまう}」と「オークションで落札した美術品を倉庫にしまう」のような対比から, 単なる閉空間ではなく「長期間保管すべき場所」であると分析するのが適当であると考えられる.

ば「空が曇ってくる」のような例では「空」が「くる」わけではない．寺村
(1984: 157-158) は，こういった例の「〜テクル」について，「〜が表わす事
象が，物理的，心理的に話し手のほうに近づくという意味」だと分析する．

　この種の変化は文法化でも良く見られる（Heine（1993）など）が，Naka-
tani (2013: 194-197) はこれを共時的な過程として「主題の事象化 theme
eventification」と呼び，テ形補助動詞において移動対象たる主題を，モノから
共起する先行事象 e の発展的ステージ（Landman（1992））に置き換える過程
を仮定した．「ある事象の発展的ステージ」がどのようなものとして解釈され
るかは事象のアスペクト特性に左右され（Nakatani (2013: 196)），典型的に
は結果状態が選ばれる．e の発展的ステージ事象を stretch(e) と置く．これに
基づいて，-te simaw においては，(31) の Agent が抑制され，さらに Theme
y が事象化して stretch(e) と置かれると仮定する．また，z が背景化されて存
在量化子に束縛されると規定する．[9]

(32) $[\![\text{simaw}_{\text{aux}}]\!]$
$= \lambda e_1 \lambda e_2 \exists z \exists e_2{}' [\text{INIT}(e_2{}') = e_2 \ \& \ \text{exist}(e_2{}')$
$\& \ \text{Theme}(e_2{}') = \text{stretch}(e_1) \ \& \ \text{in}(e_2{}', z) \ \& \ \text{BOX}(z)]$

　これを teP と合成して teP V を形成するわけであるが，今回は主題事象化
が絡むため，(29) の合成規則のように V の事象変数 e_2 を teP に受け渡すだ
けでなく，teP の事象変数 e_1 も V 側に受け渡さなければならない．よって，
以下の合成規則を規定する．[10]

(33) $[\![\text{teP V}]\!] = \lambda e_2 \exists e_1 [[\![\text{teP}]\!](e_1)(e_2) \ \& \ [\![\text{V}]\!](e_1)(e_2)]$

これらをもとに (19c) の派生を下に示す．（なお，ここでは主語上昇を仮定し
(Nakatani (2013: 136-141))，主語の基底位置を teP 内とする．）

(34) a. $[\![\text{\textbf{Ken-ga sin-de}}]\!]$
$= \lambda e_1 \lambda e_2 \exists e_1{}' [e_1 < e_2 \ \& \ \text{INIT}(e_1{}') = e_1 \ \& \ \text{dead}(e_1{}')$
$\& \ \text{Theme}(e_1{}') = Ken]$

---

[9]「宿題を机の上にやっておいた」のように，テオクにおいては明示的なニ格が容認される
ようであるが，テシマウの場合，「??宿題をカバンの中にやってしまった」のように言えない
ので，統語的に明示的にニ格を認可できないと仮定する．なお「宿題をカバンの中に入れてし
まった」はもちろん言えるが，このニ格は「入れる」に認可されている．

[10] simaw$_{\text{aux}}$ の場合は動作主事象が抑制されると仮定したので，(28) と違って動作主項 x の
受け渡しは必要なく，規定されていない．

b. 〚**Ken-ga sin-de simaw**〛
$=\lambda e_2\exists e_1$ [〚**Ken-ga sin-de**〛$(e_1)(e_2)$ & 〚**simaw**〛$(e_1)(e_2)$]
$=\lambda e_2\exists e_1\exists e_1{}'\exists z\exists e_2{}'$ [$e_1 < e_2$
   & INIT$(e_1{}')=e_1$ & dead$(e_1{}')$ & Theme$(e_1{}')=Ken$
   & INIT$(e_2{}')=e_2$ & in $(e_2{}'$, stretch(e_1), $z)$ & BOX(z)]

c. 〚**Ken-ga sin-de simaw-u**〛
$=$〚**-ru**〛(〚**Ken-ga sin-de simaw**〛)
$=\lambda P\lambda e_2$ [$s^* \le e_2$ & $P(e_2)$](〚**Ken-ga sin-de simaw**〛)
$=\lambda e_2$ [$s^* \le e_2$ & 〚**Ken-ga sin-de simaw**〛(e_2)]
$=\lambda e_2\exists e_1\exists e_1{}'\exists z\exists e_2{}'$ [$s^* \le e_2$ & $e_1 < e_2$
   & INIT$(e_1{}')=e_1$ & dead$(e_1{}')$ & Theme$(e_1{}')=Ken$
   & INIT$(e_2{}')=e_2$ & exist$(e_2{}')$ & Theme$(e_2{}')=$stretch(e_1)
   & in$(e_1{}'$, $z)$ & BOX(z)]
$=\exists e_2\exists e_1\exists e_1{}'\exists z\exists e_2{}'$ [$s^* < e_2$ & $e_1 < e_2$
   & INIT$(e_1{}')=e_1$ & dead$(e_1{}')$ & Theme$(e_1{}')=Ken$
   & INIT$(e_2{}')=e_2$ & exist$(e_2{}')$ & Theme$(e_2{}')=$stretch(e_1)
   & in$(e_1{}'$, $z)$ & BOX(z)]

最後の行で λe が $\exists$e に変換されるのは存在閉包によるものであり，$s^* \le$ e が $s^* <$ e に置き換えられるのは，e が状態事象ではなく到達事象だからである（(22) を参照）．この文のおおよその真理条件は，ケンの死の状態の最初の瞬間となる事象 e_1 と，その帰結（stretch(e_1)）＝ケンの死が長期保管閉鎖空間に入るという瞬間事象 e_2 が存在し，それが発話時 s^* に後続する（未来に起こる）ということである．[11]

本節で提唱する分析の肝は，テシマウの完結的な特性を，事象の先行関係を指定する文法標識の -te と，事象が BOX に入るという語彙意味論的構造を持つ simaw という 2 重の構成として捉えた点にある．すなわち，テシマウはそれ自体がアスペクトをマーキングする文法標識というよりは，-te が相対テンス・マーカーで，simaw は本動詞の語彙情報を残した広い意味での内容語であるという分析である．後者に関しては，決して新しい考えではなく，寺村（1984）などでも指摘されていることであるが，本稿で指摘したかったことは，

---

[11] ただし，このままでは e_1 と s^* の先行関係が指定されていないため，死の瞬間が発話時に先行する可能性が排除されない．複雑述語における複数の事象の構成が単なる事象の並列ではなく，因果解釈を含む Qualia Structure (Pustejovsky (1995)) を成すと仮定した Nakatani (2013: 183–191) のような説明が必要となるかもしれない．

こういった洞察を形式言語に落とし込むことの意義である．単に「アスペクトなのか」「完了なのか完結なのか」「終了の強調なのか」というように自然言語を用いて分析するだけでは，例えばテイルとテシマウとタの完了性の違いを明示的に説明するのにもかなり回り道をしてしまうだろう．本稿では -te, -ta, -ru を，事象の先行関係を規定する純粋な機能範疇と捉える一方で，i と simaw を語彙意味論的な中身を持つ内容語の一種として分析した．内容語であるからして，双方に語彙アスペクトが付随しており，その違いが，-te i-ru の完了解釈と，-te simaw-u の未完了解釈の違いに結びつくとした．すなわち，i は状態述語，simaw は到達述語であるという違いがあるため，非過去 -ru と組み合わさったときに時制的な解釈の違いが生まれるのである．テシマウが「限界達成の強調」（金水（2000））を表すといわれたのは，simaw の長期保管閉鎖空間への移動という意味成分の反映であると考えられる．また，金田一（1955/1976）が -te i を「ある」，-te simaw を「する」と主張したのは，i と simaw の語彙アスペクト特性の違いを示唆するものであり，慧眼だったといえるが，その真意や意義がのちの研究者に十分に伝わったかは疑問が残るところである．完了，終結，終了，完結，完遂，実現，限界といったさまざまな用語を含んだ自然言語による分析の限界が，洞察的な分析の意義を曇らせてしまったように思える．

　なお，金水（2000）が「限界達成の前景化」の根拠とする（18）であるが（下に再掲），これは本稿では異なる説明が与えられる．

　　（18）a.　田中さんは夕食を作っている．
　　　　　b.　田中さんは夕食を作ってしまっている．

-te i はよく知られるように，活動性を帯びた述語に付くと進行を表し，限界性が強い述語（到達述語など）に付くと結果状態を表す（金田一（1950）他多数）．よって，（18a）が進行の解釈で（18b）が結果解釈となるのは，「限界達成を前景化するかどうか」という問題では実はなく，単純に tukur が活動性を帯びているのに対し，補助動詞の simaw が活動性を失った到達述語であるという違いに帰する．このことは，「夕食を作っておいている」でも同じく結果解釈となることからも支持される．つまり（18b）が完了的・完結的であるのは，-te simaw の意味特有の問題ではなく（-te ok もそうなのだから），単に -te simaw や -te ok が活動成分を失っているからにすぎないと考えられる．

3.5.　語用論的推論に基づく意味のバリエーション
　残された問題としては，先行研究で詳細に論じられている，-te simaw に伴

うさまざまなニュアンスの違いをどのように説明するかということが挙げられる．しかし，これらの付随的意味のバリエーションは共起動詞句や文脈との相互作用による語用論的な推意から生まれることは多かれ少なかれ明らかであろう．例えば，(8) に挙げた吉川 (1976) の分類では，「木を切ってしまう」が〔積極的動作による完結〕，「ばったりとたおれてしまいました」は〔消極的動作による完結〕と分けられているが，前者の VP1 が行為者による他動性の強い事象なのに対し，後者の VP1 は意思性が低い非対格自動詞なのだから，前者が「積極」，後者が「消極」の意味を帯びているのは，-te simaw 自体の意味の問題だとはいえないだろう．また，多くの先行研究は，到達述語と -te simaw の組み合わせが後悔のニュアンスを産むとしているが，他動性が強い述語でもその事態がネガティブなら後悔の意味は出せるし（「パソコンを壊してしまった」），ポジティブなら前向きなニュアンスも出せる（「夏休みの宿題はもうやってしまった」）．また動詞句自体がポジティブな出来事でも文脈次第で後悔のニュアンスを浮かび上がらせることができる（「(八百長で負ける計画だったのに) 勝ってしまった」）．どのような条件でどのような意味が浮き上がるのかを検証するのは意義深いことだが，「テシマウの意味論」として議論すると本質を見失いかねないことになりかねず，構成性に駆動される語用論的推意のメカニズムに留意した慎重な議論が必要だろう．

3.6. 縮約形 -tyaw について

最後に，-te simaw の縮約形 -tyaw に触れる．多くの先行研究では -tyaw は -te simaw の異形態として意味分析において特別な扱いを受けていないが，実際には，梁井 (2009) や張 (2011) が観察するように，チャウの用法にはテシマウで代替することが難しい，あるいはニュアンスがかなり異なる例があり，同じ意味であると考えることは難しい．以下の例を見てみる．

(35) a. バーキンのバッグ，買っちゃった．
    b. バーキンのバッグ，買ってしまった．
(36) a. 雰囲気に飲まれちゃった．
    b. 雰囲気に飲まれてしまった．

(35b) には後戻りできない，買った帰結（＝多額の金銭的負荷）から逃れられない，という「重い」響きが感じられるが，(35a) にはその重さが感じられず，むしろ少しふざけた，いたずらっぽい響きさえある．しかし「思い切って買った」というニュアンスはどちらにもある．(36a, b) にも同様の「重さの違い」が見られる．また，以下の例は別種の意味の相違が感じられる．

（37） a.　もう行っちゃうよ！
　　　 b.　もう行ってしまうよ！

どちらも聞き手に急ぐようにうながすような発言だが，（37a）は「行く」の主語の解釈に曖昧性があり，話者が「行く」主体の読み（聞き手に「早く来ないと置いていくよ」と警告する読み）と，バスや電車などの第三者が主語である読み（「バス／電車に置いていかれるよ！」）があり，前者の方がやや強いように思える．それに対し，（37b）では，前者の読みがやや難しいと筆者には感じられる．すなわち，「（自分も含めて）置いていかれてしまうよ！」と警告する読みが強く，「置いていくよ！」の読みは不自然であるように感じられる．

　一般に -tyaw 形式の方が軽いニュアンスがあるので，本稿ではこれをBOX（ ）の軽さとして分析する．すなわち，縮約形の音の響きの軽さから，BOX（ ）の深刻さに違いが生まれるという提案である．この軽い BOX（ ）をTOYBOX（ ）と置く．

（38）　$[\![$-tyaw$]\!]$ = $\lambda e_1 \lambda e_2 \exists z \exists e_2'$ [INIT(e_2') = e_2 & exist(e_2')
　　　　& Theme(e_2') = stretch(e_1) Ee Location(e_2') = z Ee TOYBOX(z)]
　　　　(where TOYBOX(z) = 1 iff z is a closed storage space that may be
　　　　casually opened)

ik の意味を簡易的に λxλe_1 [go(e_1) & Agent(e_1) = x] のように置くとすると，（37a）で「置いていくよ！」の読みがあるのは，stretch(e_1) = 「行くことの帰結」の行き先が TOYBOX，つまり発話者にとって出し入れ自由で統制可能な場所として理解され，悪い事態が起こってもそれは発話者の統制下にあるという含みがあるからと考える．よって，e_1 の Agent が発話者自身であったとしても，不自然ではない．それに対して（37b）における場所変数の BOX は，出し入れしない前提の保管場所で，いったんそこに入れば基本的に出すことはできず，発話者の統制下から離れるとの推意を生むと仮定したい．[12] だとすれば，（37b）は e_1 の帰結が発話者の統制から離れる事態を警告していることになるので，e_1 の Agent は発話者ではなく第三者と解釈するほうが自然ということになるのである．（もし e_1 の Agent が発話者ならば，e_1 の帰結が発話者

---

[12] 本動詞の simaw にはそこまでの推意はない（e.g.,「お金を金庫にしまった」には，お金が Agent の統制下から離れるという推意はない）．この違いについて，1つ考えられるのは，本動詞の simaw には動作主性があるのに対し，simaw$_{aux}$ には動作主性が抑制されており，VP1-te simaw の VP1 の Agent が simaw の Agent になっていないことに起因するという可能性である．この点については，今後さらなる検証が必要である．

自身の統制から離れる事態を避けるには，発話者がそもそも e_1 を起こさなければ良いだけの話だからである.）

4. 結論

　本稿では完了に類したアスペクト標識としてしばしば扱われるテシマウの分析について，自然言語（日本語）をメタ言語に用いることの問題点を代表的な先行研究を通して指摘し，形式言語を用いた分析の必要性を主張した．自然言語をメタ言語に用いたときの問題点については，(i) 用語の定義に曖昧性・循環性があることと，(ii) 構成性の検証が不十分になりがちであることを指摘した．代替案では，Nakatani (2013) などに従い，テシマウを -te と simaw に分解したうえで，前者が事象の先行性を指定する機能語であり，後者は事象化した主題を長期保管前提の閉鎖空間＝BOX に置くという事象を指示する内容語であると主張した．事象を導入するという点で -te simaw は純粋な機能語としてのアスペクト標識ではなく，それ自体語彙アスペクトを有する語彙項目とした．この分析のもとでは，なぜ「死んでいる」が完了を表し，「死んでしまう」が未完了なのかを i と simaw の語彙アスペクトの違いから説明できる．すなわち前者は状態述語，後者は到達述語であるために，-ru との相互作用により現在解釈と未来解釈に分かれるということである．同様に，金水 (2000)が指摘した「夕食を作っている」（進行）と「夕食を作ってしまっている」（結果）の違いも，活動性の tukur と到達述語の simaw の語彙アスペクトの違いから説明できると指摘した．シチャウとシテシマウの違いについても，BOXの定義を修正するだけでおおよそ説明できると主張し，補助動詞の simaw に語彙的な分析をする利点とした．

参考文献

張又華 (2011)「主観的・間主観的意味の発生をめぐって：日本語アスペクト形式「テシ　マウ」「チャウ」を例に」『言語科学論集（京都大学）』17, 131–142.

de Swart, Henriëtte (1998) *Natural Language Semantics*, CSLI Publications, Stanford, CA.

Dowty, David (1979) *Word Meaning and Montague Grammar*, Reidel, Dordrecht.

Heim, Irene (1982) *The Semantics of Definite and Indefinite Noun Phrases*, Doctoral dissertation, University of Massachusetts, Amherst.

Heim, Irene and Angelika Kratzer (1998) *Semantics in Generative Grammar*, Blackwell, Malden, MA.

Heine, Bernd (1993) *Auxiliaries: Cognitive Forces and Grammaticalization*, Oxford University Press, Oxford.

金田一春彦（1950）「国語動詞の一分類」『言語研究』15, 48-63.［金田一（編）(1976), 5-26, 所収］

金田一春彦（1955）「日本語動詞のテンスとアスペクト」『名古屋大学文学部研究論集』10, 63-90.［金田一（編）(1976), 27-61, 所収］

金田一春彦（編）(1976)『日本語動詞のアスペクト』むぎ書房, 東京.

金水敏（2000）「時の表現」『日本語の文法2　時・否定と取り立て』, 金水敏・工藤真由美・沼田善子（著）, 3-92, 岩波書店, 東京.

Kuno, Susumu (1973) *The Structure of the Japanese Language*, MIT Press, Cambridge, MA.

Landman, Fred (1992) "The Progressive," *Natural Language Semantics* 1, 1-32.

Martin, Samuel E. (1975) *A Reference Grammar of Japanese*, Yale University Press, New Haven, CT.

松尾捨治郎（1936）『国語法論攷』文学社, 東京.

Nakatani, Kentaro (2003). "Analyzing *-te*," *Japanese/Korean Linguistics 12*, ed. by William McClure, 377-387, CSLI Publications, Stanford, CA.

Nakatani, Kentaro (2013) *Predicate Concatenation: A Study of the V-te V Predicate in Japanese*, Kurosio Publishers, Tokyo.

Ogihara, Toshiyuki (1996) *Tense, Attitudes, and Scope*, Kluwer, Dordrecht.

Ono, Tsuyoshi (1991) "The Grammaticization of the Japanese Verbs *oku* and *shimau*," *Cognitive Linguistics* 3, 367-390.

Pustejovsky, James (1995) *The Generative Lexicon*, MIT Press, Cambridge, MA.

Reichenbach, Hans (1947) *Elements of Symbolic Logic*, University of California Press, Berkeley, CA.

杉本武（1991）「「てしまう」におけるアスペクトとモダリティ」『九州工業大学情報工学部紀要（人文・社会科学篇）』4, 109-126.

高橋太郎（1969）「すがたともくろみ」『教育科学研究会国語部会文法講座テキスト』［金田一（編）(1976), 117-153, 所収］

寺村秀夫（1984）『日本語のシンタクスと意味 II』くろしお出版, 東京.

梁井久江（2009）「テシマウ相当形式の意味機能拡張」『日本語の研究』5, 15-29.

吉川武時（1976）「現代日本語動詞のアスペクトの研究」『日本語動詞のアスペクト』, 金田一春彦（編）, 155-327, むぎ書房, 東京.

Vendler, Zeno (1957) "Verbs and Times," *The Philosophical Review* 66, 143-160.

第III部
語や形態素の意味・構造・機能

第 10 章

ダケの語彙的意味
── 度数の意味から排他性へ ──*

富岡　諭

デラウェア大学

1.　日本語の排他表現：ダケとシカナイ

　形式意味論においては，文の意味を真理条件で把握するというアプローチが一般的であるが，直感的には意味が違う文が真理条件を見れば同じであるというケースがあることはよく知られている．例えば日本語の (1a, b)，英語の (2a, b) が例として挙げられる.

- (1) a.　誠はステーキとサラダを注文した.
- 　　b.　誠はステーキもサラダも注文した.
- (2) a.　The students passed the exam.
- 　　b.　All the students / every student passed the exam.

(1) にある文はどちらも，誠がステーキとサラダの両方を注文した場合に真であり，どちらかでも注文しなかった場合には偽となる．(2) において普通名詞 student(s) の領域を同一と仮定すると，(2a) と (2b) では真理条件に違いはない．定複数形の名詞句はその特質を持つ個体の集合で最大のもの(supremum set) を指し示すとされているため，普遍数量詞化された名詞句を用いた場合と真理条件が同一になってしまうのである．本稿では，こうした意味論的には異なると思われる表現が同一の真理条件に至る例として，日本語の排他表現を

---

　* 本稿は第 150 回日本言語学会予稿集に発表された Tomioka (2015) を発展及び修正したものである．今回本論文集への寄稿の過程において，2 名の査読者から有用なコメントをいただいたことに感謝したい．Tomioka (2015) で提案された度数と排他性の関係性は，Ido and Kubota (2021) ではダケのほかにシカ〜ナイにも応用されており，その分析は本稿で Tomioka (2015) の分析を再構築するに際し非常に有効であった．本研究は，2021-2026 年，研究拠点形成事業（先端拠点形成型）「自然言語の構造と獲得メカニズムの理解に向けた研究拠点形成（代表：宮本陽一）」(#JPJSCCAJ221702005) の助成を受けた研究成果の一部である.

230

取り上げる.

　英語の排他表現である *only* に相当する日本語表現の代表的な例としてダケ
とシカ〜ナイがある. 実際に英語の文 (3) の日本語訳として, 一般的には
(4a) と (4b) のどちらも適切であり, 真理条件も同一だとされている.

- (3)　Only Mary passed the exam.
- (4)　a.　真里ダケが試験に受かった.
- 　　　b.　真里シカ試験に受からなかった.

このように構造を単純な主文に限れば 2 つの表現の違いはわかりにくいが,
構造が複雑になると相違点も明らかになる. その 1 つの例が理由節である.

- (5)　Context: *Why didn't Eric get the job?*
  　　　Because he only speaks ENGLISH.
- (6)　コンテクスト：誠はどうしてあの会社に就職できなかったのですか？
  　　a. ???日本語ダケ話せるからです.
  　　b.　　日本語シカ話せないからです.
  　　c.　　話せるのが日本語ダケだからです.

就職できなかった理由として「外国語ができない」と同じ意図を持った答えを
提示する際に, (5) で示されているように英語では *only* を使うことでその意
思が表現できる. 一方で日本語では, シカ〜ナイは自然であるが, ダケだとか
なり不自然になってしまう. しかし Tomioka (2015, 2024) で指摘されてい
るように, ダケが分裂文の構造の中で焦点・フォーカスの位置に置かれると,
容認度がかなり上がりシカ〜ナイとほぼ同等に適切な文になる. 分裂文のダケ
とシカ〜ナイの類似性は, (7) においても観察される.

- (7)　コンテクスト：誠はドイツ語もスペイン語も話せますか？
  　　a.　いいえ, ??スペイン語ダケ話せます.
  　　b.　いいえ, スペイン語シカ話せません.
  　　c.　いいえ, 話せるのはスペイン語ダケです.

(7) のコントラストは, (6) よりも弱いと感じられるが, 「ドイツ語もスペイ
ン語も」の否定にはやはり (7a) よりも (7b, c) のほうがより自然である. ま
た先行文献で指摘されたダケとシカ〜ナイの差異においても, 分裂文のダケは
単純なダケよりもシカ〜ナイに近い. 例えば, Kuno (1999) はダケとシカ〜
ナイを条件文に埋め込むと意味解釈が大きく変わると指摘したが, 分裂文のダ
ケはこの状況でもシカ〜ナイと一致したパターンを示し, 同じことが譲歩的条

件文でも観察される.

(8) 世界旅行をするには,
    a.　英語ダケ話せればいい.
    b. #英語シカ話せなければいい.
    c. #話せるのが英語ダケであればいい.

(9) a.　日本語ダケ話せても, #就職できる/就職できない.
    b.　日本語シカ話せなくても, 就職できる/#就職できない.
    c.　話せるのが日本語ダケでも, 就職できる/#就職できない.

こうしたデータから導き出される点を直感的かつ記述的に表現すれば, シカ〜ナイに比べて, ダケは排他性, あるいは排他性に関連する否定の意味が弱い, ということである. これは寺村 (1991), Kuno (1999), Yoshimura (2007), Oshima (2015, 2023) などの先行研究でも主張された特徴であるが, ダケを分裂文にすると, シカ〜ナイに相当する排他性の意味が派生する点はこれまで注目されていなかった. 本稿では, ダケとシカ〜ナイの違いがどこから生じるか, そしてその違いがなぜ分裂文内でのダケで消滅するかについての分析を試みる. 分析の中心となるのは, ダケの度数に関連する用法であり, 度数の意味が最大化を通して排他性に至る経緯を明らかにしていく.

2.　排他的演算子の意味

排他性の解釈が意味論の分野でどのように理解されているかを, 英語の *only* を例にして見てみる. 英語の *only* は, 副詞的表現とされるのが一般的であるが, 統語的な分布に関していえば範疇中立性の特質があり, (7) の例文に見られるようにさまざまな句を修飾することができる.

(10) a.　Anna ate only vegetables.　(NP)
    b.　Anna only ate vegetables.　(VP)
    c.　Anna talked only to Maria.　(PP)
    d.　Last year all classes were taught only virtually.　(AdvP)

範疇の中立性を構造的な変化なしに解釈する方法は Rooth (1985, 1992) で提案されているが, ここでは *only* の意味論的特徴に焦点を当て, *only* を文レベルの演算子として取り扱うことにする. *only* が文 S を補部とする構造において, S の意味する命題を p とすると, *only*+S の意味には次の2つの部分がある.

(11) a. p が真である.

b. p 以外の選択肢 (alternatives) の全てが偽である.

Rooth (1985) では，Horn (1969) の主張を取り入れ，(11a) は *only* + *S* の前提であり，(11b) が断定の内容であるとされている．(11a) が *only* + *S* の前提であるという分析には異論も出されているが，(11b)，すなわち排他の意味を持つ命題が *only* + *S* の断定の核という点には，異論はほとんど出ていない．[1]

　ダケとシカ〜ナイの意味の差異に関する先行研究には寺村 (1992)，Kuno (1999)，Yoshimura (2007)，Oshima (2015, 2022)，Ido and Kubota (2021) などがあるが，これらの先行研究は，全て命題の意味範疇の差異に基づいた分析を試みている．命題には主要で「表舞台に立つ」といったような意味と，それに付属する「裏方」のような意味があると仮定し，(11a, b) で表される 2 つの意味がダケとシカ〜ナイに共通して存在し，そのどちらが主要な意味になるかが 2 つの表現の違い生み出すと主張されているが，実際の範疇化は研究者により異なる.

(12) a. 寺村 (1991) は (11a) をダケの表の意味，(11b) で表される排他性は影の意味とした.

b. Kuno (1999) では一義的・二義的と区別し，ダケは，(11a) が前者に，(11b) が後者に相当すると主張した.

c. Yoshimura (2007) は，Horn (2002) の用語と概念に基づき，ダケは，(11a) が断定の内容であり，(11b) は包含された内容 (entailment) であるとした.

d. Oshima (2015) は，at-issue と not-at-issue の区別を使い，ダケは，(11a) が at-issue，(11b) が not-at-issue と想定したが，Oshima (2023) では，(11a) も (11b) も at-issue になりうると修正されている.

先行研究で提案されたような命題の意味の区分化は，ダケとシカ〜ナイの違いに有効であり，また同じような区分化が，前提，慣例的含意，会話的含意などの現象の説明に非常に効果的であるという一般的な観点からすれば，適切かつ効果的である．これに対し，本稿では先行研究で示された区分化のうちどの分析が最も適切かという判断はあえてせず，なぜダケの排他性が弱いのかをダケの語彙的意味から導く試みからスタートし，ダケの排他性の本質を考証する.

---

[1] 例外として挙げられるのは，本稿の 4 で言及される Zeevat (2009) である.

3. 度数表現としてのダケと最大化

出発点となるのは，Futagi (2004: Chapter 5) で指摘されたダケの度数，数量あるいは尺度の意味である．ダケの語源は「丈（たけ）」であり，今でもタケとして「ありっタケ」や「思いのタケ」などの表現に現れるが，ダケは（13）の例に見られるように，タケよりも頻繁に度数，尺度の表現として使われている．

(13) a. 五円切手を百円ダケください．　　　　　　　　(Futagi (2004: (222a)))
    b. 銀行口座にどれダケお金がありますか？
    c. 難しいけど，やれるダケやってみよう．
    d. あれダケ頭のいい人は滅多にいない．
    e. 練習したらしたダケ上手になるよ．

度数，尺度の意味と排他の意味の関連性はダケに限られたものではない．本稿では分析しないが，ダケのほかにも英語の *only* に近い意味を持つ日本語の表現で度数の意味を持つものには，バカリ，カギリがある．

(14) a. 高級牛肉を 400 グラムバカリ買った．（度数）
    b. 肉バカリ食べないで，野菜も食べなさい．（排他）
(15) a. できるカギリの協力はするつもりだ．（度数）
    b. あの店のセールは今日と明日カギリです．（排他）

これらも本来の意味が「測る，計る」，「限る」という度数や尺度に関連する動詞と関連していることを考慮すれば，度数，尺度の意味が基本であり排他の意味はそこから派生したと考えるのが自然であろう．

度数と排他の意味の関連性を探る上で重要な点は，度数の表現，例えば測量詞（measure phrase）の解釈に最大性（maximality）が必要なことである．

(16)　The exam took 45 minutes long.

(16) は普通に考えると「試験の長さが（丁度）45 分だった」と解釈されるが，この文は「試験は（少なくとも）30 分かかった」という命題を包含する．「試験が 30 分かかることなしに 45 分かかることはありえない」という観点から，包含の関係が成り立つわけである．この場合「丁度 45 分かかった」という意味を，最大性演算子（Maximality Operator）を使って導き出すという方法が一般的である．例文（16）の真理条件を最大性の概念を使って表すと（17）のようになる．

(17)　The <u>maximal degree</u> of the time span in which the exam began and finished was 45 minutes.

最大性は比較構文の解釈にも不可欠である．

(18)　The math exam took longer than the chemistry exam.

この比較構文の真理条件が意図された通りに機能するためには，数学の試験にかかった時間を化学の試験にかかった時間の最大値と比べなければならない．ここで注目すべきは，最大性が真理条件の判定に不可欠であるという点である．これは最大化のプロセスが意味論の領域に属するもので，グライス理論（Grice（1975））を使った会話的含意ではないとことを示している．

　度数の意味で使われるダケの意味と最大化演算がどのように組み合わされるか，WH 疑問文を例にして検分してみよう．まず，WH 疑問句の「どれダケ」が LF で移動し，その移動は度数の抽象化（degree abstraction）と解釈される．

(19) a.　銀行口座にどれダケお金がありますか？
　　 b.　[どれダケ]$_1$ [銀行口座に t$_1$ お金がありますか] ？
　　 c.　[どれダケ]$_1$ λd$_1$ [銀行口座に t$_1$ お金がありますか] ？

その結果，「どれダケ」の補部領域は度数の集合，あるいは度数から命題への関数と解釈される．この補部領域の意味が，「どれダケ」と組み合わされる時点で最大化がなされなければならない．このプロセスをこなす演算子を max と表す．この演算子は，(20) に示されるように，度数の集合からある特定の度数への関数であり，選択された度数の集合の中から最大値の度数を選ぶ．

(20)　Rullman（1995,（21））
Definition of the Maximality Operator *max*:
Let DEG be a set of degrees ordered by the relation ≤ , then
max (DEG) = ιd [$d \in$ DEG & $\forall d' \in$ DEG [$d' \leq d$]]

(21)　max （λd$_1$ [銀行口座に t$_1$ お金があります]) = 銀行口座にあるお金の最大値

すなわち，「銀行口座にどれダケお金がありますか？」という質問は，銀行口座にあるお金の最大値はいくらか，という意味になる．

4. 最大化から排他性へ

このダケの度数の意味を，排他性の意味に応用する際に鍵となる概念は，ダケ句の補部領域に最大化のプロセスがかけられるということである．(21) で示されるように，最大化のプロセスは度数の集合をもとにするが，排他性の場合はその度数を補部領域の意味を満たす「個体数」として捉える．この点において，あたかも補部領域の意味を使った定複数詞化という考え方もできる．補部領域の意味を使った定複数詞と排他性の関係は (22a, b) の英語の例文の比較でも見られる．

(22) a. Only Maria and Anna passed the exam.
    b. The people who passed the exam are Maria and Anna.

定複数詞 the people who passed the exam は「試験に受かった人の最大集合」と解釈され，それがマリアとアンナの 2 人であるという命題になるが，その真理条件は「マリアとアンナの 2 人シカ試験に受からなかった」という命題の真理条件と区別がつかない．

本稿では，この最大性と排他性の関係をダケの意味にも応用することで，度数の意味から排他性の意味へのシフトが説明できると主張する．ダケに関しては，プロセスを簡略化するために以下のステップをとる．

(23) a. ダケは範疇中立性を持ち，「美しいダケ」や「読んだダケ」のように形容詞や動詞とも共起するが，「真里ダケ」のように個体を意味する名詞句につくケースのみを取り扱う．[2]
    b. ダケの最大化の対象を度数とせず，個体の数として捉える．
    c. ダケ句の補部の意味論的タイプは <e,t> とする．
    d. 最大化のプロセスはダケの補部に適用する．

(24) a. ダケの意味：$\lambda x_e. \lambda P_{<e,t>}. \, max(P) = x$
    b. P を単数，および複数の単体の特質とする．(Let P be a property

---

[2] 査読者の 1 人からのコメントで，格助詞の中でも「に」などは，ダケが前につくか後につくかという選択があるが，「ダケに」よりも「にダケ」のほうが排他性が強く，またそのパターンは分裂文になっても同じである，という指摘があった．そうした傾向は以下の例文でも観察される．

  (i) そのパーティーで，誠は`?`絵里花ダケに／絵里花にダケ話しかけて，ほかの人には話しかけなかったので顰蹙をかっていた．
ただ，この傾向がどれだけ強いものであるかはさらなる考証が必要だと思われる．

of singular and plural entities.)

$$max(P) = \imath x. [x \in \{z : P(z)\} \land \forall y [y \in \{z : P(z)\} \rightarrow y \leq x]]$$

ここで示される ≤ の関係は単数・複数個体を含む領域での部分関係を示すもので，例えば「真里」という単数個体と「真里と由香」という複数個体をそれぞれ Mari, Mari ⊕ Yuka とすると，両者には Mari ≤ Mari ⊕ Yuka の関係が成り立つ．この部分関係を使ってダケの最大化が適用される．具体的な例を使ってダケの意味を見てみよう．

(25) a. 「真里ダケ」の意味：$\lambda P_{<e,t>}. \ max(P) = $Mari

    b. 「真里ダケ受かった」の意味：$max(\lambda x. \ x \ passed) = $Mari

    c. $\imath x. [x \in \{z: z \ passed\} \land \forall y [y \in \{z: z \ passed\} \rightarrow y \leq x]] = $ Mari

    d. 受かったという特質を持つ最大の個体は，真里だ．

最終的に導かれる (25d) は，「真里以外の人は受からなかった」という命題を包含するため，英語の *only* の真理条件と区別がつかないものになるのである．

　最大性が排他性を導く基本的プロセスは以上の通りであるが，ダケが *only* と互換性を持つには，さらなる要素が必要である．

(26) 真里，絵里花，由香の 3 人が運転免許の試験を受けた．結果は：

    a. #真里と絵里花と由香ダケが受かった．

    b. 受かったという特質を持つ最大の個体は，真里と絵里花と由香だ．

(26a) の不適切さは，「真里と絵里花と由香全員が受かった」，「真里も絵里花も由香も受かった」など，もっと適切な表現の仕方があることによると考えられるかもしれないが，それだけでは説明ができない例が (27) である．

(27) 真里，絵里花，由香，亜矢の 4 人が運転免許の試験を受けた．ここの試験場の合格率はおよそ 75 パーセントである．結果は：

    a. ???真里と絵里花と由香ダケが受かった．

    b. 受かったという特質を持つ最大の個体は，真里と絵里花と由香だ．

この例でも，ダケを使うのはかなり不自然であるが，ここでは前述のような表現は使用できないのであるから，より適切な表現との競合による結果とは考えられない．よって，最大性から派生する排他性というプロセスのほかに，上記のようなダケの使用を妨げる要素が必要である．

　上記の 2 例からわかることをまとめると以下のようになる．(26) で観察さ

れるようにダケで示される最大値の個体のほかに候補者がいなければならないが，それだけでは不十分で，「期待される値に届いていない」という状況が必要であることを（27）が示唆している．この「期待値との比較」という概念を焦点の副詞に応用しようとしたのが Zeevat（2009）の分析である．Zeevat は，副詞の中には，「期待値から外れた驚き」の意味を加えるものがあると主張し，その例として，even は「期待値以上」，only は「期待値未満」，already は「期待したより早い」，still は「期待したより遅い」などを挙げている．Zeevat は更に，英語の only の排他性はその語彙的意味からではなく，焦点であることから派生するものであり，only の役割は「期待値未満」という驚きの意味（mirativitiy，以下では英語の用語 mirativity を使う）のみだと主張している．[3] この考えが，英語の only の分析として適切かどうかに関しては異論も多くあるだろうが，（26）と（27）の制約を説明するには非常に効果的である．すなわち，ダケの意味論的貢献は（24）で示される最大性であるが，それに加え Zeevat で提案された「期待値未満」という mirativitiy も加えると考えれば，（26）と（27）で観察されたダケの不適切さが説明できるのである．[4]

5. ダケの排他性の弱さとその起源

ここまでの分析では，ダケの語彙レベルでの意味は，度数表現としての意味に最大化演算子を加えたものであり，最大化により排他性の意味が導かれるプロセス，および Zeevat（2009）で提案された「期待値未満」という mirativity の追加によって，英語の only とほぼ同一の意味になると提唱した．しかし，この分析では，ダケが only と真理条件に関して区別がつかないことは説明できても，ダケの排他性の弱さ，そしてそれによるシカ〜ナイとの違いの明確な説明には至っていない．しかし，最大値を表す他の表現の使われ方を検証してみると，最大性に伴う排他性の弱さは，ダケに限ったことではないことがわかるのである．例として，「最大〜人」の使われ方を見てみよう．

---

[3] Zeevat は，上記の副詞にみられる「驚き」の意味は，弱い前提（weak presupposition）としているが，この意味範疇の定義ははっきりと示していない．またここで使われている mirativity の概念は，日本語の「驚き」という表現で連想される「強い感情」を必ずしも内包していないと思われる．

[4] Zeevat の提案は only を含めたある種の副詞に mirativity の意味を持たせるというものであるが，ダケに限って胃えば，すでに寺村（1991: 151）で Zeevat の分析と同じ主旨の記述がある．

(28) マリアは，レンタカー会社に行って車を選ぼうとしている．彼女のグループの人数は合計 8 人である．色々な車種の中で，あるミニバンがいいということになり，店員に尋ねると，その車はやめたほうがいいと言う．その理由は：

a. ???この車は最大 7 人まで乗れますから．

b. 　この車は 8 人以上乗れませんから．

c. 　この車に乗れるのは最大 7 人までですから．

「この車は最大 7 人まで乗れる」のであれば「この車に 8 人は乗れない」という意味があることは明白である．それにもかかわらず，「この車は 8 人グループには相応しくない」というメッセージを送るのには（28a）はかなり不自然といわざるを得ない．（28b）と比較するとその不自然さは明らかである．さらに興味深いことは，「最大 7 人まで」を分裂文の焦点の位置におくと容認性が上がるという点で，これはダケとシカ〜ナイを比べてみた時のパターンと同じである．

　度数を使った最大値の表現とダケとの類似性はこれだけにとどまらない．条件文の中でもダケと酷似した使われ方をすることが，以下の例で示されている．ここでは，上記のレンタカー会社での場面の続きという設定である．

(29) 店員にそのミニバンはやめたほうがいいと言われたが，マリアはやはりその車で構わないと言う．その理由は：

a. 　最大 7 人まで乗れれば，大丈夫です．8 人中 4 人が子供ですから．

b. #8 人以上乗れなければ，大丈夫です．8 人中 4 人が子供ですから．

c. ???乗れるのが最大 7 人までなら，大丈夫です．8 人中 4 人が子供ですから．

同じコンテクストで，マリアは譲歩的条件文を使うこともできるが，その場合適切性のパターンは逆転し，「8 人以上〜ない」と分裂文の「最大 7 人」が適切となり，通常文の「最大 7 人」は不適切である．

(30) 店員にそのミニバンはやめたほうがいいと言われたが，マリアはやはりその車で構わないと言う．その理由は：

a. #最大 7 人まで乗れても大丈夫です．8 人中 4 人が子供ですから．

b. 　8 人以上乗れなくても大丈夫です．8 人中 4 人が子供ですから．

c. 　乗れるのが最大 7 人まででも大丈夫です．8 人中 4 人が子供ですから．

ダケが排他表現として使われる場合，その度数の意味と最大性は見えにくいといえるかもしれない．その点，度数を明確にした「最大7人」といった表現は明らかに度数の最大値を意味するものである．しかし，こうした表現がどのようなコンテクストで使われるか，そして分裂文の焦点の位置に置かれると使われ方がどう変化するか，を観察してみると，ダケと全くといっていいほどに同一の様相であることがわかった．これはダケを単なる排他表現とする観点からは驚きであろうが，ダケの語彙的意味を度数表現に付随する最大化を核とし，排他性は最大値をベースに派生したとする本稿の仮説を裏付ける現象といえるであろう．

では，ダケの排他性の弱さをどのように説明できるかについて考察してみよう．初頭で述べたように，本稿ではシカ～ナイの意味論的考察はせず，その意味論的，語用論的特質は英語の *only* と同一であると仮定する．英語の *only* の意味の概要は (11a, b) で記したが，排他性の意味である (11b)，「p 以外の選択肢の全てが偽である」は，ダケの持つ排他性と何か本質的に異なるものがあるのだろうか．(11b) に必要不可欠な要素は「焦点・フォーカス」の概念である．「p 以外の選択肢」を得るには次のステップを踏まなければならない．

(31) a. *Only* が文 S を補部とする構造において，S 内にフォーカスの句が含まれることが必要である．

   b. フォーカスの句は，その意味自体のほかに，その他の候補あるいは選択肢を含んだ集合を派生させる．

   c. *Only* の排他性では「他の選択肢の全てが偽である」とされているが，これは b で派生した集合の中にある他の選択肢が否定されることを意味する．

ここでとりわけ重要な点は，選択肢の集合の中にはフォーカスの句の意味のほかに，それに代わりうる選択肢が少なくとも1つは存在しなければならないということである．すなわち，選択肢の存在が前提となっており，p 以外の選択肢の全てが偽であるという命題が，選択肢が存在しないことにより自動的に真になってしまうことはありえない．

これと対比して，最大性そのものは最大値を超えたものの存在が前提となっているとはいえない．ここで (26) の例文をもう1度見てみよう．

(26) 真里，絵里花，由香の3人が運転免許の試験を受けた．結果は：

   a. #真里と絵里花と由香ダケが受かった．

   b. 受かったという特質を持つ最大の個体は，真里と絵里花と由香だ．

ダケの最大性に関していえば，（26b）の真理条件には全く問題はない．真里，絵里花，由香の 3 人が運転免許の試験を受け，3 人とも受かった場合，受かったという特質を持つ最大の個体が真里と絵里花と由香であることは正しいからである．3 人のほかに試験を受けた人がいなければならない，という前提は最大性演算子 max の定義には含まれていないのが，*only* との違いである．ダケの場合，他の選択肢の否定をするには最大性以外の要素が必要で，Zeevat（2009）の「期待値未満」の mirativity がその役割を果たす．しかし，この場合でも mirativity が直接的に排他性を意味するのではなく，「受かったという特質を持つ最大の個体が真里と絵里花と由香の 3 人であることは，期待値よりも低い」という命題から「真里と絵里花と由香の 3 人以外に試験を受けた人が存在し，また彼らは受からなかった」という推論過程を経て他の選択肢の否定に繋がるとすれば，ダケの排他性が *only* と比較して，より間接的に導かれると結論づけられるであろう．

　ただ，この説明には問題点も存在する．例えば，前述の運転免許の試験という状況で，真里，絵里花，由香の 3 人のほかに試験を受けた人がほかにもいたことが明らかな場合，最大値の定義により，「他の人は受からなかった」という命題がでてもおかしくない．その場合，ダケの排他性は only と同じように強まるか，という疑問が出てくるが，こうした状況でもダケの排他性はシカ〜ナイや分裂文のダケほどは強くないことが下記の例で示されている．

(32)　真里，絵里花，由香，亜矢の 4 人が運転免許の試験を受けた．4 人とも受かると思われていたが，残念なことに：

　　　a. ??真里と絵里花ダケが受かった．

　　　b.　真里と絵里花シカ受からなかった．

　　　c.　受かったのは真里と絵里花ダケだった．

他の候補者の存在を明確にしたコンテクストだと，（32a）は容認度が若干上がるようでもあるが，（29b, c）と比較するとやや不自然であることは否めない．これが，ダケの排他性の弱さを語用論的制約のみによって導こうとする仮説の課題であると言えよう．

　一方，Ido and Kubota（2021）でも，ダケの排他性を最大性のプロセスを通して生起させる提案をしているが，ダケのもつ排他性の弱さを，最大値を超えた場合の否定の意味が派生的包含（derived entailment）であることで説明しようと試みている．Kubota（2012）では，派生的包含を「断定の内容とそれに付随する前提を受け入れた際に，その意味論的内容から論理学の帰結として生起する包含」としており，このタイプの包含は断定の内容よりも間接的で顕著さ

（saliency）に欠けるとされている.[5] 派生的包含は，ダケの排他性の弱さの説明として有効な手段である一方で，Oshima（2023）が指摘しているように，前提，慣用的含意，会話的含意，バイアスなどの概念や，at-issue 対 not-at-issue, proffered meaning 対 projective meaning などの対比が様々な形で活用されている中で，新たに派生的包含という範疇を作る必要性を正当化できるのか，という批判的な見方もある.

　ダケの排他性の資質については，これまでの研究の殆どが，ダケの排他性が弱いという点をスタート地点として展開され，ダケの排他性がなぜ弱いかという問題はあまり省みられることがなかった.ここでは，ダケがその語彙的意味に最大性を内包し，それがダケの排他性の弱さの根本にあるという仮説に基づいて考察した.最大性から排他性を派生させる際に，他の選択肢を否定するというプロセスが保証されておらず，mirativity から間接的に引き出されるのを理由とする語用論的説明と，排他性を派生的包含と見做し，断定の内容と区別するカテゴリー化に基づいた説明の2つを提示したが，現時点ではどちらか一方を選択するのではなく，どちらも有効なオプションとして保持しつつ，分裂文内のダケの考察に進むことにする.

6.　分裂文のダケ

　分裂文の焦点の位置にダケ節が現れる時，シカ〜ナイに相当する排他性が発生することは既に述べた.この現象を，寺村（1991），Kuno（1999），Yoshimura（2007），Oshima（2015, 2023）などで主張された意味範疇の違いに基づく分析で捉えるとすれば，分裂文の構造がダケの排他性を二義的意味から一義的意味，あるいは含有された意味から断定の中心に変化させる，という結論になるが，それがどういう過程で起こるのかは明らかでない.それに対し，最大性に基づく排他性を使うことによって系統立てて説明をすることが可能である，という点を明らかにしたい.

　分裂文は構造的に排他性の意味を持つと言われている.例えば（33）で示さ

---

[5] Ido and Kubota（2021）の max 演算子の定義は（i）にあるように，full colon（:）を用いて派生的包含を表している.C はコンテクストのパラメータで，C* は C で領域に含まれるべき個体の集合を示す.

　（i）　$\max_C (P) = \iota X: \neg \exists Y.\ Y \in C^* \wedge\ X < Y\ \wedge\ P(Y).\ P(X)$

一般的には full colon（:）に続く内容は前提とするケースが多い.しかし派生的包含は，包含の1種類であるため，否定や Yes-No 疑問文などの論理的演算子のスコープ内に含まれる時には派生しない.この点で，論理的演算子を「くぐり抜ける」特質を持つ前提とは大きく異なる.

れるように，分裂文の後に「も」を用いて追加することは容易にできない．

(33) 試験に受かったのは絵里花です．??それから，真里も受かりました．

しかし，分裂文に内包される排他性は次の例文にも示されるようにシカ〜ナイや分裂文のダケとは異なる．

(34) a. 絵里花も真里も試験に受かりましたか？
b. いいえ，絵里花シカ受かりませんでした．
c. いいえ，受かったのは絵里花ダケです．
d. #いいえ，受かったのは絵里花です．

分裂文のダケの排他性はどのような過程を経て強化されるのだろうか．まずは，分裂文の焦点・フォーカスの位置にダケ節が置かれる時に派生する選択肢について考察する．(35) の例にも見られるように，分裂文のダケを否定した場合，最も容易に出てくる解釈は「〜だけじゃなくほかにも」というものである．[6]

(35) 受かったのは絵里花ダケじゃありません．真里も受かりました．

これは，否定の対象となっているのが，ダケに付随する最大性，すなわち「受かった人の最大値が絵里花1人である」であることを示している．一般化すれば，分裂文の焦点・フォーカスの位置にダケ節がくる場合，二極性対比の選択肢が派生する，と結論できる．また，この場合「絵里花が受かった」という命題は否定されないことから，この命題が前提となっていることを示している．
次に分裂文が焦点・フォーカスの表現であり，その結果として文脈に選択肢 (alternatives) を生み出すという点に注目したい．ダケのない分裂文の場合は，焦点の位置にくる表現の選択肢が生み出されると考えられる．例えば，絵里花，真里，由香の3人が候補者である場合，(36a) は (36b) に示される3つの命題の選択肢が考慮されることになる．

(36) a. 受かったのは絵里花です．
b. {絵里花が受かった，真里が受かった，由香が受かった}

次に (36b) の選択肢の中から，絵里花が受かったという命題を選んだという行為から，間接的に他の選択肢を否定する効果が出てくる．これにより，真里

---

[6] 分裂文で「A ダケ」を否定した際に，「A ダケではなく B ダケ」という解釈も可能ではあるが，「〜ダケではなくほかにも」に比べ，特殊なコンテクストが必要になる．

も由香も受からなかったという命題が導かれる結果となり，これが分裂文の排他性の本質である．(35) の分析で明らかになったように，分裂文の焦点・フォーカスの位置にダケ節が置かれる場合は，ダケを用いた命題と，その否定の二極対比の選択肢が形成される．

(37) a. 受かったのは絵里花ダケです．
b. ｛絵里花が受かった人の最大値である，絵里花が受かった人の最大値ではない｝

この場合，絵里花が受かった人の最大値ではないという命題が何を意味するか，(36) と同じ文脈を使って見てみよう．絵里花，真里，由香の3人が候補者で，尚且つ (37a) では「絵里花が受かった」という命題が前提になっている．このコンテクストで，「絵里花1人が受かった人の最大値ではない」という命題は (38) になる．

(38) 絵里花と真里が受かった ∨ 絵里花と由香が受かった ∨ 絵里花と真里と由香が受かった

(37a) の分裂文の解釈には，「発話されなかった選択肢が偽である」という含意を伴うのであるから，その含意は (38) を否定した文，すなわち (39) で示されるものになる．≡ の後に示される命題は，デ・モーガンの法則によって同一性が確立されたものである．

(39) ¬[絵里花と真里が受かった ∨ 絵里花と由香が受かった ∨ 絵里花と真里と由香が受かった]
≡絵里花と真里の両方は受からなかった ∧ 絵里花と由香の両方は受からなかった ∧ 絵里花と真里と由香の全員は受からなかった

そして「絵里花が受かった」という前提と，「絵里花が受かった人の最大値である」という断定の内容に，「発話されなかった選択肢が偽である」という含意を加えると，絵里花は受かったが，真里と由香は受からなかったという命題に到達するのである．

　5で推論されたダケの弱い排他性が，このプロセスを経て強化される結果になっているが，具体的にどのようなステップを踏んだ結果なのかを考証してみよう．ダケの弱い排他性について，語用論的制約による説明の核心にあるのは，排他性生起の間接性である．最大性の概念だけでは不足で，期待値未満の mirativity との組み合わせで排他性が派生すると推論された．しかし，分裂文の解釈では mirativity がなくても，分裂文が構造的に内包する「発話されな

かった選択肢が偽である」という意味が，*only* の際に見られた「フォーカスで派生した集合の他の選択肢を否定する」というプロセスの代替の役目を果たしていると考えれば，分裂文のダケが only に相当する排他性を持つことが予測できる.

　Ido and Kubota（2021）の派生的包含を用いた仮説でも，分裂文のダケの排他性の強化を説明することは可能である.「絵里花ダケが受かった」という肯定文の解釈では，絵里花 1 人が受かった人の最大値であると断定され，それより大きい値の命題は偽であるという命題が派生的に包含される. しかし，「絵里花ダケが受かった」が否定された時，すなわち「絵里花ダケが受かったわけではない」のような否定文の解釈では，何が否定されているのだろうか.「絵里花が受かった」という命題が前提であるため，否定文で否定され得るのは，肯定文では派生的包含であった「それより大きい値の命題は偽である」という命題しか残されていないことになる. その否定文の意味を，分裂文の構造的な排他性によって否定した結果，否定＋否定で肯定に戻るのである. ただここで問題になるのは，元々の肯定文では派生的包含であった「それより大きい値の命題は偽である」という命題が，否定文では否定の対象，すなわち断定の内容になる点である. 断定に含まれない意味範疇に入るもの，例えば前提，慣習的含意，会話的含意などは，否定文において否定の対象にならないとされているが，派生的包含はこれらと異なる様相を示す. Kuno（1999）の用語を借りて言えば，肯定文では二儀的である意味が，否定文では一義的に昇格すると表現できるが，なぜこのプロセスが起こりうるのか，それがなぜ派生的包含に限って起こるのかの考証が必要である.

7.　条件節内のダケ

　次に，ダケが条件節の中で使われるケースを検証する. Kuno（1999）で言及されているように，ダケがある種の条件節の中に埋め込まれると，*only* とは異なったパターンを示す.

　（8）　世界旅行をするには，
　　　a.　英語ダケ話せればいい.
　　　b. #英語シカ話せなければいい.
　　　c. #話せるのが英語ダケであればいい.

（8）を英語で *only* と通常の *if* を使って表現したのが（40a）であるが，（8bc）のように不適切な文になってしまう.（8a）の意味を英語で伝えるには，only

を取り除くことで可能になるが（＝(40b)），if の代わりに as long as を使うことでより容易に表現できる（＝(40c)）．

(40) For traveling around the world,
  a. ??if you can only speak English, it will be good / OK / sufficient.
  b. (?) if you can speak English, it will be good / OK / sufficient.
  c. as long as you can speak English, it will be good / OK / sufficient.

この as long as を意味する条件文は，帰結節に「それで良い」「大丈夫だ」「十分だ」などの表現が使われることが多い．この場合，条件節で示される命題は，帰結節の命題が真となるための最低条件と解釈される．[7] 最低条件の基準は数量で決まることが多いが，数量以外の基準も使われる．例えば，(41a) の条件文は，最低条件の基準によって解釈が異なる．

(41) 今度友人の家で持ち寄りのパーティーがあるが，何を持ってくればいいかを尋ねたら，次の答えが返ってきた．
  a. フルーツサラダを持って来てくれれば，それでいいよ．
  b. ↝ そのほかには何も持って来なくてもいい （数量基準）
  c. ↝ それよりも作るのが難しい，あるいは高級なものを持って来なくてもいい （難易度・高級さの基準）

では，この種の条件文の条件節に埋め込まれるダケの解釈を検証してみよう．(8) では条件節の主語が「一般的な人々」といった任意的な個体であるので，分析をわかりやすくするために，主語が特定の人を指す文に替えることにする．

(42) 真里はあのホテルに就職したいらしいが，英語のほかに外国語ができないので心配しているらしい．
  a. いや，英語だけ話せれば，大丈夫でしょう．
  b. 条件節内の命題＝英語が真里が話せる外国語の最大値である

仮に，このコンテクストでの外国語の領域を英語，ドイツ語，スペイン語の3カ国語に制約し，かつ真里が英語を話せるという命題を前提とすると以下のよ

---

[7] 対照的に，'if p, (then), q' が，「p の事象が起こったら，（その後）q の事象が起こる」と解釈されるような条件文の場合，ダケとシカ～ナイで意味の違いは見られない．ただし，シカ～ナイのほうがより自然な言い方になる．
  (i) ？もし招待客のうち絵里花ダケが出席したら／もし招待客のうち絵里花シカ出席しなかったら，主催者たちはひどく失望するだろう．

うな選択肢が出てくる.

(43) a. 英語が真里が話せる外国語の最大値である
b. 英語とスペイン語が真里が話せる外国語の最大値である
c. 英語とドイツ語が真里が話せる外国語の最大値である
d. 英語とドイツ語とスペイン語が真里が話せる外国語の最大値である

これらの選択肢は，話せる外国語の数という基準で，(43a) < (43b), (43c) < (43d) のように序列させることができる．この序列では，英語がマリアの話せる外国語の最大値であるという命題が序列の最低の位置にあるため，(43a) で意図された意味，すなわち「英語がマリアが話せる外国語の最大値であることが，マリアの就職が大丈夫であるという命題を真にするための最低条件である」という解釈を生起させることができるのである.

　これに対し，シカ〜ナイはなぜ as long as の意味の条件文に不適切なのだろうか．ここで鍵になるのは，シカ〜ナイでは序列の作り方が異なるという仮説である．ダケでは，真里が話せる外国語の数で序列が作られたが，シカ〜ナイの場合，真里が話せない外国語の数で序列が作られると仮定する．前のケースと同じように，外国語の領域を英語，ドイツ語，スペイン語の 3 カ国語に制約し，真里が英語を話せることを前提とすると，以下のような選択肢の候補がある.

(44) a. 真里が英語もドイツ語もスペイン語も話せる＝真里が話せない外国語はない.
b. 真里が英語とドイツ語しか話せない＝真里が話せない外国語はスペン語だ.
c. 真里が英語とスペイン語しか話せない＝真里が話せない外国語はドイツ語だ.
d. 真里が英語しか話せない＝真里が話せない外国語はドイツ語とスペイン語だ.

ここで，真里が話せない外国語の数によって序列を作ると，(44a) < (44b), (44c) < (44d) となり，真里が英語しか話せないという命題が序列の最高位にあるため，真里の就職が大丈夫であるという命題を真にするための最低条件になり得なくなってしまう．これが，シカ〜ナイが as long as の意味の条件文に不適切な原因である.

　分裂文のダケの場合，選択肢をダケとその否定とすると以下のようになる.

(45) a. 英語が真里が話せる外国語の最大値である
b. 英語が真里が話せる外国語の最大値ではない

この2つの候補を序列化する際に，真里が話せる外国語の最大値を使えば(45a) < (45b) となり，分裂文のダケでも最低基準になり得るはずであるが，実際にはシカ〜ナイと同様に不適切である．分裂文のダケの不適切さの説明には，2つの可能性がある．まず，6で，ダケを分裂文の焦点・フォーカスの位置に置くことによって，他の選択肢の否定の意味にスポットライトが当たることが検証された．他の選択肢の否定が前面に出ることが，シカ〜ナイの場合と似て真里が話せない外国語の数が基準になったとしても自然である．もう1つの考えは，話者の観点から見た確実性である．英語が真里の話せる外国語の最大値であるという命題は，真里が何語を話せるかという点からは明確で確実性のあるものである．それに対し，英語が真里の話せる外国語の最大値ではないということは，真里が英語とドイツ語を話せるか，英語とスペイン語を話せるか，あるいは英語もドイツ語もスペイン語も話せるか，という選択が残る．その意味で，話者の確実性という観点からは，(45b) < (45a) という序列になる．どちらの説明がより適切であるかは更なる検証が必要であるが，分裂文のダケの条件節での解釈を明示することは可能である．

8. 総括

日本語の排他表現であるダケとシカ〜ナイの差異に関するこれまでの先行研究は，肯定の意味と排他の意味の関係性について，一義的・二義的，at-issue/not-at-issue などの命題のカテゴリー分けに基づいて説明を試みてきた．本稿は，そうしたカテゴリー化に至る以前に，ダケの持つ排他性をその語彙的意味から考察するべきだと主張した．本稿で提案された分析をまとめると以下のようになる．

1. ダケには，「どれダケ」などのように，度数，尺度，数量を意味する用法があるが，排他表現のダケと無関係ではない．ほかにも，カギリ，バカリなどの例があり，その関係は偶然ではないと思われる．
2. 度数や数量の表現を解釈するのには，最大化のプロセスが必須であり，この最大性をダケ句の補部に適用することで，他の排他表現，例えばシカ〜ナイに近い意味が派生する．それに加え，「期待値未満」というmirativity の意味を加えることにより，ダケの真理条件的意味が他の排他表現のものと区別できなくなる．

第 10 章　ダケの語彙的意味　　249

3. 一般的に最大性を意味する表現は，排他性を包含するもののそれが断定
   の内容になりにくい特徴があり，ダケも例外ではない．その排他性の弱
   さは，mirativity を通して間接的に導かれるからか，或いは排他性の意
   味が派生的包含のカテゴリーに属するからという理由による．[8]
4. 分裂文のダケは，分裂文の構造的排他性により生じた最大性の否定を通
   して強化される．その結果，シカ〜ナイや英語の *only* に相当する排他
   性を持つようになる．

ダケの意味と用法を総合的に理解するには，「読んだダケ」，「かわいいダケ」，
のように名詞以外を選択する場合や，ダケシカ〜ナイのように 2 つの排他表
現が共起する場合（Erlewine（2011））など未解決の問題もあり，本稿の分析
がどこまで応用できるかが今後の課題である．

参考文献

Beck, Sigrid (2006) "Intervention Effects follow from Focus Interpretation," *Natural Language Semantics*, 14, 1–56.

Erlewine, Michael Yoshitaka (2011) "The Effect of 'only' on Quantifier Scope: The *dake* Blocking Effect," *Online Proceedings of GLOW in Asia Workshop for Young Scholars*.

Futagi, Yoko (2004) *Japanese Focus Particles at the Syntax-Semantics Interface*, Doctoral dissertation, Rutgers University.

Grice, Paul (1975) "Logic and Conversation," *Syntax and Sematics* 3: *Speech Acts*, ed. by P. Cole and J. Morgan, 41–58, Academic Press, New York.

Hoji, Hajime (1985) *Logical Form Constraints and Configurational Structures in Japanese*, Doctoral dissertation, University of Washington.

Horn, Laurence R. (1969) "A Presuppositional Analysis of *only* and *even*," *CLS* 5,

---

[8] 排他性を最大性と mirativity から導く分析では，ダケを解釈するのにフォーカスの選択肢
の存在の必要性がなくなるのであるが，この点が排他性の強弱の差以外に影響を及ぼす可能性
のある現象として LF 介在効果（LF intervention effects）があげられる．Kim (2002)，Beck
(2006)，Tomioka (2007a, b) は，介在効果を出す表現（介在子）はフォーカスされた句であ
ると主張されており，Tomioka (2007a)，井戸 (2015) では，ダケが介在子として機能すると
された．これは，*only* と同じくダケの解釈にもフォーカス演算子が必要だとする仮説に基け
ば自然であるが，一方で Kitagawa et al. (2014: 5.1.1) で報告されている実験では，ダケは介
在効果を生み出さないという結果が出ている．本稿の分析はこの実験結果を理論的に説明する
のに有効である．仮にフォーカスの選択肢の存在が介在効果の派生に不可欠であるとすれば，
フォーカスの選択肢を必要としないダケは介在効果を生まないという予測になり，Kitagawa
et al. (2014) の実験結果と合致する．

97-108.

Horn, Laurence R. (2002) "Assertoric Inertia and NPI Licensing," *CLS* 38: *Parasession on Polarity and Negation*, 55-82.

井戸美里 (2015)「とりたて詞ダケにおけるとりたてのフォーカスと談話のフォーカス」 『言語学論叢』オンライン版 8, 71-83.

Ido, Misato and Yusuke Kubota (2021) "The Hidden Side of Exclusive Focus Particles: An Analysis of *dake* and *sika* in Japanese," *Gengo Kenkyu* (Journal of the Linguistic Society of Japan) 160, 183-213.

Kim, Shin-Sook (2002) "Intervention Effects are Focus Effects," *Japanese/Korean Linguistics* 10, 615-628.

Kitagawa, Yoshihisa, Katsuo Tamaoka and Satoshi Tomioka (2013) "Prosodic Matters in Intervention Effects in Japanese: An Experimental Study," *Lingua* 124, 41-63.

Kuno, Susumu (1999) "The Syntax and Semantics of the *dake* and *sika* Constructions," *Harvard Working Papers in Linguistics* 7, ed. by Bert Vaux and Susumu Kuno, 144-172, Harvard University.

Oshima, David Y. (2015) "Focus Particle Stacking: How a Contrastive Particle Interacts with ONLY and EVEN," paper presented at *Workshop on Altaic Formal Linguistics* 11, University of York, United Kingdom: June 4-6, 2015.

Oshima, David Y. (2023) "Semantic Variation in Exclusive Quantifiers: English *only*, Japanese *dake*, *dake-wa*, and *shika*, and the Cleft Construction," *Natural Language & Linguistic Theory*, 1-33.

Rooth, Mats (1985) *Association with Focus*, Doctoral dissertation, University of Massachusetts, Amherst.

Rooth, Mats (1992) "A Theory of Focus Interpretation," *Natural Language Semantics* 1, 117-121.

Rullmann, Hotze (1995) *Maximality in the Semantics of Wh-constructions*, Doctoral dissertation, University of Massachusetts, Amherst.

寺村秀夫 (1991)『日本語のシンタクスと意味 III』くろしお出版, 東京.

Tomioka, Satoshi (2007a) "Intervention Effects in Focus: From a Japanese Point of View," *ISIS Working Papers of the SFB 632*, volume 9, ed. by Shinichiro Ishihara, Potsdam University.

Tomioka, Satoshi (2007b) "Pragmatics of LF intervention Effects: Japanese and Korean Wh-interrogatives," *Journal of Pragmatics* 39(9), 1570-1590.

Tomioka, Satoshi (2015) " (Non-) exhaustivity of *dake* 'only'," 『日本言語学会第 150 回大会予稿集』134-139.

Tomioka, Satoshi (2024) "A Maximality – Exhaustivity Connection: The Semantics and Pragmatics of -*dake* in Japanese," *The Title of This volume is Shorter than its Contributions are Allowed to be: Papers in Honour of Hotze Rullmann*, ed. by M. Ryan Bochnak, Eva Csipak, Lisa Matthewson, Marcin Morzycki and Daniel K. E.

第 10 章　ダケの語彙的意味　　　　　　　　　　251

Reisinger, *UBC Occasional Papers in Linguistics* Volume 9.

Yoshimura, Keiko（2007）"What does Only Assert and Entail?" *Lodz Papers in Pragmatics*, vol. 3, 97–117.

Zeevat, Henk（2009）"Only as a Mirative Particle," *Focus at the Syntax-Semantics Interface*: *Working Papers of the SFB 732*, vol. 3, ed. by Arndt Riester and Edgar Onea, 121–141, Stuttgart University.

第 11 章

動詞「掘る」の多義性について*

澁谷 みどり

大阪経済大学（非常勤）

1. はじめに

　動詞「掘る」には次のような 3 つの用法がある．「土を掘る」は，目的語である「土」が指すものを，穴などをあけるために取り除くという意味であり，「芋を掘る」は，土などを取り除いて地中にある芋をとりだすという意味である．「穴を掘る」は，目的語となる名詞句「穴」が指すものが，掘るという行為の結果，出来上がるという作成の解釈になる．

- (1) a. 土を掘る
  - b. 芋を掘る
  - c. 穴を掘る

　本稿の目的は，この 3 つの用法がどのように派生するのかを動詞「掘る」の基本の語彙記述を設定し，動詞自身のもつ意味構造のなかの項構造とクオリア構造に情報がどのように定義され，3 つの異なる目的語タイプとどのように関わるかを提示することで説明可能なことを示唆することである．

　以下では，まず 2 節で本稿で用いる理論的な表記法について述べるとともに，日本語の「掘る」と類似した振舞いをする英語の動詞 bake の多義性を説明する理論的仕組みについて簡単に述べる．bake は bake the potato と表現す

---

*　本稿は，2022 年 6 月にオンラインで開催された日本言語学会第 164 回大会のワークショップ「語彙と語用のはざまで」における口頭発表「動詞「掘る」の多義性について」に加筆，修正をし発展させたものである．ワークショップのメンバーであった中谷健太郎先生，日高俊夫先生，木戸康人先生，森山人成さん，及び当日のワークショップで興味深い指摘をくださった方々，また，本稿の内容発表の際に貴重な質問や示唆に富んだコメント等を頂いた郡司隆男先生，板東美智子先生，新井文人さん，河原田有香さん，並びに査読者の方々の詳細なコメントに心より感謝申し上げます．

れば目的語である the potato の状態変化を表し，bake the cake と表現すれば
ケーキの出現を表す作成の読みとなる．続く3節で「掘る」の目的語タイプを
考察し，3つの用法で「土」のような名詞句タイプが深く関わることを明らか
にする．4節では「掘る」のメカニズムについて分析をし，理論的な形式化を
行い「掘る」の基本となる語彙記述を提案し，目的語タイプのクオリア構造の
主体役割と目的役割が重要な役割を果たすことを示す．

2. 理論的枠組みと先行研究

本稿では，Pustejovsky（1995）が提案する（2）のような生成語彙意味論
（Generative Lexicon: GL）を用い，動詞の意味表記には Jackendoff（1990），
Levin and Rappaport Hovav（1995）などが提唱している語彙概念構造（LCS）
を利用して記述する．GL には事象構造もあるが，本稿では議論の対象としな
いので省略し，代わりにクオリア構造内で e を使って表記する．この表記法
を使い動詞が持つ多義性を，動詞自身の持つ意味と目的語となる名詞句の意味
とを分析しその派生を考察する．

(2) $\begin{bmatrix} \text{ARG} = \begin{bmatrix} \text{統語構造における項} \end{bmatrix} \\ \\ \text{QUALIA} = \begin{bmatrix} \text{FORMAL（形式役割）} = \text{そのモノを他から区別する} \\ \qquad\qquad\qquad\quad \text{特質（属性）} \\ \text{CONSTITUTIVE（構成役割）} = \text{そのモノを構成する} \\ \qquad\qquad\qquad\qquad\quad \text{素材，部分（全体と部} \\ \qquad\qquad\qquad\qquad\quad \text{分の関係，包摂関係）} \\ \text{TELIC（目的役割）} = \text{そのモノの機能，目的} \\ \text{AGENTIVE（主体役割）} = \text{そのモノがどのように作} \\ \qquad\qquad\qquad\qquad\quad \text{られたか（物事の成立原} \\ \qquad\qquad\qquad\qquad\quad \text{因やありかた）} \end{bmatrix} \end{bmatrix}$

これに加えて，Sag et al.（2003）で仮定，展開されている文法理論に従い，
語彙素（lexeme）を仮定し，それがそのまま文の中で用いられるのではなく，
一定の語彙規則によって語（word）に変換されて文の中で用いられると考え
る．特に本稿では動詞の意味構造の記述を行う上で語彙素を語彙の基本義とし
て動詞の語彙記述を行う．

動詞「掘る」に観察されるような動詞の多義性は，共起する名詞句からも意
味を構成するうえで重要な情報を提供していると考え，GL では共合成（co-

composition）（Pustejovsky（1995））という仕組みを提案している．その仕組みの例として，例えば次のように英語の動詞の bake は，(3a) では状態変化動詞として解釈されるが (3b) では作成動詞として解釈される．

(3) a. John baked the potato.
    b. John baked the cake.

(Pustejovsky（1995: 122））

　具体的には，Pustejovsky（1995）は bake の基本義を例えば次のように仮定し，共起する目的語との生成メカニズムにより動詞の意味が派生すると述べている．語の意味を表すクオリア構造にある4つの役割のうち，主体役割にはその語句を生み出す動作や原因が記述されるので，bake は人が何かを焼くという行為のさまを表す情報を持つと考えられる．本稿では LCS を使い，ACT-ON という関数で表記する．

(4)
$$
\begin{bmatrix}
\text{bake} \\
\text{ARG} = \begin{bmatrix} \text{ARG } 1 = \boxed{1} : \text{animate} \\ \text{ARG } 2 = \boxed{2} : \text{mass\_physobj} \end{bmatrix} \\
\text{QUALIA} = \begin{bmatrix} \textbf{state\_change\_lcp} \\ \text{AGENT} = \text{ACT-ON } (e_1, \boxed{1}, \boxed{2}) \end{bmatrix}
\end{bmatrix}
$$

　目的語が (3a) のような potato であれば，その成立要因として芋は焼かれて作られるとは考えられず，主体役割にもそのような記述があるとは仮定できない．したがって，シンプルに bake の指定する目的語の概念タイプと一致するのみで動詞の意味は変化しない．一方で，(3b) のように目的語が cake であれば，cake の持つ主体役割の情報にその成立要因として bake という行為が記述されていると考えられる．

(5)
$$
\begin{bmatrix}
\text{cake} \\
\text{ARG} = \begin{bmatrix} \text{ARG } 1 = \boxed{1} : \text{artifact\_physobj\_food} \\ \text{D-ARG } 2 = \boxed{2} : \text{mass} \end{bmatrix} \\
\text{QUALIA} = \begin{bmatrix} \text{FORMAL} = \boxed{1} \\ \text{CONST} = \boxed{2} \\ \text{AGENT} = \text{bake\_act } (e_1, h, \boxed{2}) \end{bmatrix}
\end{bmatrix}
$$

　cake の持つ主体役割の情報と動詞 bake の持つ主体役割の情報が関係を結ぶことにより共合成が機能し，作成動詞へと意味が派生する．
　ここでは動詞の目的語となる名詞句の主体役割の情報が1つの要因として

考えられる．cake のような人工物であればその主体役割に共起する動詞，この場合 bake を成立要因の行為を表す情報として記述指定があると仮定できる．しかし，こうした共合成の仕組みを「掘る」のように 3 つの用法が観察される動詞の場合にはそのまま適用することは難しく，また基本義として考える語彙をどう仮定するのかという疑問が出てくる．

　「掘る」の基本義を考えるうえで，本稿ではまず「掘る」にみられる 3 つの用法を観察し，それぞれ 3 つの用法で関わる目的語のタイプを観察する．さらにそれぞれの用法での「掘る」の意味構造を仮定し関係性を考察する．そして，他動詞「掘る」のようなタイプの動詞には基本義となるような意味構造をもつ語彙素を仮定したほうが良いことを提案する．

3.　動詞「掘る」の目的語

　動詞「掘る」は次のような例にあるとおり目的語となる名詞句のタイプにより 3 通りの読みがある．「土」を目的語にとる a 文は，土という素材そのものを対象とする意味か，あるいは平面的な広がりのある地面を対象とする意味で使われる．この場合の読みは「掘る」という行為のありさま，様態をあらわしている．「サツマイモ」を目的語にとる b 文は，「掘る」という動詞を使いながらサツマイモを土中から取り出す意味で使われる．「穴」を目的語にとる c 文は，穴が出来上がっているという作成の意味として使われる．

> (6) a.　庭づくりのほとんどが土を掘る作業になります．
> 　　 b.　子どもたちは，頑張ってサツマイモを掘りました．
> 　　 c.　アナグマは穴を掘る名人です．

　「土」と「サツマイモ」は自然物という点では同じタイプと言えるが，「掘る」と共起したときの読みの違いから本稿では別のタイプとして考える．それぞれ，動詞の行為の対象としての「土タイプ」，行為の結果取り出す対象であるモノとしての「芋タイプ」と大きく 2 つに分ける．3 つ目のタイプは土タイプ，芋タイプとは異なり人工物であり，基本的には掘るという行為の結果，空間ができあがるモノで，これを「穴タイプ」とする．

　まず，土タイプの名詞句を見てみると，このタイプの名詞句は（7）のような使い方ができる．土タイプの名詞句が表すモノが動詞の表す行為の対象となり，文脈によっては（8）のように平面的な広がりを表す名詞句と同じような読みでも使われる．

256 第 III 部 語や形態素の意味・構造・機能

(7) a. 土を掘る　　(8) a. 地面を掘る
　　 b. 雪を掘る　　　　 b. 雪原を掘る
　　 c. 砂を掘る　　　　 c. 砂浜を掘る
　　 d. 岩を掘る　　　　 d. 岩盤を掘る

　次に目的語として選択されるのが「芋を掘る」という表現にある芋タイプの名詞句であり，(9) に挙げるような例がある．ここに挙げている例はどれも自然物だが，同じ自然物でも (10) にあげるような語句の場合は，話者によってバラツキがあり，(9) と比べて容認度が落ちるようである．[1]

(9) a. 芋を掘る　　 (10) a.?*大根を掘る
　　 b. レンコンを掘る　　　 b.?*人参を掘る
　　 c. ゴボウを掘る
　　 d. 貝を掘る
　　 e. 石油を掘る
　　 f. 石炭を掘る

　(9) と (10) の違いは，前者はどれも「(土中に) 完全に埋まっているモノ」であるのに対し，後者は完全には埋まっていないモノという点である．また，芋タイプと考えられる目的語のタイプには (11) のように「遺跡」や「宝物」といったような名詞句を目的語にとる場合もある．これらの表現は「掘り出す」という複合動詞と同じような意味で使われるが，話者によっては容認性に差が出るものがある．
　例えば「小判を掘る」という用法が小判を掘り出した，あるいは掘り当てたという読みで容認できるのであれば，名詞句「小判」には「(土中に) 完全に埋まっている」という情報が語彙の中に読み込まれていると考えられる．

---

[1] 査読者のひとりは，大根・人参ともに「掘る」対象であるというよりは，「引き抜く」などの行為が第一義的に想起されることにより容認性を悪くさせているのではないかと指摘している．確かに引き抜くという行為が自然であり第一義的ではあると考えられるが，実際には次のような表現がインターネットで検索すると散見される．
　(i)　人参を試し掘りした．
　(ii)　初めてのタケノコを掘ります．
　これらの場合，人参やタケノコなどがかなりの部分が土中に埋まっており土を取り除いて取り出すということが前提としてあるのではないかと考えられる．埋まっている状態はどの程度かという認知により「掘る」を選択するかどうかが決定されるのかもしれないがこの点は今後の課題としたい．

第 11 章　動詞「掘る」の多義性について　　257

(11) a.　遺跡を掘る[2]
　　　b.　?宝物を掘る
　　　c.??小判を掘る

(12) a.　遺跡を掘り出す
　　　b.　宝物を掘り出す
　　　c.　小判を掘り出す

　上述の例から芋タイプのような名詞句には,「(土中に) 完全に埋まっている」という情報が語彙に起因事象として記述されていると考えることができる.[3]
　最後に穴タイプを目的語にとる場合, (13) の例にあるような表現が可能で,それぞれ穴や井戸などが出現するという読みになる. 意味的には掘るという行為の対象となるモノは,「庭」,「岩盤」,「田んぼ」といったような名詞句が持つ情報から土あるいは岩などのような素材 (mass) である.

(13) a.　庭に穴を掘る
　　　b.　庭に井戸を掘る
　　　c.　岩盤にトンネルを掘る
　　　d.　田んぼに溝を掘る

　特に (13) の例文のように行為の対象を明示することをせず,「穴を掘る」と表現するだけでも掘る行為の対象は土のようなものだと解釈される. さらに,次のように明示されれば, 必ずしも掘る行為の対象は土である必要はない.

(14)　雪に穴を掘って避難した.
(15)　ウミガメが産卵のために, 砂浜に穴を掘っていく.

　ここまでの「掘る」の目的語タイプの観察から,「掘る」の表す行為の直接的な対象となる土タイプは, 芋タイプと穴タイプ, どちらのタイプの名詞句にも土タイプが起因事象の情報として関わっていると考えられる. 土タイプと芋タイプ, 穴タイプとの関わりをまとめると以下のようになる.

(16) a.　「芋」タイプ：起因事象において土のようなモノに埋まっている.
　　　b.　「穴」タイプ：起因事象において形成する時の動作行為の対象は土のようなモノである.

---

[2]「遺跡を掘る」というような表現は, 実際に書籍のタイトルとして前園実知雄著の『奈良・大和の古代遺跡を掘る』(2004 年刊行, 六一書房) に使われている. 他にも「竪穴住居を掘る」,「原始集落を掘る」, といったような表現が使われている.
[3]「人参を掘る」や「タケノコを掘る」という表現が可能な点から, 目的語となる名詞句があらわす対象の一部でも完全に土中に埋まっていれば良いのではないかと考えられる. ここでは語彙登録の情報として「(土中に) 完全に埋まっている」という表現を使い, 当該の名詞句への語彙情報の導入に幅があると考える.

258　　　第 III 部　語や形態素の意味・構造・機能

　これら 3 つのタイプの名詞句を GL を使いそれぞれの意味構造を考察する．
はじめに，芋タイプと穴タイプの両方に関わる土タイプはシンプルな意味構造
であり，「土を掘る」という表現が「地面を掘る」というように平面的な広がり
を表す名詞句を使う場合と同じような読みで使われることを観察した．そこ
で，名詞句のタイプを素材（mass）と空間的な広がりとの dot type（Pustejo-
vsky (1995)）と考え次のように仮定する．[4]

(17) $\begin{bmatrix} \text{土} \\ \text{ARG} = [\text{ARG } 1 = \boxed{1}: \text{mass} \bullet \text{space}] \\ \text{QUALIA} = [\text{FORMAL} = \boxed{1}] \end{bmatrix}$

　芋タイプと穴タイプは (16) に示した条件から，どちらも起因事象の情報が
主体役割に記述されているとし，それぞれ次のように仮定する．芋タイプの場
合，「芋」であれば「土」という情報（「貝」であれば「砂」という情報）の記述
があるとすれば，埋まっている場所や素材は名詞句にあわせて変わると考えら
れデフォルト項として仮定し，クオリア構造と連携しているとする．穴タイプ
についても，上述の観察から，穴を形成する上で素材となるものは必ずしも
「土」でなくともよいのでデフォルト項として指定してあると考える．このデ
フォルト項は意味的には項として含まれるが，統語的に必ずしも実現される必
要はなく，例えば「（土に埋まっている）芋」や「（土に掘られた）穴」といった
ように付加詞などとして随意的に現れるものである．

(18) $\begin{bmatrix} \text{芋} \\ \text{ARG} = \begin{bmatrix} \text{ARG } 1 = \boxed{1}: \text{physobj} \\ \text{D-ARG} = \boxed{2}: \text{mass} \bullet \text{space} \end{bmatrix} \\ \text{QUALIA} = \begin{bmatrix} \text{FORMAL} = \boxed{1} \\ \text{AGENT} = \text{BE-AT } (\text{UNDER } \boxed{2}) \end{bmatrix} \end{bmatrix}$

---

[4] dot type とは，「新聞」などのように文脈によって組織あるいは物理的な印刷物（print-matter），紙面の記事にある情報といったような多義性を持つ名詞句を表す表記法として考案され，「•（ドット）」というタイプコンストラクターを用いて表記する．Pustejovsky (1995: 155) によると．「新聞」は次のように定義され，「新聞」を構成する要素の 1 つ，あるいは両方を表すことができることを意味する．
　(i)　新聞 = {print-matter•organization, print-matter, organization}
なお，「印刷物」という名詞句も物理的な個体と情報という意味の二面性を持つドットタイプである（Pustejovsky (1995: 154)）．

第 11 章　動詞「掘る」の多義性について　　259

(19)
$$
\left[
\begin{array}{l}
\text{穴} \\
\text{ARG} =
\left[
\begin{array}{l}
\text{ARG } 1 = \boxed{1} : \text{physobj\_space} \\
\text{D-ARG } 1 = h: \text{animate} \\
\text{D-ARG } 2 = \boxed{2} : \text{mass}\bullet\text{space}
\end{array}
\right] \\
\text{QUALIA} =
\left[
\begin{array}{l}
\text{FORMAL} = \boxed{1} \\
\text{CONST} = \boxed{2} \\
\text{AGENT} = \text{dig\_act } (e_1, h, \boxed{2})
\end{array}
\right]
\end{array}
\right]
$$

　なお,「芋」の主体役割にはどうやって芋が形成されたかといった情報も記述されていると考えられるが,本稿では特に「土などに埋まっている」という情報の記述のみを取り扱うことにする.「穴」のような人工物を表すような名詞句の場合では,目的役割にも情報の記述があると考えられるが,ここでは議論に直接関わらない場合は省略する.

　また,「穴」については自然現象によって形成される穴も考えられるが,その場合,動詞「掘る」とは共起せず「穴があく」,あるいは「穴が出来る」というような表現になる.ここでは「掘る」と共起可能な人工物の穴を取り上げる.

4.　「掘る」のメカニズム

　3.1 節で考察した目的語タイプをふまえ,動詞「掘る」のメカニズムを考察する.考察するうえで,「掘る」に見られる 3 つの用法を,議論する目的でそれぞれ次のように呼ぶことにする.

(20)　a.　「土を掘る」の「掘る」を様態用法とし,「掘る$_{様態}$」と表す.
　　　b.　「芋を掘る」の「掘る」を取出用法とし,「掘る$_{取出}$」と表す.
　　　c.　「穴を掘る」の「掘る」を作成用法とし,「掘る$_{作成}$」と表す.

　「掘る」の多義性を考察する前に,英語の動詞 bake と日本語の動詞「焼く」の振舞いを観察し両者の意味の違いを比べてみる.その後,「掘る」についての新しい分析案を提案する.

4.1.　「掘る」と「焼く」

　「掘る」と類似したような振舞いをする動詞に「焼く」がある.例えば以下の例の a 文にあるように動詞の表す行為の対象となるモノを目的語にとる用法と,b 文のように行為の結果出来上がるモノを目的語にとる用法である.後者の用法は目的語の表すモノが出現する,という作成の読みになる.

(21) a. （ケーキの）生地を焼く
　　　b. ケーキを焼く
(22) a. （牛）肉を焼く
　　　b. ステーキを焼く
(23) a. （成形した）粘土を焼く
　　　b. 焼き物を焼く

　上述するような振舞いをする「焼く」は英語の動詞 bake と同じように考えることができる．Pustejovsky（1995）の提案する bake から，日本語の動詞「焼く」の基本義を状態変化動詞として考え，次のような意味構造を仮定し，1つの語義から「ケーキ」のような名詞句との合成により作成の解釈が得られると考えてみる．目的語タイプは，素材，あるいは階層関係にあると考えられる個体（physical object）を指定している．

(24)
$$
\begin{bmatrix}
\text{焼く} \\
\text{ARG} = \begin{bmatrix} \text{ARG 1} = \boxed{1} : \text{animate} \\ \text{ARG 2} = \boxed{2} : \text{mass\_physobj} \end{bmatrix} \\
\text{QUALIA} = \begin{bmatrix} \textbf{state\_change\_lcp} \\ \text{AGENT} = \text{ACT-ON}\ (e_1, \boxed{1}, \boxed{2}) \end{bmatrix}
\end{bmatrix}
$$

　基本義の「焼く」と「（ケーキの）生地」や「肉」などのように素材をあらわすような名詞句が目的語のときは，動詞が指定する目的語のタイプと当該の名詞句のタイプが一致するため，共合成のような生成メカニズムは機能せずそのままシンプルに意味の計算が行われる．素材をあらわす「生地」や「肉」といった名詞句は，Pustejovsky（2001, 2003）の考える natural type であり，クオリア構造が形式役割と構成役割で形成されるシンプルな概念を持つタイプである．

　3.1 節で考察した土タイプや芋タイプも同じ natural type であり形式役割と構成役割で形成されるシンプルな概念タイプであるが，芋タイプのような自然物を表す名詞句の場合では，そのモノが人工的な経過を経て発生したのか，あるいはどのように発生したのかが一般的に理解されていれば主体役割の記述が導入されていると考えられている（Pustejovsky（2003, 2001），伊藤（2020））．このように GL の枠組みでは，シンプルな概念タイプから主体役割や目的役割を付加することで，新しい概念タイプをその都度提案することなく別の概念タイプを表記することが可能である．[5] ただし，共起する動詞により目的語タ

---

　[5] GL の枠組みでは意味構造に関連して大まかに3つの概念タイプについて述べられている．

イプから読みとる情報は異なると考えられる．

　「(ケーキの) 生地」という名詞句の構成役割には構成素となる情報が細かく記述されているとも考えられるが，ひとまず大きく1つのデフォルト項として捉えておくことにする．重要なのは，「焼く」については目的語タイプが natural type の場合，あるいは「(ケーキの) 生地」のように natural type に主体役割の記述指定が付加されているようなタイプの場合では，主体役割の情報の読み込みがおこらないという点である．

(25)
$$
\begin{bmatrix}
\text{(ケーキの) 生地} \\
\text{ARG} = \begin{bmatrix} \text{ARG 1} = \boxed{1} : \text{mass\_physobj} \\ \text{D-ARG} = \boxed{2} : \text{mass\_physobj} \end{bmatrix} \\
\text{QUALIA} = \begin{bmatrix} \text{FORMAL} = \boxed{1} \\ \text{CONST} = \boxed{2} \\ \text{AGENT} = \text{mix\_act} \ (e_1, h, \boxed{2}) \end{bmatrix}
\end{bmatrix}
$$

　一方で，「ケーキ」などのような名詞句は，人が焼くなどの行為をしてケーキを作ったというような起因事象の記述を持つと考えられる人工物であり，主体役割に動詞「焼く」を指定するような情報が記述されていると考える．また，目的役割も Pustejovsky (1995: 123) が英語の名詞句 cake で表記しているように，食べるというような情報の記述があると考えられるが，ここでは議論の対象としないので省略する．

(26)
$$
\begin{bmatrix}
\text{ケーキ} \\
\text{ARG} = \begin{bmatrix} \text{ARG 1} = \boxed{1} : \text{artifact\_physobj\_food} \\ \text{D-ARG 2} = \boxed{2} : \text{mass} \end{bmatrix} \\
\text{QUALIA} = \begin{bmatrix} \text{FORMAL} = \boxed{1} \\ \text{CONST} = \boxed{2} \\ \text{AGENT} = \text{bake\_act} \ (e_1, h, \boxed{2}) \end{bmatrix}
\end{bmatrix}
$$

　Pustejovsky (1995) によると，動詞「焼く」が (24) で指定されるような目的語タイプと一致しない名詞句タイプを目的語とする場合，タイプを一致させるための意味操作が起きると考える．これは共指定 (cospecification) (Puste-

---

1つ目は形式役割と主体役割のみで構成されるシンプルな natural type，2つ目は natural type を基本に主体役割あるいは目的役割の記述が導入されるタイプと人工的に形成されるモノをあわせた artifactual type という概念タイプである．3つ目は「新聞」などのように名詞句でも2つの項実現が可能な概念をあらわす dot type である．

262 　第 III 部　語や形態素の意味・構造・機能

jovsky（1995: 123））と仮定される意味操作であり，動詞の持つ主体役割の情
報とその目的語となる名詞句の持つ主体役割の情報とが同一であると指定され
る．

(27)　QUALIA [AGENT = ACT-ON]（焼く）
　　　　= QUALIA [AGENT = bake_act]（ケーキ）

　その後，動詞「焼く」とその目的語である「ケーキ」の持つクオリア構造に
記述されている双方の情報が合成されることで，目的語の形式役割の情報が動
詞句の形式役割の情報として導入される．これは共合成と呼ばれる生成メカニ
ズムであり，目的語となる名詞句の持つ意味情報が目的語を支配する動詞に対
し重要な役割を果たしている．
　作成の意味を持つ日本語の「焼く」を「焼く作成」とすると，この動詞の基本
義として仮定した (24) の意味構造から次のような意味構造が仮定できる．

(28)
$$
\begin{bmatrix}
\text{焼く}_{作成} \\
\text{ARG} = \begin{bmatrix} \text{ARG 1} = \boxed{1}: \text{animate} \\ \text{ARG 2} = \boxed{2}: \text{artifact\_physobj (CONST} = \boxed{3}) \\ \text{D-ARG} = \boxed{3}: \text{mass} \end{bmatrix} \\
\text{QUALIA} = \begin{bmatrix} \textbf{create\_lcp} \\ \text{FORMAL} = \text{exist } (e_2, \boxed{2}) \\ \text{AGENT} = \text{ACT-ON } (e_1, \boxed{1}, \boxed{3}) \end{bmatrix}
\end{bmatrix}
$$

　ここまでは日本語の動詞「焼く」は英語の動詞 bake と同じように考えるこ
とができるが，日本語の「焼く」には次のような表現がある．この場合の「焼
く」は燃やして失くす，という意味で使われる．この用法は，「生地を焼く」，
「肉を焼く」といった用法や「ケーキを焼く」，「ステーキを焼く」といった用法
とは異なると考えられる．

(29) a.　失火で家を焼く
　　 b.　枯草を焼く

　「（ケーキの）生地を焼く」や「肉を焼く」といったような表現は，生地や肉
を焼くことによって食べられるようにすることであり焼失させてしまう解釈は
起きない．しかし，「家を焼く」の場合は，焼くという行為を表す過程の事象
から，目的語の表すモノ，この場合，家を焼失してしまうという状態をともな
う語へと定義しなおされている．作成の意味を持つ「焼く」ではない別の「焼
く」へと共合成のような生成メカニズムにより派生していると捉えることがで

きる.

　ここで「掘る」の場合を考えてみる. 英語の動詞 bake を基にして「掘る」の基本義を (24) のような意味構造を仮定すると,「土を掘る」が「(ケーキの) 生地を焼く」に,「穴を掘る」が「ケーキを焼く」に対応させて考えることができる. しかし,「芋を掘る」の「掘る」が派生するには「家を焼く」と同様に作成の解釈が派生される場合とは異なる共合成のメカニズムを考える必要がある.[6]

4.2. 「掘る」の基本義:「proto 掘る」

　動詞「掘る」は英語の動詞 bake とは異なる基本義が想定されることから, 3 つの用法の「掘る」を観察しそれぞれの用法の際の「掘る」の意味構造を考える. まず, 様態用法の「掘る$_{様態}$」は次のような例から, 穴が開いたといった結果事象に焦点があるというよりは掘るという継続的な事象の方に焦点があると考えられる.

(30) a.　池をつくるのに半日間, 土を掘った.
　　 b.　野菜をつくるのに半日間, 畑 (の土) を掘った.

　様態用法の「掘る」は継続的な活動をあらわす他動詞として振る舞っており次のような意味構造が考えられる.「土を掘る」は 3.1 節でも考察したとおり「地面を掘る」とも言い換えられることから, 目的語のタイプには mass●space の dot type が指定されていると考えられる.

(31)

$$
\begin{bmatrix}
掘る_{様態} \\
ARG = \begin{bmatrix} ARG\ 1 = h: \text{animate} \\ ARG\ 2 = \boxed{1}: \text{mass●space} \end{bmatrix} \\
QUALIA = \begin{bmatrix} \textbf{state\_change\_lcp} \\ AGENT = \text{ACT-ON}\ (e_1, h, \boxed{1}) \end{bmatrix}
\end{bmatrix}
$$

　次に (31) の「掘る$_{様態}$」を基に作成用法の「掘る$_{作成}$」を考えてみる. 3.1 節で考察した人工物としての「穴」を目的語とする場合, 共合成により「掘る」の意味が定義しなおされるとすると,「焼く$_{作成}$」と同様に次のような意味構造を仮定できる.

---

[6] 本稿のテーマは「掘る」についての分析のため,「焼く」についての分析は今後の課題としたい.

264　　第 III 部　語や形態素の意味・構造・機能

(32)
$$
\begin{bmatrix}
掘る_{作成} \\
ARG = \begin{bmatrix} ARG\ 1 = h:\ animate \\ ARG\ 2 = \boxed{1}:\ artifact\_physobj\ (CONST = \boxed{2}) \\ D\text{-}ARG\ 1 = \boxed{2}:\ mass \bullet space \end{bmatrix} \\
QUALIA = \begin{bmatrix} \textbf{create\_lcp} \\ FORMAL = exist\ (e_2,\ \boxed{1}) \\ AGENT = ACT\text{-}ON\ (e_1,\ h,\ \boxed{2}) \end{bmatrix}
\end{bmatrix}
$$

　最後に取出用法の「掘る$_{取出}$」を考えてみる．この用法での目的語タイプは作成用法の「掘る」の場合とは異なり，名詞句のもつクオリア構造の形式役割の情報が「掘る」のクオリア構造の形式役割へとは導入されず作成のような意味の派生が起こらないと考えられる．一方で，次のような例から掘る行為の結果，芋や石油がなかったため取り出せなかったとしても不自然ではない．

(33) a.　畑で半日かけて芋を掘ったが，芋が取れなかった．
　　　b.　鉱山で半日かけて石炭を掘ったが，石炭が取れなかった．

　これらの点から，「掘る$_{取出}$」では芋を取り出すという読みで使う場合，意味の取り消しが可能であり結果事象として記述されていると考えるより，目的や用途として記述され推論されると捉えることができる．従って，取り出すといったような情報は目的役割に記述に指定されているとし，「掘る$_{取出}$」を次のように仮定する．項構造にあるデフォルト項の要素が目的役割の要素と連携されることで目的役割の情報の読み込みが可能となる．

(34)
$$
\begin{bmatrix}
掘る_{取出} \\
ARG = \begin{bmatrix} ARG\ 1 = h:\ animate \\ ARG\ 2 = \boxed{1}:\ physobj\ (AGENT = \boxed{2}) \\ D\text{-}ARG\ 1 = \boxed{2}:\ mass \bullet space \end{bmatrix} \\
QUALIA = \begin{bmatrix} \textbf{state\_change\_lcp} \\ AGENT = ACT\text{-}ON\ (e_1,\ h,\ \boxed{1}) \\ TELIC = CAUSE\ (h,\ BECOME\ (\boxed{1},\ BE\text{-}AT\ (out\_of\ (\boxed{2})))) \end{bmatrix}
\end{bmatrix}
$$

　ここまで「掘る」の 3 つの用法での意味構造を考察してきたが，それぞれの「掘る」で共通する点は土タイプの名詞句が項構造において目的語，あるいはデフォルト項として関わるということである．クオリア構造では主体役割，あるいは目的役割の要素として関わる．

第 11 章　動詞「掘る」の多義性について　　　265

(35)
用法	目的語 タイプ	クオリア構造 主体役割	目的役割
掘る_{様態}	土	土	
掘る_{作成}	穴	土 (デフォルト項)	
掘る_{取出}	芋	芋	土 (デフォルト項)

「土を掘る」という表現は「穴を掘る」と同義で使われることもあり，「穴を掘る」は穴をあけるという意味で使われ，「穴を穿つ」というような表現に言い換えが可能である．しかし，「掘る」の目的語に「埋められた」という表現を付加すれば「芋を掘る」のような使い方が可能かというとそういうわけではない．いくら土に埋まっている状態でも土砂災害などで生き埋めになった人を救助する場合，「生き埋めの人を掘る」とは表現せず以下の例の b 文のように「土を掘る」という表現を使う方が自然である．

(36)　a.　*土砂災害で生き埋めの人を掘って助ける．
　　　 b.　土砂災害で生き埋めの人を<u>土を掘って</u>助ける．

「掘る_{取出}」の用法で目的役割の記述に「取り出す」といったような意味の記述が指定されていると仮定しているが，「生き埋めの人を掘る」とは表現できない点から，目的語タイプのうち芋タイプの名詞句が持つと仮定する「(土中に) 完全に埋まっている」という情報が語彙として記述されており，この情報が重要な役割を果たしていると考えられる．
　また，「掘る」は動作主をとり，動詞の行為をあらわす対象をとる純粋な他動詞であり自動詞はない．例えば次のような表現は自動詞の読みで「土が自然に取り除かれていた (掘れていた)」とはならない．[7]

(37)　*土が掘れた

　こうした点と「掘る」の 3 つの用法の意味構造の考察から，「掘る」の基本義を次のように仮定し「proto 掘る」とする．共合成により「掘る」の意味が「取り出す」という意味として再定義されるとするなら，目的語となる「芋」のような名詞句の語彙に目的役割の情報として記述されると考えることができる．しかし，「芋」といったような名詞句を認識するだけで「取り出す」といったような情報が目的役割として記述されると仮定するよりは，「掘る」のような動詞と連動することが条件となるのではないかと考えられる．

---

[7] 土を掘ることが出来た，という可能の意味では使える．

266 第 III 部　語や形態素の意味・構造・機能

(38)
$$
\begin{bmatrix}
\text{proto 掘る} \\
\text{ARG} = \begin{bmatrix}
\text{ARG } 1 = h\text{: animate} \\
\text{ARG } 2 = \boxed{1}\text{: mass}\bullet\text{space （土など）} \\
\text{D-ARG } 1 = \boxed{2}\text{: physobj （AGENT} = \ldots\boxed{1}\ldots\text{) （芋など）}
\end{bmatrix} \\
\text{QUALIA} = \begin{bmatrix}
\textbf{state\_change\_lcp} \\
\text{AGENT} = \text{ACT-ON } (e_1, h, \boxed{1}) \\
\text{TELIC} = \text{CAUSE } (h, \text{BECOME } (\boxed{2}, \text{BE-AT } (\text{out\_of } (\boxed{1}))))
\end{bmatrix}
\end{bmatrix}
$$

　穴タイプは共合成により意味が再定義されると考えるので，「穴」などの名詞句が目的語として「proto 掘る」と共起することで形式役割の情報が穴タイプから導入され結果事象として指定される．その場合は，「proto 掘る」のデフォルト項と目的役割の情報の読み込みは起きないと考える．

　「掘る」の基本義として「proto 掘る」が語彙素としてレキシコンに登録されており，それぞれ次のような過程を経て語として「掘る様態」，「掘る作成」，「掘る取出」へと派生すると考えられる．

　まず「土を掘る」は，(38) の「proto 掘る」と (17) の再掲である以下の「土」が目的語として選択されると，既定値として記述されている項タイプと一致するため，「掘る様態」が派生し，次に「土」がそのまま代入され意味の計算が促される．

(39) a.
$$
\begin{bmatrix}
\text{土} \\
\text{ARG} = \begin{bmatrix} \text{ARG } 1 = \boxed{1}\text{: mass}\bullet\text{space} \end{bmatrix} \\
\text{QUALIA} = \begin{bmatrix} \text{FORMAL} = \boxed{1} \end{bmatrix}
\end{bmatrix}
$$

b.　「土を掘る」の「掘る様態」が派生する．
$$
\begin{bmatrix}
\text{掘る}_{様態} \\
\text{ARG} = \begin{bmatrix}
\text{ARG } 1 = h\text{: animate} \\
\text{ARG } 2 = \boxed{1}\text{: mass}\bullet\text{space}
\end{bmatrix} \\
\text{QUALIA} = \begin{bmatrix}
\textbf{state\_change\_lcp} \\
\text{AGENT} = \text{ACT-ON } (e_1, h, \boxed{1})
\end{bmatrix}
\end{bmatrix}
$$

c.　目的語の「土」が代入される．
$$
\begin{bmatrix}
\text{土を掘る} \\
\text{ARG} = \begin{bmatrix} \text{ARG } 1 = h\text{: animate} \end{bmatrix} \\
\text{QUALIA} = \begin{bmatrix}
\textbf{state\_change\_lcp} \\
\text{AGENT} = \text{ACT-ON } (e_1, h, [\![土]\!])
\end{bmatrix}
\end{bmatrix}
$$

次に「穴を掘る」は，(38) の「proto 掘る」と (19) の再掲である以下の穴

第 11 章　動詞「掘る」の多義性について　　267

タイプが項として共起すると，必須項で既定値として指定されている項タイプとは一致しないため，動詞と目的語との間で調整を行おうとする．まず目的語の穴タイプの名詞句のクオリア構造にある主体役割の情報と動詞「掘る」の主体役割の同定がおきる．次に「掘る」が目的語の形式役割の情報を共合成により動詞の情報へ導入され意味の再定義が促される．

(40) a.
$$
\begin{bmatrix}
\text{穴} \\[2pt]
\text{ARG} = \begin{bmatrix}
\text{ARG 1} = \boxed{1}: \text{physobj\_space} \\
\text{D-ARG 1} = h: \text{animate} \\
\text{D-ARG 2} = \boxed{2}: \text{mass}\bullet\text{space}
\end{bmatrix} \\[20pt]
\text{QUALIA} = \begin{bmatrix}
\text{FORMAL} = \boxed{1} \\
\text{CONST} = \boxed{2} \\
\text{AGENT} = \text{dig\_act}\ (e_1, h, \boxed{2})
\end{bmatrix}
\end{bmatrix}
$$

b.　目的語と動詞のもつ主体役割の情報が同定され，共合成が機能し「掘る_{作成}」が派生する．

$$
\begin{bmatrix}
\text{掘る}_{作成} \\[2pt]
\text{ARG} = \begin{bmatrix}
\text{ARG 1} = h: \text{animate} \\
\text{ARG 2} = \boxed{1}: \text{physobj\_space} \begin{bmatrix}\text{AGENT} = \ldots\boxed{2}\ldots \\ \text{CONST} = \boxed{2}\end{bmatrix} \\
\text{D-ARG 1} = \boxed{2}: \text{mass}\bullet\text{space}
\end{bmatrix} \\[24pt]
\text{QUALIA} = \begin{bmatrix}
\textbf{state\_change\_lcp} \\
\text{FORMAL} = \text{exist}\ (e_2, \boxed{1}) \\
\text{AGENT} = \text{ACT-ON}\ (e_1, h, \boxed{2})
\end{bmatrix}
\end{bmatrix}
$$

c.　目的語の「穴」が代入される．デフォルト項は目的語の「穴」のもつ構成役割が動詞句の構成役割の情報として読み込まれる．

$$
\begin{bmatrix}
\text{穴を掘る} \\[2pt]
\text{ARG} = \begin{bmatrix}
\text{ARG 1} = h: \text{animate} \\
\text{D-ARG 1} = \boxed{2}: \text{mass}\bullet\text{space}
\end{bmatrix} \\[14pt]
\text{QUALIA} = \begin{bmatrix}
\textbf{state\_change\_lcp} \\
\text{FORMAL} = \text{exist}\ (e_2, [\![\text{穴}]\!]) \\
\begin{bmatrix}\text{CONST} = \boxed{2}\end{bmatrix} \\
\text{AGENT} = \text{ACT-ON}\ (e_1, h, \boxed{2})
\end{bmatrix}
\end{bmatrix}
$$

　最後に「芋を掘る」の場合は，(38) の「proto 掘る」と (18) の再掲である以下の芋タイプが項として共起すると，デフォルト項の芋タイプとの一致により，デフォルト項が必須項となる．それに伴い，既定値の土タイプがデフォル

ト項へと記述変更され，目的語となる名詞句の主体役割の情報がデフォルト項を経由して目的役割の情報の読み込みを促す．

(41) a.
$$
\begin{bmatrix}
\text{芋} \\
\text{ARG} = \begin{bmatrix} \text{ARG 1} = \boxed{1} : \text{physobj} \\ \text{D-ARG} = \boxed{2} : \text{mass} \bullet \text{space} \end{bmatrix} \\
\text{QUALIA} = \begin{bmatrix} \text{CONST} = \boxed{1} \\ \text{AGENT} = \text{BE-AT (UNDER } \boxed{2}) \end{bmatrix}
\end{bmatrix}
$$

b. デフォルト項に記述されている項タイプと一致することにより，必須項となる．既定値の土タイプはデフォルト項へと記述変更されることで「掘る_{取出}」が派生する．

$$
\begin{bmatrix}
\text{掘る}_{\text{取出}} \\
\text{ARG} = \begin{bmatrix} \text{ARG 1} = h: \text{animate} \\ \text{ARG 1} = \boxed{2} : \text{physobj (AGENT} = \dots \boxed{1} \dots) \text{（芋など）} \\ \text{D-ARG 2} = \boxed{1} : \text{mass} \bullet \text{space （土など）} \end{bmatrix} \\
\text{QUALIA} = \begin{bmatrix} \textbf{state\_change\_lcp} \\ \text{AGENT} = \text{ACT-ON } (e_1, h, \boxed{1}) \\ \text{TELIC} = \text{CAUSE } (h, \text{BECOME } (\boxed{2}, \text{BE-AT (out\_of } (\boxed{1})))) \end{bmatrix}
\end{bmatrix}
$$

c. 目的語の「芋」が代入される．

$$
\begin{bmatrix}
\text{芋を掘る} \\
\text{ARG} = \begin{bmatrix} \text{ARG 1} = h: \text{animate} \\ \text{D-ARG 2} = \boxed{1} : \text{mass} \bullet \text{space （土など）} \end{bmatrix} \\
\text{QUALIA} = \begin{bmatrix} \textbf{state\_change\_lcp} \\ \text{AGENT} = \text{ACT-ON } (e_1, h, [\![\text{芋}]\!]) \\ \text{TELIC} = \text{CAUSE } (h, \text{BECOME } ([\![\text{芋}]\!], \text{BE-AT (out\_of } (\boxed{1})))) \end{bmatrix}
\end{bmatrix}
$$

上述の過程を目的語タイプとそれぞれのタイプに関わる土タイプとの関係性と動詞「掘る」との関わりをまとめると次のようになる．

(42)

目的語タイプ	土タイプと目的語タイプ別クオリア構造での関係	「掘る」のクオリア構造	
土	形式役割	主体役割	タイプ一致
穴	主体役割	主体役割	共指定から共合成が機能
芋	主体役割	目的役割	情報の読み込み

「掘る」のような動詞は，動詞とその目的語となる名詞句のクオリア構造に記述されている主体役割の情報が同定されれば共合成という生成メカニズムが機能し，動詞の意味が定義しなおされる．一方で，「芋を掘る」のような表現が可能であるのは，芋タイプが「掘る」の項構造にデフォルト項として記述されており，クオリア構造の目的役割と連動していると考えられるといえる．

穴タイプと異なる点は，動詞とその目的語がそれぞれに持つ主体役割の情報による同定が起きず，代わりに目的役割の記述が読み込まれることである．ここで日本語の「焼く」を考えてみると，生地やケーキを焼く場合は，目的語となる名詞句があらわす対象物を焼いて食べられるようにするという意味である．一方で「家を焼く」は家が焼けてなくなってしまうという意味である．この「家を焼く」という用法は，「掘る」の「芋を掘る」と同じような分析ができるのではないかと考えられる．

(43) a. （ケーキの）生地を焼く   (44) a. 土を掘る
   b. ケーキを焼く   b. 穴を掘る
   c. （失火で）家を焼く   c. 芋を掘る

「掘る」や日本語の「焼く」に観察される用法では，目的語タイプとなる名詞句のクオリア構造内の主体役割の要素が，動詞の持つクオリア構造の主体役割の要素と同定可能であれば作成の意味が派生すると言える．一方で「芋」や「家」のようなタイプの名詞句を目的語にとる場合には，それぞれ「掘る」や「焼く」といった動詞と共起することで「取り出す，掘り出す」や「焼けてなくなる」といった情報が動詞の目的役割に記述指定されると考えられる．

5. まとめと今後の課題

本稿では「掘る」の基本の語彙素を「土を掘る」，「芋を掘る」，「穴を掘る」という表現から，それぞれの用法の目的語タイプを土タイプ，芋タイプ，穴タイプに分けて考察し，3つの目的語タイプは，土タイプが芋タイプと穴タイプの名詞句のクオリア構造内の主体役割の要素として関わることを示唆した．その上で「土を掘る」に観察される用法の目的語，土タイプを目的語の既定値として仮定し3つの用法が派生するメカニズムの説明を試みた．

既定値の土タイプに加え，作成の読みで使われる「穴を掘る」の「掘る$_{作成}$」と土中などから何かを掘り出す意味で使われる「芋を掘る」の「掘る$_{取出}$」から，「掘る」の語彙素の項構造にデフォルト項として芋タイプの記述があると仮定することを提案した．さらにデフォルト項が必須項に記述変更されるには当該

の名詞句タイプのクオリア構造の主体役割が重要な役割を果たすことを示した.

　日本語の動詞「焼く」は英語の動詞 bake と異なり,「掘る」と同じような分析が可能であることを示唆したが,「焼く」に関する具体的な検証やこれ以外の動詞でも説明が可能かどうかの検証が今後の課題である.

参考文献

Jackendoff, Ray (1990) *Semantic Structures*, MIT Press, Cambridge, MA.

Levin, Beth and Malka Rappaport Hovav (1995) *Unaccusativity: At the Sytax-Lexical Semantics Interface*, University of Chicago Press, Chicago.

Pustejovsky, James (1995) *The Generative Lexicon*, MIT Press, Cambridge, MA.

Pustejovsky, James (2001) "Type Construction and Logic of Concepts," *The Language of Word Meaning*, ed. by Pierrette Bouillon and Federica Busa, 91-123, Cambridge University Press, Cambridge.

Pustejovsky, James (2003) "Categories, types, and qualia selection," *Asymmetry in Grammar Volume 1: Syntax and Semantics*, ed. by Anna M. Di Sciullo, 373-393, John Benjamins, Amsterdam.

Sag, Ivan A., Thomas Wasow and Emily M. Bender (2003) *Syntactic Theory: A Formal Introduction, Second Edition*, CSLI Publications, Stanford.

伊藤たかね (2020)「名詞転換動詞形成にかかわる制約——英語の作成動詞と産出動詞を中心に——」『名詞をめぐる諸問題——語形成・意味・構文——』, 由本陽子・岸本秀樹 (編), 24-46, 開拓社, 東京.

第 12 章

5 種類の接辞「っこ」の意味と機能*

木戸 康人

九州国際大学

1. はじめに

　世界の言語には子供らしさや可愛らしさを表すための接辞が存在し，その接辞の多くは子供が関係した語からできていることが知られている（Jurafsky (1996)）．日本語にも（1a）に示すような子供らしさを表す指小辞としての「（っ）子」があることが皆島（2003）で報告されている．しかし日本語には，(1b-f) に示すように，(1a) の「子」の多義ないし同音異義の形態素が存在する．

(1) a. 子分，子犬，ちびっ子，踊り子，甥っ子　　　　　　（皆島 (2003)）
　　 b. 隅<u>っこ</u>，し<u>っこ</u>
　　 c. そんなのでき<u>っこ</u>ないよ．
　　 d. ジョンとボブが殴り合い<u>っこ</u>（を）した．
　　 e. 人<u>っこ</u>一人，落<u>っこ</u>ちる
　　 f. 根<u>っこ</u>，よ<u>っこ</u>らしょ

(1) に示すように日本語には様々な意味を有する「っこ」がある．しかし，(1a-f) の「っこ」は多義と同音異義が混在しており，日本語に「っこ」という接辞がいくつあるのかが不明である．本稿では，日本語に 5 種類の「っこ」が存在することを統語的，形態的，音韻的，意味的，語源的観点から論じる．具体的には，語彙化した「っ子」（Type1）にはそれから派生した指小辞や幼児語としての「っこ」があることを論じる．加えて，「こと」が語源の「（っ）こ」(Type2) と「ごっこ」を語源とする「っこ」(Type3)，語と語の間や語幹の

---

　* 本稿は第 164 回全国大会日本言語学会（2022 年 6 月 19 日）でのワークショップ「語彙と語用のはざまで」で口頭発表した内容（木戸 (2022)）を発展させたものである．本研究は JSPS 科研費 (19K13161) の助成を受けている．

271

中に入り込む「っこ」(Type4) と Type1 から Type4 のどれにも該当しない「っこ」(Type5) があることを論じる.

　本稿の構成は以下の通りである. 第 2 節では,「っこ」を形態, 意味, 語源的観点から 5 種類に分類する. 第 3 節では, 統語的, 音韻的観点から 5 種類の「っこ」の共通点と相違点を整理する. 第 4 節では, まとめを述べる.

2.　5 種類の「っこ」

　本節では, 日本語で観察される接辞「っこ」を形態的, 意味的, 語源的観点から論じ,「っこ」が 5 種類に大きく分類されることを示す.

2.1.　語彙化した「っ子」(Type1)

　まず,「X の子」の意味を残した「っ子」(Type1-1) について論じる.[1]

　「X の子」における X には, 場所や時代が関係する名詞や子供の属性を表す名詞がくる. Type1-1 の「子」は多義であり基本的にはその場所や時代, 属性を表す子供を指すが,「江戸っ子」のように子供だけでなく大人を指すこともありうる.[2,3]

(2)　a.　場所＋っ子
　　　　　江戸っ子, 地方っ子, 都会っ子, ロンドン (っ) 子, パリっ子,
　　　　　団地っ子, 九州っ子, 土地っ子, [G]宮っ子, [G]神戸っ子, [G]宮城っ子,
　　　　　[G]媛っ子, など
　　　b.　時代＋っ子
　　　　　[G]過去っ子, 現代っ子, [G]輝く未来っ子, 大正っ子, 昭和っ子,
　　　　　平成っ子, 令和っ子, など

---

[1]「っ子」は「御家っ子」のように「の子」の意味を表す「っ子」が語彙化したものと考える.「っ子」の語源が「の子」なのであれば,「の子」は「ん子」のように撥音便化するはずだが, そうはなっていないためである.

[2] Google からのデータには, G が付してある.

[3]「子」が形態素に付加することもある.「子」が付くことで, 親と子や教師と生徒のような親子関係や上下関係が表される場合は, (ia) のように「子」が濁音化する. 一方,「子」が何らかの役割を表す場合には, (ib) のように「子」は濁音化しない.

(i)　a.　赤子, 乳飲み子, 迷子, 捨て子, 双子, 申し子, 落とし子, 逆子, 教え子
　　b.　色子, 本子, 踊り子, 売り子, 受け子, 出し子, 架け子, 買い子, 黒子, 乗り子

ただし, (ii) のように, (ia) と (ib) のどちらにも該当しない例もある. (ii) をどのように扱うかは今後の課題である.

(ii)　団子, 餃子, 椅子, 梯子, 弟子

c. 属性＋っ子[4]

鍵っ子，テレビっ子，[G]演歌っ子，[G]魔女っ子，いたずらっ子，
売れっ子，流行りっ子，いじめっ子，いじめられっ子，
憎まれっ子，揺さぶられっ子症候群，一人っ子，萌やしっ子，
ちびっ子，ぶりっ子，だだっ子，娘っ子，末っ子，甥っ子，
姪っ子，お兄ちゃん（っ）子，お姉ちゃん（っ）子，
おじいちゃん（っ）子，おばあちゃん（っ）子，など

「っ子」は，(2a) に示すように，子供（または大人）の生まれ育った場所を表すときに用いられる．また，(2b) のように，時代が関わる語とも共起する．もっとも多いのは，(2c) に示されるように，子供（または大人）の属性を表す語と結びつく場合である．(2) のほかにも，近年，「たべっ子どうぶつ」，「ふきっ子おやき」，「クルミっ子」，「もつっ子」などのように，食品の商標名としても使用される．

さらに，「っ子」の意味の漂白化により，「子」が子供のことを示さないが，「子」から連想される「子供らしさ」や「かわいらしさ」を示すことがある．例えば，(3a) に示すように，(2a) の「場所＋っ子」から派生した指小辞（diminutive）「っこ」（Type1-2）である．加えて，指小辞の「っこ」は (3b) のように幼児語（Type1-3）としても用いられる．

(3) a. 場所＋指小辞：隅っこ，端っこ，など
    b. 幼児語　　　：抱っこ，しっこ，うんこ，など

(3b) の「抱っこ」は *dak-kko* のように動詞語幹（dak）に「っこ」が付いている．また，「しっこ」や「うんこ」はオノマトペ「しー」や「うーん」に「っこ」が付いている．「しーっこ」や「うーんっこ」でない理由は超重音節を回避するという日本語の音韻特性によるものと考えられる．この点については 3.2 節で詳述する．

(3) のような指小辞「っこ」は北海道や東北地方の方言でよく観察される．

(4) どじょっこ ふなっこ，なべっこだんご，犬っこまつり，机っこ，
     芋っこ，窓っこ，昔っこ，お茶っこ，酒っこ，飴っこ，など
                          (cf. 世界の民謡・童謡研究会（1988-2024a））

---

[4] 近年，ネット用語として「嬉しっこ」「寂しっこ」「悲しっこ」などが用いられることがある．このような「感情形容詞語幹＋っこ」については今後の研究課題とする．

(4) は「っこ」がなくても意味解釈が可能なことから指小辞であると見なされる。このように，指小辞の「っこ」が付け加わることで，話者が子供らしい言い方で発話していることを表す。

　以上，「子」の意味を有した「っ子」とそれから派生したと考えられる指小辞や幼児語の「っこ」があることを述べた。次節では，縮約が関わる「っこ」について論じる。

2.2. 「こと」が語源の「っこ」（Type2）

　本節では，「こと」が縮約して「こ」になったものについて論じる。日本国語大辞典第二版（2001: 145）には「『こ』とは，「（『こと』の変化したもの）名詞または動詞の連用形に付いて，… のこと，… することの意を表わす。上が促音化することもある」と記されている。名詞に付く「こ」には，「あいこ（相こ）」があり，動詞の連用形に付く「こ」には，「馴れっこ」などがある（Type2-1）。

　さらに，日本国語大辞典第二版には，「『… （っ）こない』の形で，… するわけがない，… するはずがない，などの意を表わす」とも記されている。

(5) a. （そんなことで）太郎が驚き (っ)こ {が／は} ないよ。
    b. 降水確率0%の日に雨が降り (っ)こ {が／は} ない。

(5a, b) は「(っ)こ」（Type2-2）が動詞の連用形に付いている。(5a) の「驚きっこ {が／は} ない」は「驚くわけがないこと」，(5b) の「降りっこ {が／は} ない」は「降るはずがないこと」を表している。(5) のように動詞の連用形に付き，後ろに否定辞「ない」が続く「(っ)こ」はもっぱら話しことばで用いられる。そのため，格助詞「が」の出現は随意的であり，副助詞「は」を「(っ)こ」と「ない」の間に入れることも可能である。

　また，Type2-2 の「(っ)こ」は，「ない」が必ず後続するため，否定極性項目（Negative Polarity Item: NPI）として機能する。ただし，一般的な NPI は (6) に示すように未然形と共に用いられるが，Type2-2 の「(っ)こ」は (7) に示されるように連用形とともに用いられる点が特殊である。

(6) a. 陰キャの太郎がまったく {笑わ／*笑い} ない。
    b. 今日，雨がまったく {降ら／*降り} ない。
(7) a. 陰キャの太郎が {*笑わ／笑い} (っ)こない。
    b. 今日，雨が {*降ら／降り} (っ)こない。

(6) は一般的な NPI「まったく〜ない」の例で，動詞は未然形に活用している。

第 12 章　5 種類の接辞「っこ」の意味と機能　　　　275

一方，(7) は Type2-2 の「っこ」が「ない」と常に用いられる点で NPI としての性質を有していることを示している例で，動詞が連用形に活用している．
　さらに，「こと」が語源の「っこ」は否定を表す「なし」と共起して慣用的に用いられることもある．例えば，日本国語大辞典第二版 (2001: 145) によると，「っこ」は「『…(っ) こなし』の形で，『…しないことを互いに確認する』」という依頼や確認をする言語行為に用いられる (Type2-3)．(8) を見てみよう．

　(8) a.　恨みっこ (は) なしだからな．
　　　b.　隠しっこ (は) なしで，ざっくばらんに話しましょう．

(8) は，「恨むことはなしだ」「隠すことはなしだ」と解釈できる．また，Type2 の「っこ」は Type1-2 と Type1-3 で見たように，指小辞や幼児語としての「っこ」と同音異義であるため，異分析が起こり，話者が子供らしい言い方で発話していることも表すようになっていると考えられる．以上のことをまとめると (9) のように示される．

　(9)　「こと」が語源の「っこ」の特徴 (Type2)
　　　a.　「こと」の意味を表す．
　　　b.　話者が子供らしい言い方で発話していることを表す．

　以上，本節では縮約が関わる「っこ」について論じた．「っこ」における促音「っ」は随意的であり，「こ」は「こと」の縮約されたものであった．否定辞「ない」や「なし」が続く「こ」(Type2-2 と Type2-3) の場合は，動詞の連用形に付き，格助詞や副助詞は随意的であることを論じた．次節では，「ごっこ」を語源とした「っこ」について概説する．

2.3.　「ごっこ」を語源とする「っこ」(Type3)
　本節では「ごっこ」を語源とする「っこ」について論じる．「ごっこ」の意味は (10) のように定義される．

　(10)　「ごっこ」
　　　　名詞に付いて，二人以上のものがその動作・行為をすることを表す．
　　　　1.　いっしょにある動作のまねをすること，特に子供の遊びについていう．「鬼ごっこ」「プロレスごっこ」
　　　　2.　交代して同じような動作をすることにいう．ばんこ．
　　　　　「代はり―にする茶番だから」〈滑・八笑人・五〉

　　　　　　　　　　　　　　　　　　　　　　　　　　(デジタル大辞泉)

第 III 部　語や形態素の意味・構造・機能

「ごっこ」の語源には大きく2つある．1つは「事（こと／ごと）」を語源とする説である．柳田（1950）は，幼児語の中でも日本全国で各々の言い回しがあったオママゴトという語に着目して，日本の各地方言でオママゴトがどのように表現されるかを記述している．例えば，信州北部方言では，「ヨバッコ（馳走に招くこと）」のように「っこ」の形態で「こと」の意味が表されることを柳田が報告している．「ヨバッコ」における「ヨバ」とは，「馳走に招く」の意味であると柳田は記述している．さらに，飯島（2009: 24）は，「事（コト＝儀式・行事）を子供が訛って発音した言葉であ」ると述べている．つまり，子供が「事」を「こっこ」や「ごっこ」と発音していたという．

このように，「ごっこ」には「事」を語源とする説がある．なお，Type2 とType3 の違いは，「ごっこ」を語源としているかである．Type2 の「っこ」が「事」から直接派生されているのに対して，Type3 の「っこ」は複数人が何らかの儀式や行事を行うことを表す「事」が「ごっこ」になり，「ごっこ」が「っこ」になったと考える．したがって，本論文では「事」を語源とする「ごっこ」から派生した「っこ」には「2人以上の者が一緒にその行為・動作をすること」の意味があると考える．具体例として (11) を見てみよう．

(11) a.　毛布を分けっこしよ．
　　 b.　試験勉強，一緒に教え合いっこしよ．

(11a, b) は「分けること」「教え合うこと」というように2人で何かに取り組むことを表している．このことから (11) の「っこ」は「事」を語源とする「ごっこ」が語源であると考えられる．また，(11) の「っこ」も指小辞や幼児語としての「っこ」と同音異義であるため，話者が子供らしい言い方で発話していることも表すようになっている．以上のことから，「ごっこ」が語源の「っこ」の特徴は，(12) のようにまとめられる．

(12)　「ごっこ」が語源の「っこ」の特徴 (Type3-1)
　　 a.　誰かと一緒に何かをすることを表す．
　　 b.　話者が子供らしい言い方で発話していることを表す．

(12a) は，複合動詞「V＋合う」の「誰かと何かをお互いにすること」という意味と類似している．Type3-1 との共通点は「一緒に同じ何かをすること」である．一方，相違点は (12b) の解釈が可能かどうかである．例えば，(13a) は (12a) の解釈は可能だが，(12b) の解釈はできない．一方，(13b) は (12a, b) の両方の解釈が可能である．なお，(13b) では，「V＋合う」と「っこ」が両方とも「一緒に同じ何かをすること」を表すため，「合い」は随意的である．

第 12 章　5 種類の接辞「っこ」の意味と機能　　　　　　　　　　277

(13) a. 昨日，ジョンとビルが殴り合った．　　　　　(Kosuge (2014: 74))
　　 b. 昨日，ジョンとビルが殴り（合い）っこ（を）した．　（筆者作例）

　ここまでは「ごっこ」の語源が「事」であるとする説を見てきた．しかし，「ごっこ」の語源にはもう 1 つの説がある．それは「ごっこ」が競争することを表す「こくら」が語源であるというものである．世界の民謡・童謡研究会 (1988-2024b) の考察に基づくと，「ごっこ」の意味のもととなる語は古語の「ごく」であり，「ごく」とは古語の「こくら」が変化したものである．

(14) a. 「こくら」（「ごくら」「こぐら」とも）動詞の連用形，また，まれに
　　　　 名詞などに付いて，競争する意を表わす．くらべ．くら．ごく．
　　 b. 「ごく」（「こくら」の変化した語）近世の上方語．動詞の連用形に
　　　　 付いて，競争の意を表わす．くらべ．くら．ごっこ．「走りごく」
　　　　「にらみごく」など．〔随筆・守貞漫稿 (1837-53)〕[5]
　　　　　　　　　　　　　　〔〔精選版〕日本国語大辞典〕（網掛けは筆者）

網掛け部分を見るとわかるように，「こくら」に「ごく」の意味が，また，「ごく」に「ごっこ」の意味があることから，「ごっこ」の語源は「こくら」であったと考えられる．
　しかし，「ごっこ」と「こくら」には (15) に示すように意味に離齬がある．

(15) a. 「ごっこ」：子供が何かを真似て遊ぶこと．　例：電車ごっこ
　　 b. 「こくら」：競争すること．　　　　　　　例：走りこくら

このことについて世界の民謡・童謡研究会 (1998-2024b) は，「ごっこ」が大人の「真似」と「競争」の両方の要素を持つ例が重要であると考察している．

(16)

(16) では，「チャンバラごっこ」や「戦争ごっこ」が「真似」と「競争」の両方の要素を持つ子供の遊びであることが示されている．現代日本語では，この「ごっこ」が持つ「真似」の要素をそのまま「ごっこ」が引き継ぎ，一方，「競争」の要素を「っこ」が担うように分業したと同研究会は考察している．例えば，

---
　[5] 同研究会は「走りごく」は「かけっこ」，「にらみごく」は「にらめっこ」が語源であると推測している．

(17a, b) は，「真似」を表す「ごっこ」と「競争」を表す「っこ」の例である．

(17) a. 買い物ごっこ，郵便ごっこ，忍者ごっこ　　（「ごっこ」＝「真似」）
b. （追い）かけっこ，にらめっこ，ひっぱりっこ（「っこ」＝「競争」）

(17a) では，名詞に「ごっこ」が付け加えられることで，その名詞が表す内容や出来事を子供が真似て遊ぶことが示されている．一方，(17b) では，動詞語幹に「っこ」が付け加えられることで，その動詞が表す動作を誰かと一緒に行い競争することが示されている．また，Type2-3 や Type3-1 と同様に，「こくら」が語源の「っこ」は指小辞や幼児語としての「っこ」と同音異義であるため，異分析が起きていると考える．

(18) 「こくら」が語源の「っこ」の特徴 (cf. (17b)) (Type3-2)
a. 誰かと一緒に何かをして競争することを表す．
b. 話者が子供らしい言い方で発話していることを表す．

Type3-2 の「っこ」が「競争」の意味を表すことは意味的に動作主を必要とする非能格動詞と他動詞に付くことはできるが，動作主を必要としない非対格動詞に付くことができないことからも確認できる．

(19) a. 他動詞：　　　　ひっぱりっこ，にらめっこ，など
b. 非能格動詞：　かけっこ，[G]笑いっこ，など
c. 非対格動詞：*降りっこ，*ありっこ，*切れっこ，*驚きっこ，など

(19a) と (19b) に示すように，動作主を必要とする他動詞や非能格動詞に競争の意味を表す「っこ」が共起することは可能である．しかし，(19c) に示されるように，動作主が現れない非対格動詞と競争を表す「っこ」が共起することはない．このように，競争を表す「っこ」による分析は日本語に非能格動詞と非対格動詞という2種類の自動詞があるとする非対格仮説 (Perlmutter (1978)) が妥当であることを裏付けている．

　以上，「ごっこ」を語源とする「っこ」について論じた．具体的には，「事」と「こくら」を語源とする「っこ」の両方があることを示した．また，それぞれが指小辞や幼児語と同音異義であるため，異分析が起こり，話者が子供らしい言い方で発話していることを表すという特徴を有するようになっていることを示した．次節では，接中辞として「っこ」が日本語にあることを論じる．

2.4　語と語の間や語幹の中に入り込む「っこ」(Type4)

　本節では，日本語に「っこ」という接中辞があることを提案する．派生形態

第 12 章　5 種類の接辞「っこ」の意味と機能　　279

論の分野では，日本語や英語の語基に接頭辞や接尾辞が付くことはよく知られている．

(20) a.　接頭辞：非対称，再検討する，unkind，reexamine など
　　 b.　接尾辞：甘さ，甘み，kindness，examination など（竝木（2013））

　一方，ほかの形態素の内部に現れる接中辞は日本語や英語ではほとんど観察されない．しかし，オーストロネシア語族では多く見られると言われている．例えば，French（1988: 24–25）によると，（21）に示すように，タガログ語の接中辞 /-um-/ が，最初の音節頭（onset）の後に挿入されると基本形（BASIC: BAS）／完了相（COMPLETIVE: COM）を表すが，最初の母音と子音が重複（reduplication）し，かつ，最初の子音の後に /-um-/ が挿入されると継続相（CONTINUATIVE: CON）を表す．

(21) a.　stem: bilíh 'to buy'
　　　　 b-*um*-ilíh　　　　　　　'X buys'　　　　　（BAS）
　　　　 b-*um*-ilíh　　　　　　　'X bought'　　　　（COM）
　　　　 b-*um*-i-bilíh　　　　　　'X is buying'　　　（CON）
　　 b.　stem: grádwet 'to graduate'
　　　　 gr-*um*-ádwet　　　　　　'X graduates'　　　（BAS）
　　　　 gr-*um*-ádwet　　　　　　'X graduated'　　　（COM）
　　　　 g-*um*-a-grádwet　　　　 'X is graduating'　（CON）

このように，タガログ語には動詞語幹の中に入り込む接中辞が存在する．一方，日本語に接中辞があるかどうかに関しては議論が分かれている．例えば，Tsujimura（2014: 148）は日本語に接中辞はないと述べている．一方，那須（2004）は日本語には促音「っ」や撥音「ん」が強意（intensifier）の機能を語基に付け足す接中辞があると述べている．[6]

(22)　　ばったり，ぽっかり，ぐんにゃり，ふんわり，じんわり，など

———————
[6] 強意の機能を語基に付け足す例は英語にも存在する．
　(i) a.　abso-fucking-lutely, a-fucking-symptomatic, Cali-fucking-fornia など
　　　　　　　　　　　　　　　　　　　　　　　　　　　　（Kalin（2021））
　　 b.　fan-bloody-tastic, any-bloody-body, Singa-bloody-pore, my-bloody-self,
　　　　 e-bloody-nough など　　　　　　　　　　　　　（Tsujimura（2014:148））
(i) では，強意の機能を表す形態素 *-fucking-*, *-bloody-* が罵り語の一部で観察され接中辞のように振舞っていることが示されている．ただし，*fucking*, *bloody* は自由形態素であるため，接中辞ではないという意見もある（石黒ら（1993: 46））．

280　　第 III 部　語や形態素の意味・構造・機能

　このように，日本語にも接中辞があること，その接中辞は強意の機能を表すことが那須（2004）によって提案されている．本論文では，那須（2004）の提案に加えて，日本語に強意の機能を表す「っこ」と接中辞として機能する「っこ」があることを提案する．まず，強意の機能を表す「っこ」を見てみよう．

(23) a.　人っこ一人　（hito-kko-hitori）
　　　b.　引っこ抜く　（hik-kko-nuku）

(23a) は，N＋数量表現（例：本一冊買えない，猫の子一匹いない，など）でNPI として機能する「人一人」の「人」と「一人」の間に「っこ」がある例である．「っこ」が「人」に付加し，それが「一人」と併合して「人っこ一人」となっている．「っこ」が「人」に付加することで，「人一人」よりも否定の度合いが強められている．同様に，(23b) の「引っこ抜く」で観察される「っこ」の機能も意味を強めるものである．広辞苑によると，「引っこ抜く」とは「強引に引き抜く」ことを意味する．「引き抜く」自体には「強引に」という意味はないため，「っこ」によって「強引に」の意味が「引き抜く」に付加されていると考えられる．

　このように，(23a, b) の例は両方とも，もとの「人一人」や「引き抜く」にはない強意の機能を有している．この点で，「っこ」は (22) に示した「っ」や脚注6 に示した -fucking- や -bloody- と質的に同じである．ただし，(23) は前部要素と後部要素が複合して「人一人」や「引き抜く」という語になり，その語の内部に「っこ」が入っているのかは不明である．むしろ，「人」や hik（引く）に「っこ」が付加され，それに「一人」や「抜く」が組み合わせられていると考える方が自然である．そのため，(23) の「っこ」は接中辞ではないと考える．[7]

　それに対して，(24) に示す「っこ」の例は接中辞であると提案する．

(24)　落っこちる（o-kko-ti-ru），落っことす（o-kko-tos-u）

(24) は「落ちる（oti-ru）」「落とす（otos-u）」における語幹（oti と otos）のo と t の間に「っこ（kko）」が挿入されているが容認される．よって，「っこ」は接中辞であると考えられる．(24) における「っこ」が Type2 や Type3 の「っこ」とは別のものであることは，「落っこちっこない」などのように，

---

　[7]「引っこ抜く」が「引き抜く」という複合動詞の促音便化であるという仮説は，本論文では採用しない．もし「引く」が促音便化しているのであれば，「引っ抜く」であるはずだからである．

Type2 や Type3 の「っこ」と共起させられることからも裏付けられる.

「落っこちる」に関しては，江戸の寛政年間頃から「梯子からおっこちた」のように使われていたと三井（2016）が述べている．また，江戸時代に「落っこちる」は，「あいつにおっこちている（恋愛感情を持っている）.」という意味で用いられており，そこから派生した「おっこち（愛人）」が天保年間頃の流行語だったとも三井（2016）は述べている．三井（2016）による記述と本論文での「っこ」の分析を結び付けると，「落っこちる」に「っこ」が用いられているのは，話者が子供らしい言い方で発話していることを表す「っこ」を「落ちる」に付加することで照れ隠しをしていると推測される．ちなみに，「落っことす」は「落っこちる」が自他交替したものであると考える.[8]

（24）のように，日本語には接中辞「っこ」がある．ただし，（24）の「っこ」には（23）で見たような強意の機能はない．対して，（24）の「っこ」には話者が子供らしい言い方で発話していることを付加する機能があり，その点が，（22）で示されたような「っ」や「ん」とは異なる．まとめると，（25）のように示される.

(25) a. 強意の機能を表す「っこ」　　（例：人っこ一人）　（Type4-1）
　　 b. 接中辞として機能する「っこ」　（例：落っことす）　（Type4-2）

（25）に示すように，日本語には Type4-1 と Type4-2 の「っこ」があると考えられる．次節では，「その他」に分類される Type1 から Type4 のどれにも当てはまらない同音異義があることを論じる.

2.5. 「その他」に分類される「っこ」（Type5）

本節では，Type1 から Type4 のどれにも該当しない「っこ」があることを示し，それらは個々に独立した同音異義であることを論じる．本節で取り上げる Type5 の「っこ」は，（26）に示すようなものである.

(26) a. 根っこ
　　 b. よっこらしょ
　　 c. どっこいしょ

まず，「根っこ」の「っこ」は Type1 から Type4 のどれにも該当しない．こ

---

[8] ほかにも「乗る（nor-u）＞乗っかる（no-*kka*-r-u）」「乗せる（nose-ru）＞乗っける（nos-*kk*-e-ru）」という類例もある．「乗っかる」「乗っける」と「落っこちる」「落っことす」では，*kk* が挿入されている点が共通している．これが何を意味するのかについては今後の課題である.

れは，日本語が 1 モーラの語を嫌う言語であるため，1 モーラを避けるために「っこ」が付加されている（窪薗 (2013))．[9]

　次に，「よっこらしょ」の「っこ」は，接中辞の「っこ」ではなく，掛け声の「よいしょ」と「こらしょ」の混成語である．そのため，作られうる混成語は「よいこらしょ」「よこらしょ」「こいしょ」「こよいしょ」である．このうち，「よこらしょ」の「よ」と「こ」の間に (22) で見た強意の意味を持つ促音「っ」が挿入されると，「よっこらしょ」が作られる．また，「よっこらしょ」と「こいしょ」がさらに混成語を作ると，「よっこいしょ」が作られる．よって，「よっこいしょ」も「よいしょ」に接中辞「っこ」が挿入されたのではないと考える．「こよいしょ」という混成語も可能性としては作られうるが，偶然の空白によりあまり用いられない．

　さらに，「どっこいしょ」の「っこ」も接中辞ではない．堀井 (2005) によると，「どっこいしょ」はドコエ（何処へ）という相撲や歌舞伎の掛け声「どっこい」に「よいしょ」や「こらしょ」と同じように掛け声の「しょ」をつけたものである．

　Type5 として示したのは (26a, b, c) のみだが，これ以外にも「いぶりがっこ」や「冷やっこ」「日向ぼっこ」「どんぶらこっこすっこっこ」のように数多くある．だが，これらに共通して言えることは，形態的に「っこ」が見られるだけで，それぞれが異なる語源を有した同音異義であることである．

　ここまでをまとめると，(27) のように示される．

(27)　Type 1　語彙化した「っ子」
　　　　Type1-1　「子供」の意味を保持した「っ子」（例：江戸っ子）
　　　　Type1-2　指小辞としての「っこ」（例：隅っこ）
　　　　Type1-3　幼児語としての「っこ」（例：抱っこ）
　　　Type 2　「こと」が語源の「っこ」
　　　　Type2-1　「こと」の縮約による「(っ) こ」（例：あいこ，慣れっこ）
　　　　Type2-2　「〜すること」の縮約による「(っ) こ」（例：できっこない）
　　　　Type2-3　「事」が語源（動詞の連用形＋っこ（は）なしだ）（例：恨みっこ）
　　　Type 3　「ごっこ」を語源とする「っこ」

---

[9] 1 モーラの語を避けるために付加されるものにはほかにも「尾っぽ」の「っぽ」や「葉っぱ」の「っぱ」がある．

第 12 章　5 種類の接辞「っこ」の意味と機能　　283

Type3-1　「事」が語源（動詞の連用形＋っこ＋する）（例：分けっこ）
Type3-2　「こくら」を語源とするもの（例：かけっこ，にらめっこ）
Type 4　語と語の間や語幹の中に入り込む「っこ」
Type4-1　強意の機能を表す「っこ」（例：人っこ一人）
Type4-2　接中辞としての「っこ」（例：落っこちる）
Type 5　その他の「っこ」（例：根っこ，よっこらしょ）

次節では，Type1 から Type5 の共通点と相違点を論じる．

3.　Type1 から Type5 の共通点と相違点

3.1.　Type2 と Type3 の「っこ」

本節では Type2（本節では Type2-2 と Type2-3 を指す）と Type3 の「っこ」について論じる．Type2 と Type3 は「っこ」が動詞の連用形に付く点が共通している．そのため，形態的観点から Type2 と Type3 を区別できない．Type2 なのか Type3 なのかは（28）に示すように，「っこ」に後続するものが何かによって決められる．

(28)　落としっこ {ない／なし（だ）／する}

例えば，「落としっこ」に「ない」が後続する場合は Type2-2 で，「なし（だ）」が後続する場合は Type2-3 であるのに対して，「する」が後続する場合は Type3 である．Type2 か Type3 かは（29）の 3 つの基準で分けることができる．

(29)　Type2 と Type3 を分ける基準
    a.　Split Control 構文かどうか
    b.　軽動詞構文と共起可能かどうか
    c.　NPI かどうか

まず，Split Control 構文かどうかについて見てみよう．Split Control とは，（30）に示すように，PRO の制御子が文中の違った統語的位置に現れる現象を指す（Landau (2013: 4)）．

(30) a.　Harriet$_i$ and Betty$_j$ argued about [PRO$_{i+j/*i/*j}$ visiting you].
    b.　Harriet$_i$ argued with Betty$_j$ about [PRO$_{i+j/*i/*j}$ visiting you].

この現象は，（30）の英語と同様に，日本語でも観察される．

284　第 III 部　語や形態素の意味・構造・機能

(31) a. 太郎 $_i$ が花子 $_j$ と [PRO$_{i+j/*i/*j}$ 次郎を訪ねること] について話し合った.

   b. 太郎 $_i$ と花子 $_j$ が [PRO$_{i+j/*i/*j}$ 次郎を訪ねること] について話し合った.

Split Control の観点から Type2 と Type3 を比較すると，Type2-2 は Split Control が観察されない．それに対して，Type2-3 と Type3 では Split Control が観察される．(32) が Type2-2 の例であり，(33) が Type2-3，(34) が Type3-1，(35) が Type3-2 の例である．

(32) a. 太郎 $_i$ と花子 $_j$ が [(*PRO$_{i+j/*i/*j}$) 財布を隠しっこ] ない.

   b. 太郎 $_i$ が花子 $_j$ と [(*PRO$_{i+j/*i/*j}$) 財布を隠しっこ] ない.

(33) a. これで私 $_i$ とあなた $_j$ は [PRO$_{i+j/*i/*j}$ 恨みっこ](は) なしだ.

   b. これで私 $_i$ はあなた $_j$ と [PRO$_{i+j/*i/*j}$ 恨みっこ](は) なしだ.

(34) a. 太郎 $_i$ と花子 $_j$ が [PRO$_{i+j/*i/*j}$ 毛布の分けっこ] をした.

   b. 太郎 $_i$ が花子 $_j$ と [PRO$_{i+j/*i/*j}$ 毛布の分けっこ] をした.

(35) a. 太郎 $_i$ と次郎 $_j$ が [PRO$_{i+j/*i/*j}$ 帽子の取り（合い）っこ] をした.

   b. 太郎 $_i$ が次郎 $_j$ と [PRO$_{i+j/*i/*j}$ 帽子の取り（合い）っこ] をした.

(32) では Type2-2 がコントロール構文ではないことが示されている．一方，(33b) と (34b) と (35b) では，PRO の制御子が付加詞として現れているが文法的であることが示されている．このように，Type2 と Type3 は (28) に示したように，形態的には動詞の連用形に「っこ」が付け加えられている点が共通しているが，Split Control が観察されるかどうかで区別される．

　2 点目は，軽動詞構文との関係である．軽動詞構文は Verbal Noun が軽動詞に編入することでつくられる．つまり，軽動詞構文には軽動詞「する」が必要である．(36) は軽動詞構文の例である．

(36) a. 太郎が英語を勉強した.

   b. 太郎が英語の勉強をした.

Type2 と Type3 で軽動詞構文を作ったものが (37) から (40) である.

(37) a. 太郎が財布を落としっこ (*し) ない.　　　　　　　　(Type2-2)
   b. *太郎が財布の落としっこをしない.

(38) a. *これで恨みっこすることなしだ.　　　　　　　　　　(Type2-3)
   b. *これで恨みっこをすることなしだ.

(39) a. 太郎が花子と毛布を分けっこした.　　　　　　　　　(Type3-1)

b. 太郎が花子と毛布の分けっこをした.

(40) a. 太郎が次郎と騎馬戦で帽子を取り（合い）っこした.　　(Type3-2)
b. 太郎が次郎と騎馬戦で帽子の取り（合い）っこをした.

否定文である点が共通している (37) の Type2-2 と (38) の Type2-3 では，軽動詞構文を形成できない．一方，「動詞の連用形＋っこ＋する」の形式で，誰かと一緒に何かをすることを表す点が共通している (39) の Type3-1 と (40) の Type3-2 では，軽動詞構文を形成できる．このことから，Type3-1 と Type3-2 の「っこ」を伴う文は軽動詞構文である．違いは「競争」の意味の有無であり，Type3-1 には「競争」の意味はないが Type3-2 にはある.

さらに，Type2-2 と Type3-2 は異なる構文であると考える．このことを裏づけるために，Type2 と Type3 を分ける 3 点目の基準として，「っこ」が NPI かどうかを検討する.

Type2-2 の「っこ」は (6) と (7) に示したように NPI である.

(6) a. 陰キャの太郎がまったく {笑わ／*笑い} ない.
b. 今日，雨がまったく {降ら／*降り} ない.
(7) a. 陰キャの太郎が {*笑わ／笑い}（っ）こない.
b. 今日，雨が {*降ら／降り}（っ）こない.

そのため，「ない」を「ある」に変えた (41) は非文法的である.

(41)　太郎が財布を落としっこ {ない/*ある}.　　　　　　　(Type2-2)

ただし，Type2-2 の「っこ」は，「ある」のみとは共起しないが，「ある」に否定要素「ません」や「まい」，「わけない」が続けば文法的な文になる.

(42) a. 陰キャの太郎が笑いっこ {ありません/あるまい/あるわけない}.
b. 今日，雨が降りっこ {ありません/あるまい/あるわけない}.

この特徴は一般的な NPI を含む文の特徴と同じである.

(43) a. ぜんぜん面白く {ない/ありません/あるまい/あるわけない}.
b. 何も {ない/ありません/あるまい/あるわけない}.

(42a, b) と (43a, b) は，「ない」を「ありません」「あるまい」「あるわけない」に変えても文法的であると解釈される．この事実は，存在を表す「ある」の否定形「ない」が「あらない」から存在動詞「ある」が落ちた形式であるとする Kato (1985) の考察を援用すると，(41) の「ない」は存在を表す「ある」の否

定形であると考えられる．よって，Type2-2 は存在構文であると考える．
Type2-2 が存在構文であることは，(44b) のように，「思う」が取る補文に存
在構文がくることができないことからも確認できる (Kishimoto (2018))．

(44) a. *私は [そこにあの本をなく] 思った．
　　 b. *私は [太郎が財布を落としっこなく] 思った．

それに対して，Type2-3 の「っこ」は Type2-2 の「っこ」とは異なる振る舞
いをする．(45a-b) に示すように，「なし」を「あり」に変えると非文法的であ
るため，「なし」が NPI として振る舞っているように見える．しかし，Type2-3
の「っこ」は NPI ではない．もしそうであるならば，(42a-b) と同様に，「あ
り」よりも高い位置に生起する否定要素によって「っこ」が c-統御された場合，
「っこ」が NPI として機能するはずである．しかし，(45c-d) に示すように，
これらは非文法的である．

(45) a.　これで恨みっこ {なし/*あり} だ．
　　 b.　隠しっこ {なし/*あり} だ．
　　 c. *これで恨みっこありで (は) {ない/あるまい/あるわけない}．
　　 d. *隠しっこありで (は) {ない/あるまい/あるわけない}．

(42) と (45) に示すように，NPI として認められるのは Type2-2 のみで
Type2-3 は認められない．例えば，Type2-2 の例である (41) では「っこ」が
動詞句にある動詞に付加し，「ない」は構造上，動詞句より上にある NegP の
主要部を占めていると考えられる．よって，「落としっこ」は「ない」の否定の
作用域内にあるため文法的である．(43) も同様に，「笑いっこ」や「降りっこ」
が「ない」や「まい」の作用域内にあるため文法的であると解釈される．
　一方，Type2-3 の「っこ」は否定の作用域内にあるかどうかで決められてい
ない．(45c-d) の例からわかるように，「なし」を「ありではない」などにする
と非文法的である．このことから，Type2-3 は Type2-2 とは異なる別の構文
であり，それは「X (動詞の連用形＋っこ) (は) なし (だ)」という形式で文法
化が起きているコピュラ文 (叙述文) であると提案する．叙述文であることは
(46) に示すように指示的な名詞句と非指示的な名詞句を反転させられないこ
とから裏付けられる (岸本 (2012))．

(46) a.　隠しっこ (は) なしだ．
　　 b. *なし (は) 隠しっこだ．

また，Type3 の「っこ」の場合は，(47) に示すように，「しない」だけでなく

「する」でも容認されるため，NPI ではない．

(47) a. 太郎と花子が毛布を分け（合い）っこ {しない / する}．（Type3-1)
    b. 太郎が次郎と帽子を取り（合い）っこ {しない / する}．（Type3-2)

以上，Type2 と Type3 の違いをまとめると，表 1 のように示される．

	Split Control	軽動詞構文	「競争」の意味	NPI	存在構文	コピュラ文（叙述文）
Type2-2	×	×	×	○	○	×
Type2-3	○	×	×	×	×	○
Type3-1	○	○	×	×	×	×
Type3-2	○	○	○	×	×	×

表 1：Type2 と Type3 の分類

表 1 より，Type2-2 は NPI の環境下で用いられる存在構文であること，Type2-3 は Split Control が観察されるコピュラ文（叙述文）であること，Type3-1 は Split Control が観察される軽動詞構文であること，Type3-2 は Split Control が観察され，かつ，「競争」の意味を有した軽動詞構文であることがわかる．

(28) に示したように，Type2 と Type3 は形態的観点からは区別できないが，それぞれが現れる環境を整理することですべて異なる構文であることが明らかとなった．次節では，音韻的観点から「っこ」について論じる．

3.2. 超重音節の回避

本節では，音韻的には Type1 から Type5 のどのタイプかに関係なく「っこ」が同じ振る舞いを示すことを超重音節の観点から論じる．超重音節とは，3モーラを含む音節のことである．例えば，音節末が「ローン」や「ナイン」「じーっと」「食べないっぽい」「田中さんって人」のように {長音もしくは二重母音} + {撥音もしくは促音} または 撥音 + 促音 が該当する．このような超重音節を極力，回避する傾向が日本語にはある．例えば，(48) である．

(48) a. ground → グランド／グラウンド
    b. ounce → オンス／?オウンス

外来語を日本語で表すと，(48a) の *ground* は「グラウンド」と言うが，「グランド」のように超重音節を避けた言い方もある．また，(48b) の *ounce* は超

重音節の「オウンス」よりも「オンス」の方が自然である．このように，日本語には超重音節を避ける傾向がある．そのため，「っこ」が長音や撥音で終わる語に付く場合にも，超重音節を避ける傾向が観察される（cf. 窪薗（1995: 第4章））．

(49) a. Type 1-1　一番（*っ）子，本（*っ）子，地方 *（っ）子，
　　　　　　　　　　九州 *（っ）子，ロンドン（っ）子，お兄ちゃん（っ）子
　　　b. Type 1-2／1-3
　　　　　（擬声語）にゃん（*っ）こ，わん（*っ）こ，う（*ー）ん（*っ）こ
　　　　　（擬音語）ちゃりん（*っ）こ，ごっつん（*っ）こ，し（*ー）っこ
　　　　　（擬態語）ぶらん（*っ）こ，ぺちゃん（*っ）こ，ぺったん（*っ）こ，
　　　　　　　　　　どろん（*っ）こ
　　　　　その他　　あん（*っ）こ，ミジン（*ッ）コ，（のど）ちん（*っ）こ，
　　　　　　　　　　メン（*ッ）コ
　　　c. Type 2-1　相（*っ）こ
　　　d. Type 3-1　半分（*っ）こ，代わりばん（*っ）こ

(49) に示すように，「っこ」のタイプに関係なく，超重音節が避けられる傾向にある．例えば，「しーっこ」の場合は長音を削除することで超重音節を避けており，「うーんっこ」の場合は長音と促音を削除することで超重音節を避けている．

　ただし，日本語に超重音節を避ける傾向があるのは，あくまでも傾向なので，超重音節が容認される場合もある．例えば，Type1-1 の「ロンドン（っ）子」は撥音がなくても容認される．また，「お兄ちゃん（っ）子」のように「〜ちゃん（っ）子」も撥音がなくても容認される．さらに，「地方 *（っ）子」や「九州 *（っ）子」では，超重音節の回避が観察されない．

　このように，どの Type かに関係なく，「っこ」が付け加えられることで超重音節になる場合は，主に，「っこ」における促音が削除される傾向がある．

4.　まとめ

　本稿では，統語的，形態的，音韻的，意味的，語用論的，語源的観点から日本語に5種類の「っこ」が存在することを示して，「っこ」の意味の精緻化を行った．語彙化した「っ子」（Type1）には，「子供」の意味を保持した「っ子」（Type1-1）とそれから派生した「子供らしさ」や「かわいらしさ」を表す指小辞としての「っこ」（Type1-2）と幼児語としての「っこ」（Type1-3）があっ

た．また，Type1-2 と Type1-3 は Type1-1 の多義であると考えられる．これら Type1-2 と Type1-3 の意味が Type2 から Type5 の同音異義である「っこ」にも影響を及ぼしたことで，それらが本来は有していない「話者が子供らしい言い方で発話していること」を Type2 から Type5 の「っこ」が持つようになっていると提案した．

加えて，「こと」が縮約された「（っ）こ」（Type2-1）と「...することがない」における「...すること」の部分が縮約された「（っ）こ」（Type2-2）があった．また，動詞の連用形に付く Type2-2 の「っこ」が現れる文は NPI が観察される存在文であることを観察した．さらに，Type2-3 は Split Control が観察されるコピュラ文（叙述文）であると提案した．

さらに，「ごっこ」を語源とする「っこ」（Type3）があり，Type3-1 の「っこ」は Split Control が観察される軽動詞構文であり，Type3-2 は Split Control が観察され，かつ，「競争」の意味を有する軽動詞構文であると提案した．

加えて，英語の *fucking* や *bloody* のような語がほかの語中に入る例と比較して，日本語に，強意の機能を表す「っこ」（Type4-1）と接中辞としての「っこ」（Type4-2）があると提案した．

最後に，形態的には「っこ」を含む語でも Type1 から Type4 のどれにも該当しない「その他」に分類される「っこ」（Type5）があることを論じた．

以上，本稿では日本語で観察される「っこ」を 5 種類に分類し精緻化を行った．このように，「っこ」の意味を精緻化することで，日本語に「っこ」という子供らしさを表す形態素が存在することを裏付けた．さらに，すべての「っこ」が初めから子供の意味を有しているわけではないことを語源的観点から明らかにした．これらのことから，本研究は世界の言語には子供らしさを表す形態素が存在し，その形態素の多くが，子供が関係した語からできていることを観察している Jurafsky（1996）による研究結果を日本語の形態素「っこ」の観点から支持するものである．

参考文献

French, K. Matsuda（1988）*Insights into Tagalog: Reduplication, Infixation, and Stress from Nonlinear Phonology.* University of Texas and Summer Institute of Linguistics, Arlington.

堀井令以知（2005）『ことばの由来』岩波書店，東京．

飯島吉晴（2009）「「片足飛び」遊びの呼称とその意味」『古事：天理大学考古学・民俗学研究室紀要』第 8 巻，24-26．

石黒昭博・山内信幸・赤楚治之・友次克子・北林利治 (1993)『現代の英語学』金星堂, 東京.

Jurafsky, Daniel (1996) "Universal Tendencies in the Semantics of the Diminutive," *Language* 72(3), 533-578.

影山太郎 (1993)『文法と語形成』ひつじ書房, 東京.

Kalin, Laura (2021) "On the (Non-)transparency of Infixes that Surface at a Morpheme Juncture," Talk presented at the 2021 Princeton Symposium on Syntactic Theory, March 19, 2021.

Kato, Yasuhiko (1985) *Negative Sentences in Japanese* (Sophia Linguistica 19), Sophia University, Tokyo.

木戸康人 (2022)「3 種類の *kko* ── 接辞と慣習的推移の接点 ──」『第 164 回全国大会日本言語学会予稿集』347-352, オンライン, 2022 年 6 月 19 日.

岸本秀樹 (2012)「日本語コピュラ文の意味と構造」『属性叙述の世界』, 影山太郎 (編), 39-67, くろしお出版, 東京.

Kishimoto, Hideki (2018) "On the Grammaticalization of Japanese Verbal Negative Marker," *Journal of Japanese Linguistics* 34(1), 65-101.

Kosuge, Tomoya (2014) "The Syntax of Japanese Reciprocal V-V Compounds: A View from Split Antecedents," *English Linguistics* 31(1), 45-78.

窪薗晴夫 (1995)『語形成と音韻構造』くろしお出版, 東京.

窪薗晴夫 (2013)「第 1 章 音韻論」『日英対照 英語学の基礎』, 三原健一・高見健一 (編), 1-29, くろしお出版, 東京.

Landau, Idan (2013) *Control in Generative Grammar: A Research Companion*, Cambridge University Press, Cambridge.

皆島博 (2003)「日本語の指小辞「コ」について ── エウェ語との対照 ──」『一般言語学論叢』第 6 号, 107-132.

竝木崇康 (2013)「第 2 章 形態論」『日英対照 英語学の基礎』, 三原健一・高見健一 (編), 31-59, くろしお出版, 東京.

那須昭夫 (2004)「韻律接中辞と左接性 ── 日本語オノマトペの強調語形成 ──」『日本語と日本文学』第 38 号, 1-14.

日本国語大辞典第二版編集委員会 (2001)『日本国語大辞典 第二版 第五巻』小学館, 東京.

Perlmutter, David (1978) "Impersonal Passives and the Unaccusative Hypothesis," *Proceedings of the 4th Annual Meeting of the Berkeley Linguistics Society*, 157-190.

小学館国語辞典編集部 (2005)『〔精選版〕日本国語大辞典 1 巻「あ〜こ」』小学館, 東京.

Tsujimura, Natsuko (2014) *An Introduction to Japanese Linguistics*, 3rd ed., Wiley Blackwell, Chichester, West Sussex.

柳田國男 (1950)『小さき者の声』東京, ジープ社.

ウェブサイト

三井はるみ (2016)「東京のほぉ～言 おっこちる」朝日新聞デジタル (http://www.asahi.
　com/area/tokyo/articles/MTW20160711131340001.html) アクセス日：2024 年 2 月
　26 日

世界の民謡・童謡研究会 (1988-2024a)「どじょっこ ふなっこ 歌詞の意味 日本の童謡・
　唱歌／東北地方の民謡・わらべうたがルーツ？」(http://www.worldfolksong.com/
　songbook/japan/doyo/dojokko.htm) アクセス日：2024 年 2 月 26 日

世界の民謡・童謡研究会 (1988-2024b)「ごっこ 語源・由来？どんな意味？ 子供たち
　が真似して遊ぶ「ごっこ遊び」の「ごっこ」って何？」(http://www.worldfolksong.
　com/gogen/gokko.html) アクセス日：2024 年 2 月 26 日

第 13 章

分散形態論と語彙的 V-V 複合語の意味構成*

田中 秀治

名古屋大学

1. はじめに

　本稿では，分散形態論（Distributed Morphology：DM）の経験的妥当性を再考する．DM とは，Halle and Marantz (1993) によって提案された形態論と統語論に関する理論で，その中核には「語形成は全て統語論で行われる」というテーゼがある．これは，DM が「語形成」を行うようなレキシコンを仮定しないという意味で，Marantz (1997) の想定に基づく (1) のような DM の文法モデルだと，レキシコンは Narrow Lexicon という別の名称が与えられている．

(1)

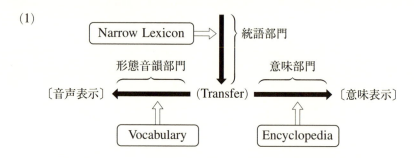

---

　* 本稿は，2022 年 11 月 13 日に開催された日本言語学会第 165 回大会のワークショップ『レキシコンの輪郭：派生の領域とインターフェイス』での発表内容を修正・発展させたものである．その発表準備や質疑応答では，漆原朗子氏，大関洋平氏，岸本秀樹氏，工藤和也氏，藏藤健雄氏，齋藤広明氏，辰巳雄太氏，日高俊夫氏，依田悠介氏から様々な助言や質問をいただき，また，本稿の査読者の方からも提案の改善に向けて有益なコメントを数多くいただいた．本稿の不備は全て筆者の責任にあることを記すとともに，お世話になった方々に向けて深くお礼を申し上げたい．本研究は JSPS 科研費若手研究種目 21K13024 の助成を受けたものである．

第 13 章　分散形態論と語彙的 V-V 複合語の意味構成

つまり，DM でのレキシコン（Narrow Lexicon）は，統語部門への入力要素を蓄えるという「記憶能力」は持っているが，その中の要素を併合（Merge）して新たな要素を作り出すというような「生成能力」は持たないのである．このように，DM では，これまで伝統的に「単語」と呼ばれてきたものも含め「発話可能な言語表現」は全て統語部門で形成されることになる．

しかし，このような DM のテーゼには，潜在的な問題となりうる日本語複合語の分析が存在する．それは，2 つの動詞からなる「V-V 複合語」に対して影山（1993）が提案したタイプ分けである．影山によると，日本語の複合動詞は，（2）のように「統語的 V-V 複合語」（e.g. 切り始める）と「語彙的 V-V 複合語」（e.g. 切り取る）の 2 つのタイプに分けられる．

(2) a.　統語的 V-V 複合語　　　　　　b.　語彙的 V-V 複合語

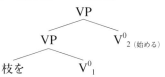 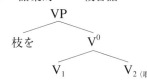

(2a) では，2 つの動詞 V_1 と V_2 が「別々の主要部」として統語部門に入り，V_1 が V_2 に「統語的移動」を行うことによって結合するが，(2b) では，V_1 と V_2 が「レキシコン」の中で結合し，「単一の主要部」を形成してから統語部門に入ると提案されている．つまり，このタイプ分けは，DM のテーゼに反して「語形成は統語論だけでなくレキシコンでも行われる」と仮定しているのである．

重要なことに，影山（1993）による V-V 複合語の分析には経験的な根拠が示されている．その 1 つは，動名詞（Verbal Noun）と動詞「する」の結合物（以下 VN-s）を V_1 の位置に挿入できるかどうかという観察である．例えば，統語的 V-V を作るとされる「始める」は，「切断する」などの VN-s と結合できるが，語彙的 V-V を作るとされる「取る」は VN-s と結合できない．

(3)　統語的 V-V 複合語
　　 a.　太郎が　その枝を　切り**始め**た．
　　 b.　太郎が　その枝を　<u>切断し**始め**</u>た．　→ ✓[VN-si]-V
(4)　語彙的 V-V 複合語
　　 a.　太郎が　その枝を　切り**取**った．
　　 b.　*太郎が　その枝を　<u>切断し**取**</u>った．　→ *[VN-si]-V

この違いは，影山の提案によって説明可能である．つまり，(4b) で VN-s が

挿入できないことは，VN-s を「統語部門で作られる句」と仮定すれば，「VN-s はレキシコンで作る語彙的 V-V の一部には使えない」と説明できる．よって，この説明が正しければ，(4b) の非文法性は，「レキシコンでの語形成の必要性」を示しており，DM のテーゼにとって経験的な問題となりうるのである．

　以上を踏まえ，本稿は「DM の枠組み内で語彙的 V-V をどう派生するか」という問いに取り組む．特に，「VN-s 挿入の不可能性に対して DM ではどんな説明が与えられるか」を検討する．これらの問いは非常に重要である．というのも，それらに対して妥当な答えを提示できなければ，「語形成は全て統語論で行われる」というテーゼを維持できなくなるからである．本稿の答えとしては，DM での意味決定の制約 (e.g. Harley (2014)) と厳密な構成意味論 (e.g. Heim and Kratzer (1998)) を合わせれば，語彙的 V-V の特性を上手く捉えられるという考え方を提示する．具体的には，統語部門で複合動詞を作る際には「ある種の機能範疇 v^+」が必要であると仮定し，その機能範疇は Marantz (1997) などが仮定する「ルート」という要素と併合した場合にだけ意味が付与されると考えることで，VN-s 挿入の不可能性が説明できることを示していく．

　本稿の構成は次の通りである．2 節では，本稿にとって重要となる DM の理論前提として「ルート範疇化仮説」という考え方を説明してから，本稿が仮定する動詞の基本構造を導入する．3 節では，その動詞構造に基づき，DM が語彙的 V-V に対してどのような統語構造を与えられるかを議論する．4 節では，その統語構造を踏まえながら語彙的 V-V の構成意味論を提案し，上記の「機能範疇 v^+」がルートとともにどう意味解釈されていくのかを例示する．5 節では，結論として本稿の議論を要約しながら，残された課題を提示する．

2.　分散形態論の理論前提：ルートと範疇化仮説

　DM では，Narrow Lexicon に貯蔵される統語部門への入力要素のことを「形態素」と呼び，全形態素を統語部門での最小単位（統語的原子）として扱う．本稿では，Marantz (1997) に従い，その形態素が 2 種類に分かれると仮定する．1 つはルート (Root) で，これは個々の概念の中核を表す原始的な形態素であり，統語範疇などの文法素性を含まないものである (e.g. √切 (√KIR))．もう 1 つは機能形態素 (Functional Morpheme) で，これはいわゆる機能範疇に対応しており，時制 (T) や態 (Voice) などの意味貢献を行うものもあれば，ルートの統語範疇を定める範疇決定子 (Categorizer) もある．例えば，v, n, a は範疇決定子で，それぞれルートを「動詞化」「名詞化」「形容詞化」する．

ここで本稿にとって重要なのは，Embick and Marantz (2008) や Embick (2010) で採用されている以下の「ルート範疇化仮説」である．

(5) *Categorization Assumption* (Embick and Marantz (2008: 6))
Roots cannot appear (cannot be pronounced or interpreted) without being *categorized*; they are categorized by merging syntactically with category-defining functional heads.

これは言わばルートの認可条件で，ルートが発音・解釈されるためには範疇決定子と併合する必要があることを述べている．ただし，ここでいう併合とは，ルートと範疇決定子の直接的な併合を求めるものではない．例えば，Embick (2010) では，(6a) の相互的 C 統御関係だけではなく，(6b) の一方的 C 統御関係にある範疇決定子でもルートを認可できることが示唆されている．[1, 2]

(6) a. 相互的 C 統御関係　　　b. 一方的 C 統御関係

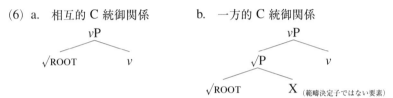

つまり，ルート範疇化仮説とは「ルートは構造的に最も近い範疇決定子によって範疇化される」という仮説である．ここで Harley (2014) に従い，ルートを含む全形態素に関して，その最終的な音形と意味はそれぞれ形態音韻部門と意味部門の中で決定されると考えてみよう．すると，ルートが「動詞化」されるということは，そのルートに与えられる音形と意味が「構造的に最も近い動詞化要素 *v*」を参照しながら決定されるということを意味しており，そのルートと *v* で構成される構造自体が「動詞という単語」に対応することになる．

このような「ルート認可」の機能に加えて，範疇決定子にはもう 1 つ「範疇

---

[1] 実際，ルート認可の構造関係として (6b) の一方的 C 統御関係も必要であることは，他の先行研究でも仮定されている．例えば，Pylkkänen (2002), Basilico (2008), Levinson (2010) は，ルートが動詞化要素 *v* と併合する前に何らかの修飾語（副詞，不変化詞，形容詞）と併合できると主張している．

[2] 本稿では，便宜的に統語構造の節点に √P などのラベルを与えているが，実際にはそういった投射はないと考えており，この仮定は「ルートは投射するような実体ではない」という Acquaviva (2009: 15ff.) の提案に調和する (cf. Harley (2014))．究極的には，本稿は Collins (2002) などが提案したラベルなしの統語論を採用し，ラベルなしでも通用する複合動詞の統語分析を目指している．

変化」という機能がある．それは，別の範疇決定子を含む構造を補部に取って，その全体構造を新しい範疇のものにするという機能である．例えば，日本語には「痛む」という動詞，「痛ましい」という形容詞，そして「痛ましさ」という名詞が存在するが，これらの表現は全て「√痛（√ITA）」というルートを含むと仮定すれば，それぞれ以下のような統語構造が与えられる．

(7) a.「痛む」　　　b.「痛ましい」　　　c.「痛ましさ」

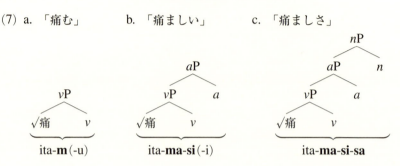

まず，Oseki (2017)，Kudo and Shimamura (2023)，田川 (2023) によると，(7a) の [-m] という接辞は動詞化要素 v の一種，(7b) の [-si] という接辞は形容詞化要素 a の一種であるため，それを踏まえて (7c) の [sa] という接辞も名詞化要素 n の一種と仮定してみよう．すると，[-m] はルートと併合して動詞構造を，[-si] は動詞構造と併合して形容詞構造を，そして [-sa] は形容詞構造と併合して名詞構造を作り出すと考えることができる．

　以上のようなルートと範疇決定子の存在を前提にして，次は動詞の DM 型構造を詳しく見ていこう．本稿では，Pylkkänen (2002)，Harley (2013)，Legate (2014) などによって提案された「分層 V 仮説」を採用する．これは「動詞は統語的に少なくとも 3 つの形態素で構成される」という仮説で，1 つ目はルート，2 つ目は動詞化要素 v，3 つ目は Kratzer (1996) の Voice である．さらに，本稿では Borer (2005)，Basilico (2008)，Lohndal (2014) などの「ルートには項構造の情報がなく，いかなる項も機能形態素によって導入される」という仮説も採用する．具体的には，外項（External Argument : EA）は Kratzer (1996) に従い「項導入型の Voice（以下 Voice*）」によって導入され，内項（Internal Argument : IA）は Basilico (2008) に従い「項導入型の v（以下 v*）」によって導入されると仮定する．よって，英語動詞 break を例にすると，他動詞の場合は (8a) の構造を持ち，自動詞の場合は (8b) の構造を持つことになる．

第 13 章　分散形態論と語彙的 V-V 複合語の意味構成　　　　297

(8) a. 他動詞 (EA break IA)　　b. 自動詞 (IA break)

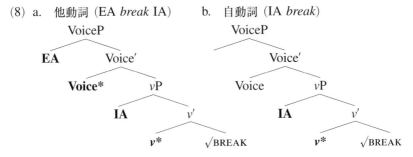

　(8a) と (8b) の構造に共通しているのは，どちらも v^* が √BREAK というルートと併合し，その指定部に IA を導入している点である．ただし，(8a) では Voice* が存在しており，その指定部に EA を導入しているが，(8b) の Voice は EA を導入しないタイプとみなす．よって，(8b) では，IA が最終的に主語位置 (TP 指定部) に移動することで SV 語順を生み出すと仮定する．
　最後に，次節で語彙的 V-V の統語構造を考案するために，DM 型の動詞構造を日本語に当てはめてみよう．興味深い適用例としては，Oseki (2017) による「三重自他交替」に対する分析があるため，その分析を一部修正しながら提示する．まず，三重自他交替とは，「高まる（自 V）・高める（他 V）」という 2 つの動詞からなる自他交替とは違って，3 つの動詞からなるものである．その一例としては，「溶く（他 V）・溶かす（他 V）・溶ける（自 V）」の組があり，これらは同一のルート「√溶（√TOK）」から派生されると考えられる．

(9) a. 溶く　　　[tok-∅-u]　　（他動詞：e.g. 粉末を溶く）
　　b. 溶かす　　[tok-**as**-u]　　（他動詞：e.g. 粉末を溶かす）
　　c. 溶ける　　[tok-**e**-ru]　　（自動詞：e.g. 粉末が溶ける）

ここで，これらの動詞は全て構造的にルートの「√TOK」と「IA を導入する動詞化要素 v^*」を含むと仮定してみよう．そうすると，Oseki の提案とは異なるが，(9b) と (9c) のルートに続く [-as] と [-e] という接辞は v^* の形態的具現化の一種としてみなせるため，3 つの動詞の違いは，以下に示すように「どんな形態環境と意味解釈をもたらす Voice を含むのか」という点にあると仮定できる．[3]

---

[3] Oseki (2017) の提案は，[-as] と [-e] という接辞を v^* ではなく Voice の具現化として捉えている．しかし，3 節で見るように，その分析は本稿が提示する語彙的 V-V の統語構造とは合わないため，本稿は (11) の後に示す「Voice の違いが v^* の音形決定に作用する」という提案を採用する．なお，この提案は「その違いが v^* の意味決定に作用する」という仮説にも

(10)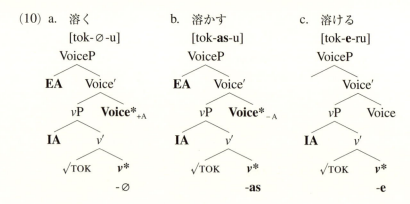

これらの構造について注意すべきは，(10a) が「EA に動作主性（Agentivity）を求める Voice*$_{+A}$」を含み，(10b) が「EA に動作主性を求めない Voice*$_{-A}$」を含むという点である．この違いは，(11) に示すように，「溶く」は「溶かす」と異なり「動作主になれるような意志を持つ個体」しか主語として受け入れられないという事実から動機づけできる (cf. Oseki (2017))．

(11) a. 僕の奥さんが その粉末を {✓溶いた／✓溶かした}．
    b. 注いだお湯が その粉末を {*溶いた／✓溶かした}．

以上を踏まえると，(10a, b, c) の動詞の違いは，(10a) の Voice*$_{+A}$ が「v^* の音形を空にして，EA に動作主性を求める Voice」，(10b) の Voice*$_{-A}$ が「v^* の音形を [-as] にして，EA に動作主性を求めない Voice」，そして (10c) の Voice が「v^* の音形を [-e] にして，EA を導入しない Voice」という形でまとめられる．このように，DM 型の動詞構造を採用すると，動詞を構成する各接辞を統語範疇・形態音韻・意味解釈の観点から上手く特徴づけできるため，日本語の「三重自他交替」に対して明示的な分析を与えることが可能となる．[4]

つながり，漆原朗子氏にご指摘いただいた「溶く・溶かすの IA の選択制限の違い」を「v^* の意味解釈の違い」として説明できる可能性を持つ (e.g. ろうそくを {*溶いた／✓溶かした})．

[4] もちろん，日本語の自他交替は複雑な現象で，[-as] と [-e] 以外にも様々な接辞が登場するため，de Chene (2017) はそれらの分布を DM の枠組みで捉えることは困難だと主張している．実際，日本語では「四重自他交替」も可能で (e.g. 剥ぐ・剥がす・剥げる・剥がれる)，これをどう分析するかは定かではない．しかし，Oseki (2017) の Voice も視野に入れた自他交替の分析は，de Chene が指摘した問題点のいくつかを解決しており，今後発展させていく価値は十分にある．

3. 語彙的 V-V の統語構造：3 つの案とその検証

以上のような DM 型の動詞構造が日本語にも適用できることを前提にして，本節では「語彙的 V-V 複合語がどのような統語構造を持つか」を議論する．まず，特筆すべきは，語彙的 V-V を統語部門で作られる複合語として分析する試みは本稿が初めてではないという点である．例えば，Nishiyama (1998)，Aoyagi (2014)，Nishiyama and Ogawa (2014)，Saito (2016)，Kobayashi (2018)，中村 (2019)，Akimoto (2023) など，DM や他の理論に基づいた統語的分析はすでに存在している．よって，語彙的 V-V の統語構造は理論的に様々な形で考えられるが，本稿ではその代替案の数を少しでも減らすことを目指す．

この目的を踏まえ，本節では以下の 3 つの案の妥当性を検討していく．

(12) a. 単一ルート案　　b. ルート併合案　　c. ルート乖離案

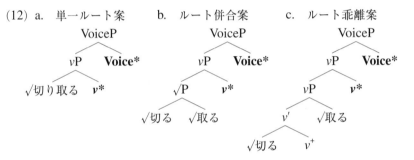

(12a) の「単一ルート案」は，語彙的 V-V の各事例に専用のルートを 1 つ仮定する案で，例えば「切り取る」は「√切り取る」という（一見複雑だが単一の）ルートを持ち，単純にそれが動詞化されたものとして分析する案である．(12b) の「ルート併合案」は，Aoyagi (2014) や Nishiyama and Ogawa (2014) で提案されたもので，「√切る」と「√取る」のように 2 つの独立したルートを仮定し，それらを最初に併合させてからまとめて動詞化するという案である．最後に，(12c) の「ルート乖離案」は，2 つの独立したルートを仮定しながら，その間に「ある種の動詞化要素 v^+」を介入させて，その全体構造を通常の v/v^* が補部に取るという案である．この 3 つの案はどれも理論的に可能なものと考えられるが，本稿では，(12a) と (12b) を「V_1 削除現象」「V_1 の連用形」「V_1-V_2 の語順」という 3 つの観点から不採用とし，残りの (12c) を採用することになる．

まずは，(12a) の「単一ルート案」を排除するために，「V_1 削除現象」を導入する．この現象は Yatabe (2001) や Tatsumi (2019) で注目されたもので，

V-V 複合語の 1 つ目の動詞が音声的に消えるという現象である．例えば，Tatsumi は，「思い出す」という複合語を使って以下のような例を提示している.[5]

(13) a.　彼が私の誕生日を**思い出す**のと**思い出さ**ないのとでは大違いだ.
　　　b.　彼が私の誕生日を**思い出す**のと＿＿**出さ**ないのとでは大違いだ.

つまり，(13b) が V_1 削除の起きている例で，「＿＿**出さ**ない」という部分は「思い出さない」の「思い」が削除されたものと考えられる．というのも，Tatsumi が指摘するように，単一動詞「出す」自体は「誕生日」のような目的語を意味的に取ることができないからで，この点は以下の対比から分かる.

(14) a.　彼は私の誕生日を**思い出さ**ない時があって困る.
　　　b.　#彼は私の誕生日を**出さ**ない時があって困る.

この V_1 削除は，(15) のように「取る」を含む語彙的 V-V でも可能である.[6]

(15) a.　私の気持ちを**汲み取る**のか**汲み取ら**ないのか，はっきりしろ！
　　　b.　私の気持ちを**汲み取る**のか＿＿**取ら**ないのか，はっきりしろ！

(15b) の「＿＿**取ら**ない」も「汲み取らない」の「汲み」が削除された例として分析する必要がある．なぜなら，(16) に示すように，単一動詞「取る」自体は，「気持ち」のような目的語とは意味的に相性が良くないからである.

(16) a.　彼は私の気持ちを**汲み取ら**ない時があって困る.
　　　b.　#彼は私の気持ちを**取ら**ない時があって困る.

　以上のように，V_1 削除が語彙的 V-V で可能であることを踏まえると，「単一ルート案」は語彙的 V-V の統語構造として不適切と言わざるを得ない.

---

　[5] V_1 削除の許容性判断は話者間で異なり，許容しがたいと判断する話者も存在する．しかし，その許容性は発話のイントネーション次第で改善されうる．具体的には，先行する V_2 と削除で残る V_2 に強勢を置くことが必要で，例えば，(13b) は「… 思い **DAsu** のと，**DAsa** ないのとでは …」のように読む.

　[6] ただし，岸本秀樹氏にご指摘いただいたように，全ての語彙的 V-V 複合語の V_1 が削除できるというわけではない（e.g. * 大会に向けて**走り込む**のか＿＿**込ま**ないのか，はっきりしろ！）．どのような V-V 複合語が V_1 削除を許すかは現時点では不明であるため，今後の調査課題としたい.

第 13 章　分散形態論と語彙的 V-V 複合語の意味構成　　　　301

(17)　単一ルート案

　その理由は，「√汲み取る」というルートが（一見複雑でも）あくまで単一の形態素だからである．つまり，ルートが「統語的にはそれ以上分解できない最小単位」である以上，その内部に削除操作など「文法操作」の適用を認めるのは妥当ではない．例えば，V_1 削除を PF 削除操作と捉えるなら，「√汲み取る」の「汲み」の部分だけ音声的に消すことになり，V_1 削除を LF コピー操作と捉えるなら，先行する「√汲み取る」の「汲み」の部分だけ LF コピーすることになるが，どちらの捉え方であれ，文法操作が統語的原子のルートの"内部"にアクセスすることになる．実際，「√汲み取る」のどんな部分でも消せると仮定してしまうと，(18a, b) に示すように明らかに過剰生成してしまう．

(18)　a. *私の気持ちを**汲み取る**のか　　**み取ら**ないのか，はっきりしろ！
　　　 b. *私の気持ちを**汲み取る**のか**汲　　取ら**ないのか，はっきりしろ！

　よって，V_1 削除の観察に基づくと，語彙的 V-V 複合語の V_1 と V_2 には別々の独立したルートを用意した方がよいため，その統語構造として「単一ルート案」は適切ではないと結論づけられる．
　次に，(12b) の「ルート併合案」を排除するために，「V_1 の連用形」について考えてみよう．まず，田川 (2009) で議論されているように，日本語動詞活用の分析で基本となる動詞分類では，動詞を 2 種類に分ける．以下に示すように，1 つは語幹が子音で終わる「子音語幹 V」で，もう 1 つは語幹が母音で終わる「母音語幹 V」である．

(19)　a.　子音語幹 V：飲む [no**m**-u]　　切る [ki**r**-u]　壊す [kowa**s**-u]
　　　 b.　母音語幹 V：食べる [tab**e**-ru]　着る [k**i**-ru]　分ける [wak**e**-ru]

　この子音語幹 V と母音語幹 V という区別は，以下に示すように，実際にそれぞれの活用形を見てみると明白となる．

(20)　　　　　〔子音語幹 V〕　　　　〔母音語幹 V〕
　　命令形：切れ　　　[kir-**e**]　　着ろ　　[ki-**ro**]
　　仮定形：切れば　　[kir-**e**-ba]　着れば　[ki-**re**-ba]
　　終止形：切る　　　[kir-**u**]　　着る　　[ki-**ru**]
　　未然形：切らない　[kir-**a**-nai]　着ない　[ki-∅-nai]
　　連用形：切ります　[kir-**i**-masu]　着ます　[ki-∅-masu]

例えば，子音語幹 V の未然形に登場する [-a] という接辞は，母音語幹 V の未然形には登場せず，また，子音語幹 V の連用形に登場する [-i] という接辞も，母音語幹 V の連用形には登場しないのである．

ここで，連用形態素 -i にのみ焦点を当て，それが生じる環境を DM の枠組み内でまとめてみよう．本稿では，田川 (2009) の提案を参考にして，連用形態素 -i が生じる環境を以下のように仮定する (cf. Nishiyama (2016))．

(21)　いかなる v も，以下の条件を満たすと，-i という音形が挿入される：
　　　その v を含む最小構造の末尾音が子音となり，かつ，その構造が「命令・仮定・終止・未然の活用」を求める環境に埋め込まれていない．

こう仮定すると，例えば，子音語幹 V の「切る」の連用形では，ルートが子音で終わる「√KIR」と考えられるため，その動詞化要素 v^* に -i が挿入されることになるが，母音語幹 V の「食べる」の連用形では，ルートが母音で終わる「√TABE」と考えられるため，その v^* に -i は挿入されないことになる．

(22) a.　子音語幹 V (kir-**i**-masu)　　b.　母音語幹 V (tabe-∅-masu)

この分析が正しければ，2 節の (7a) で分析した自動詞「痛む」[ita-m-u] が連用形になった場合，[-m] の後に -i が入ると予測される．なぜなら，「痛む」の場合，(23a) に示すように v^* を含む最小構造は子音で終わる要素を含んでいるが，その要素は [-m] という音形を持つ v^* 自体だからである．実際，(23b) で示す通り，「痛む」が連用形になった場合，[-m] という部分に -i が挿入される．

第 13 章　分散形態論と語彙的 V-V 複合語の意味構成　　303

(23) a.　痛む (ita-**m**-u)　　　　　　b.　痛みます (ita-**mi**-masu)

　以上のように，連用形態素 -i は v に入るものだと仮定した場合，「ルート併合案」は語彙的 V-V の統語構造として想定することが難しくなる．

(24)　ルート併合案

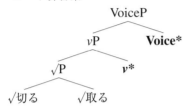

　なぜなら，(24) の構造は，V_1 のルート（√切る）を v に隣接させておらず，V_1 が連用形になれないと予測してしまうからである．言うまでもなく，(25a) のように，どんな V-V 複合語も V_1 は連用形で現れるため，その予測は誤っている．

(25) a.　切り‐取る　　[kir-**i**-tor-u]　　（V_1 = 連用形）
　　 b. *切 **r** ‐取る　　[kir-tor-u]　　　（V_1 = ルート）

　また，(24) の構造は，(25b) に示すように「なぜ V_1 のルート（√切る）は活用しない形で生起できないのか」という問いにも答えることができない．もちろん，(25b) が不可能なのは，kir の [r] と tor の [t] が子音連続になっているせいかもしれないが，そのような説明は「切り落とす」という事例には適用できない．その事例では，(26b) のように子音連続を引き起こさないからである．

(26) a.　切り‐落とす　　[kir-**i**-otos-u]　　（V_1 = 連用形）
　　 b. *切 **r**‐落とす　　[kir-otos-u]　　　（V_1 = ルート）

　このように，V_1 が連用形になるという事実は，語彙的 V-V の統語構造として「ルート併合案」は採用しがたいということを示している．
　重要なことに，この結論の妥当性は「V_1-V_2 の語順」という観点からさらに補強可能である．端的に言うと，「ルート併合案」には「V_1 と V_2 に対応する

ルートの語順をどのように決定するのかが不明」という理論的な問題点が存在する．例えば，「書き取る」という語彙的 V-V を作る場合，「ルート併合案」は最初に「√書く」「√取る」というルート同士を併合させるが，その出力構造は (27a) と (27b) のどちらの形で表示してもよいことに注意されたい．

(27) a.　√V₁ が先行する表示　　b.　√V₂ が先行する表示

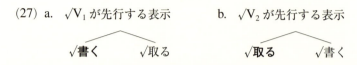

というのも，併合という操作は，本質的に 2 つの入力要素を取ってその要素だけで構成される「集合」を作ると仮定されるからである (e.g. Collins (2002))．つまり，(27a) と (27b) の構造は，それぞれ {√書く, √取る} と {√取る, √書く} という集合に書き換えられるが，同じ要素からなる集合は（要素の順番に関係なく）定義上同一と見なされるため，併合操作だけでは「√書く」「√取る」の語順を決定することはできないのである．よって，「ルート併合案」は，「(28a) の語順をどう保証し，(28b) の語順をどう排除するのか」を論じる必要がある．

(28) a.　太郎は　その発言を　**書き取る**ことを　怠った．
　　 b. *太郎は　その発言を　**取り書く**ことを　怠った．

私見では，この問題を「ルート併合案」が解決するのは難しいと思われる．試しに，DM の枠組み内で可能なアプローチを 1 つ考えてみると，「{√書く, √取る} という構造が v* と共起した場合，その構造には [kaki-toru] という音形が挿入される」という語彙挿入規則 (e.g. Vocabulary Items) を提案できるかもしれない (e.g. Aoyagi (2014))．しかし，この語彙挿入規則で語順を決定していくアプローチは，「書き取る」のように V₁ と V₂ の順序変換が不可能な例には対応できるが，(29) のように順序変換が可能な例には対応できない．

(29) a.　抜き出す　　vs.　出し抜く　　{√抜く, √出す}
　　 b.　立ち並ぶ　　vs.　並び立つ　　{√立つ, √並ぶ}
　　 c.　持ち合わせる　vs.　合わせ持つ　{√持つ, √合わせる}

例えば，(29a) の「抜き出す」と「出し抜く」は意味的に異なる表現だが，「ルート併合案」で考えると，どちらも統語的に {√抜く, √出す} という集合を含むことになってしまい，その全く同一の構造環境に対して 2 通りの音形を与える語彙挿入規則を想定することは DM の枠組み内では不可能である．もちろん，このような語彙挿入規則に基づくアプローチが無理だとしても，

様々な理論を援用して別のアプローチを考えることは可能だが，それは別の補助仮説を追加していくということと同義で，「ルート併合案」だけでは解決の糸口を提供できないということに変わりはない (e.g. Nishiyama and Ogawa (2014)).[7] まとめると，「ルート併合案」には少なくとも「V_1 の連用形」「V_1-V_2 の語順」の観点から問題点が残るため，本稿では採用しないことにする．

最後に，3 つ目の構造案である「ルート乖離案」を検討していこう．

(30) ルート乖離案

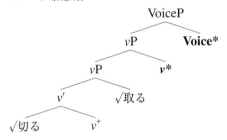

結論から言うと，この案は「V_1 削除現象」「V_1 の連用形」「V_1-V_2 の語順」を全て上手く説明することができる．

まず「V_1 削除現象」について言うと，(30) の構造は「単一ルート案」で問題になった「統語的原子のルートの"内部"に削除操作を適用する」という仮定を回避できる．というのも，V_1 と V_2 の両方に独立のルートを用意しているからである．つまり，そのような構造は，V_1 削除を「√切る」というルート自体の削除か v' レベル以上の削除として扱うことができる (cf. Tatsumi (2019))．

次に「V_1 の連用形」について言うと，(30) の構造は「ルート併合案」で問題になった「V_1 の連用形態素 -i を入れるスロットがない」という状況を回避できる．なぜなら，V_1 のルート (√切る) の隣には動詞化要素の一種である v^+ が置かれているため，その v^+ に連用形態素 -i を挿入できるからである．例えば，2 節で見た「三重自他交替」の「溶く・溶かす・溶ける」を V_1 に含むような語彙的 V-V を探してみると，国立国語研究所の『複合動詞レキシコン』

---

[7] Nishiyama and Ogawa (2014) のルート併合案では，$\sqrt{V_1}$ が $\sqrt{V_2}$ に「付加 (adjoin)」し，$\sqrt{V_2}$ が全体の主要部として「投射」する．この付加構造は「主要部側のルートが後続する」という単純な語順決定アルゴリズムを可能にするが，注 2 の「ルートは投射しない」という Acquaviva (2009) の提案には合わない．もちろん，Chomsky (2004) が導入した Pair Merge だと，投射なしでも付加構造を作れるが，その操作の問題点については Oseki (2015) を参照されたい．

(https://vvlexicon.ninjal.ac.jp/) や『Web データに基づく複合動詞用例データベース』(https://csd.ninjal.ac.jp/comp/) では以下のような例が見つかる．

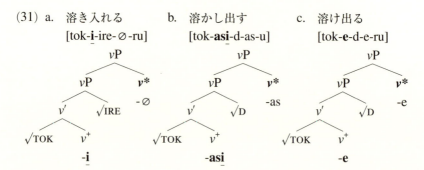

ここで重要なのは，「溶き入れる」の「溶き」と「溶かし出す」の「溶かし」には連用形態素 -i が出現しているという点で，その -i はどちらも構造中に示すように v^+ にあると分析することができる．[8]

最後に「V_1-V_2 の語順」について言うと，(30) の構造は「ルート併合案」で問題になった「V_1 と V_2 のルートの語順をどのように決定するか」という問いに一定の答えを与えられる．というのも，その構造では，$\sqrt{V_2}$ が $\sqrt{V_1}$ よりも構造的に高い位置に置かれているからである．つまり，記述的には，日本語の述部領域の接辞は構造的に高い位置にあるものほど右側に出てくるので (e.g. [[[溶かさ $_v$]-なかっ $_{Neg}$]-た $_T$])，その一般化を捉えられる語順決定のアルゴリズムさえあれば，V_1 と V_2 の語順は正しく導くことができる．

以上の議論から，「ルート乖離案」は「語彙的 V-V の統語構造」として他の案よりも妥当であると考えられる．もちろん，先行研究ではこれ以外の構造も提案されていることに注意されたい．例えば，Akimoto (2023) は「動詞化したルート同士を併合させた構造 (i.e. [$_{v2}$ [$\sqrt{V}$ v_1][$\sqrt{V}$ v_2]])」を提案し，それによって V-V 複合語における「連濁の欠如」を捉えようとしており，今後の発展が期待される研究となっている．しかし，本稿の第一目標は DM の枠組み

---

[8] 注 3 で述べたように，Oseki (2017) の提案に従って [-as] や [-e] などの接辞を Voice の具現化とすると，例えば，(31c) の v^+ の補部には VoiceP レベルの構成素を入れる必要が出てくる．しかし，そうなると「溶解する」などの VN-s も v^+ の補部に出てきてよさそうだが，実際には不可能なので，本稿では [-as] や [-e] などを v の具現化とする．なお，(31b) で v^+ が [-as] の音形を得るには「外項に動作主性を求めない Voice*$_{-A}$」を [$_{vP}$ tok-**asi**-d-as] に併合させる必要があるが，実際「溶かし出す」の外項は「動作主」でなくてもよい (e.g. その洗剤が頑固な汚れを水中に全て溶かし出した)．

第13章　分散形態論と語彙的 V-V 複合語の意味構成　　307

内で「語彙的 V-V への VN-s の挿入不可能性」を説明することで，それを達成する上では「ルート乖離案」で想定される動詞化要素 v^+ の「構造位置」が非常に重要な役割を果たす．以下では，その v^+ の意味解釈の在り方を明確にしていこう．

4.　語彙的 V-V の意味構成：v^+ の役割と意味挿入

　本節では，前節で見た「ルート乖離案」の統語構造を前提にして，語彙的 V-V の構成意味論を提案する．まず，その提案の土台として，Heim and Krazter（1998）などで想定される「タイプ駆動意味論」と，Kratzer（1996），Pylkkänen（2002），Basilico（2008）などで仮定される「事象意味論（Event Semantics）」を採用する．よって，言語表現の基本意味タイプとしては，type **e**（entity），type **v**（event），type **t**（truth value）を設定し，これらの組み合わせから他の可能な意味タイプを立てていく．以下では，本稿が各表現の意味を示す時に使う「変項の記号とその意味タイプ」を載せているので，適宜参照されたい．

(32)　a.　変項 x：　type **e**　　　　　（x は entity の変項）
　　　b.　変項 e：　type **v**　　　　　（e は event の変項）
　　　c.　変項 P：　type $\langle$**v,t**$\rangle$　　　　（P は event predicate の変項）
　　　cf.　変項 R：　type $\langle$**e,**$\langle$**v,t**$\rangle\rangle$　（R は thematic relation の変項）

　次に，本稿の提案にとって重要となる DM での意味決定の制約を確認しよう．2 節でも述べた通り，本稿は Harley（2014）に従い，ルートを含む全形態素に対して，その具体的な音形と意味がそれぞれ統語構造に入った後の形態音韻部門と意味部門で挿入されると仮定する．つまり，各形態素の意味はその構造環境を参照しながら決まるという意味である．例えば，Basilico（2008）を参考にすると，「$\sqrt{\text{KIR}}$（$\sqrt{}$切）」というルートは動詞化要素 v^* と併合した場合に限り「事象述語 cut の意味」を得て，一方，v^* は「$\sqrt{\text{KIR}}$」など特定のルートと併合した場合に限り「Theme（TH）となる IA を導入する意味」を得ると考えられる．これらの意味とその意味挿入の構造条件は以下のように形式化できる．

(33)　ルート・機能形態素への意味挿入と構造条件
　　　a.　$[\![\sqrt{\text{KIR}}]\!] \leftrightarrow \lambda e.\, [\mathbf{cut}(e)]$ / $[_{(vP)}\,\underline{\quad}\ v^*]$
　　　b.　$[\![v^*]\!]$　$\leftrightarrow \lambda P.\lambda x.\lambda e.\, [\mathbf{TH}(e) = x \wedge P(e)]$ / $[_{(vP)}\,\sqrt{}\ \underline{\quad}]$

簡潔に言うと，(33a) は「√KIR の意味に $\lambda e.\ [\mathbf{cut}(e)]$ が挿入される場合とは，√KIR が [$_{vP}$ ___ $v*$] の下線部に現れた場合に限る」ということを表しており，記号「/」の後に「意味挿入の条件」が指定されているわけである．こう考えると，(33b) の $v*$ への意味挿入の条件は，共起するルートに制限がないという点で不十分で，このままだと「√NAK（√泣）」と共起しても IA を導入できてしまうが，実際は無理である（e.g. 太郎が（*花子を）泣いた）．よって，その構造条件は「[$_{vP}$ √___]：√ ∈ {√KIR, √TABE, …}」のようにルートの指定も加えなければならない．このように，DM の中でも Harley (2014) の考え方に従って構成意味論を行う場合は，最初に「各形態素の意味とその挿入条件」を設定する必要がある．

この前提さえ満たせば，DM における統語構造の意味計算は通常のものと変わらない．例えば，「太郎が（その）枝を切った」のような他動詞句の意味を考える場合，その中の形態素がそれぞれ意味を適切に与えられる位置に出ていることを前提にすれば，その意味構成は以下のように行われる．

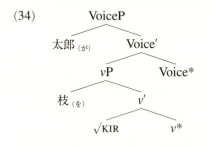

(34)

a. $[\![v*]\!]$ $= \lambda P.\lambda x.\lambda e.\ [\mathbf{TH}(e) = x \land P(e)]$ $\langle\langle\mathbf{v},\mathbf{t}\rangle,\langle\mathbf{e},\langle\mathbf{v},\mathbf{t}\rangle\rangle\rangle$
b. $[\![\sqrt{\text{KIR}}]\!]$ $= \lambda e.\ [\mathbf{cut}(e)]$ $\langle\mathbf{v},\mathbf{t}\rangle$
c. $[\![v']\!]$ $= \lambda x.\lambda e.\ [\mathbf{TH}(e) = x \land \mathbf{cut}(e)]$ $\langle\mathbf{e},\langle\mathbf{v},\mathbf{t}\rangle\rangle$
d. $[\![枝]\!]$ $= 枝$ $\mathbf{e}$
e. $[\![vP]\!]$ $= \lambda e.\ [\mathbf{TH}(e) = 枝 \land \mathbf{cut}(e)]$ $\langle\mathbf{v},\mathbf{t}\rangle$
f. $[\![\text{Voice}*]\!]$ $= \lambda P.\lambda x.\lambda e.\ [\mathbf{AG}(e) = x \land P(e)]$ $\langle\langle\mathbf{v},\mathbf{t}\rangle,\langle\mathbf{e},\langle\mathbf{v},\mathbf{t}\rangle\rangle\rangle$
g. $[\![\text{Voice}']\!]$ $= \lambda x.\lambda e.\ [\mathbf{AG}(e) = x \land \mathbf{TH}(e) = 枝 \land \mathbf{cut}(e)]$ $\langle\mathbf{e},\langle\mathbf{v},\mathbf{t}\rangle\rangle$
h. $[\![太郎]\!]$ $= 太郎$ $\mathbf{e}$
i. $[\![\text{VoiceP}]\!]$ $= \lambda e.\ [\mathbf{AG}(e) = 太郎 \land \mathbf{TH}(e) = 枝 \land \mathbf{cut}(e)]$ $\langle\mathbf{v},\mathbf{t}\rangle$

この意味計算については注意点が 3 つある．まず，名詞の「太郎」と「枝」については，これらも最低限 nP 構造 (e.g. [$_{nP}$ √TARO n]) を持っており，その構造の意味も本来は考える必要があるが，ここでは単純に特定の個体を指す type

第 13 章　分散形態論と語彙的 V-V 複合語の意味構成　　309

e の表現であると仮定する．次に，Voice* については v^* と同じく type $\langle\langle \mathbf{v,t}\rangle$, $\langle \mathbf{e},\langle \mathbf{v,t}\rangle\rangle\rangle$ の表現で，「Agent（AG）となる EA を導入する意味」を持っていると仮定する．最後に，ここでの意味計算は，以下に示す Heim and Kratzer (1998) の「関数適用（Function Application）」という意味構成規則に従い，姉妹関係にある片方の要素がもう片方の要素の意味を取り込んで進んでいく．

(35)　*Function Application* (cf. Heim and Kratzer (1998: 44))
　　　For any types α and β, if X is a node whose daughters are Y and Z, where $[\![Y]\!]$ is of type $\langle\alpha,\beta\rangle$ and $[\![Z]\!]$ is of type α, then $[\![X]\!] = [\![Y]\!]$ $([\![Z]\!])$.

以上を踏まえると，(34) の VoiceP 構造からは (34i) の意味を導くことが可能で，その意味は（ある事象 e に関して）「その e の Agent は太郎，その e の Theme は枝，そして，その e は cut するという事象である」ということを表す．まとめると，DM 型の統語構造でも，ルートを含む各形態素の意味が定まっていれば，何の問題もなく構成意味論を適用することができる．
　ここで，本稿の最大の関心である「語彙的 V-V の構成意味論」を考えていきたい．まず，その中で重要な役割を果たすのは，言うまでもなく「ルート乖離案」で導入した「動詞化要素 v^+」である．その意味貢献の基本発想は，「動詞的なルート複合化要素（verbal root compounder）」と呼べるもので，要は「2 つのルートを動詞的な環境の中で意味的に合成させる役割」を持つ機能形態素としてみなすという考え方である．よって，v^+ の存在意義はあくまでも「ルートの複合化」を担うところにあるため，概念的に言って，v^+ への意味挿入の構造条件は「2 つのルートに対して構造的に限りなく近い範疇決定子として生起すること」と仮定するのは自然だろう．
　この基本発想に従い，v^+ の意味とその挿入条件を (36) のように提案する．

(36)　ルート複合化要素 v^+ への意味挿入と構造条件
　　　$[\![v^+]\!] \leftrightarrow \lambda P_1.\lambda P_2.\lambda e.\ [P_1(e) \wedge P_2(e)]\ /\ [_{vP}[_{(v')} \sqrt{} \underline{\quad}] \sqrt{}]$

まず，v^+ の意味挿入の構造環境は「ルート乖離案」通りで，「2 つのルートに構造的に直接挟まれた場合」にだけ v^+ は解釈可能となる．そして，その場合は type $\langle\langle \mathbf{v,t}\rangle,\langle\langle \mathbf{v,t}\rangle,\langle \mathbf{v,t}\rangle\rangle\rangle$ の表現として振る舞い，単純に 2 つの event predicate を「等位接続（$\wedge$）」するという意味貢献を行う．このような意味を v^+ に設定することは，語彙的 V-V の V_1-V_2 の意味関係を「等位接続」としてみなすことになるため，それは単純化し過ぎだと思われるかもしれないが，決してそうではない．例えば，影山 (1993) は，可能な V_1-V_2 関係を①「並列関

係（e.g. 忌み嫌う）」②「付帯状況（e.g. 語り明かす）」③「手段・様態（e.g. 切り倒す）」に分類しつつも，①②が「同時関係（$T_{IME}(V_1) = T_{IME}(V_2)$）」，③が「先行関係（$T_{IME}(V_1) \geq T_{IME}(V_2)$）」に対応すると考えているが，これらは全て「等位接続」から推論可能な関係とみなせる。[9] 以上のように，v^+ は構造的にも意味的にも 2 つのルートを動詞的な環境の中で結合させるような要素として振る舞うことになる。

　それでは，このような v^+ が実際にどうやって語彙的 V-V の意味を生み出していくのかを見ていこう。例えば，「切り取る」の統語構造を VoiceP まで作った場合，その意味計算は以下のように行われる。

(37)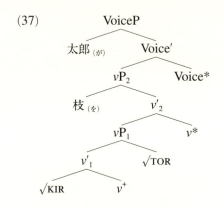

a. $[\![v^+]\!]$ $= \lambda P_1.\lambda P_2.\lambda e.\ [P_1(e) \wedge P_2(e)]$ $\quad \langle\langle v,t\rangle,\langle\langle v,t\rangle,\langle v,t\rangle\rangle\rangle$
b. $[\![\sqrt{KIR}]\!]$ $= \lambda e.\ [\mathbf{cut}(e)]$ $\quad \langle v,t\rangle$
c. $[\![v'_1]\!]$ $= \lambda P_2.\lambda e.\ [\mathbf{cut}(e) \wedge P_2(e)]$ $\quad \langle\langle v,t\rangle,\langle v,t\rangle\rangle$
d. $[\![\sqrt{TOR}]\!]$ $= \lambda e.\ [\mathbf{take}(e)]$ $\quad \langle v,t\rangle$
e. $[\![vP_1]\!]$ $= \lambda e.\ [\mathbf{cut}(e) \wedge \mathbf{take}(e)]$ $\quad \langle v,t\rangle$
f. $[\![v^*]\!]$ $= \lambda P.\lambda x.\lambda e.\ [\mathbf{TH}(e) = x \wedge P(e)]$ $\quad \langle\langle v,t\rangle,\langle e,\langle v,t\rangle\rangle\rangle$
g. $[\![v'_2]\!]$ $= \lambda x.\lambda e.\ [\mathbf{TH}(e) = x \wedge \mathbf{cut}(e) \wedge \mathbf{take}(e)]$ $\quad \langle e,\langle v,t\rangle\rangle$
h. $[\![vP_2]\!]$ $= \lambda e.\ [\mathbf{TH}(e) = 枝 \wedge \mathbf{cut}(e) \wedge \mathbf{take}(e)]$ $\quad \langle e,\langle v,t\rangle\rangle$
i. $[\![VoiceP]\!]$ $= \lambda e.\ [\mathbf{AG}(e) = 太郎 \wedge \mathbf{TH}(e) = 枝 \wedge \mathbf{cut}(e) \wedge \mathbf{take}(e)]$

---

[9] ただし，由本（2023）によれば，他の V_1-V_2 関係として「補文関係（e.g. 聞き逃す）」や「副詞解釈（e.g. 書き殴る）」があり，また，Fukushima（2016）によれば，V_1-V_2 関係の根底には「限界性（Telicity）」に関する制約がある。よって，語彙的 V-V の意味合成には単純に「等位接続」からは導けないような側面が存在することは確かである。つまり，このような事実に加えて（29）のような「順序変換が可能な V-V」に対応する上でも，v^+ の意味はさらに種類分け・精緻化していく必要があるが，この点は今後の課題としたい。

第 13 章　分散形態論と語彙的 V-V 複合語の意味構成　　　311

この意味構成に関して最初に強調しておきたいのは，ルート複合化要素 v^+ が
2 つのルート $\sqrt{\text{KIR}}$ と $\sqrt{\text{TOR}}$ に構造的に隣接している点である．よって，v^+ は
意味挿入の構造条件を満たすため，(37a) のような形で意味解釈ができる．ま
た，ルートの $\sqrt{\text{KIR}}$ と $\sqrt{\text{TOR}}$ もそれぞれ v^+ と v^* に構造的に隣接しているた
め，(37b) と (37d) のように動詞としての意味が適切に与えられる．つまり，
v^+ と $\sqrt{\text{KIR}}$ と $\sqrt{\text{TOR}}$ は問題なく意味構成を行うことができ，IA の「枝」まで
取り込んだ $v\text{P}_2$ の意味を見てみると，(37h) に示す通り（ある事象 e に関し
て）「その e の Theme は枝で，かつ，その e は cut して take するという事
象である」という意味になる．これは「切り取る」の大体の意味を捉えている
と判断できるため，上で提案した v^+ の意味の特徴づけは方向性としては正し
いと思われる．

　以上のように，語彙的 V-V の意味構成にはルート複合化要素 v^+ が関わっ
ていると仮定した上で，本稿にとっての最大の問いに立ち返ろう．それは，
(38) にもう一度示すように「なぜ語彙的 V-V 複合語の V_1 の位置には VN-s
が生起できないのか」という問いである．

(38)　語彙的 V-V 複合語
　　a.　太郎が　その枝を　切り**取**った
　　b.　*太郎が　その枝を　**切断**し**取**った．　→ *[VN-si]-V

これに対する答えは，本稿が提案する v^+ への意味挿入の構造条件を前提にす
れば容易に得られる．まず，VN-s の統語構造を簡単に考えてみよう．田川
(2009, 2023) が指摘するように，VN-s は接辞「方」によって名詞化された環
境に出ると，(39) に示すように必ず VN に属格「の」が付く必要がある．

(39) a.　その枝の**切断**のし方　　cf.　*その枝の**切り**のし方
　　 b.　*その枝の**切断**し方　　　cf.　その枝の**切り**方

この属格は名詞的要素などにしか付かないため，VN のルート自体は（何らか
の理由で）必ず名詞化要素 n と併合して名詞化される必要があると判断でき
る．よって，田川に従い，VN-s の -s は動詞化要素 v の具現化と仮定すると，
VN-s は少なくとも (40a) のような構造を持っていると考えられる．

(40) a. VN-s（切断-s）の構造　　b. ルート複合化 v^+ との併合

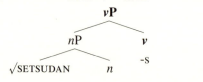
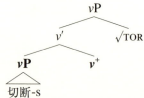

すると，VN-s が語彙的 V_1 の位置に入るということは，本稿の提案だと，VN-s が (40b) のように v^+ と併合することを意味するが，(40b) の構造は解釈不可能である．なぜなら，そこでの v^+ は「2 つのルートに構造的に直接挟まれる環境」にいないため，意味挿入の条件が満たせないからである．よって，v^+ は意味が与えられず，意味構成が v' レベルで破綻してしまうので，本稿の提案は VN-s が語彙的 V_1 の位置に入ると許容不可能になることを正しく予測する．

5. おわりに

　本稿では，「語形成は全て統語論で行われる」という DM のテーゼにとって問題となりうる「日本語の語彙的 V-V 複合語」について議論してきた．というのも，影山 (1993) では，そのテーゼに反して「語彙的 V-V はレキシコンで作られる」という分析が提示されていたからである．しかし，本稿はその分析根拠の 1 つであった「語彙的 V-V への VN-s 挿入の不可能性」を取り上げ，Harley (2014) のように「各形態素の意味がその構造環境を参照しながら意味部門で決定される」と仮定すれば，その不可能性は DM の枠組み内でも十分に説明できることを提案した．特に，統語部門で複合動詞を作るためにはルート複合化要素 v^+ が必要であると仮定し，その v^+ はルートと併合した場合にだけ意味挿入の条件を満たすと考えることで，VN-s 挿入の不可能性が Heim and Kratzer (1998) などの構成意味論の観点から保証できることを示した．

　しかし，本稿は語彙的 V-V の特性を統語的に捉えるための道筋は明確にしたものの，その提案には残された問題も存在する．例えば，影山 (1993) が提示した語彙的 V-V の「他動性調和の原則」については，中村 (2019) など様々な研究者が指摘してきた「例外」も含め，それらをどう説明するかは検討できていない．また，査読者から指摘されたように「語彙的 V-V とは性質が異なる統語的 V-V」や「英語などの V-V 複合語が非生産的な言語」に対してはどんな分析ができるかも議論できておらず，現時点では 2 点目に関連する

第 13 章　分散形態論と語彙的 V-V 複合語の意味構成　　313

Kobayashi（2018），Song（2020）などの先行研究を挙げることしかできない．
これらの問題にも答えられるよう，提案の更なる精緻化は今後の研究に託した
い．

参考文献

Acquaviva, Paolo（2009）"Roots and Lexicality in Distributed Morphology," *York Papers in Linguistics Series 2*, Issue 10, 1-21.

Akimoto, Takayuki（2023）"On the Domains of Japanese Verbal Compounds: Su-insertion, Sequential Voicing and Compound Ellipsis," *Japanese / Korean Linguistics* 30, 353-362.

Aoyagi, Hiroshi（2014）"On Serialization of Verbs in Japanese and Korean," *Harvard Studies in Korean Linguistics* 15, 219-231.

Basilico, David（2008）"Particle Verbs and Benefactive Double Objects in English: High and Low Attachments," *Natural Language and Linguistic Theory* 26, 731-773.

Borer, Hagit（2005）*Structuring Sense II: The Normal Course of Events*, Oxford University Press, Oxford.

de Chene, Brent（2017）"Root-based Syntax and Japanese Derivational Morphology," *On Looking into Words（and Beyond）*, ed. by Claire Bowen, Laurence Horn and Raffaella Zanuttini, 117-135, Language Science Press, Berlin.

Chomsky, Noam（2004）"Beyond Explanatory Adequacy," *The Cartography of Syntactic Structures, Volume 3: Structures and Beyond*, ed. by Adriana Belletti, 104-131, Oxford University Press, Oxford.

Collins, Chris（2002）"Eliminating Labels," *Derivation and Explanation in the Minimalist Program*, ed. by Samuel Epstein and Daniel Seely, 42-64, Blackwell, Oxford.

Embick, David（2010）*Localism versus Globalism in Morphology and Phonology*, MIT Press, Cambridge, MA.

Embick, David and Alec Marantz（2008）"Architecture and Blocking," *Linguistic Inquiry* 39, 1-53.

Fukushima, Kazuhiko（2016）"Telicity Makes or Breaks Verb Serialization," *MMM10 Online Proceedings*, 55-63.

Halle, Morris and Alec Marantz（1993）"Distributed Morphology and the Pieces of Inflection," *The View from Building 20: Essays in Linguistics in Honor of Sylvan Bromberger*, ed. by Ken Hale and Samuel Jay Keyser, 111-176, MIT Press, Cambridge, MA.

Harley, Heidi（2013）"External Arguments and the Mirror Principle: On the Independence of Voice and v," *Lingua* 125, 34-57.

Harley, Heidi (2014) "On the Identity of Roots," *Theoretical Linguistics* 40, 225-276.

Heim, Irene and Angelika Kratzer (1998) *Semantics in Generative Grammar*, Blackwell, Oxford.

影山太郎 (1993)『文法と語形成』ひつじ書房，東京.

Kobayashi, Ryoichiro (2018) "Feature Inheritance and the Syntax of Lexical VV Compounds," *Proceedings of the ConSOLE* 25, 250-267.

Kratzer, Angelika (1996) "Severing the External Argument from Its Verb," *Phrase Structure and the Lexicon*, ed. by Johan Rooryck and Laurie Zaring, 109-137, Kluwer, Dordrecht.

Kudo, Kazuya and Koji Shimamura (2023) "On the Adjectivalizer *-Si* in the Reduplicated and Deverbal Adjectives in Japanese," *CLS* 58, 231-242.

Legate, Julie (2014) *Voice and v: Lessons from Acehnese*, MIT Press, Cambridge, MA.

Levinson, Lisa (2010) "Arguments for Pseudo-resultative Predicates," *Natural Language and Linguistic Theory* 28, 135-182.

Lohndal, Terje (2014) *Phrase Structure and Argument Structure: A Case Study of the Syntax-semantics Interface*, Oxford University Press, Oxford.

Marantz, Alec (1997) "No Escape from Syntax: Don't Try Morphological Analysis in the Privacy of Your Own Lexicon," *University of Pennsylvania Working Papers in Linguistics* 4(2), 201-225.

中村早百合 (2019)「分散形態論における日本語の語彙的複合動詞」『第 158 回日本言語学会大会予稿集』46-52.

Nishiyama, Kunio (1998) "V-V Compounds as Serialization," *Journal of East Asian Linguistics* 7, 175-217.

Nishiyama, Kunio (2016) "The Theoretical Status of *Ren'yoo* (Stem) in Japanese Verbal Morphology," *Morphology* 26, 65-90.

Nishiyama, Kunio and Yoshiki Ogawa (2014) "Auxiliation, Atransitivity, and Transitivity Harmony in Japanese V-V Compounds," *Interdisciplinary Information Sciences* 20(2), 71-101.

Oseki, Yohei (2015) "Eliminating Pair-Merge," *WCCFL* 32, 303-312.

Oseki, Yohei (2017) "Voice Morphology in Japanese Argument Structures," ms., New York University.

Pylkkänen, Liina (2002) *Introducing Arguments*, Doctoral dissertation, Massachusetts Institute of Technology.

Saito, Mamoru (2016) "(A) Case for Labeling: Labeling in Languages without Phi-feature Agreement," *The Linguistic Review* 33, 129-175.

Song, Chenchen (2020) "Categorizing Verb-internal Modifiers," *Syntactic Architecture and Its Consequences I: Syntax inside the Grammar*, ed. by Andras Barany,

第 13 章　分散形態論と語彙的 V-V 複合語の意味構成　　315

Theresa Biberauer, Jamie Douglas and Sten Vikner 357-384, Language Science Press, Berlin.

田川拓海 (2009)『分散形態論による動詞の活用と語形成の研究』博士論文，筑波大学.

田川拓海 (2023)「動詞化形態の分布とル動詞の Root 派生分析」『構文形式と語彙情報』，岸本秀樹・臼杵岳・于一楽 (編)，99-121，開拓社，東京.

Tatsumi, Yuta (2019) "Excorporation and V-V Compound Ellipsis in Japanese," *CLS* 54, 503-518.

Yatabe, Shuichi (2001) "The Syntax and Semantics of Left-node Raising in Japanese," *Proceedings of the 7th international conference on Head-driven Phrase Structure Grammar*, 325-344.

由本陽子 (2023)「語彙的複合動詞における項の具現形式」『構文形式と語彙情報』，岸本秀樹・臼杵岳・于一楽 (編)，189-203，開拓社，東京.

第 14 章

日本語数表現に見る異形態[*]

依田 悠介

東洋学園大学

1. はじめに

　本論文では，日本語の和語／漢語の交替現象（田川（2021），依田（2022），渡辺（2023）ほか）に着目し，分散形態論の語彙挿入メカニズムに関わる情報に関して明らかにすることを目的としている．日本語の和語／漢語の間に交替が生じているという考え方はそれほど一般的に認められた考え方ではないかもしれないが，以下で議論するように，それぞれが特定の（文法的）環境下で使い分けられていることは，補充（suppletion）[1]の一例と考えることもできよう．

　また，本論のような補充や異形態（allomorphy）の研究は，反語彙主義を掲げる分散形態論やナノシンタクス（Nanosyntax: Caha（2009），Baunaz et al.（2018）ほか）のような，統語的には同一の構造を持つ（≒意味的には同一

---

　[*] 本研究は Linguistics and Asian Language（Poznan），第 47 回関西言語学会（オンライン），第 165 回日本言語学会（オンライン），SICOGG 25（Seoul），ハノイ大学（Hanoi）で発表した成果の一部を含んでいる．学会の場でコメントをいただいた皆様には記して感謝を申し上げる．加えて，本研究を進めるにあたり，コメント・アドバイスなどをいただいた秋本隆之氏，Éva Dékány 氏，萩澤大樹氏，岸本秀樹氏，工藤和也氏，那須紀夫氏，嶋村貢志氏，田川拓海氏，田中秀治氏，2 名の査読者には記して感謝を申し上げる．また，当然のことながら本研究における不備や誤りに関しては全て著者に帰する．本研究は科研費（22K00537）の助成を受けている．

　また，本論文の執筆の過程で数詞に関する和語／漢語交替を扱った論文として渡辺（2023）が出版されている．その内容に関して多くを含めることができなかったが，数詞に関して興味のある読者はそちらも同時に参照されたい．

　[1] 例えば，英語の動詞の go~wen(t) の交替が補充の例とされる．ここでは，go と wen は同一の動詞の原形と過去形の語幹であると考えられるが，過去形の wen は go とは音声的に全く関係を持たない．同様に，日本語の補充として「食べる」～「召し上がる」，「読むことができる」～「読める」などが例として挙げられる．何を補充ととらえるかの議論については，田川（2019）を参照されたい．

第 14 章　日本語数表現に見る異形態　　　　　317

である）が，異なる音形として出現する要素の説明に向いている．一方で，語
彙主義の観点ではこのような単語は「異なる単語」あるいは「ある単語の異形
態」であるとし，レキシコンに貯蔵するしかないのかもしれない．この点にお
いて，反語彙主義を掲げるアプローチは本論文で問題とするデータの扱いに長
けた理論であるといえよう．
　本論文の構成は以下のとおりである．次節では本論文で採用する立場・枠組
み・研究対象について確認する．3 節では，本研究は和語／漢語交替というあ
まり馴染みのない研究であると思われるため，先行研究に関して多少丁寧にレ
ビューを行う．つづいて，4 節では，3 節の内容を助数詞と数詞に応用してい
く．最後に 5 節で本論を閉じる．

2.　本論文の立場・枠組み・研究対象

　近年の生成文法理論では，統語論の計算対象はレキシコンに存在する素性
（feature）の組み合わせを行うことであり，統語的に組み上げられた素性束が
スペルアウトされたのちに，形態規則に従って語彙の挿入が行われるという語
彙挿入（Vocabulary Insertion）のメカニズムがとられることが一般的である．
本論文では，そのメカニズムに立脚する形態統語論のモデルである分散形態論
（Distributed Morphology：Halle and Marantz (1993)，Embick and Noyer
(2001, 2007)，Bobaljik (2012)，Embick (2010, 2015) など）の枠組みを採
用し，語の音形決定のメカニズムを明らかにする．この語彙挿入に関する研究
の中心的課題となるのが以下の 2 点である．

　　(1) a.　どのような範囲で音形決定のための情報が得られるのか．
　　　　b.　どの要素が語彙の音形の決定に関わっているのか．

(1a) の課題は局所性（locality）の研究とつながり，(1b) の課題は競合（com-
petition）や部分集合の原理（subset principle）という素性束に対する語彙挿入
の研究とつながっていく．このような局所性や音形決定のメカニズムを明らか
にするために補充形や異形態と呼ばれるような，音形的には無関係であるが意
味的には関連している 2 つの具現形の出現環境・要因に関する研究が進めら
れているのである．しかし，問題となるのは，日本語にはそのような現象が少
なく研究が進んでいないという現状である．このような背景で，本論文では語
彙層や語種と呼ばれる「同じような意味であるが，異なる語」として考えられ
てきた日本語の語が補充の例であると考え，これをレキシコンに貯蔵される異
なる語ではなく，同一の語の異なる音声的出現形であるとの立場から分析して

いく．具体的には，日本語で名詞の数量を表す表現の数詞と助数詞からなる数量詞の音形の決定および，その数量詞と名詞との関係性を考察する．

3. これまでの研究

本節では，まず，数量詞の研究に立ち入る前に日本語の語種に関する分散形態論の研究を見た上で，和語／漢語の交替が補充の一例となりうることを示す．

3.1. 補充形としての漢語／和語交替

3.1.1. 内在的語種素性と統語的な素性の付加を検討する分析：田川 (2021)

田川 (2021) では，サイズを表す接頭辞「大」「小」と，ある種の敬語を形成する接頭辞「御」が漢語読みと和語読みを持つことに注目し，それらの語種が異形態であるとし，分散形態論を用いた説明を試みる．田川はサイズを表す「大」「小」は以下に示すような分布を示すことを指摘している．[2]

(2) 「大」
    a. oo-{男・雨・笑い・穴・海原 …}
    b. dai-{企業・災害・爆発・満足 …}
(3) 「小」
    a. ko-{顔・魚・走り・石・ずるい …}
    b. syoo-{国家・政党・休止・論文 …}

(田川 (2021))

上の (2), (3) に見られるように，サイズを表す「大」「小」には漢語読みと和語読みが存在し，自身のホストとなる語が和語であるのか漢語であるのかによってそれぞれ /oo/ ～ /dai/, /ko/ ～ /syoo/ の間で交替する．

また，同様の現象がある種の敬語を作る「御」においても観察される．

(4) a. o-{力・庭・譲り・友達}
    b. go-{家族・縁・連絡・友人}

(田川 (2021))

「御」には和語読みの /o/ と漢語読みの /go/ が存在し，その読みはホストが和語であるのか漢語であるのかによって交替している．これらのデータから接辞

---

[2] 完全な語彙のリストについては田川 (2021) 参照されたい．

とそれが付加するホストの間に語種の一致が存在し，和語ホストには和語系接辞，漢語ホストには漢語系接辞がつく傾向があると認められる．

なお，日本語には和語・漢語以外にも外来語と擬音語・擬態語が存在する．この時，基本的に外来語には漢語系のサイズを表す接辞がつき，擬音語・擬態語に関しては接辞の付加が見られない．

 (5) a. {*oo/dai}-ピンチ・サービス・ヒット・ショック・スキャンダル
    …
   b. {*ko/syoo}-スペース・グループ・アレンジ・テーマ・ホール …
 (6) *{oo/dai/ko/syoo}-カンカン・ワイワイ・ピカピカ・ツルツル …

（田川（2021））

他方，敬語を作る「御」に関しては，外来語に和語の接辞が付加されることがある．

 (7) {o/*go}-サイズ・ズボン・ビール・タバコ・リボン

（田川（2021））

ただし，ここまで見た接辞とホストの間の語種の一致は傾向であり，以下に示すような例外的な現象も存在する．まず，接辞の語種がどちらでも良いタイプの語彙も存在している．

 (8) a. 「大」：{oo/dai}-地震
   b. 「御」：{o/go}-返事・示し

（田川（2021））

ほかにも，漢語ホストであるのに和語の接辞を要求する場合（9），和語ホストであるのに漢語の接辞を要求する場合（10）なども見られる．

 (9) a. {o/*go}-あいそ・菓子・客・食事 …
   b. {oo/*dai}-文字・馬鹿・掃除 …
   c. {ko/*syoo}-文字・悪魔・道具 …
 (10) {*o/go}-もっとも・ゆっくり・ゆるり …

（田川（2021））

このような例に対して，多少の例外はあるものの，田川（2021）では，分散形態論の枠組みから以下のような説明を与えている．

 (11) a. 接頭辞「大 {oo/dai}-」，「小 {ko/syoo}」，「御 {o/go}」は付加す

るホストの語種によってどの形が現れるか左右される.

b. 漢語系ホストにも和語系の接辞がつくことがあり，その場合にホストとなる要素が複合語を形成する際に連濁も可能となることが多い.

c. これらの接頭辞に関する形態の分布は挿入時に語種の素性を条件とする「語彙層を超えた異形態」として分析することができる.

d. 語種の素性として $\sqrt{\text{Root}}$ に指定されているものと，$\sqrt{\text{Root}}$ に付加 (adjoin) されるものの2種類を仮定することによって，漢語形態や外来語形態の「和語化」を分析することが可能となる.

すでに述べたように，分散形態論の仮定するレキシコンには語彙主義者が仮定するような語は存在せず，素性のみが貯蔵されていると考える. そのレキシコンに貯蔵される素性を対象に併合 (Merge) という統語演算が適用され，素性束が構築される. このレキシコンには，範疇の決定を行う範疇決定詞の v, n, a, p のような機能範疇のほかに範疇未指定の $\sqrt{\text{Root}}$ を仮定している. これらが統語論での併合により素性束を作り出し，スペルアウトされ，形態部門に送られ語彙挿入を受ける. このような枠組みの下，田川では漢語・和語・外来語という語種の決定は以下に示す3つの語種に関する素性の組み合わせによって決定づけられると主張している.

(12) a. 和語素性：[+Native]
b. 漢語素性：[+S-J (Sino Japanese)]
c. 外来語：[+Foreign]

(田川 (2021))

形態部門は統語操作および，語彙に内在する (12) の3つの素性を参照して語の形態を決定する. この語種の決定に関するメカニズムとして田川は (13)-(15) の語彙挿入規則を提案している. なお，以下で示す big／small はそれぞれ何かが大きいこと／小さいこと，honorific は後に続くものが敬語の対象となることを表す接頭辞のもとになる素性である. また，elsewhere は，素性の指定の対象とならなかったものに適用する非該当形である (cf. Halle (1997)).

(13) a. $[+\text{big}]_{\text{pref}} \Leftrightarrow$ oo-/＿＿ [+Native]
b. $[+\text{big}]_{\text{pref}} \Leftrightarrow$ dai-　　　elsewhere
(14) a. $[+\text{small}]_{\text{pref}} \Leftrightarrow$ ko-/＿＿ [+Native]
b. $[+\text{small}]_{\text{pref}} \Leftrightarrow$ syoo-　　elsewhere

(田川 (2021))

(15) a. $[+\text{hon(orific)}]/[+\text{polite}] \Leftrightarrow \text{o}/\underline{\quad}\ [+\text{Native}]$
b. $[+\text{hon(orific)}]/[+\text{polite}] \Leftrightarrow \text{go}/\underline{\quad}\ [+\text{S-J}]$

(田川（2021））

田川の提案する（13）-（15）の語挿入規則は，接辞の和語読みが，[＋Native] の素性を持った要素に前接する場合に生じることを示している．これにより，例外をのぞいてほとんどの接辞とホストの間の語種の一致を予測することができる．

さらに，田川は（13）-（15）の例外的なパターンに和語化（nativization）と呼ぶ操作を仮定している．和語化の適用を受けると，もともと和語以外の語種であるはずの語が和語として振る舞うこととなる．以下の（16）は，漢語（あるいは，漢語の複合語）に対して「大」「小」の接辞がついている例である．そのうち（16a）の例では，漢語のホストに和語読みの接辞がつき，さらに，和語の特徴である連濁が生じている．一方で（16b）は，漢語の複合語に対して和語読みの接辞がついており，かつホストとなる語彙の音韻的な特徴から連濁が不可能な例を挙げている．

(16) a. 小箪笥（ko-*d*ansu），大太鼓（oo-*d*aiko），小封筒（ko-*b*uutoo），小器用（ko-*g*iyoo），小細工（ko-*z*aiku），小智恵，大喧嘩，大損，大部屋，小部屋
b. 小悪魔（ko-akuma），小馬鹿（ko-baka），小文字（ko-moji），大文字（oo-moji），大掃除，小道具，大道具

(田川（2021））

なお，先にあげた，（7）の外来語ホストに関しても，（16b）と同様，連濁が音韻的に不可能な語彙である．

田川は，漢語ホストに見られる連濁は和語化の結果としてとらえている．つまり，派生の途中でもともと漢語であった語彙に対して [＋Native] 素性の付加が行われ，和語系の接辞の出現を許すと同時に，連濁が可能となると提案している．

3.1.1. 和語／漢語交替を局所性から導くアプローチ：依田（2022）

田川（2021）の内在的な語種の素性と統語的な語種の素性の付加を用いるアプローチでは，接辞が付加するホストの語種の指定が接辞の語種の決定に影響するとしていた．よって，原理的には以下のような構造が容認されることとなる．

322 第 III 部 語や形態素の意味・構造・機能

(17) a. Pref$_{[S-J]}$-Pref$_{[S-J]}$–漢語ホスト
　　 b. Pref$_{[+Native]}$-Pref$_{[+Native]}$–和語ホスト

まず事実として接頭辞が 2 つ以上付加されることが許されることを (18) で
確認しておこう．(18a, b) はそれぞれ，2 つの接頭辞が二重にホストに対して
付加されている例であり，そのような例が文法的であることが確認できる．

(18) a. un-re-cover-able
　　 b. 反–無–政府–主義[3]

(依田 (2022))

このような例に対して，サイズ・敬語を作る接頭辞の両者が独立して可能な
「満足」の例を見てみると，これらの接頭辞は共起することができない．

(19) a. {dai / *oo}–満足　　　 c. $^{??\sim}$*dai-go–満足[4]
　　 b. {*o / go}–満足　　　　 d. *go-dai–満足

(依田 (2022))

接辞の二重付加が導く文法性の低下は，「大」と「御」の 2 種類の異なる接辞
の意味的な共起関係によって生じているとは考えにくい．これは，(20) に示
すように，それぞれを迂言的な形式を用いて表した際に文法的となることから
もわかる．

(20)　先生は大変 go–満足 {になった・された}（ようだ）．

(20) では，先生に対する敬語を形成する「御」と同時に大きさの程度を表す
「大変」が用いられた例である．「大変満足である」と「大満足である」は意味
的に同義であると考えられ，(19c, d) の非文法性が意味的な問題である可能
性を排除している．さらに，(21) の例から確認できるように，「大変」が
「なった」や「された」の部分を修飾している可能性も排除できるため，(19c,

---

[3] ここで挙げられる，反無政府主義における「反」は Aoyagi Prefix (Poser (1990)) であり，
Aoyagi Prefix 以外に関しては，複数接頭辞の生起が日本語では制限される可能性について査
読者から指摘があった．Aoyagi Prefix の特徴は，それ自体がアクセントを持つことであり，
その例として「元」(元総理大臣) や「非」(非合理的) などが挙げられる．(18) で挙げた例以
外にも，[ご-[尊-[父]]], [ご-[両-[親]]], [至-[近-[距離]], [大-[親-[友]]] などのように，複
数の接辞と見られる要素が連続する例が日本語では可能である．これらの例では，Aoyagi
Prefix のような音韻的な特徴は見てとれず，必ずしも日本語の語形成規則において 2 つ以上
の接頭辞が連続することができないというような規則は存在しないように思われる．

[4] 話者の中には dai-go- 満足のような語形を許容する話者がいるようである．

d) の非文法性は形態統語的に説明されなくてはならないだろう．

(21) *大変した

さらに，田川が分析に採用する素性群に関しても，検討の余地があるだろう．田川は [＋Native]，[＋S-J]，[＋Foreign] の素性を仮定するが，3種の素性がどのような関連性を持っているのか，また，それぞれの素性がなぜ排他的なのか（[＋Native] [＋Foreign] のような素性を持つ語が存在できない）に関して説明をする必要があるだろう．

上記の経験的・理論的な2点を克服するため，依田（2022）では，語種の指定と和語化のメカニズムを見直し，当該現象に関わる構造の見直しと，和語／漢語交替に関する (22) の原理の提案をおこなっている．

(22) a. サイズ・数量・程度を表す接辞は Size の主要部に生起する．
b. 敬語を形成する接辞は Hon に生起する．
c. 語種の指定は独立した統語的な素性によっておこなわれ，Lex として $\sqrt{Root}$ に付加することによってのみおこなわれる．
d. 語種の一致は単一サイクル（cycle ≒ phase cf. Chomsky (2001)）の内部で計算される（Embick (2010, 2015)，Bobaljik (2012) ほか）．
e. 語種の指定は [±N(ative)] と [±F(oreign)] の組み合わせによって決定する（Contra. Ito and Mester (2008)）．

また，依田（2022）では接頭辞を独立した主要部とし，ホストと複合主要部を形成すると提案している．これを模式的に表すと以下の樹形図となる．

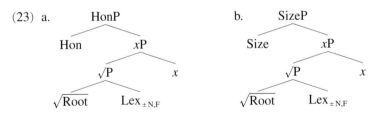

(23) の構造で，x は範疇決定詞（categorial determining head）であり，通常は局所領域を閉じる主要部（以降，c (yclic head)）となる．しかしながら，近年，比較級・最上級の語形変化（Bobaljik (2012)）や，Ket の代名詞の分析（Moskal (2015)）などから，c を形成する主要部より1つ高い位置に生起す

る機能範疇までが同一のスペルアウト領域となる可能性が指摘されている。[5]

なお，原理的には (24) に示すように，接頭辞が二重に出現する構造も可能となる．このような構造が実現されない理由として外側（上位）の接頭辞が $\sqrt{\text{Root}}$ に付加された Lex と同一の局所性に存在しないことをが理由となる．つまり，ここでは，上位の投射の主要部に存在する Hon あるいは，Size は異なる領域 (domain) に存在する Lex の素性を見るには遠すぎるため，語彙挿入の適用を受けることができない．よって，(19c, d) のような例が非文法的となると考えられる．

(24)

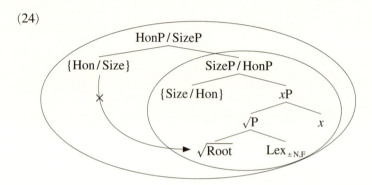

また，依田は語種の決定は語種の付加を仮定せず，(22c) にあるように Lex の付加によりおこなわれると仮定している．加えて，田川の提案と同様に，語彙の選択は局所性を示す要素間でのみ存在するとし，その領域は単一サイクルであると仮定する．この，依田による提案の利点は分散形態論で一般的に仮定される操作の適用のみで語種の交替を説明可能とするという点である．さらに，依田 (2022) では，語種の出現を駆動する素性を表1のように仮定し，語種の決定は Lex に存在する [±N, ±F] の組み合わせから導かれると提案している．以下にその概要を示す．

---

[5] c より大きな構造が語彙挿入の局所領域になるという分析については以下のような理論的な提案がなされている．本論文の分析にとっては，そのどちらの分析を採用しても問題にならない．
  (i) a. サイズを表す接辞が出現する投射 (cf. Size) と敬語を作る接辞の出現する投射のそれぞれの主要部が，cyclic head を形成しているが，必要な場合にスペルアウトが遅延する可能性． (cf. Bobaljik (2012))
  b. Cyclic head+1 までが同一ドメインである可能性． (cf. Moskal (2015))

第 14 章　日本語数表現に見る異形態　　　　　　　　　　325

	[＋N(ative)]	[－N(ative)]
[＋F(oreign)]	漢語	外来語
[－F(oreign)]	和語	オノマトペ

表 1：日本語の語種と素性の組み合わせ

　表 1 では，[－N] 素性を共有する外来語と擬態語は連濁を生じさせないた
め，この観点で自然類をなしている．また，[＋N] 素性を共有する漢語と和語
に関しては連濁に関して指定がないと考える．この点に関しては，音韻論によ
る説明と若干異なる部分があるため，簡単に説明を加えておく．一般的に，漢
語は連濁を生じさせない語種であるが，一部連濁が生じるものも存在している
（例：株式＋会社 → 株式会社 /kabushiki-{*k/g}aisya/）．一方で，外来語，擬
態語では連濁は生じない．よって，連濁に関しては否定的な側面を抽出しグ
ルーピングを行う．本論文としては，形態統語的には，漢語であることが連濁
を生じさせる阻害要因にはなっていないと考える立場をとる．

　また，擬態語は，連濁や敬語などの接辞に関しても付加することが困難であ
る．さらに，様々な音韻的特性がほかの語彙と異なることも観察されている．
よって，本論文では，擬態語を独立した語種として立てる．[6]

　上記の素性群を用いた語彙挿入の競合は以下のようになる．まずサイズを表
す接頭辞を検討する．

　$\sqrt{\text{big}}$（「大」）に対する語彙として，/dai/, /oo/ がある．これらは，擬態語に
はつかない．そして，漢語および外来語の場合には，[＋F] の素性を参照しな
がら，漢語系 /dai/ が $\sqrt{\text{big}}$ に出現する．最後に，$\sqrt{\text{big}}$ が和語で出現する場合，
つまり [＋N] の素性を持つ時には，/oo/ として具現化する．通常，分散形態

---

　[6] オノマトペが [－N] という点について，本論文での立場は歴史的な関係性から切り離し，
形態統語的な特徴のみから語種の分類を行っている．また，分散形態論では，統語派生の段階
では，統語計算の対象がどのような音韻的特性をもつ語彙（Vocabulary Item）であるのかは
不明である．つまり語彙挿入以前の頭部派生では語の音は関わらないため，音韻論的な語種の
特性と形態統語的な語種の特性を別なものであると仮定し議論を進める．なお，形態統語論的
な語種の決定と音韻論的な語種の特性に関してはある程度の重複が見られるとは思われるた
め，その点に関する詳細な議論は今後の研究の課題としたい．
　また，オノマトペが接頭辞を取らないことは，その構造的特性に起因する可能性を査読者に
指摘された．オノマトペは，たしかに，形態統語論的観点から特殊な振る舞いをしており，通
常いかなる接辞も取らない（*大ベコ {ベコ/ッ/り}）/*御ベコ {ベコ/ッ/り} など）．1 つの
可能性として，サイズが冒頭の子音の有声/無声によって表される場合もあるため，何かしら
の主要部からの操作を受けている可能性は無視できない．しかし，本稿ではこれ以上立ち入ら
ず，オノマトペに対しては別途詳細な検討が必要と思われるため，今後別稿を用意したい．

論では，最下層に elsewhere が置かれることが多いが，以下の和語系語彙の挿入は，elsewhere に相当するものではない。[7]

(25) a. $\sqrt{\text{big}} \Leftrightarrow dai/\underline{\quad}$ [+F]：{$dai/*oo$}-災害・規模・多数・ピンチ …
    b. $\sqrt{\text{big}} \Leftrightarrow oo/\underline{\quad}$ [+N]：{$*dai/oo$}-男・雨・風・通り …

同様に，$\sqrt{\text{small}}$ に関して，和語・漢語の出現は以下のようになる．

(26) a. $\sqrt{\text{small}} \Leftrightarrow syoo/\underline{\quad}$ [+F]：{$syoo/*ko$}-災害・ヒント・ピンチ …
    b. $\sqrt{\text{small}} \Leftrightarrow ko/\underline{\quad}$ [+N]：{$*syoo/ko$}-男・雨・風・通り …

つづいて，敬語を形成する接頭辞には，以下のような語彙挿入規則を考える．

(27) a. $\sqrt{\text{Hon}} \Leftrightarrow go/\underline{\quad}$ [+F]：{$go/*o$}-縁・家族・連絡 …
    b. $\sqrt{\text{Hon}} \Leftrightarrow o/elsewhere$：{$*go/o$}-魚・踊り・ビール・ズボン …

上記のメカニズムが正しく予測しない例として，和語ホストに対して漢語の接辞がつくパターンと漢語ホストに対して和語がつくパターンが存在する．両者は生産的ではないが，ある程度の数が存在しており，その一部を再掲する．(28a) は和語に漢語の接辞がついた例，(28b) は漢語に和語の接辞がついた例であり，それぞれ上記語彙規則から逸脱した例である．[8]

(28) a. go-{ゆっくり・ゆるり}
    b. oo-{太鼓・損}・ko-{太鼓・細工}・o-{部屋・掃除}

このような，語種のミスマッチに対しては，本論文では Impoverishment (Halle (1997)) を採用する．Impoverishment とは概略，素性削除を行う操作である．

(29) Impoverishment (Harley and Noyer (1999) による)
    Noyer (1998) discusses cases where feature-changing readjustments seem necessary. It is proposed that such cases always involve a

---

[7] 査読者から (24)，(25) で，[+N] を持つ語彙の前で，$\sqrt{\text{big}}/\sqrt{\text{small}}$ が漢語として出力される可能性があるのではないかとの指摘があったが，上記の語彙挿入規則はその可能性を持ち得ない．これは，[+F, +N] の素性を持つ漢語は，(24a)，(25a) の段階で語彙挿入の適用を受けており，(24b)，(25b) の段階まで進むことができないためである．

[8] 田中雄氏からのご教示による．本論文では，本来，和語であるものが漢語と接続する接頭辞をとる例に関しては，適切な説明を持たない．しかしながら，このような例に関しては，非常に数が少なく限られているため，現時点では例外として考えておくこととする．

change from the more marked value of a feature to the less marked value of a feature to the less marked value and never vice versa.

この Impoverishment の操作によって，特定の語彙についてのみ漢語（[＋F, ＋N]）における [＋F] の素性を消去する．消去されたのちに，漢語では [＋N] の素性のみが残ることとなり，和語と同等の扱いを受けることとなる．

3.2. 和語／漢語交替を補充形と考える分析のまとめ

これまで日本語では，補充形と考えられる現象の少なさから，研究がほとんど進んでおらず，田川・依田の研究が示すように語種間の交替が日本語の異形態・補充形である可能性を視野に入れた場合，分散形態論における語彙挿入規則に関する貢献が見込まれることがわかる．また，これらの研究成果を応用し，和語／漢語の交替に関して接辞以外のデータを観察することにより，更に語彙挿入規則の全体像が明らかになる可能性が開かれている．以下では，同様の語種の交替が見られる現象として，日本語の数量詞の中に見られる数詞に関して分析を提案する．

4. 助数詞と数詞の意味と統語

4.1. 日本語の数量詞の特徴

日本語の数量詞（quantifier）は数詞（numeral）に加えて助数詞（numeral classifier）が組み合わされ名詞句の数量を計量するが，その数量詞の出現は自由度が高く，名詞句の前に置かれる場合と名詞句の後ろに置かれる場合がある．

(30) a. 2 冊の本を買った．
   b. 本を 2 冊買った．
   c. 本 2 冊を買った．

328 　第 III 部　語や形態素の意味・構造・機能

(30) の例のいずれの場合でも数詞は助数詞との共起が義務的である.[9] さらに，日本語の数詞と助数詞が構成素をなしていることは，以下のように，数詞と助数詞を離して生起させることができないことからもわかる.

(31) a. *2 の本を冊買った.
　　 b. *本 2 を冊買った.

後述するが，このような助数詞が持つ機能は範疇化とも呼ばれている.

4.2.　日本語の数の数え方：和語と漢語

つづいて本節では，日本語の数の数え方について確認していく．日本語には数に関して 2 通りの数え方が存在する.

(32) a. 和語：ひ，ふ，み，よ，いつ，む，しち，や，こ（この），とう
　　 b. 漢語：いち，に，さん，し，ご，ろく，なな，はち，きゅう，じゅう

和語の数え方は古来より日本に存在していた固有語による数え方であり，漢語の数え方は中国語の借用を経て日本語に定着したものである．現在に至るまで，和語の数詞は漢語の数詞に取って代わられる傾向があり，漢語の数詞が優

---

[9] なお，以下のように数詞のみを用いて名詞を計量することも可能な場合があるが，その場合には名詞の数は特定化されず不定的な解釈となる.

(i)　2, 3 の国（2 つか 3 つくらいの国）

このような現象は助数詞を用いて名詞句の数を計量する他の言語にも見られる．例えば，日本語と同様に数詞と助数詞を用いるタイ語，ベトナム語，マレー語では助数詞を伴わず用いられた数詞は不定の解釈を受け，助数詞とともに用いられた数詞は特定的な解釈を受ける.

(ii) a.　phuuying khon tii　sai　waen.　　　　　　　　　　　　(Thai)
　　　　 woman　clf　comp wear glasses
　　　　 'the / a (specific) woman who is waearing glasses.'
　　 b.　maa tua siikhaaw.
　　　　 dog clf white
　　　　 'the / a (specific) dog is white.'　　　　　　　(Piriyawiboon (2010))
(iii) a.　nha　ba　phong　　　　　　　　　　　　　　(Vietnamese)
　　　　 house three room
　　　　 'a three room house'　　　　　　　　(Simpson and Ngo (2018))
　　 b.　adalah dua tiga pondok kechil-kechil bersama-sama deket rumah
　　　　 be　　 two 3　hut　　 small small　together　　 near house
　　　　 Temenggong　　　　　　　　　　　　　　　 (Malay)
　　　　 Temenggong
　　　　 'There were two or three small huts close together near Temenggong's house.'
　　　　　　　　　　　　　　　　　　　　　(Simpson and Ngo (2018))

勢になっている.

現代日本語の数詞について調査した安田（2015）では，和語の数詞が用いられるのは，個数を数える場合，日にちを数える場合，人数を数える場合，そして，数字を数える場合程度であるとの指摘がある．また，現代日本語では 10より大きな数に関して，和語を用いて数えることは通常おこなわれない.[10]

安田の指摘は概ね正しいものの，NHK 放送文化研究所（2016）による「NHK アクセント辞典」に掲載されたものから，50 個の助数詞に関してどのような数詞を取るのか検討してみると，必ずしも和語の数詞が用いられるのは安田に挙げられた例に限らないことがわかる．本論文で検討した助数詞を以下に示す.

(33)　ブロック，箱，通り，チーム，セット，世帯，シーズン，グループ，区画，カップ，カット，家族，咫，品，棟（むね），袋，折，皿，枠，役，幕，部屋，鉢，柱，場所，人，つ，玉，束，桁，組み（ペア・まとまり），組み（クラス），口，切れ，缶，株，重ね，籠，かけ，桶，枝，駅，雨，輪（わ），輪（りん），日（にち），日（か），段，個

上記の助数詞のうち，数詞 1 と 2 を組み合わせた場合の振る舞いを（34）に示す.

(34) a.　{{hito／*ichi}／{futa／*ni}}-{品（しな）・棟（むね）・皿・鉢・袋・折・枠・役・幕・部屋・柱・場所・人・つ・玉・束・組み（ペア・まとまり）・口・切れ・缶・株・重ね・籠・かけ・桶・枝・駅 …}

　　 b.　{{*hito／ichi}}／{*futa／ni}}-{ 輪（りん／わ）・日（にち）・段・個 …}

（34）を見ると，和語をもとにした助数詞に関しては和語の数詞が，漢語をもとにした助数詞に関しては漢語の数詞が選択される傾向があることがわかる．ところが，詳細に検討してみると，1 が和語読みで発音される助数詞であれば，2 も和語読みで発音される場合が多いが，3 以降になるとこの傾向が必ずしも保持されない．つまり，数詞と助数詞の間の語種の一致に関する傾向は 1 と 2

---

[10]　なお，古くは 18 日などを，「とおか-あまり-ようか」のような形で，「X-あまり-Y」の形で表すことがあったそうであるが，現代語ではそのように数を数えることはない．また，20，30 などは，「はたち」，「みそ」，などの数え方は存在するものの，年齢において名残が見られるだけで一般的に用いられることはない．ただし，この表現も「あまり」を用いた加法演算であり，日本語でも他の言語と同様の一般規則が働いていたと考えられる．なお，このタイプの日本語の固有語の数表現は衰退している．数の数え方に加法演算が用いられているという考え方に関しては，平岩（2015）が詳しい.

に関してのみ強く，3以降では徐々に漢語との組み合わせが可能となっているということである．例えば，(35a) は，1と2で和語読みの数詞をとるにもかかわらず，3以降になると漢語読みの数詞をとるものである．ただし，数は少ないものの，(35b) に示されるように，3以降でも和語が優勢を維持するものもある．加えて，3以降に関しては，和語読み，漢語読みのどちらもとる (35c) のようなものもある．

(35) a. {*mi／san}-{棟・皿・鉢・袋・枠・役・人・組み・缶・株・籠・枝 …}
    b. {mi／*san}-{哂・柱・つ・日 …}
    c. {mi／san}-{品・幕・切れ・部屋・玉・束・切れ …}

また，(35c) にあたるグループの助数詞であっても (36) に示すように概略数詞が5以上になると，漢語読みの数詞を取る場合が多い．[11]

(36) {*itsu／go}-{品・幕・切れ・部屋・玉・束・切れ …}

なお，(37) に見るように，助数詞の場合にも，漢語の数詞・和語の数詞に頓着しないグループも存在する．多くの外来語をもとにした助数詞はこのグループに含まれる．

(37) {hito／ichi}-{ブロック・通り・チーム・セット・世帯・シーズン・グループ・区間・カップ・カット・家族}

ここからわかることは，田川 (2021)，依田 (2022) が議論する接辞とホストの和語／漢語の依存性のような関係が，数詞と助数詞の間に存在している可能性があること，それに加えて，数詞の1および2という特性が顕著にその依存性あるいは語種の一致に対して影響を与えているということである．また，数詞の和語／漢語交替においては，上記の接辞で考えられていた和語化のような操作ではなく，もともと和語だったものが漢語に変化することが無標 (unmarked) であるため，漢語化 (sinicization) ととらえる必要があると主張する．[12] 次節ではまず，数詞1と2に関する特殊性を確認することがから始める．

---

[11] 4に関しては，すでに示したように /si/ の音が忌み言葉と同音異義語であるため避けられてきた歴史があるようだ．また，4・7の扱いに関しては渡辺 (2023) にも記述が見られる．

[12] ここで仮定する漢語化に関しては，[+N，−F] の [−F] 素性を [+F] 素性に書き換える操作として仮定している．本操作は，上述の和語化の際に提案された Impoverishment のようなタイプの操作とは異なる操作が必要となる．なお，同様の問題は渡辺 (2023) においても，[+Yamato] の随意的な削除として提案されている．

4.3. 1, 2 vs. 3 ...

　1と2という数が人間にとって何かしらの特殊性を持っていることはさまざまな観点から観察されている．例えば，(38) にあるように，Pirahã (Everett (2005)) などでは，数を表す語として1と2しか持たず，4以上に関しては「たくさん」に相当する語を使う言語が存在していることは非常に有名な事実である．

(38) a. hói 'one'
　　 b. hoi 'two'
　　 c. xaí/báagiiso 'many'
　　 d. xapagí/[xogíí] 'much'

(Nevins, Pesetsky and Rodrigues (2009))

ほかにも，Aiome のように1と2に相当する基本的な数しか持っておらず，それ以上の数を表すためには1と2の組み合わせで表す言語も存在している．
　さらに，1と2をそのほかの数と比較した場合，1には1削除 (1-deletion) の環境下で数詞が意味的には表れているにもかかわらず，音形として出現しない場合がある (Hurford (2011), Watanabe (2014) ほか)．例えば，ドイツ語の数詞では 10, 100, 1000 で1削除が観察される．

(39) a. 10: zehn~*ein zhen
　　 b. 100: hundred~ein hundred
　　 c. 1000: tausend~ein tausend

(39) のドイツ語では10を表す際に義務的に1削除が生じ，ein zhen のような形は許容されない．また，100や1000を表す際には ein {hundred/tausend} というような形が許されるとともに，1削除を適用した {hundred/tausend} という形も同時に許容される．同様の現象は日本語にも観察され，10と100に関しては義務的な1削除が生じている．

(40) a. 10: juu ～ *iti juu
　　 b. 100: hyaku~*iti-hyaku/*ippyaku
　　 c. 1000: (iQ) sen

さらに，同様の現象が単位として尺度を表す助数詞にも見られる．例えば，重さを表すキロ（グラム）を単位にする場合に1削除が観察される．

(41) a. （1）キロ 3000 円の米

332 第 III 部　語や形態素の意味・構造・機能

　　b. *(1) キロにつき 3000 円の米

さらに期間を表す「日」や「週」が時間の単位を表す場合にも 1 が削除される.

(42) a.　(1) 日に 3 回の投薬 = 1 日に 3 回の投薬
　　b.　(1) 週に 3 回の会議 = 1 週に 3 回の会議

　このように, 単位を表す 1 が助数詞と共起した場合に 1 が削除されること
があることがわかる. 同様の現象は 2 以降の数には見ることができない.
　この 1 削除を説明するために Watanabe (2010, 2014) では 1, 2 と 3 以上に
対して以下のような素性を仮定し説明を提案している.

(43) a.　[± singular]
　　b.　[± augmented]

[± singular] とは, その数が単数であるか否かを示しており, 自身の値が + で
あればそれは単数であることを示す. [± augmented] はそれが [± singular] で
制限された領域の中で最小ではない数であることを示しており, これを言語に
当てはめると, (43) のように, それぞれ単数 (= 1), 双数 (= 2), 複数 (3 ≦)
に当てまると考えられる.

(44) a.　singular ⇔ [+ singular, − augmented]
　　b.　dual ⇔ [− singular, − augmented]
　　c.　plural ⇔ [− singular, + augmented]

この数の素性を検討した場合, 前節で見たように数詞の 1, 2 は助数詞との語
種の一致に関して 3 以上数詞とは異なっていることがわかっていた. つまり,
(43) に見られる, [− augmented](その数カテゴリの中で最小ではないという
ことはない = 最小である) という特性が自身の漢語化[13] に関わっているようで
ある.

4.4.　数詞の語彙挿入規則

　ここまでで, 日本語の数詞が和語と漢語の間で交替しており, その交替に関
しては数詞自体が持つ意味特性と助数詞の語種が関わっていることが明らかと

---

[13] 漢語の主要語彙化に関しては, 明治時代に生じている可能性が指摘されている. なお,
本論文では漢語化に関して詳細なメカニズムを議論することはしないが, 1 つの可能性として
は, 田川 (2021) の言うような素性の付加による漢語化の可能性も考えられる. また, 別な方
法として, Lex 素性の fission が生じている可能性も考えられる. 別稿を用意して検討したい.

なった．さらに，Krifka (1995)，Bale and Coon (2014) の議論を踏まえると，名詞句の中で助数詞と数詞がある種のまとまりを示すことを示唆している．一方で，助数詞は，名詞の意味クラス（あるいは，見た目上の形や範疇化）を指定していると考えられ，助数詞と名詞との依存関係（つまり，まとまり）を示唆している．ここで，数詞の振る舞いを再度まとめておく．

(45) a. 数詞の和語／漢語の交替は基本的には助数詞が和語であるか漢語であるかに依存している．
b. 助数詞が外来語である場合には，和語／漢語のどちらの数詞を取ることも可能である．
c. 3以上の数詞では，和語の使用が少なくなり，漢語に合流していく．
d. 数量詞の意味論から，数詞と助数詞が依存関係をなしている可能性が強く示唆されている．

この特徴をふまえ，本論文では数量詞の内部構造として (46) のような構造を提案する．ここでは，CL が持つ語種の特性が Num 内部の Lex と局所的な関係を結んでいる．また，$\sqrt{\text{Num}}$ に内在的に存在する [−augmented] 素性は自身が持つ [＋N, −F] 素性（和語となる素性）の漢語化に対して抗体 (immune) を持つと考える．ここで，$\sqrt{\text{Num}}$ が [＋augmented] 素性を持つ場合には，漢語化の適用を受ける．

(46)
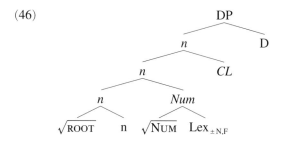

さらに，この時に，数量詞を形成する Num と CL の語種の一致以外にも，$\sqrt{\text{Root}}$ と助数詞の間の意味的な依存関係の構築が必要である（松本 (1990)，Mizuguchi (2004)）．[14] よって，数量によって計量される名詞句，数量詞，助

---

[14] ここでいう，$\sqrt{\text{Root}}$ と助数詞の間の一致というのは，以下のような，組み合わせを排除するためのしくみである．

(i) a. *学生 2 枚　b. *犬 4 人　c. *りんご 3 冊　など

数詞が単一の領域に存在している必要があり，(46) の構造においてその構造が実現している．

つづいて，数詞の語彙挿入規則は以下のような規則を導入する．

(47) a. $\sqrt{1}_{[-aug]} \Leftrightarrow$ /hito/ / ___ Lex$_{[+N,-F]}$
　　b. $\sqrt{1}_{[-aug]} \Leftrightarrow$ /ichi/ / ___ Lex$_{[+N,+F]}$
(48) a. $\sqrt{2}_{[-aug]} \Leftrightarrow$ /futa/ / ___ Lex$_{[+N,-F]}$
　　b. $\sqrt{2}_{[-aug]} \Leftrightarrow$ /ni/ / ___ Lex$_{[+N,+F]}$
(49) a. $\sqrt{3}_{[+aug]} \Leftrightarrow$ /mi/ / ___ Lex$_{[+N,-F]}$
　　b. $\sqrt{3}_{[+aug]} \Leftrightarrow$ /san/ / ___ Lex$_{[+N,+F]}$

例えば，学生 1 人 (gakusei-hito-ri) や学生 3 人 (gakusei-san-nin) のような場合には，名詞句全体が以下のような構造をもつ．

(50)

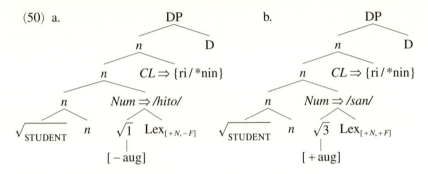

(50a) は「学生 1 人」の構造を示している．この時，Lex$_{[+N,-F]}$ は $\sqrt{1}$ に和語の指定をすると同時に，助数詞 CL にも和語の指定をおこなう．一方，(50b) は，「学生 3 人」の構造を示すが，この時 Lex$_{[+N,+F]}$ は $\sqrt{3}$ に漢語の指定を行うと同時に，助数詞 CL にも漢語の指定をおこなう．

一方，餃子 3 皿などで見られる，3 以上での数詞の漢語化は以下のようにとらえる．通常，皿 (/sara/) は和語であり，数詞 1 と 2 の場合には数詞も和語読みになる．また，数詞 3 以降は漢語読みとなる．

(51) a. 餃子 { ひと/*いち 1 / ふた/??に 2 } 皿
　　b. 餃子 { *み/さん 3 / *いつ/ご 5 } 皿

ここで問題となるのは，「皿」と数詞の語種のミスマッチである．これについては，構造的には 3 の場合にも (52a) が示すように，和語を出力する Lex[+N,-F] が生起しなくてはならない．

(52)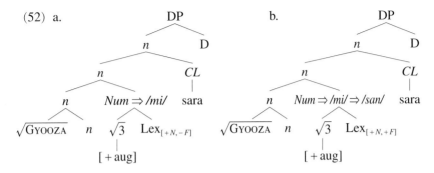

しかしながら，実際には3以上は[+augmented]の素性を持ち，漢語化に対して抗体持たず，Num内部のLexの素性の書き換えが生じる．その結果，(49)の規則に従い，自身を漢語として出力する．

　本論文では，これまで，数詞と助数詞のみが構成素をなすという考え方が指示されてきているが，必ずしもそうではなく，名詞句・数詞・助数詞の3つが同一のドメイン内に存在することで，数詞と助数詞は語種の観点で，助数詞と名詞はその計量の観点で相互インタラクションをしている可能性を指摘した．またそれぞれのインタラクションは局所性によって担保されている可能性を提案した．

5. レキシコンと語形成

　従来の語彙主義者のモデルにおいては，レキシコンに貯蔵されている語彙にはありとあらゆる情報が書き込まれていると仮定されていた．これに対し，1990年代からすでに30年近く分散形態論はレキシコンの内部に存在すると考えられてきた情報のいくつかを統語論あるいは，統語論派生の後に置かれる形態部門に分配してきた．本論文では，語・句の意味情報や音形に関わる情報などを考慮に入れた場合にいかなる形態統語的な構造がその出力をかなえるのかを検討してきた．特に，補充や異形態の音形の決定が，統語論の操作より後に決定すると仮定する分散形態論を用いることにより，語種の一致に関して説明がしやすいことを示した．これまで，補充や異形態に関しては，単一の語の2つの側面として扱われることよりも，異なる2つ以上の語として扱われてきたことが多かったように思われる．本論文で採用する分散形態論や，類似したアプローチをとるナノシンタクスを取ることで，レキシコンに貯蔵する単語の数を減らすことが可能となる．また，冒頭の2節でも触れたが，いまだに日本語の研究では語彙挿入のメカニズムの研究は他の分野に比べ少ない状況が続

く．本論文がその一助となり，語彙挿入研究が進むことを祈る．

参考文献

Andrew, Simpson and Bihn Ngo (2018) "Classifier Syntax in Vietnamese," *Journal of East Asian Linguistics* 27, 211–246.

Bale, Alen and Jessica Coon (2014) "Classifiers are for Numeral not for Nouns. Consequences for the Mass/Count Distinction," *Linguistic Inquiry* 45, 695–707.

Baunaz, Lena, Liliane Haegeman, Karen De Clercq and Eric Lander (2018) *Exploring Nanosyntax*, Oxford University Press. Oxford.

Bobaljik, Jonathan (2012) *Universals in Comparative Morphology: Suppletion, Superlatives, and the Structure of Words,* MIT Press, Cambridge, MA.

Caha, Pavel (2009) *Nanosyntax of Case*, Doctoral dissertation, Tromsø.

Chierchia, Gennaro (1998) "Reference to Kinds across Language," *Natural Language Semantics* 6, 339–405.

Chomsky, Noam (2001) "Derivation by Phase," *Ken Hale: A Life in Language,* ed. by Michael Kenstowicz, 1–52, MIT Press, Cambridge, MA.

Embick, David (2010) *Localism versus Globalism in Morphology and Phonology*, MIT Press, Cambridge, MA.

Embick, David (2015) *The Morpheme: A Theoretical Introduction*, Mouton De Gruyter, Berlin.

Embick, David and Rolf Noyer (2001) "Movement Operation after Syntax," *Linguistic Inquiry* 32(4), 555–595.

Embick, David and Rolf Noyer (2007) "Distributed Morphology and the Syntax-Morphology Interface," *The Oxford Handbook of Linguistic Interfaces,* ed. by Gillian Ramchand and Charles Reiss, Oxford University Press. Oxford.

Everett, Daniel (2005) "Cultural Constraints on Grammar and Cognition in Pirahã: Another Look at the Design Features of Human Language," *Current Anthropology* 46(4), 621–646.

Halle, Morris (1997) "Distributed Morphology: Impoverishment and Fission," *MIT Working Paper in Linguistics* 30, 425–449.

Halle, Morris and Alec Marantz (1993) "Distributed Morphology and the Pieces of Inflection," *The View from Building 20*, ed. by Kenneth Hale and Samuel Jay Keyser, 111–176, MIT Press, Cambridge, MA.

Harley, Heidi and Rolf Noyer (1999) "Distributed Morphology," *Glot International* 4, 3–9.

Hurford. James (2011) *The Linguistic Theory of Numerals*, Cambridge University Press, Cambridge.

平岩健（2015）「自然言語と数詞とシンタクス」『日英対象文法と語彙への統合的アプローチ』，藤田耕司・西村義樹（編），88-109，開拓社，東京.

Ito, Junko and Armin Mester (2008) "Lexical Classes in Phonology," *Oxford Handbook of Japanese Linguistics*, ed. by Shigeru Miyagawa and Saito Mamoru, 84-106, Oxford University Press, Oxford.

Krifka, Manfred (1995) "Common Nouns: A Contrastive Analysis of English and Chinese," *The Generic Book*, ed. by Greg Carlson and Francis Jeffrey Pelletier, 398-411, University of Chicago Press, Chicago.

松本曜（1991）「日本語類別詞の意味構造と体系：原型意味論による分析」『言語研究』99, 82-106.

Mizuguchi, Shinobu (2004) *Individuation in Numeral Classifier Language*, Shohakusha, Tokyo.

Moskal, Beata (2015) "Limits on Allomorphy," *Linguistic Inquiry* 46, 363-376.

Nevins, Andrew, David Pesetsky and Cliene Rodrigues (2009) "Pirahã Exceptionality: A Reassessment," *Language* 85(2), 355-404.

NHK 放送文化研究所（2016）『日本語アクセント辞典』NHK 出版，東京.

Piriyawiboon, Nattaya (2010) *Classifiers and Determiner-less Languages: The Case of Thai*, Doctoral Dissertation, University of Toronto.

Poser, William. (1990) "Word-Internal Phrase Boundary in Japanese," *The Phonology-Syntax Connection*, ed. by Sharon Inkelas and Zec Drag, 279-287, Center for the Study of Language and Information, Stanford University and University of Chicago Press.

田川拓海（2019）「分散形態論と日本語の補充：存在動詞「いる」と「おる」の交替」『レキシコンの現代理論とその応用』，岸本秀樹（編），27-48，くろしお出版，東京.

田川拓海（2021）「分散形態論と語彙層を超えた異形態としての接辞」『言語研究の楽しさと楽しみ：伊藤たかね先生退職記念論文集』，岡部玲子・八島純・窪田悠介・磯野達也（編），33-43，開拓社，東京.

Watanabe, Akira (2006) "Functional Projection of Nominals in Japanese: Syntax of Classifiers," *Natural Language and Linguistic Theory* 24, 241-306.

Watanabe, Akira (2010) "Vague Quantity, Numerals in Japanese: Syntax of Classifiers," *Syntax* 13, 37-77.

Watanabe, Akira (2014) "1-Deletion: Measure Nouns vs. Classifiers," *Japanese/Korean Linguistics* 22, 245-260.

渡辺明（2023）「数詞の形態」『分散形態論の新展開』，大関洋平・漆原朗子（編），160-186，開拓社，東京.

安田尚道（2015）『日本語数詞の歴史的研究』武蔵野書院，東京.

依田悠介（2022）「接辞に生じる異形態とその出現メカニズム」*KLS Selected Papers* 5, 113-124.

【執筆者紹介】（五十音順）

青柳　宏（あおやぎ　ひろし）
南山大学人文学部教授，専門分野は統語論，形態論，日韓比較研究．
主要業績：『日本語の助詞と機能範疇』（ひつじ書房，2006），"On the Asymmetry in Passives between Japanese and Korean"（*JELS* 27, 2010），"On Verb-Stem Expansion in Japanese and Korean"（*Japanese/Korean Linguistics* 24, 2017），"On the Peculiar Nature of Double Complement Unaccusatives in Japanese"（*Journal of Japanese Linguistics* 36, 2021），「日本語の動詞連鎖におけるテ形前項に関する一考察」（大関洋平・漆原朗子（編）『分散形態論の新展開』，開拓社，2023）など．

岸本　秀樹（きしもと　ひでき）
神戸大学大学院人文学研究科教授，専門分野は統語論，語彙意味論．
主要業績：*Handbook of Japanese Lexicon and Word Formation*（共編，De Gruyter Mouton, 2016），"Syntactic Verb-Verb Compounds in Japanese"（*Verb-Verb Complexes in Asian Languages*, ed. by Taro Kageyama, Peter Hook and Prashant Pardeshi, Oxford University Press, 2021），"ECM Subjects in Japanese"（*Journal of East Asian Linguistics* 30, 2021），「複雑述語の縮約現象 ── 形態構造と隣接性条件 ──」（大関洋平・漆原朗子（編）『分散形態論の新展開』，開拓社，2023）など．

木戸　康人（きど　やすひと）
九州国際大学現代ビジネス学部准教授，専門分野は第一言語獲得，語彙意味論，形態論．
主要業績："On the Relation between Lexical V-V Compounds and the Compounding Parameter"（*KLS* 38, 2018），"Acquisition of Verb-Verb Compounds in Child English and Japanese: An Empirical Study Using CHILDES"（于一楽・江口清子・木戸康人・眞野美穂（編）『統語構造と語彙の多角的研究 ── 岸本秀樹教授還暦記念論文集 ──』，開拓社，2020），「日本語複合動詞の獲得 ── 幼児語の特徴を手掛かりにして ──」（*Studies in Language Sciences* 20, 2022）など．

工藤　和也（くどう　かずや）
龍谷大学経済学部准教授，専門分野は語彙意味論，統語論，形態論．
主要業績："The Derivation of the Cognate Object Construction via Co-Composition"（*JELS* 38, 2021），"Quantification into CIs: Reduplicated Indeterminate Pronouns in Japanese"（*Japanese/Korean Linguistics* 28, 2021），「英語における非典型的な項の具現化 ── 場所が主語で現れる構文を中心に ──」（岸本秀樹・臼杵岳・于一楽（編）『構文形式と語彙情報』，開拓社，2023），"On the Adjectivalizer -*si* in the Reduplicated and Deverbal Adjectives in Japanese"（*CLS* 58, 2023, co-authored）など．

佐野 まさき（真樹）（さの まさき）

立命館大学文学部特別任用教授，専門分野は統語論，意味論.

主要業績：「主要部内在関係節および相対名詞修飾節から見たインターフェイス」（西原哲雄・都田青子・中村浩一郎・米倉よう子・田中真一（編）『言語におけるインターフェイス』，開拓社，2019），「相対名詞が導く関数節の主要部の外在・内在・潜在と関連性条件」（于一楽・江口清子・木戸康人・眞野美穂（編）『統語構造と語彙の多角的研究――岸本秀樹教授還暦記念論文集――』，開拓社，2020），「言語研究のデータ獲得1：内省・直観」（『立命館言語文化研究』36巻1号，立命館大学国際言語文化研究所，2024）など.

澤田 淳（さわだ じゅん）

青山学院大学文学部教授，専門分野は文法論，語用論.

主要業績：「日本語の授与動詞構文の構文パターンの類型化――他言語との比較対照と合わせて――」（『言語研究』145，2014），「指示と照応の語用論」（加藤重広・滝浦真人（編）『語用論研究法ガイドブック』，ひつじ書房，2016），『はじめての語用論――基礎から応用まで――』（共編，研究社，2020），『敬語の文法と語用論』（共編，開拓社，2022）など.

澁谷 みどり（しぶたに みどり）

大阪経済大学経営学部非常勤講師，専門分野は語彙意味論，語用論.

主要業績：「動詞の意味的性質とソ系指示詞との照応関係」（*KLS* 37, 2017），「変化内在関係節の再考察」（*Theoretical and Applied Linguistics at Kobe Shoin* 21, 2018），*Semantic Nature of Verbs and Relative Clauses*（神戸松蔭女子学院大学博士論文，2019）など.

田中 秀治（たなか ひではる）

名古屋大学言語教育センター講師，専門分野は形態統語論，形式意味論.

主要業績："The Derivation of *Soo-su*: Some Implications for the Architecture of Japanese VP"（*Japanese/Korean Linguistics* 23, 2016），"Exhaustiveness in Japanese Compound Verbs: A Mereological Approach"（*Japanese/Korean Linguistics* 24, 2017），"Pseudogapping in Japanese"（*Japanese/Korean Linguistics* 25, 2018, co-authored），"Japanese *Mo* 'Also': Anti-Negative Scope and Stronger Alternatives"（*CLS* 55, 2020）など.

富岡 諭（とみおか さとし）

米国デラウェア大学言語認知科学科教授，専門分野は意味論，語用論，情報構造論，統語論.

主要業績："Japanese *-tati* and Generalized Associative Plurals"（*The Oxford Handbook of Grammatical Number*, ed. by Patricia Cabredo Hofherr and Jenny Doetjes,

Oxford University Press, 2021), "Focus without Pitch Boost: Focus Sensitivity in Japanese Why-Questions and Its Theoretical Implications" (*Journal of East Asian Linguistics* 31, 2022), "Being Polite and Subordinate: Morphosyntax Determines the Embeddability of Japanese Utterance Honorifics" (*Glossa* 7, 2022, co-authored) など.

中谷 健太郎 (なかたに けんたろう)
甲南大学文学部教授，専門分野は語彙意味論，心理言語学.
主要業績：*Predicate Concatenation: A Study of the V-te V Predicate in Japanese* (Kurosio Publishers, 2013), "An Experimental Study of the Adjacency Constraint on the Genitive Subject in Japanese" (*Glossa* 8, 2023, co-authored), "Locality-Based Retrieval Effects Are Dependent on Dependency Type: A Case Study of a Negative Polarity Dependency in Japanese" (*Issues in Japanese Psycholinguistics from Comparative Perspectives*, Vol. 2, ed. by Masatoshi Koizumi, De Gruyter Mouton, 2023) など.

日高 俊夫 (ひだか としお)
武庫川女子大学教育学部教授，専門分野は語彙意味論，語用論.
主要業績："A Formal Analysis of Japanese V-*yuku* and Its Grammaticalization" (*Japanese/Korean Linguistics* 23, 2016, co-authored), 「開始を表す複雑述語と複合動詞——「V- て来る」「V- だす」「V- 始める」の対照——」(于一楽・江口清子・木戸康人・眞野美穂 (編) 『統語構造と語彙の多角的研究——岸本秀樹教授還暦記念論文集——』, 開拓社, 2020), 「英語の軽動詞関連形式における軽動詞性と構文性——give を主動詞とした文について——」(岸本秀樹・臼杵岳・于一楽 (編) 『構文形式と語彙情報』, 開拓社, 2023) など.

森山 倭成 (もりやま かずしげ)
鳴門教育大学大学院学校教育研究科講師，専門分野は統語論.
主要業績：『節の右方周縁部における線形順序と階層構造』(神戸大学博士論文, 2022), "Adverbial Particle Modification and Argument Ellipsis in Japanese" (*Journal of East Asian Linguistics* 31, 2022, co-authored), 「肥筑方言におけるノ格主語の主語移動」(共著, 『言語研究』161, 2022), 「日本語の分裂文の統語特性」(*KLS Selected Papers* 4, 2022), 「コピュラの階層位置について」(*KLS Selected Papers* 5, 2023) など.

山田 彬尭 (やまだ あきたか)
大阪大学大学院人文学研究科准教授，専門分野は理論言語学，言語統計学，コーパス言語学，デジタルヒューマニティーズ.
主要業績："Phase-Based Prosody: Evidence for Pitch-Accent Distribution in the Japanese Verbal Domain" (*NELS* 49, 2019), "Looking for Default Vocabulary Insertion Rules: Diachronic Morphosyntax of the Japanese Addressee-Honorification System"

(*Glossa* 8, 2023), "Honorificity" (*The Wiley Blackwell Companion to Morphology*, Vol. 2, ed. by Peter Ackema, Sabrina Bendjaballah, Eulàlia Bonet and Antonio Fábregas, 2023) など.

依田 悠介 (よだ ゆうすけ)
東洋学園大学グローバル・コミュニケーション学部教授, 専門分野は理論言語学, 形態統語論, 分散形態論.
主要業績："Domain of Suppletion from Japanese Numeral" (*WECOL 2018*, 2019), "Subject Orientation as a Result of Absence of Φ-Feature" (*WAFL* 15, 2021), "Removing Accusative Marked Object from Verbal Root: A Case of Motion Verb in Japanese" (*Japanese/Korean Linguistics* 28, 2021), "The Categorial Status of Embedded Questions in Japanese" (*GLOW in Asia* XIII, 2022, co-authored) など.

レキシコン研究の新視点

──統語・語用と語の意味の関わり──

ISBN978-4-7589-2406-1　C3080

編　者	岸本秀樹・日高俊夫・工藤和也
発行者	武村哲司
印刷所	日之出印刷株式会社

2024 年 10 月 29 日　第 1 版第 1 刷発行ⓒ

発行所	株式会社　開拓社	〒112-0003 東京都文京区春日 2-13-1 電話　（03）6801-5651（代表） 振替　00160-8-39587 https://www.kaitakusha.co.jp

JCOPY ＜出版者著作権管理機構 委託出版物＞

本書の無断複製は，著作権法上での例外を除き禁じられています．複製される場合は，そのつど事前に，出版者著作権管理機構（電話 03-5244-5088, FAX 03-5244-5089, e-mail: info@jcopy.or.jp）の許諾を得てください．